EX NIHILO

CREACIÓN DE LA NADA

Paul Copan

William Lane Craig

PUBLICACIONES
KERIGMA
Ἐν ἀρχῇ ἦν ὁ Λόγος

EX NIHILO

CREACIÓN DE LA NADA

Paul Copan

William Lane Craig

PUBLICACIONES
KERIGMA
Ἐν ἀρχῇ ἦν ὁ Λόγος

Ex Nihilo: Creación de la nada

Publicado originalmemnte bajo el título: *Creation out of nothing: a biblical, philosophical, and scientific exploration*.
Baker Academic a Division of Baker Publishing Group.**www.bakeracademic.com**

Traducción al español: Jorge Ostos
Editor y revisor al español: Mauricio A. Jiménez

PUBLICACIONES
KERIGMA
Ἐν ἀρχῇ ἦν ὁ Λόγος

Salem Oregón, Estados Unidos
http://www.publicacioneskerigma.org

Diseño de Portada: Publicaciones Kerigma

Publicaciones Kerigma
Salem Oregón

Pedidos: 971 304-1735

www.publicacioneskerigma.org

ISBN: 978-1-948578-22-6

Impreso en Estados Unidos
Printed in United States

Contenido

Introducción

"Creo en un solo Dios Padre, Todopoderoso, Creador del Cielo y de la Tierra". ¿En qué consiste esta concisa declaración del credo? En la historia teológica moderna, la idea de Dios como Creador aparentemente no ha sido pensada de manera significativa para involucrar—si es que involucra en absoluto—la creación *de la nada*. A principios de la década de 1970, George S. Hendry del Seminario Teológico de Princeton escribió sobre el "eclipse actual" de la doctrina de la creación:

> La doctrina de la creación ha recibido poca atención en la teología reciente. Poco se ha escrito sobre ella, fuera de los sistemas que cubren todo el campo. Pocos teólogos han hecho de ella un tema de estudio monográfico.[1]

De hecho, hasta hace muy poco, la doctrina de la creación de la nada había caído en tiempos tumultuosos. Pero hoy, gracias al trabajo de teólogos tan destacados como Claus Westermann,[2] Wolfhart Pannenberg,[3] Colin Gunton,[4] Robert Jenson,[5] y otros, la doctrina de la creación de la nada está recibiendo la atención y la defensa que merece. La doctrina no es meramente bíblica y teológica, sino también científica y filosófica.[6]

No obstante, muchos pensadores todavía trabajan bajo la influencia de Friedrich Schleiermacher, la fuente de gran parte de la teología moderna. Schleiermacher contribuyó al eclipse de la doctrina de la

---

[1] George S. Hendry, "Eclipse of Creation", *Theology Today* (abril 1971–enero 1972): 406.

[2] Claus Westermann, *Genesis 1–11: A Commentary*, trad. John J. Scullion (London: SPCK, 1984).

[3] Wolfhart Pannenberg, *Toward a Theology of Nature: Essays on Science and Faith*, ed. Ted Peters (Louisville: Westminster John Knox, 1993).

[4] Colin E. Gunton, *The Triune Creator: A Historical and Systematic Study* (Grand Rapids: Eerdmans, 1998); e idem, "Relation and Relativity: The Trinity and the Created World," en *Trinitarian Theology Today: Essays on Divine Being and Act*, ed. Christoph Schwöbel (Edinburgh: T & T Clark, 1995), 92–112.

[5] Robert W. Jenson, *Systematic Theology: The Works of God*, vol. 2 (New York: Oxford University Press, 2000).

[6] Por ejemplo, sobre la racionalidad de la creación *ex nihilo*, véase Thomas V. Morris, "Creation ex Nihilo: Some Considerations," en sus *Anselmian Explorations* (Notre Dame, Ind.: University of Notre Dame Press, 1987), 151–60.

creación haciendo colapsar las ideas de *creación* y *conservación*.[7] La doctrina de la creación fue destemporalizada al referirse a la creación como la "relación sustentadora de Dios con el mundo, no con el origen de su existencia".[8] Schleiermacher enfatizó la experiencia religiosa o la "dependencia absoluta"—eliminando así cualquier implicación científica o filosófica de la verdad religiosa.[9]

La destemporalización de la creación de Schleiermacher no estuvo exenta de precedentes significativos. Por ejemplo, Tomás de Aquino resaltó enfáticamente la contingencia o dependencia del universo de Dios. Al igual que con la doctrina de la Trinidad, Aquino creía que las razones para creer que el universo tuvo un comienzo estaban disponibles sólo a través de la revelación especial. Mientras que Aquino enfatizó correctamente la contingencia de la creación de Dios y su dependencia de Dios para su propio ser, Aquino básicamente hizo caso omiso de la doctrina de una creación temporal de la nada (sin mencionar el lugar de la Palabra de Dios—Cristo—y el Espíritu de Dios en la creación). Colin Gunton llega a decir: "Aunque Aquino afirma la doctrina de la creación de la nada, no la considera muy importante".[10]

En 1946, Karl Barth expuso la doctrina de la creación en un contexto trinitario, mostrando cómo la creación abarcaba el pasado, el presente y el futuro, y cómo la creación no podía separarse de la redención.[11] En la estela de Barth (y más tarde de Claus Westermann), surgió una nueva generación de teólogos que han comenzado a restaurar esta doctrina y a desarrollar nuevas líneas de pensamiento.[12]

Aún así, hoy en día no es extraño encontrar un comentario como el siguiente en un diccionario bíblico o enciclopedia: "La creación no se trata tanto de un comienzo absoluto [i.e., la creación de la nada] … como

---

[7] Friedrich E. D. Schleiermacher, *The Christian Faith*, 2 vols., trad. Richard R. Niebuhr (German original, 1821–22; New York: Harper & Row, 1963), 1:148–52.

[8] Hendry, "Eclipse of Creation," 412.

[9] De manera similar, Langdon Gilkey ve la creación como "un largo y lento proceso de cambio", y el "símbolo de la creación" permanece (siguiendo a Schleiermacher) "como una expresión de la absoluta dependencia de todos los seres del poder y la intención divinos; pero un absoluto primer momento se vuelve no sólo dudoso sino irrelevante". (Langdon Gilkey, *Nature, Reality, and the Sacred: The Nexus of Science and Religion* [Minneapolis: Fortress, 1993], 21). En un trabajo anterior, Gilkey escribió que el científico está "confinado por su método" y que "la actividad creadora de Dios no forma parte de ningún libro de texto astronómico, biológico o geológico válido, aunque para la mente del cristiano es la implicación e inferencia de todo estudio de los procesos naturales" (*Maker of Heaven and Earth* [Garden City, N.J.: Doubleday, 1959], 152).

[10] Colin E. Gunton, "Creation," en *The Cambridge Companion to Christian Doctrine*, ed. Colin E. Gunton (Cambridge: Cambridge University Press, 1997), 150–51.

[11] Cf. Karl Barth, *Church Dogmatics*, trad. Geoffrey Bromiley (Edinburgh: T & T Clark, 1958), 3/1:231–32.

[12] Brevard S. Childs, *Biblical Theology of the Old and New Testaments* (Minneapolis: Fortress, 1992), 405.

del orden mundial tal como lo perciben los seres humanos".[13] O se pueden leer comentarios despectivos sobre la creación *ex nihilo* por parte de quienes están fuera del campo de los estudios bíblicos. Por ejemplo, el filósofo Wes Morriston, refiriéndose a Génesis 1:1-2, afirma: "Cuando Dios comenzó a crear los cielos y la tierra, la tierra era un vacío sin forma". Luego continúa declarando que hay "poco apoyo bíblico" para la doctrina tradicional de la creación de la nada. La razón para afirmar esta doctrina es, nos dice, debido a "motivos teológicos obvios" de los teólogos posbíblicos.[14]

Un teólogo alemán, Gerhard May, en lo que se ha convertido en una obra estándar sobre la doctrina de la creación *ex nihilo* en el pensamiento cristiano primitivo, afirma que esta doctrina es bíblicamente ambigua y que fue una formulación de finales del siglo II por parte de teólogos cristianos que respondían a las ideas medioplatónicas y gnósticas.[15] Sugiere que la doctrina de la creación de la nada "no es exigida por el texto de la Biblia".[16]

Desafortunadamente, May ofrece poca justificación para esta afirmación, y muchos de los que lo citan simplemente asumen su autoridad de que la creación de la nada "no es exigida por el texto de la Biblia". Aunque su libro trata principalmente, como sugiere el subtítulo, sobre el desarrollo de esta doctrina en el pensamiento cristiano primitivo, su comentario es lamentable y engañoso. En una tesis doctoral relativamente reciente, que, decepcionantemente, ofrece un examen comparativamente pequeño y más bien selectivo de los textos bíblicos, James Noel Hubler (siguiendo el trabajo de May en muchos puntos) declara que la creación *ex nihilo* no sólo "apareció repentinamente en la segunda mitad del siglo II d.C.", sino que también "carecía de precedentes": Esta doctrina fue "una innovación en las tradiciones interpretativas de la revelación y no puede ser explicada simplemente como una continuación de la tradición".[17] Esto, veremos, no es simplemente exagerado; es claramente falso.

---

[13] J. R. Porter, "Creation," en *The Oxford Companion to the Bible*, ed. Bruce M. Metzger y Michael D. Coogan (New York: Oxford University Press, 1993), 140.

[14] Wes Morriston, "Creation *ex Nihilo* and the Big Bang," *Philo* 5, no. 1 (2002), disponible en línea en www.philoonline.org/library/morriston_5_1.htm.

[15] Gerhard May, *Creatio ex Nihilo: The Doctrine of "Creation out of Nothing"* en *Early Christian Thought*, trad. A. S. Worrall (Edinburgh: University of Edinburgh Press, 1994). Un crítico de la edición alemana de May, Schöpfung aus dem Nichts (1978), lo llama "un libro lúcido e informativo". (Reseña de G. C. Stead en *Journal of Theological Studies* 30 [1979]: 547). Otro crítico de la traducción inglesa lo llama un "logro maravilloso" (Reseña de J. C. M. van Winden en *Vigiliae Christianae* 49 [1995]: 307).

[16] May, *Creatio ex Nihilo*, 24.

[17] James Noel Hubler, "Creatio ex Nihilo: Matter, Creation, and the Body in Classical and Christian Philosophy through Aquinas" (Ph.D. dis., Universidad de Pennsilvania, 1995), 102. Al comentar Génesis 1, Hubler, por ejemplo, pide al comentarista E. A. Speiser que apoye su lectura

Incluso el teólogo evangélico Alister McGrath sigue la audaz pero inexacta afirmación de May.[18] McGrath dice que los teólogos patrísticos no habrían dado mucha importancia a la creación de la nada si no hubiera sido por las ideas gnósticas y platónicas. Hasta cierto punto esto es cierto, pero los padres de la iglesia—aun más allá de las disputas teológicas en las que estaban involucrados—se aferraban a las mismas suposiciones que los autores bíblicos: *sólo* Dios es desde la eternidad hasta la eternidad, lo cual necesariamente excluye el dualismo metafísico eterno de Dios y la materia/caos. Como argumenta el erudito patrístico Eric Osborn, los argumentos de May no distinguen entre *conceptos* y *palabras*: Mientras que las *palabras* "creación de la nada" no pueden ser articuladas en las Escrituras o por los padres de la iglesia primitiva, el *concepto* de creación de la nada sustenta sus afirmaciones.[19] Sin embargo, con May, McGrath ve la evidencia bíblica como ambigua.[20]

Además, también vivimos en una época en la que ciertos teólogos y filósofos influyentes que participan en el floreciente diálogo entre la ciencia y la teología tienden al *panenteísmo* o niegan el significado teológico del origen del universo, tal como lo confirma la cosmología contemporánea. En cualquier caso, la creación que implica una originación temporal se descuida a favor de otros énfasis como la "inmanencia" o la "dependencia ontológica". Por ejemplo, el filósofo de la ciencia y teólogo Ian Barbour pronuncia: "*La creación 'de la nada' no es un concepto bíblico*".[21] (En esto, él va incluso más allá de la afirmación de May de que la doctrina es bíblicamente ambigua). Barbour rechaza la idea de la creación de la nada a favor de la idea de la dependencia ontológica del universo de Dios: La "*Creatio ex nihilo*

"constructiva" de Génesis. Muestra la misma parcialidad en su manejo de los textos del Nuevo Testamento como Romanos 4:17; Colosenses 1:16; Hebreos 11:3; 2 Pedro 3:5; y otros.

[18] Alister McGrath, *A Scientific Theology: Nature*, vol. 1 (Grand Rapids: Eerdmans, 2001), 160.

[19] Eric Osborn, *Irenaeus of Lyons* (Cambridge: Cambridge University Press, 2001), 65–68. Gracias a Carl Mosser por traer este trabajo a nosotros.

[20] McGrath, *Scientific Theology*, 159–66. Podríamos decir lo mismo de Frances Young, que señala la obra de Gerhard May como la justificación para rechazar la creación de la nada como una "idea judía". Más bien, la doctrina de la creación de la nada era "atrevida" y refleja el hecho de que "los intelectuales cristianos no fueron capturados por la filosofía griega. Porque creatio *ex nihilo* se afirmó frente a las suposiciones griegas". (Frances Young, "'*Creatio Ex Nihilo'*: A Context for the Emergence of the Christian Doctrine of Creation," *Scottish Journal of Theology* 44 [1991]: 141, 139).

[21] Ian Barbour, *Issues in Science and Religion* (New York: Harper & Row, 1971), 384. El filósofo de la ciencia Ernan McMullin afirma que la doctrina de la creación de la nada, "un acto de ser absoluto", tomó "forma firme sólo en los primeros siglos de la era cristiana, en parte al menos en respuesta a los dualismos prevalecientes en la época que representaban a la materia como maligna, o al menos, como resistente a la acción de Dios". McMullin está por lo menos dispuesto a admitir que los indicios de *creatio ex nihilo* pueden encontrarse en las Escrituras (señalando 2 Mac. 7:28 y Rom. 1:20). ("Natural Science and Belief in a Creator," en *Physics, Philosophy, and Theology*, ed. Robert Russell, William Stoeger, y George Coyne [Vatican City: Vatican Observatory, 1988], 56).

como un acto inicial de origen absoluto" debe ser abandonada en favor de esta idea de dependencia absoluta en la que "la prioridad de Dios en el status puede ser mantenida aparte de la prioridad en el tiempo".[22]

Arthur Peacocke es otro teólogo y filósofo de la ciencia que enfatiza fuertemente la inmanencia de Dios y minimiza la importancia del origen absoluto del universo. Dios está presente en el mundo que Dios "crea continuamente".[23] Por supuesto, Peacocke tiene razón al señalar la inmanencia divina en la creación (cf. Hch. 17:28 NVI: "Puesto que en él vivimos, nos movemos y existimos"). Sin embargo, sobre la base de este texto y de otros (por ejemplo, Dt. 30:11-14), él afirma el *panenteísmo*: que el mundo está "*dentro de* Dios". Es decir, hay un "sentido general de la intimidad de la presencia de Dios" en la creación.[24] Dios está, a juicio de Peacocke, *continuamente* activo en los procesos *emergentes abiertos* de la naturaleza.[25]

Peacocke afirma que, ya sea que seamos capaces o no de inferir o asignar un punto de partida al universo (como con el big bang), "el núcleo central característico" de la creación permanecería intacto—que Dios es el Sustentador y Preservador del orden creado.[26] Aunque no necesariamente niega la creación de la nada, Peacocke niega su relevancia.[27] Se acerca a la posición (panenteísta) de Barbour, pero no llega tan lejos como para rechazar la creación *ex nihilo*. Peacocke toma el panenteísmo como la creencia de que "el Ser de Dios incluye y penetra en todo el universo, de modo que cada parte de él existe en Él, pero (en contraste con el panteísmo) que Su Ser es más que, y no está agotado por el universo".[28] Sin embargo, su creencia en la creación *ex nihilo* es incompatible con el verdadero panenteísmo, que histórica e inherentemente afirma la eternidad y la necesidad del mundo físico.

Por lo tanto, Barbour y Peacocke enfatizan la creación como la dependencia de la naturaleza de Dios, pero no enfatizan su origen temporal, y asumen la creación por parte de Dios a partir del caos preexistente. Barbour concluye: "Todavía necesitamos defender el

---

[22] Barbour, *Issues in Science and Religion*, 458.

[23] Arthur Peacocke, *God and Science: A Quest for Christian Credibility* (London: SCM Press, 1996), 13.

[24] Arthur Peacocke, *Creation and the World of Science*, 1978 Bampton Lectures (Oxford: Clarendon, 1979), 352.

[25] Ibid., 353.

[26] Ibid., 79.

[27] Véase Ted Peters, "On Creating the Cosmos," en *Physics, Philosophy, and Theology*, ed. R. Russell et al., 286–88.

[28] Véase Arthur Peacocke, *Theology for a Scientific Age: Being and Becoming—Natural and Divine* (Oxford: Blackwell, 1990), 169, 208–9 n. Peacocke no es un panenteista completo o total: él no acepta la idea de que Dios utilizó materiales preexistentes como lo hace un alfarero para hacer un recipiente. Cualquier modelo de creación que implique que la "materia" ya era preexistente antes de la creación (y por lo tanto no afirma la doctrina "esencial" de la creación *ex nihilo*) es "defectuoso".

teísmo contra filosofías alternativas, pero podemos hacerlo sin referencia a un comienzo absoluto".[29]

Un punto importante: Aunque la evidencia bíblica de la creación a partir de la nada *fuera* ambigua o poco clara, la idea de *creatio ex materia* no debería ser simplemente asumida como la posición por defecto (ya sea por los panenteístas/teólogos del proceso o por los teólogos mormones).[30] Incluso si la creación a partir de la nada no fuera ni implícita ni explícita en el texto bíblico, la creación a partir de la materia caótica no debería darse por sentada.

¿Qué es la creación de la nada?

El teólogo Thomas F. Torrance describe la doctrina de la creación *ex nihilo* de la siguiente manera:

> La creación del universo de la nada no significa la creación del universo de algo que no es nada, sino de la nada en absoluto. No fue creado de ninguna cosa, sino que se creó a través del fiat absoluto de la Palabra de Dios de tal manera que, aunque antes no había nada, todo el universo llegó a ser.[31]

Torrance explica que la creación no es una emanación de Dios — algo que está en Dios, parte de Dios, o creado de Dios.[32] Por lo general, el emanacionismo implica que no hay otra realidad que la divina y que lo que deriva de ella es ilusorio o una degradación. La idea de emanación

[29] Ian Barbour, "Religious Responses to the Big Bang," en *Cosmic Beginnings and Human Ends: Where Science and Religion Meet*, ed. Clifford N. Matthews y Roy Abraham Varghese (Chicago: Open Court, 1995), 396. A medida que observemos más adelante, varios teólogos feministas, mientras que laudablemente persiguen modelos de la relación amorosa de Dios con el mundo, vinculan demasiado estrechamente a Dios con el mundo — una variación de la teología de procesos. Ellos siguen la estela de Alfred North Whitehead — el nombre familiar entre los teólogos de procesos — que rechazó la doctrina de la creación de la nada porque presenta a Dios como jugando un papel demasiado absoluto: "Él no es *antes* de toda la creación, sino *con* toda la creación". (Alfred North Whitehead, *Process and Reality* [New York: Free Press, 1978], 343).

[30] Desafortunadamente, los eruditos mormones crean la falsa impresión de que una sólida erudición bíblica no apoya la creación *ex nihilo*, que no hay evidencia extrabíblica relevante para la creación *ex nihilo*, y que se pueden presentar argumentos filosóficos y científicos para la creación *ex materia*. Para obtener una respuesta, consulte nuestro ensayo "Craftsman or Creator?" en *The New Mormon Challenge*, ed. Francis J. Beckwith, Paul Owen, y Carl Mosser (Grand Rapids: Zondervan, 2002); también, Paul Copan, "Creation ex Nihilo or ex Materia? A Critique of the Mormon Doctrine of Creation," próximamente en el *Southern Baptist Journal of Theology*. El presente volumen es una expansión significativa sobre los temas de estos ensayos.

[31] Thomas F. Torrance, *The Christian Doctrine of God: One Being, Three Persons* (Edinburgh: T & T Clark, 1996), 207 n. Técnicamente, sin embargo, esto es incorrecto. Torrance tiene que decir que "no era el caso que hubiera algo antes". Decir "antes no había nada" implica que hubo un momento anterior a la creación en el que nada existió; mientras que decir "no era el caso que hubiera algo antes" significa negar incluso la existencia del momento anterior, así como de cualquier otra cosa anterior a la creación.

[32] Ibid.

era a menudo prominente en la tradición platonista (y gnóstica), desdibujando la distinción entre Creador y criatura.[33] En cambio, Torrance sostiene que la creación del universo es "el único acto positivo en el que Dios crea libremente *otra realidad totalmente diferente de su propia realidad trascendente*".[34]

Torrance añade que esta realidad creada todavía depende de la libre actividad de Dios, "existiendo, y haciéndolo continuamente bajo el poder de afirmar y sostener su voluntad soberana como el Señor Dios Todopoderoso". Así que la única distinción significativa entre los seres es "Creador" y "creación". No hay nada en el medio.[35]

Por lo tanto, la idea sostenida tanto por los pensadores griegos antiguos como por los mormones contemporáneos de que puede haber materia independiente y eternamente preexistente coexistiendo con Dios—un dualismo metafísico—afirma una forma de *idolatría*, comprometiendo tanto la distinción ontológica entre el Creador y la criatura como la naturaleza de la soberanía divina.[36] Es decir, tal dualismo atribuye un estado ontológico eterno e independiente a otra cosa que no sea Dios, e implica que algo externo a Dios limita o restringe su actividad creativa. Basilio de Cesarea afirma claramente en su *Hexameron*: "Si la materia no ha sido creada, resulta que ella tiene una dignidad igual a Dios y merece los mismos honores".[37]

Así que cuando describimos lo que la creación de la nada significa, afirmamos que sin la creación iniciadora de Dios, sólo Dios existe. Al momento de la creación, tenemos un universo porque Dios ha querido que fuera un ser finito y temporal. Así, la creación de la nada afirma que el universo es contingente a Dios, no sólo en tener su existencia (continuada) en el ser (dependencia ontológica) sino también en tener su origen temporal de la nada preexistente, sino simplemente por la voluntad y palabra de Dios (*ex nihilo*).

Como afirma Ted Peters, "Una forma concreta" de la dependencia ontológica de todas las cosas de Dios se expresa en la "afirmación cosmológica" de que "aunque Dios es 'eterno', el universo creado comenzó en un punto de iniciación temporal, i.e. el mundo no siempre ha

---

[33] Jenson, *Systematic Theology*, 5–6.

[34] Torrance, *Christian Doctrine of God*, 207 (énfasis añadido).

[35] Colin Gunton, *The Christian Faith: An Introduction to Christian Doctrine* (Oxford: Blackwell, 2002), 11.

[36] Véase nota 30, arriba.

[37] San Basilio el Grande, *Hexameron: Homilías sobre los seis días de la Creación* (Buenos Aires: Diócesis de Buenos Aires, Sur y Centro América Iglesia Ortodoxa Patriarcado Serbio, 2017), Homilía 2.2., 33.

existido".[38] Por lo tanto, aunque el universo tiene un ser y una integridad propia, su contingencia indica que el universo ordenado no es ni autosuficiente ni autoexplicativo ni autosubsistente.[39] De hecho, a través de la idea del comienzo temporal, es mejor que lleguemos a la idea de la dependencia.[40] La creación de la nada expresa, entre otras cosas, la libertad sin restricciones, la soberanía y la gracia de Dios. John Polkinghorne escribe que el libre acto de Dios de crear algo distinto de sí mismo se expresa vívidamente en la frase creación *ex nihilo*: "No existía nada más (como la materia bruta y las formas del esquema griego clásico de las cosas) para incitar o restringir el acto creador divino. Sólo la voluntad divina es la fuente del ser creado".[41]

Robert W. Jenson desarrolla el significado y las ramificaciones de la creación *ex nihilo* en las siguientes tesis:

1. En verdad *hay* otra realidad que no es Dios, y es realmente otra.
2. Que haya otra realidad que no sea Dios depende enteramente de su voluntad.
3. Todo lo anterior es válido precisamente en tiempo presente. El mundo en cualquier momento no sería si Dios no lo quisiera.
4. La realidad aparte de Dios tiene un principio absoluto.[42]

En estas breves declaraciones, Jenson presenta la ontología fundamental de la cosmovisión bíblica.

---

[38] Ted Peters, "On Creating the Cosmos," 274. Maurice Wiles ha observado correctamente que una doctrina significativa de la creación implica la creación de la nada. Después de todo, sólo esta doctrina responde a la pregunta: ¿Por qué debe existir un mundo en última instancia? "La creación es creación de la nada o [no es verdaderamente creación]. Un elemento indispensable en cualquier defensa contemporánea de la creencia teísta es el sentido de misterio en cuanto a cómo es que hay algo en absoluto" (M. F. Wiles, *God's Action in the World* [London: SCM Press, 1986], 16).

[39] Torrance, *Christian Doctrine of God*, 217.

[40] Peters, "On Creating the Cosmos", 274.

[41] John Polkinghorne, *Science and Christian Belief: Theological Reflections from a Bottom-Up Thinker* (London: SPCK, 1994), 73–74. No obstante, desafortunadamente, Polkinghorne no da suficiente importancia a la doctrina de la creación *ex nihilo*: "Nunca hubo un interés teológico en preferir la cosmología del Big Bang a la cosmología de estado estacionario". (*Serious Talk: Science and Religion in Dialogue* [London: SCM Press, 1995], 64). Pero si esto es así, ¿por qué tantos científicos contemporáneos se resistieron a la cosmología del Big Bang? ¡Porque se parece demasiado a Gen. 1! Fred Hoyle y Steven Weinberg pueden servir como ejemplos.

[42] Tomado de "Aspects of a Doctrine of Creation" de Jenson en *The Doctrine of Creation*, ed. Colin Gunton (Edinburgh: T & T Clark, 1997), 18–23. Sin embargo, Jenson menciona otras dos que nos parecen problemáticas (y que no están relacionadas con *creatio ex nihilo*): "La realidad distinta de Dios no sólo tiene un principio sino una terminación; ... la realidad distinta de Dios es 'carne' [i.e., transitoria, pasajera].... En Génesis, crear es un acto intencionado". Estas declaraciones parecen socavar la doctrina de la inmortalidad a través de la resurrección. Su tesis final es también problemática: "Si todo esto último es cierto, entonces la postura inicial de que Dios es nuestro fin no puede significar simplemente que tenemos a Dios como nuestro límite.... Dios es nuestro fin en que seremos llevados a la vida trinitaria". Así, inadvertidamente sugiere una especie de universalismo.

La *Creatio ex nihilo* y la cosmología contemporánea

Se ha hecho evidente para muchos que el Big Bang tiene implicaciones teístas. En la estela del surgimiento de la cosmología del Big Bang como modelo científico predominante, Robert Jastrow del Instituto Goddard de la NASA ha observado la notable concurrencia entre la Escritura y la ciencia:

> Ahora vemos cómo la evidencia astronómica conduce a una visión bíblica del origen del mundo. Los detalles difieren, pero los elementos esenciales en los relatos astronómicos y bíblicos del Génesis son los mismos: la cadena de eventos que conducen al hombre comenzó repentina y agudamente en un momento definido en el tiempo, en un destello de luz y energía.[43]

Continúa admitiendo:

> Para el científico que ha vivido por su fe en el poder de la razón, la historia termina como un mal sueño. Ha escalado las montañas de la ignorancia; está a punto de conquistar el pico más alto; mientras se detiene en la última roca, es recibido por un grupo de teólogos que han estado sentados allí durante siglos.[44]

No todos reconocen la conexión entre el Big Bang y el teísmo. En la entrada "creación" del *Oxford Companion to Philosophy*, Kwasi Wiredu declara: "En los últimos tiempos, algunas interpretaciones falaces de la teoría del Big Bang han intentado impulsar la creación *ex nihilo*".[45] En su libro *Creation*, Hans Schwarz advierte contra la identificación del principio de la creación con el Big Bang: "No deberíamos identificar demasiado rápido el comienzo temporal del universo en una creación de la nada con el big bang cósmico. Tales identificaciones están sujetas a los vientos del desarrollo de la ciencia".[46] William P. Brown sugiere que no podemos referirnos al Big Bang como el medio por el cual Dios creó el universo.[47] Langdon Gilkey afirma lo mismo, creando una dicotomía espuria entre "un hecho cosmológico acerca del universo" y "una

---

[43] Robert Jastrow, *God and the Astronomers* (New York: W. W. Norton, 1978), 14.

[44] Ibid., 15.

[45] Wiredu dice que existe "una concepción contrastante de una ascendencia mucho más larga" (creación a partir del caos), y que "no está claro cómo la creación ex nihilo cohiere con el principio *ex nihilo nihil fit* [de la nada, nada viene] abrazado por la mayoría de los filósofos cristianos clásicos". Sin embargo, esto no es un problema. Puesto que la tradición cristiana clásica es creación de la nada, la suposición es que, desde el punto de vista naturalista, el ser no puede surgir del no ser. Si Dios existe, esto no es un problema. Disponible en línea en www.xrefer.com/entry/551716.

[46] Hans Schwarz, *Creation* (Grand Rapids: Eerdmans, 2002), 174.

[47] William P. Brown, "Creation," en *Eerdmans Dictionary of the Bible*, ed. David Noel Freedman (Grand Rapids: Eerdmans, 2000), 293.

afirmación teológica acerca de Dios"; por lo tanto, Gilkey concluye que el comienzo del universo "no puede ser parte de la verdad religiosa".[48]

A pesar de que John Polkinghorne aprobó anteriormente los comentarios sobre la creación de la nada, afirma que "la creación se ocupa del origen ontológico, no del comienzo temporal", y que la idea de la creación *ex nihilo* "afirma la dependencia total del universo de la voluntad sustentadora de su Creador".[49] Por lo tanto, parece que no da suficiente peso a la doctrina de la creación *ex nihilo* en lo que se refiere a la explosión del Big Bang. En otro lugar, escribe, "Nunca hubo un interés teológico en preferir la cosmología del Big Bang a la cosmología de estado estacionario".[50]

No estamos de acuerdo con esas evaluaciones. No sólo las Escrituras implican fuertemente la creación *ex nihilo*, sino que la evidencia empírica de un comienzo absoluto del universo parece tener ramificaciones teológicas trascendentales. Mientras que Schwarz ciertamente tiene razón al advertir acerca de la actitud de abrazar precipitadamente lo que sea que esté de moda en la ciencia actual, no debemos negar que Dios todavía nos ha dado dos "libros": el libro de la Escritura *y* el libro de la naturaleza—que no están, en principio, en conflicto ya que el Dios de la verdad es la Fuente de ambos.

Por lo tanto, aunque la cosmología del Big Bang no capta *completamente* todo lo que la creación implica teológicamente, tampoco debemos disminuir la importancia teológica del Big Bang. Dados los fundamentos bíblicos y teológicos de la doctrina de la *creatio ex nihilo*, debemos *esperar* observar algo así como un universo Big Bang en lugar de un universo en estado estacionario o un universo eternamente cíclico. Dada la evidencia, el Big Bang representa plausiblemente el evento de creación. En realidad, los astrofísicos John Barrow y Joseph Silk (que no son teístas) ven algo notablemente bíblico en la cosmología contemporánea: "Nuestra nueva imagen es más parecida a la imagen metafísica tradicional de la creación de la nada, porque predice un comienzo definitivo de los acontecimientos en el tiempo, de hecho, un comienzo definitivo del tiempo mismo".[51]

Además, las obvias implicaciones teístas del Big Bang han hecho que muchos físicos y cosmólogos se sientan incómodos. La preferencia filosófica de Fred Hoyle por la teoría del estado estacionario—a pesar de la evidencia de los comienzos del universo—se hizo legendaria. Hoyle se

---

[48] Gilkey, *Maker of Heaven and Earth*, 314.
[49] John Polkinghorne, "Science and Religion", *Expository Times* 101 (1989–90): 317.
[50] Polkinghorne, *Serious Talk*, 64.
[51] John D. Barrow y Joseph Silk, *The Left Hand of Creation*, 2da ed. (New York: Oxford University Press, 1993), 38.

enfrentó a las implicaciones teístas de lo que despectivamente llamó el "Big Bang".[52] Otros cosmólogos y físicos también se han resistido a lo que notablemente parece asemejarse a Génesis 1:1. El ganador del Premio Nobel Steven Weinberg comentó una vez que "la teoría del estado estacionario es filosóficamente la teoría más atractiva porque es la que menos se parece al relato dado en Génesis".[53]

Tales pensadores han buscado evitar las implicaciones de la cosmología estándar del Big Bang creando teorías cosmogónicas alternativas que no implican un comienzo cósmico. En su libro *God and the New Physics* [Dios y la nueva física], Paul Davies ha sugerido que el universo podría haber surgido de un vacío cuántico: "Los procesos [de las fluctuaciones cuánticas] ... representan ... la conversión de energía preexistente en forma material".[54] De manera similar, John Gribbin sostiene que el universo podría haber surgido del vacío cuántico, el cual "produce fotones virtuales de la nada en absoluto".[55] Finalmente, el astrofísico Edward Tryon ha alegado que "nuestro Universo apareció de la nada hace aproximadamente 10^{10} [años]".[56] *¿Por qué* nuestro universo llegó a existir? La "modesta propuesta" de Tryon es que "nuestro Universo es simplemente una de esas cosas que suceden de vez en cuando".[57] Se dice que el espontáneo y extravagante mundo cuántico ofrece todo tipo de alternativas naturalistas a la creación divina. Como veremos, algunos científicos recurrirán a las especulaciones más extravagantes en lugar de considerar la idea metafísica más simple de un Creador personal.

El erudito bíblico Bernhard Anderson observa correctamente que la visión bíblica de la creación no es un esfuerzo en la ciencia primitiva.[58] Por esa razón, rechazamos como eiségesis anacrónica cualquier sugerencia de que Génesis 1 enseña cosmología del Big Bang. Sin embargo, creemos que la ciencia contemporánea puede confirmar y reforzar la enseñanza bíblica general de la creación de la nada.

---

[52] Véase, por ejemplo, el rechazo de Hoyle de los milagros como "contradicciones" y sus caricaturas del teísmo/religión en *The Origin of the Universe and the Origin of Religion* (Wakefield, R.I.: Moyer Bell, 1993).
[53] Citado en John D. Barrow, *The World within the World* (Oxford: Clarendon Press, 1988), 226.
[54] Paul Davies, *God and the New Physics* (New York: Simon & Schuster, 1983), 31.
[55] John Gribbin, *In the Beginning: After COBE and before the Big Bang* (Boston: Little, Brown/Bulfinch, 1993), 247.
[56] Edward P. Tryon, "Is the Universe a Vacuum Fluctuation?" *Nature* 246 (14 dic. 1973): 396.
[57] Ibid., 397.
[58] Bernhard W. Anderson, *From Creation to New Creation: Old Testament Perspectives* (Philadelphia: Fortress, 1994), 1.

Trinidad, resurrección y creación

Mirando más allá del AT a la iluminación ofrecida por la revelación del NT, llegamos a ver más claramente lo que significa la creación y cuál es su objetivo final en la historia de la salvación. La creación no sólo tiene un punto de partida, sino que también tiene un *telos*, cuando todas las cosas alcanzan su cumplimiento como resultado de la muerte y resurrección de Cristo. De principio a fin, las personas de la Santísima Trinidad han trabajado para llevar a cabo el clímax de la creación en los cielos nuevos y nueva tierra, en la que Dios habita con su pueblo para siempre. No podemos entender verdaderamente lo que significa la creación hasta que veamos hacia dónde se dirige la creación y cómo el Padre, el Hijo y el Espíritu han obrado para lograr esta meta. Y es precisamente por medio de este enfoque trinitario, arraigado en el nuevo orden de resurrección que se produce a través de Cristo, que muchas de las preocupaciones teológicas relacionadas con la creación pueden ser abordadas.

El teólogo alemán Jürgen Moltmann, a pesar de sus excelentes argumentos exegéticos a favor de la creación de la nada,[59] apoya con palabras el panenteísmo en la conclusión de su libro *God in Creation* [Dios en la Creación], donde habla de varios "símbolos del mundo". Por un lado, rechaza "la imagen mecanicista moderna del mundo; porque es una visión del mundo que es unilateral y patriarcal".[60] Como resultado de la influencia de Newton, esta imagen mecanicista hace a Dios totalmente trascendente y alejado del mundo. Por otro lado, el concepto de la Madre Mundo o Madre Tierra es más *panteísta* (la trascendencia es absorbida por lo inmanente). Alejándose de la trayectoria *ex nihilo* de su buen trabajo exegético, Moltmann opta por una visión *panenteísta* del universo como "fiesta", "danza", "música" y "juego".[61] A través de este modelo busca unir la interacción entre trascendencia e inmanencia. A la luz de la realidad de nuestro entorno natural y de quiénes somos como seres humanos, se requiere una "cosmovisión más ecológica".[62] Moltmann argumenta que si ha de haber un mundo o un reino fuera de Dios, "el Dios infinito debe haber hecho sitio de antemano para una finitud en sí mismo".[63] Después de todo, Moltmann argumenta, si hubiera un reino fuera de Dios, Dios no sería omnipresente.

---

[59] Véase Jürgen Moltmann, *God in Creation: A New Theology of Creation and the Spirit of God*, trad. Margaret Kohl (San Francisco: Harper & Row, 1985), 86–93.
[60] Ibid., 320.
[61] Ibid., 318.
[62] Ibid., 320.
[63] Ibid., 86.

Tal razonamiento es poco convincente y, en última instancia, poco bíblico. Es cierto que algunos cristianos han enfatizado tanto la trascendencia de Dios que su visión del mundo es más parecida al *deísmo*, según el cual Dios da cuerda al universo, lo deja correr y se mantiene alejado de él. Para ser bíblica, la trascendencia divina debe ser contrarrestada por el aspecto igualmente importante de la inmanencia divina. Tanto la razón como la Escritura nos recuerdan que puede haber un mundo externo a Dios sin excluir ni la omnipotencia divina ni la interrelación.[64] Podemos afirmar la trascendencia divina sin eclipsar la inmanencia divina.

De hecho, las preocupaciones planteadas por los panenteístas, muchas de las cuales surgen de una comprensión unitaria de la absoluta trascendencia y soberanía de Dios a expensas de su inmanencia, son abordadas más adecuadamente por la teología trinitaria. En tal marco teológico, la interpenetración o residencia mutua (*perichoresis* o *circumincessio*) de las personas divinas proporciona un contexto *relacional* para comprender al Creador y a la creación, la trascendencia y la inmanencia, a Dios *sobre* y Dios *en*.[65] Cuando dejamos de lado el modelo "unitario" o estrictamente "jerárquico" de Dios, gran parte de la discusión de la relación de Dios con el mundo puede avanzar porque Dios es visto como Dios en relación. Dios es necesariamente relacional incluso sin el universo.

La misma respuesta trinitaria es apropiada para responder a las preocupaciones planteadas en la teología feminista. Sallie McFague se opone a una visión "monárquica" de Dios, en la que un Dios poderoso e incorpóreo es distinto del mundo y gobierna sobre él. Tal idea fomenta actitudes y acciones dañinas u opresivas:

> El modelo monárquico es peligroso en nuestro tiempo: fomenta un sentido de distancia del mundo; atiende sólo a la dimensión humana del mundo; y apoya actitudes de dominación del mundo o de pasividad hacia él.... El modelo monárquico fomenta actitudes de militarismo, dualismo y escapismo; aprueba el control a través de la violencia y la opresión; no tiene nada que decir sobre el mundo no humano. El modelo del mundo como cuerpo de Dios fomenta actitudes holísticas de responsabilidad y cuidado de los vulnerables y oprimidos; no es jerárquico y actúa a través de la

[64] Gunton, *The Triune Creator*, 141.

[65] Este es un ejemplo de cómo una comprensión trinitaria—más que unitaria—de Dios es vital y concierne a Dios y la opinión pública. Véase Lesslie Newbigin, "The Trinity as Public Truth," en *The Trinity in a Pluralistic Age: Theological Essays on Culture and Religion*, ed. Kevin J. Vanhoozer (Grand Rapids: Eerdmans, 1997), 1–8.

> persuasión y la atracción; tiene mucho que decir sobre el cuerpo y la naturaleza.[66]

Por lo tanto, McFague busca establecer un Dios más relacional, nutriente y amoroso.[67]

Grace Jantzen tiene un punto de vista similar, abogando por un Dios cuyo cuerpo es el mundo:

> En toda nuestra experiencia, los ojos son necesarios para la vista (materialmente, si no lógicamente), los oídos para oír, un cuerpo para tocar. Aunque no estamos obligados por consideraciones estrictamente lógicas a decir que este debe ser el caso universalmente, no tenemos motivos en nuestra experiencia para pensar que no lo sea. Por lo tanto, no es en absoluto obvio que podamos esperar una supervivencia desencarnada como un tiempo en el que la vista ya no será impedida por nuestros ojos, el escuchar limitado por nuestros oídos, o el pensamiento por la estructura de nuestro cerebro. Nuestra experiencia apunta inequívocamente en la dirección opuesta.[68]

Por supuesto, tales modelos de Dios y la relación de Dios con el mundo necesariamente excluyen la doctrina de la creación de la nada. Si Dios es responsable del origen del universo, es difícil evitar la conclusión de que un Ser desencarnado ha traído a la existencia el tiempo, el espacio, la materia y la energía físicos y por lo tanto no está sujeto a restricciones físicas. Y si el universo entró en existencia hace un tiempo finito (con el Big Bang), ¿no existía Dios sin un "cuerpo" (el mundo)? Por consideraciones cosmológicas/ astrofísicas solamente, estos modelos feministas serían insostenibles.

La doctrina cristiana de la Trinidad en realidad responde a las objeciones al teísmo planteadas por Jantzen y McFague, sin sucumbir a los problemas que se encuentran en su teología (e.g., la eliminación/disminución de la fuerte distinción entre Criatura y Creador, tan pronunciada en las Escrituras). Describir a Dios de una manera *monárquica* es, como hemos visto, describir a Dios como estrictamente

---

[66] Sallie McFague, *Models of God: Theology for an Ecological Nuclear Age* (Philadelphia: Fortress, 1987), 78.

[67] Sallie McFague, *Metaphorical Theology: Models of God in Religious Language* (Philadelphia: Fortress, 1982). David A. S. Fergusson señala que los teólogos feministas y de proceso han expresado su preocupación sobre cómo se caracteriza a menudo la relación entre Dios y el mundo: un Dios que está separado de la creación y es trascendente para ella. Esto, afirman, refuerza una idea de soberanía divina que va en contra de la necesidad de "mutualidad, amor, conexión e integridad". *(The Cosmos and the Creator: An Introduction to the Theology of Creation* [London: SPCK, 1998], 2–3).

[68] Grace Jantzen, *God's World, God's Body* (Philadelphia: Westminster, 1984), 76.

unitario. Sin embargo, la teología cristiana ve a Dios como *Dios en relación*. Las distintas personas del Padre, del Hijo y del Espíritu—cada una de las cuales posee la naturaleza divina—existen en una relación de amor necesaria e inquebrantable entre sí. Jesús habló de estar "en el Padre" y del ser del Padre "en mí" (cf. Jn. 10:30, 38; 17:21). En el entendimiento cristiano, los miembros de la Trinidad experimentan una morada mutua e inseparable unos de otros. El teólogo Cornelius Plantinga declara: "En la vida divina no hay aislamiento, no hay secreto, no hay miedo de ser transparente a los demás. Por lo tanto, puede haber un conocimiento penetrante, dentro del conocimiento del otro como otro, pero [también] como compañero co-otro, coamado".[69] Como explica Christoph Schwöbel, Dios no crea simplemente como resultado de "un acto arbitrario de la voluntad divina". Más bien, desde un amoroso Dios en relación, la creación puede ser vista como una libre "expresión del amor de Dios, que permanece fiel a lo que ha creado en amor".[70] El Dios trino *ama* en libertad, y la creación de un Dios trinitario es un Dios de libertad y amor.

Dios es un Dios relacional, no sólo necesariamente dentro de sí mismo, sino también libre y contingentemente con respecto a la creación. En lugar de simplemente *gobernar* la creación, Dios también se *relaciona* con ella íntimamente, sin oprimirla ni militarizarla, sin aplastar la libertad humana.[71]

Dietrich Bonhoeffer escribe en su libro *Creation and Fall* [Creación y caída], que Dios creando el cielo y la tierra "significa que el Creador, en libertad, crea la criatura. Su conexión no está condicionada por nada excepto por la libertad, lo que significa que es incondicional".[72] Por lo tanto, no hay literalmente *nada* entre el Creador y la criatura. Este "vacío" no es una "cosa, ni siquiera negativa", sino "absolutamente nada".[73] Bonhoeffer continúa conectando al Dios que crea de la nada con el Dios que resucita al Jesucristo muerto del Viernes Santo como el resucitado *Kyrios* (Señor) del Domingo de Pascua: "Eso es creación de la nada, creación desde el principio".[74] Así como por medio de la Torá Dios crea a Israel, por medio de su Palabra—su Logos—Dios crea el universo

---

[69] Cornelius Plantinga Jr., "The Perfect Family," *Christianity Today* 28 (4 mar. 1988): 27.

[70] Christoph Schwöbel, "God, Creation, and the Christian Community," en *The Doctrine of Creation* (ed. Gunton), 157.

[71] Colin E. Gunton observa, "Dios permanece en una estrecha relación de interacción con la creación, pero de tal manera que la hace libre de ser ella misma. La trascendencia de Dios como creador de todas las cosas no es de tal magnitud que no pueda ser inmanente en ella". ("Creation," 142).

[72] Dietrich Bonhoeffer, *Creation and Fall: A Theological Interpretation of Genesis 1–3* (London: SCM Press, 1959), 14.

[73] Ibid., 15.

[74] Ibid., 16.

(Sal. 33:6, 9; Jn. 1:1-3). La creación es *en* y *a través* de Cristo. Así, en un sentido simbólico, el Domingo de Resurrección puede ser visto como el octavo día de la creación—el comienzo de la reorientación de la creación hacia su objetivo legítimo a través de la resurrección de Jesús de entre los muertos, de modo que la creación está siendo puesta ahora en su dirección correcta.[75]

A este respecto, Ireneo propuso una metáfora esclarecedora: Dios Padre tiene "dos manos" en la mediación de la creación, es decir, el Hijo y el Espíritu. "Porque con Él estaban siempre presentes la Palabra y la Sabiduría, el Hijo y el Espíritu, por quien y en quien, libre y espontáneamente, Él hizo todas las cosas".[76] De hecho, tenemos indicios de la participación trinitaria en la creación en las Escrituras del AT. Nos dicen que el Espíritu se movía sobre las aguas (Gen. 1:2), que los cielos fueron hechos por la *palabra* del Señor y su ejército por el *aliento* (*rûah*, la palabra para el *espíritu*) de su boca (Sal. 33:6), que la Sabiduría era un artesano al lado de Dios cuando él creó (Prov. 8:27, 30), y que el Espíritu de Dios da vida a todas las criaturas (Sal. 104:30-31).

En la iniciativa divina de llevar la creación hacia su verdadero fin, la Palabra—Emanuel, Dios encarnado—viene a un mundo cargado de pecado al asumir la naturaleza humana y vivir entre sus criaturas (Jn. 1:14). A través de su muerte, los poderes demoníacos hostiles son derrocados. Esto es atestiguado por la resurrección de Cristo, que vino por obra del Espíritu (Rom. 8:11; 1 Ped. 3:18). Hablando en términos generales, Colin Gunton resume así la naturaleza de la mediación del Hijo y del Espíritu: "La encarnación del Verbo creador eterno en el ser humano, Jesús de Nazaret, marca la libertad de Dios *dentro* del mundo material, mientras que la acción soberana del Espíritu es la marca de la libertad de Dios hacia o *contra* él, desde fuera, por así decirlo".[77]

Además, hay una conexión integral entre la creación, la encarnación y la resurrección, que no debe ser ignorada. Richard Bauckham y Trevor Hart observan:

> La resurrección es un nuevo acto creador de Dios, que devuelve la vida a la criatura o criaturas que, de otro modo, volverían a la nada de la que les trajo el primer acto de la creación.... La esperanza de la resurrección es fe radical en el Dios que permanece fiel a su creación material y mortal, teniendo por ella tanto valor como para dejarla perecer. La esperanza cristiana de la resurrección es fe radical en el Dios que se encarnó en la naturaleza humana material y mortal, poniendo el sello de su propia presencia en su valor

[75] Gunton, *Christian Faith*, 7.
[76] Ireneo, *Against Heresies* 4.20.1.
[77] Gunton, *Christian Faith*, 10.

eterno para él. La esperanza cristiana de la resurrección es fe radical en el Dios que levantó a Jesús de la muerte, comprometiéndose así a resucitar también a los que creen en Jesús.[78]

Tanto en la doctrina de la Trinidad como en la muerte y resurrección de Jesucristo, tenemos a nuestra disposición ricos recursos que nos permiten ver la doctrina de la creación con mayor plenitud y claridad. Aunque un entendimiento *ex nihilo* no es todo lo que hay en esta doctrina, es un aspecto muy crucial, con muchas ramificaciones significativas.

La importancia teológica de la creación de la nada

Mientras que la actividad creadora de Dios no se limita a producir la existencia del universo a partir de la nada hace un tiempo finito (como se diferencia, por ejemplo, de la "nueva creación" que viene en el escatón), la doctrina de la creación a partir de la nada no sólo tiene una base bíblica, sino que es esclarecedora desde el punto de vista teológico. Esto es evidente al menos de tres maneras:

Primero, la creación *ex nihilo* refuerza la idea de la *aseidad* de Dios o de la existencia necesaria. Filósofos y teólogos han hablado de Dios como "el ser el cual ningún otro más grande puede ser concebido"; como el único Ser necesario, autoexistente, autoexplicativo; como el Ser que existe en todos los mundos posibles; como el Ser que no puede *no* existir. Cuando los Padres prenicenos escriben sobre la creación, a menudo hablan de Dios como "increado [*agennetos*]" y "no engendrado [*agenetos*]" y de todo lo demás como "creado" y "engendrado". El hecho de que Dios traiga a la existencia todo lo que no es él mismo revela que todo lo demás es contingente en su ser. La existencia del universo y, de hecho, de cualquier cosa fuera del universo, aparte de Dios, es una criatura y está basada en el acto creativo de Dios.

En segundo lugar, la creación *ex nihilo* subraya la doctrina de la libertad divina. Dios actuó libremente al crear el orden creado sin depender de materiales preexistentes (*creatio ex materia*). Tampoco la creación fue una emanación de Dios. Él habla por su palabra, llamando a todas las cosas a la existencia.[79] Dios eligió libremente crear (en lugar de no crear) algo distinto de sí mismo. Dios podría haber elegido permanecer solo, en la autosuficiencia de las relaciones de amor

[78] Richard Bauckham y Trevor Hart, *Hope against Hope: Christian Eschatology at the Turn of the Millennium* (Grand Rapids: Eerdmans, 1999), 124.

[79] Como dice Hans Schwarz: "Para Dios, la creación no fue una necesidad ni un accidente". (*Creation*, 173).

intratrinitarias. Pero eligió libremente crear personas finitas a su imagen e invitarlas a la bienaventuranza de una relación de amor consigo mismo.

Tercero, la creación *ex nihilo* exhibe la *omnipotencia* de Dios. Algunos teólogos medievales sostenían que Dios debía tener un poder infinito, ya que existe una distancia cualitativa infinita entre el ser y la nada. Por otro lado, la omnipotencia de Dios se vería comprometida si hubiera un dualismo eterno de Dios y un *Urstoff* eternamente preexistente. Si Dios deseaba crear, pero sólo podía crear con materia preexistente, entonces esto pondría una limitación a Dios. La existencia de una cosa primordial eternamente existente sería un asunto de pura *suerte*—¡una coincidencia fortuita![80] Es decir, la habilidad de Dios para crear dependería de si tenía material disponible. Es difícil imaginar un despliegue más asombroso del poder todopoderoso de Dios que el del mundo que nace de la nada, por orden suya.

El esquema del libro

Aunque podríamos escribir mucho sobre la teología de la creación,[81] nuestro enfoque en este libro será la dimensión específica de la creación *ex nihilo*. Al defender la doctrina de la creación de la nada, no profundizamos en muchas de sus implicaciones y ramificaciones teológicas. Otros lo han hecho hábilmente. Consideramos que nuestra contribución consiste en reunir varias líneas de datos en un solo volumen para ofrecer un caso acumulativo de gran alcance para la creación *ex nihilo*. Lo hacemos examinando escritos bíblicos y extrabíblicos, argumentos filosóficos y descubrimientos científicos que nos apuntan en la dirección de la creación *ex nihilo*. Nos limitamos a evaluar las pruebas disponibles a favor y en contra de la creación *ex nihilo* con la esperanza de que este material estimule la investigación y el debate sobre este importante tema.

En los primeros tres capítulos de este libro, veremos que la doctrina de la creación *ex nihilo* tiene un buen apoyo cuando examinamos de cerca el Antiguo Testamento (capítulo 1), el Nuevo Testamento (capítulo

[80] El historiador eclesiástico Eusebio desafió a los que afirmaban que la materia era eternamente preexistente a que le dijeran "si no se deduce de su argumento de que Dios por casualidad encontró la sustancia no originada, sin la cual, si no le hubiera sido suministrada por su carácter no originario, no habría podido producir ninguna obra, sino que habría seguido sin ser Creador" (*Praeparatio Evangelica* 7.20).

[81] Para discusiones útiles de la doctrina bíblica de la creación, ver Bernhard W. Anderson, *Creation versus Chaos* (Philadelphia: Fortress, 1987); idem, *From Creation to New Creation: Old Testament Perspectives* (Minneapolis: Fortress, 1994).

2), y los escritos extrabíblicos (capítulo 3).[82] Mostraremos que muchas de las afirmaciones exegéticas que tienden a socavar o disminuir la creación *ex nihilo* en varios textos son a menudo débiles e inverosímiles. Estamos familiarizados con el argumento, repetido a menudo, de que la doctrina de la creatio *ex nihilo* no se encuentra en la Biblia, sino que es una innovación teológica de los teólogos cristianos de finales del siglo II. Pero sostenemos, en palabras de Mark William Worthing, que "la idea de la creación de la nada... es una doctrina que puede reivindicar legítimamente ser bíblica en su forma seminal, si no en su plena expresión".[83] Es decir, se puede hacer un *fuerte caso acumulativo* a favor de la creación *ex nihilo* como una doctrina completamente bíblica, y no simplemente una innovación teológica. Algunos eruditos pueden tratar de socavar ciertas corrientes de evidencia aquí y allá (e.g., sosteniendo que el verbo hebreo "crear" no necesariamente expresa algo de la nada). Pero al igual que en un tribunal de justicia, mientras que una cadena de pruebas puede ser insuficiente para condenar a un criminal, la gama completa de pruebas puede ser bastante convincente.

Este libro ofrece razones para afirmar que la creación de la nada es un concepto *bíblico*. Los datos bíblicos no son ambiguos, como algunos sostienen; de hecho, la creación *ex nihilo* es la inferencia más razonable a la luz de los textos bíblicos. Aunque la doctrina de la creación de la nada no esté explícitamente establecida, es una inferencia obvia del hecho de que Dios creó todo lo que es distinto de sí mismo. "Implícito" no debe diluirse para significar "ambiguo". (O, de nuevo, podemos distinguir entre el *concepto* de la creación de la nada en la Escritura incluso si las palabras "creación de la nada" no se usan específicamente.) Que los antiguos exégetas y teólogos judíos y cristianos creyeran en la creación *ex nihilo* no debería ser una sorpresa. Y aunque, como muchos de ellos creían, Dios creó de la materia primordial, estos pensadores judíos y cristianos sostenían que esta materia en sí misma fue creada *primero* por Dios y luego, en una etapa posterior, convertida en un cosmos ordenado por él. Ellos sostenían uniformemente que sólo Dios no es engendrado e increado; todo lo demás es engendrado y creado.

La doctrina bíblica de *creatio ex nihilo* necesita ser cuidadosamente distinguida de la conservación del mundo en el ser por parte de Dios. El capítulo 4 proporciona un análisis cuidadoso de estas dos nociones y argumenta que la creación se distingue adecuadamente de la

[82] La primera parte de este libro es una expansión significativa de un artículo anterior: Paul Copan, "Is *Creatio ex nihilo* a Post-Biblical Invention? A Response to Gerhard May's Proposal," *Trinity Journal* 17 (primavera 1996): 77–93.

[83] Mark William Worthing, *God, Creation, and Contemporary Physics* (Minneapolis: Augsburg, 1996), 76.

conservación principalmente en que sólo la primera carece de una entidad paciente para recibir la acción de Dios.

La doctrina de que Dios creó todo lo que no es él mismo y que por lo tanto sólo existe *a se*, es desafiada significativamente por el platonismo. El capítulo 5 explora las maneras de enfrentar este desafío de una manera bíblica y filosóficamente coherente. Este capítulo es de carácter programático y sus conclusiones son provisionales.

Los padres de la iglesia se apartaron de la tradición filosófica griega al rechazar la eternidad de la materia en favor de la idea hebrea de *creatio ex nihilo*, y se comprometieron en disputas filosóficas con filósofos griegos sobre la finitud del pasado. Durante siglos esta tradición continuó en el pensamiento cristiano, judío e islámico. El capítulo 6 retoma una vez más esta antigua tradición. El reclamo de la finitud del pasado es filosóficamente superior al reclamo de la infinidad del pasado, y el capítulo 6 defiende, en conversación con la filosofía y las matemáticas contemporáneas, dos argumentos independientes para la conclusión de que los eventos físicos del pasado no son infinitos, sino que tuvieron un comienzo.

En una revolución de proporciones casi copernicanas, la cosmología astrofísica contemporánea ha abandonado la visión del universo como un objeto estático en favor de la visión de que el universo es una entidad en evolución y por lo tanto tiene una historia a gran escala. Notablemente, la evidencia sugiere fuertemente que la historia no es infinita en el pasado, sino que es finita. De acuerdo con el paradigma dominante de la cosmología contemporánea, el universo—de hecho, el espacio y el tiempo mismos—surgió de la nada hace aproximadamente trece mil millones de años. El capítulo 7 presenta evidencia de la cosmología astrofísica sobre la finitud del pasado y explora los intentos de evitar este comienzo absoluto a través de modelos cosmogónicos no estándar. Revela por qué la mayoría de los cosmólogos de hoy piensan que ningún modelo que no involucre la finitud del pasado es tan plausible como los modelos consistentes con la predicción de un comienzo absoluto por la cosmología estándar del Big Bang.

Por lo tanto, existen buenas bases filosóficas y científicas para afirmar el origen temporal del universo *ex nihilo*. Para completar el caso de *creatio ex nihilo*, el capítulo 8 examina los intentos naturalistas de evitar la inferencia de un Creador trascendente y personal del cosmos. Estos intentos son desesperados y revelan que la mejor explicación del origen del universo es que Dios creó el universo de la nada.

I

El testimonio del Antiguo Testamento de la *Creatio ex nihilo*

Gerhard May admite que la idea de la creación de la nada "corresponde de hecho a la proclamación del AT sobre la creación",[1] aunque la doctrina *no sea exigida* por el texto.[2] Sin embargo, al examinarla más de cerca, se puede argumentar sólidamente a favor de la *creatio ex nihilo* en el AT, que en efecto es exigida por el texto, aunque "de la nada" sea implícita en lugar de ser enunciada directamente. Es decir, simplemente no hay otra manera plausible y consistente de leer el texto bíblico. Dicho esto, el caso del AT a favor de la creación *ex nihilo* es *acumulativo*, y no se basa en una sola prueba, sino en una serie de elementos que se refuerzan mutuamente. Cuando los combinamos, el argumento a favor de la creación de la nada es bastante fuerte.

Como establecemos en este capítulo, el caso de la creación de la nada combina los siguientes elementos:

1. El contraste entre el relato bíblico de la creación y otras epopeyas antiguas del Oriente Próximo.
2. Las varias razones literarias/contextuales para tomar Génesis 1:1 como una oración absoluta ("En el principio creó Dios...") en vez de como una construcción ("Cuando Dios creó...").
3. Las características significativas del verbo *bara'*, (crear), cuando se usa en el contexto de la creación inicial (e.g., Génesis 1:1), apuntan a la creación de la nada:
   a. Dios es siempre el sujeto del verbo *bara'*, (los usos relevantes están en las raíces Qal y Niphal).
   b. No se menciona ningún material en relación con la acción creadora de Dios.

[1] Gerhard May, *Creatio ex Nihilo: The Doctrine of "Creation out of Nothing" in Early Christian Thought*, trad. A. S. Worrall (Edinburgh: University of Edinburgh Press, 1994), xi.
[2] Ibid., 24.

c. La creación de Dios por su *palabra* refleja una ausencia de esfuerzo y una libertad no comunicada por una doctrina de creación a partir de materia eternamente preexistente.
d. *Bara'*, capta la amplitud de la creación de Dios desde el principio hasta el final, a diferencia de palabras como *hacer* o *formar*.

4. La *totalismo* de los pasajes de la creación del AT (por ejemplo, "los cielos y la tierra", que representan la *totalidad* de la creación) implica fuertemente que nada queda fuera de esta descripción comprensiva; Dios y su creación constituyen la suma total de la realidad.
5. El contraste Creador-criatura en el AT (y llevado al NT) da por sentada la naturaleza intrínsecamente duradera de Dios en oposición a la finitud y transitoriedad inherentes de la creación.

Independientemente de lo que se diga sobre el uso de las fuentes y tradiciones literarias en el Génesis, muchos eruditos están de acuerdo en que la forma final de Génesis 1 da precedencia a la actividad inicial de Dios en la creación de los cielos y la tierra. Reconocen que la creación marca el comienzo del tiempo y de la historia terrenal, el punto de origen de todo, aparte de Dios.[3] Así que examinaremos estas características clave y otros argumentos que apoyan fuertemente la doctrina de la creación de la nada, tal como está claramente implicada en el AT.

Génesis 1: ¿Simplemente otra cosmogonía del Antiguo Oriente Próximo?

La primera tabla de la antigua "epopeya de la creación" babilónica *Enuma Elish* comienza de esta manera:

> Cuando el cielo de arriba [*enuma elish*] aún no tenía nombre
> Ni tierra abajo era pronunciada por nombre,
> Apsu, el primero, su creador.
> Y el hacedor Tiamat, que los engendró a todos,
> Había mezclado sus aguas,
> Pero no había formado pastos, ni descubierto carrizales;
> Cuando aún no había dioses manifiestos,
> Ni nombres pronunciados, ni destinos decretados,
> Entonces los dioses nacieron dentro de ellos.
> Lahmu (y) Lahamu emergieron, sus nombres se pronunciaron.
> Tan pronto como maduraron, se formaron completamente,

[3] Brevard S. Childs, *Biblical Theology of the Old and New Testaments* (Minneapolis: Fortress, 1992), 385.

Anshar (y) Kishar nacieron, superándolos.
Pasaron el día entero, añadieron a los años.
Anu, su primogénito, rivalizaba con sus antepasados:
Anshar hizo a su sol Anu como él mismo,
Y Anu engendró a Nudimmud a su imagen.
Él, Nudimmud, era superior a sus antepasados:
Profundo de entendimiento, era sabio, era muy fuerte en las armas.
Más poderoso que el creador de Anshar, su padre,
No tenía rival entre los dioses de sus pares.
....
Y Ea y Damkina, su amante, vivían en esplendor.
En la cámara de los destinos, el salón de los diseños,
Bel, el más inteligente de los inteligentes, sabio de los dioses, fue engendrado.
Y dentro de Apsu, Marduk fue creado;
Dentro de Apsu puro, nació Marduk.
Ea, su padre lo creó,
Damkina, su madre lo parió.
....
Los dioses, incapaces de descansar, tuvieron que sufrir.
Conspiraron el mal en sus corazones.
....
Se amontonaron y se reunieron junto a Tiamat.
Eran feroces, intrigantes, inquietos día y noche.
Estaban preparándose en la guerra, gruñendo y furiosos.
Convocaron un consejo y crearon conflicto.[4]

La palabra *cosmogonía* tiene que ver con el origen o nacimiento del universo, y Génesis 1 nos ofrece una cosmogonía. Muchos de nosotros hemos escuchado a los eruditos en la historia de las religiones comparar Génesis 1 con las cosmogonías del Antiguo Oriente Próximo (AOP), agrupándolas como "básicamente diciendo lo mismo". En su libro *En el principio*, Robert Coote y David Ord, después de citar el *Enuma Elish*, descartan casualmente la singularidad del relato del Génesis: "Génesis 1 es un relato típico de la creación, por lo que inicia de la misma manera".[5] Estas observaciones repetidas con frecuencia oscurecen las notables diferencias entre Génesis y otras cosmogonías.

Antes de examinar textos particulares del AT relacionados con la creación, deberíamos al menos examinar otras cosmogonías del AOP

[4] Esta traducción [en inglés] es de Stephanie Dalley, en *Myth from Mesopotamia,* World Classics (Oxford: Oxford University Press, 1991). Disponible en línea en www.usd.edu/~dpryce/honors/enuma.htm.

[5] Robert Coote y David Ord, *In the Beginning: Creation and the Priestly History* (Minneapolis: Fortress, 1991), 50.

para hacer un juicio más informado sobre cómo se comparan con Génesis 1, ya que tal yuxtaposición tiene relación con la comprensión de la creación bíblica. Cuando reconocemos las notables diferencias entre ellos, las similitudes en realidad palidecen en comparación con las diferencias.

El Génesis es muy diferente de las cosmogonías mesopotámicas, por ejemplo, que están entrelazadas con las *teogonías*, es decir, con los relatos de los orígenes de los dioses. En ellos no se nos cuenta tanto cómo surgió el universo—el origen de los mundos es realmente accidental o secundario en los relatos del AOP—sino cómo surgieron los *dioses*. Y además de que estas cosmogonías mesopotámicas se preocupan realmente de los antepasados de los dioses y de cómo se organizaron, ni siquiera identifican a estos dioses como creadores. Así que cuando se trata de los elementos del universo (las aguas/profundidad, oscuridad), una deidad *controla* a uno de éstos o *es* uno de ellos.[6]

Como dice Umberto Cassuto, las epopeyas de la creación del AOP hablan del *origen de los dioses* que precedieron al nacimiento del mundo y de los seres humanos. Hablan del "antagonismo entre este dios y aquel otro dios, de las fricciones que surgieron de estos choques de voluntad y de las guerras poderosas que libraron los dioses".[7] Además, estas epopeyas "conectaron la génesis del mundo con la génesis de los dioses y con las hostilidades y guerras entre ellos; e identificaron diferentes partes del universo con determinadas deidades o con ciertas partes de sus cuerpos".[8]

Gerhard Hasel dice que el autor de Génesis 1 escribe con *conciencia* de las cosmogonías rivales, pero las *rechaza* deliberadamente.[9] En las cosmogonías rivales, la humanidad es meramente un pensamiento secundario, mientras que en Génesis 1 el hombre y la mujer son la corona y el apogeo de la creación de Dios. A diferencia del "monoteísmo exclusivo" de la creación del AT, escribe Raymond Van Leeuwen, los textos del AOP se caracterizan por un politeísmo en el que los dioses se identifican con "poderes, partes o aspectos del cosmos y la cultura".[10] Incluso cuando la imaginería o la acción son similares en los relatos del AT y del AOP, el politeísmo de los textos del AOP (e.g., conflicto primitivo, el mundo como teniendo una ambigua dimensión bien-mal) les

---

[6] John H. Walton, *Ancient Israelite Literature in Its Cultural Context* (Grand Rapids: Zondervan, 1989), 25–26.

[7] U. Cassuto, *A Commentary on the Book of Genesis*, vol. 1, trad. Israel Abrahams (Jerusalem: Magnes Press, 1972), 7.

[8] Ibid., 7.

[9] Gerhard F. Hasel, "The Polemic Nature of the Genesis Cosmology," *Evangelical Quarterly* 46 (1974): 81–102.

[10] Raymond C. Van Leeuwen, "*br*'" en *NIDOTTE*, 1:728.

da un carácter completamente diferente al de los relatos del AT (por ejemplo, creación sin conflicto, la creación es enteramente "buena").[11]

Además, Yahveh simplemente habla, creando de esa manera; en otras cosmogonías del AOP, las deidades luchan por dividir las aguas. También, en Génesis 1, los cuerpos astrales no son *dioses* (como en los relatos del AOP) sino *creaciones*.[12] Como señala Rolf Rendtorff, incluso las tinieblas en Génesis 1 son "un elemento de la creación", así como las "aguas".[13] (Véase también Is. 45:7, donde Yahveh crea no sólo luz sino oscuridad.) Gerhard von Rad hace el poderoso punto de vista de que la cosmovisión de Israel, tal como se refleja en el Génesis, trazó una línea divisoria aguda entre Dios y el mundo. El mundo material es purgado de cualquier cualidad de lo divino o de lo demoníaco.[14]

El erudito del Antiguo Testamento Mark S. Smith ha comparado y contrastado la cosmogonía ugarítica con la de Génesis 1. En Génesis, leemos de algo maravillosamente diferente que en la primera, con sus dioses y poderes hostiles (la oscuridad, las aguas/las profundidades): "Estos monstruos cósmicos ya no son fuerzas primordiales opuestas al Dios israelita al principio de la creación. En vez de eso, *son criaturas como otras criaturas* representadas en este relato".[15] Génesis 1 describe una "maestría divina" sobre estas fuerzas, que son "despersonalizadas" y "domesticadas".[16] El lenguaje de los mitos y poderes antiguos sirve como contexto literario para las imágenes del Génesis. Sin embargo, "se evitan las afirmaciones míticas mismas, ya que un Dios celoso no puede tolerar poderes primarios competitivos".[17]

Contraria a la afirmación de Laurence Turner de que el "caos reina" en Génesis 1:2,[18] las aguas y las tinieblas no tienen fuerza ni poder alguno. (Como se acaba de señalar, Dios crea tanto las tinieblas como las aguas; las tinieblas, al igual que las aguas, son una creación y no son eternamente preexistentes: por lo tanto, la presentación del AT va en

---

[11] Ibid., 729.

[12] Sobre esto, véase Hasel, "Polemic Nature," 81–102

[13] Rolf Rendtorff, "Creation and Redemption in the Torah," en *The Blackwell Companion to the Hebrew Bible*, ed. Leo G. Purdue (Malden, Mass.: Blackwell, 2001), 314.

[14] Gerhard von Rad, "Some Aspects of the Old Testament World-View," en *Creation in the Old Testament*, ed. Bernard W. Anderson (Philadelphia: Fortress, 1984), 3.

[15] Mark S. Smith, *The Origins of Biblical Monotheism: Israel's Polytheistic Background and the Ugaritic Texts* (New York: Oxford University Press, 2001), 38. Véase también Mark S. Smith, *The Early History of God: Yahweh and the Other Deities in Ancient Israel*, 2da ed. (Grand Rapids: Eerdmans, 2002).

[16] Smith, *Origins of Biblical Monotheism*, 38.

[17] Robert W. Jenson, *Systematic Theology: The Works of God*, vol. 2 (New York: Oxford University Press, 2000), 11.

[18] Laurence A. Turner, *Genesis* (Sheffield: Sheffield Academic Press, 2000), 21. Jon D. Levenson habla de la "supervivencia del caos después de la victoria de Dios" en la primera parte de su obra *Creation and the Persistence of Evil* (San Francisco: HarperSanFrancisco, 1989).

contra de otras epopeyas del AOP)[19] Sencillamente no existe una "tensión dialéctica" entre el caos y el cosmos.[20] Gerhard von Rad declara sobre Génesis 1:

> Es asombroso ver cómo el pequeño Israel se demarcó a sí mismo de un ambiente aparentemente abrumador de mitos cosmológicos y teogónicos. Aquí el sujeto no es un misterio primigenio de procreación del que surgió la divinidad, ni de una lucha "creadora" de poderes míticamente personificados de los que surgió el cosmos, sino el que no es ni guerrero ni procreador, el único digno del predicado, el Creador.[21]

Otro contraste con algunas cosmogonías del AOP tiene que ver con la ontología o el ser: el mundo creado no *emana* de alguna manera de Yahveh. No es un "desbordamiento de la esencia de la deidad, sino más bien un objeto".[22] Es claramente distinto de él. Por su palabra, él lo llama a la existencia, convirtiéndolo en su propia posesión.[23]

En contraste con los mitos del AOP, en Génesis 1 no hay rivales para el Creador, y mucho menos materia preexistente. Esto, según Luis Stadelmann, es una diferencia "fundamental" entre ambos. No hay dualismo cósmico ni lucha alguna.[24] Por otro lado, la historia de la creación babilónica "presenta una sucesión de deidades rivales" en lugar de un simple relato monoteísta.[25] Como observa James Barr, las teomaquias (guerras divinas) y el politeísmo del AOP contrastan fuertemente con Génesis 1, que es "magníficamente monoteísta".[26]

---

[19] El espíritu divino y la materia cósmica son coexistentes y coeternos en estas epopeyas extrabíblicas; así, la luz emana de los dioses en la epopeya babilónica. En Génesis, sin embargo, Dios crea la materia y existe independientemente de ella: Dios crea la luz en el Génesis (E. A. Speiser, *Genesis*, AB 1 [Garden City, N.J.: Doubleday, 1964], 10).

[20] Contrario a Karl Lönig y Erich Zenger, *To Begin with, God Created...* (Collegeville, Minn.: Liturgical Press, 2000), 18; y W. Sibley Towner, *Genesis* (Louisville: Westminster John Knox, 2001), 18: "[Varios pasajes bíblicos citados] conservan un remanente de la tradición mitológica de la guerra cósmica y la victoria divina".

[21] Gerhard von Rad, *Genesis: A Commentary*, tras. John H. Marks (Philadelphia: Westminster, 1961), 47.

[22] Ibid., 49.

[23] Ralph L. Smith, *Old Testament Theology: Its History, Method, and Message* (Nashville: Broadman & Holman, 1993), 179.

[24] Luis I. J. Stadelmann escribe: "La idea de algún monstruo primordial, coexistiendo con Yahveh desde el principio, fue indudablemente considerada incompatible con el punto de vista monoteísta. Cuando los escritores bíblicos utilizan imágenes mitológicas para representar la lucha de Yahveh con los monstruos del caos primigenio, tienen cuidado de no sugerir un dualismo cósmico, sino que consideran que el caos primigenio está desprovisto de poder o resistencia tan pronto como el dios creador lo vence" (*The Hebrew Conception of the World: A Philological and Literary Study* [Rome: Pontifical Biblical Institute, 1970], 178).

[25] Speiser, *Genesis*, 11; véase también Kenneth Kitchen, *Ancient Orient and the Old Testament* (Downers Grove, Ill.: InterVarsity, 1966), 89.

[26] James Barr, *The Concept of Biblical Theology: An Old Testament Perspective* (Minneapolis: Fortress, 1999), 472.

Según John Sailhamer, el relato de la creación en Génesis 1-2, cn contradicción con los relatos del AOP, presenta un triple énfasis teológico:

1. La identidad del Creador, que es también el Dios de Israel—y no parte de un panteón de dioses
2. El origen del mundo (Génesis 1:1)
3. La vinculación de la obra de Dios en el pasado a la obra de Dios en el futuro (por ejemplo, el relato de la creación es paralelo a la construcción del tabernáculo más adelante en el Pentateuco).[27]

John Walton dice que las similitudes entre las cosmogonías mesopotámicas y la Biblia son superficiales y no sustanciales: "Es difícil discutir comparaciones entre la literatura israelita y la mesopotámica sobre la creación porque la disparidad es muy marcada".[28] Walton ve tres diferencias clave:

1. Teogonía versus cosmogonía
2. Politeísmo versus monoteísmo
3. Organización versus acto creativo

Contrariamente a la creencia popular, el relato del Génesis no es "otro mito más" del AOP. Génesis define al Dios de Israel como el único Creador—en oposición a los muchos dioses del antiguo oriente, que estaban limitados en poder, conocimiento y moralidad.[29] En una presentación dramática y revolucionaria, Dios es visto como el creador del sol, la luna y las estrellas, que a menudo se pensaba que eran dioses por derecho propio.[30] Aunque existen algunas similitudes entre el Génesis y algunas otras epopeyas de la creación antigua (e.g., la mención de la tierra árida, los astros celestes, la humanidad, el reposo de los dioses), las diferencias son mucho más llamativas y notables

---

[27] John Sailhamer, "Genesis," en el *Expositor's Bible Commentary*, vol. 2, ed. Frank Gaebelein (Grand Rapids: Zondervan, 1990), 19–20. Victor Hamilton y James C. Moyer reduce estas diferencias clave a dos: (1) describir a Dios como "soberano, sin desafío, y trascendente sobre la creación"; y (2) "presentar un modelo de relación" con el Dios de Israel como Creador, quien eventualmente hace un pacto con Abraham y luego establece a Israel como una nación después del éxodo (*The Old Testament: Text and Context* [Peabody, Mass.: Hendrickson, 1997], 43).

[28] Walton, *Ancient Israelite Literature*, 26. Walton observa que el dios Marduk parece crear una constelación, pero en realidad la destruye para demostrar su poder a otras deidades. Así que no hay un cosmos permanente.

[29] Gordon J. Wenham, "Genesis," en *The New Bible Commentary*, ed. Gordon Wenham et al. (Downers Grove, Ill.: InterVarsity, 1994), 57.

[30] Claus Westermann, Creation, trad. John J. Scullion (Philadelphia: Fortress, 1974), 44: "La naturaleza absoluta de criatura de los cuerpos celestes nunca antes ha sido expresada en términos tan revolucionarios, hasta donde sabemos".

No sólo hay una diferencia de *contenido* entre Génesis 1 y otras cosmogonías del AOP; también hay una sorprendente diferencia de *estilo.* El arqueólogo Kenneth Kitchen ha señalado el contraste entre el simple relato de la creación en Génesis y las más elaboradas epopeyas de la creación del AOP. Como regla general, *cuanto más simple sea un escrito de este tipo, más sencillo será*: "Los relatos o tradiciones simples pueden dar lugar (por acumulación o embellecimiento) a leyendas elaboradas, pero no viceversa".[31]

Además, como Claus Westermann ha instado, no debemos sentirnos amenazados cuando oímos hablar de otros relatos del AOP.[32] Un examen más profundo de estos relatos revela que la doctrina judeocristiana de la creación apenas se ve amenazada en su singularidad *y* que, cuando comparamos cuidadosamente otros relatos del AOP con Génesis, surgen fácilmente diferencias significativas (a menudo subestimadas).[33] A diferencia de los típicos mitos cosmogónicos monistas del AOP, sólo la Biblia habla de un Dios libre y distinto del mundo. En comentarios de Henri Blocher: "Existe el peligro de que lo obvio pase desapercibido: el comienzo de Génesis proclama ante todo la creación. El único Dios lo ha creado todo. En el momento en que se formuló, la proposición no era nada común".[34]

Génesis 1:1: ¿Fabricado o absoluto?

Una visión bastante común de Génesis 1 es que fue influenciado por la epopeya babilónica, *Enuma Elish*, y otras epopeyas del AOP. De hecho, tal perspectiva ha afectado la forma en que Génesis 1:1 en sí mismo iba a ser entendido en algunas traducciones recientes. Supuestamente, debido a que el "principio" no tiene un artículo "el" que lo precede en hebreo, no es absoluto sino temporal.[35] Por lo tanto, la *New English Bible* (NEB, 1970) traduce Génesis 1:1-2, "En el principio de la creación, cuando Dios hizo el cielo y la tierra, la tierra estaba sin forma y vacía". La *New American Bible* (NAB, 1970) lo traduce así: "En el principio, cuando Dios creó los cielos y la tierra, la tierra era un desierto sin forma". La *New Jewish Version* (NJV, 1962) pone la supuesta

---

[31] Kitchen, *Ancient Orient and the Old Testament*, 89 (y nota).

[32] Claus Westermann, *Genesis 1–11*, trad. John J. Scullion (Minneapolis: Augsburg, 1984), 20.

[33] Para un breve resumen de algunos de los temas relacionados con los supuestos préstamos de los mitos del AOP por parte de los escritores bíblicos, véase Walter C. Kaiser Jr., *The Old Testament Documents: Are They Reliable and Relevant?* (Downers Grove, Ill.: InterVarsity, 2001), 53–66.

[34] Henri Blocher, *In the Beginning: The Opening Chapters of Genesis*, trad. David G. Preston (Downers Grove, Ill.: InterVarsity, 1984), 60.

[35] Como en Towner, *Genesis*, 15.

cláusula circunstancial de esta manera: "Cuando Dios empezó a crear el cielo y la tierra—la tierra sin forma y vacía".

En su libro (irónicamente titulado) *En el principio*, Coote y Ord declaran que la traducción tradicional de Génesis 1:1, como en NVI ("Dios, en el principio, creó los cielos y la tierra"), es "incorrecta". Y agregan: "Los historiadores son generalmente conscientes de esto, pero las traducciones continúan traduciendo el hebreo de esta manera porque es tan tradicional".[36] Los autores proceden como si no existiera una base gramatical para la traducción estándar e histórica.

Estas traducciones temporales del texto que acabamos de citar implican que no hay un comienzo absoluto para la creación; de hecho, según se ha argumentado, la materia primordial (o caótica) existía eternamente y estaba organizada por Dios. Si Génesis 1:1 es una cláusula dependiente, entonces lo primero que Dios crea es la luz, no el cielo y la tierra (es decir, el universo). Un comentarista de Génesis 1:2 dice así: "La creación de la materia en la Torá no es de la nada (*creatio ex nihilo*), como muchos han dicho".[37]

Por el contrario, la erudición contemporánea, cada vez con más fuerza, ha estado en desacuerdo con una lectura tan constructiva. Además, muchos eruditos prominentes han argumentado que no existe una dependencia sustantiva o significativa de Génesis 1 de las fuentes mesopotámicas o egipcias (aunque reconocemos fácilmente la conciencia del autor bíblico de las cosmogonías del AOP); por lo tanto, las distinciones deben ser dibujadas con más cuidado y se debe evitar agruparlas todas.[38]

Identificamos cuatro perspectivas sobre la interpretación del primer versículo de Génesis:[39]

---

[36] Coote y Ord, *In the Beginning*, 50.

[37] Richard Elliott Friedman, *Commentary on the Torah* (San Francisco: HarperSanFrancisco, 2001), 6.

[38] Gran parte de esta discusión es de Gordon Wenham, *Genesis 1–15*, WBC 1 (Waco: Word, 1987), 11.

[39] Este desglose es de *ibíd.* Para una disposición similar de posiciones, véase Victor P. Hamilton, *The Book of Genesis: Chapters 1–17* (Grand Rapids: Eerdmans, 1990), 103–4. El erudito bíblico James Barr reduce las opciones a tres al confundir los puntos de vista 1 y 2 (el constructo/las representaciones temporales). Así, Génesis 1:1 o bien (1) describe un *acto inicial* de creación (antes de la creación de la luz en 1:3); (2) es una *expresión temporal* ("en el principio de la creación del cielo y de la tierra por parte de Dios") y "así adjunta a la descripción del estado caótico en el v. 2"; o (3) es un *resumen* de la obra total de la creación, "colocada en el principio y seguida por el relato detallado que se remonta al mismo proceso de creación en siete días". Véase James Barr, "Was Everything That God Created Really Good? A Question in the First Verse of the Bible," en *God in the Fray*, ed. Tod Linafelt y Timothy K. Beal (Minneapolis: Fortress, 1998), 55.

Cuatro perspectivas de Génesis 1:1	Cómo se interpreta Génesis 1:1
Perspectiva 1: El versículo 1 es una cláusula temporal, subordinada a la cláusula principal del versículo 2.	En el principio, cuando Dios creó... la tierra estaba sin forma.
Perspectiva 2: El verso 1 es una cláusula temporal, subordinada a la cláusula principal del verso 3 (el verso 2 es un comentario paréntesis).	En el principio, cuando Dios creó... (ahora la tierra estaba sin forma), dijo Dios....
Perspectiva 3: El versículo 1 es una cláusula principal y sirve como título del capítulo como un todo, resumiendo todos los eventos descritos en los versículos 2-31.	En el principio Dios creó los cielos y la tierra—[y así es como sucedió]....
Perspectiva 4: El verso 1 es una cláusula principal que describe el primer acto de creación. Los versículos 2 y 3 describen las fases subsiguientes de la actividad creadora de Dios.	En el principio Dios creó los cielos y la tierra. Después de esto, la tierra estaba inhabitable y desolada.

¿Cuál es el significado práctico de representar Génesis 1:1 en un sentido temporal (puntos de vista 1-2) en oposición a un sentido absoluto (puntos de vista 3-4)? Kenneth Mathews escribe que un comienzo relativo o temporal ("en [un] principio") de la creación sugiere "permitir la posibilidad de materia preexistente" (aunque no necesariamente). Una lectura absoluta ("en el principio") nos presenta un comienzo definido o absoluto del universo.[40] Entonces, ¿tiene la creación un comienzo absoluto o no? ¿Dios formó la materia eternamente preexistente, o creó Dios todo de la nada? Según Victor Hamilton, las alternativas estándar son el *monoteísmo* (Dios como el Ser último, eternamente existente) o un *dualismo eterno* (Dios y la materia caótica son coeternos).[41] En el principio, ¿había una sola entidad existente, o existían dos—Dios y una materia caótica preexistente?[42] Las diferencias son dramáticas y significativas.

Después de examinar los estudios pertinentes, Gordon Wenham afirma que "la mayoría de los escritores recientes rechazan la interpretación [del constructo]".[43] De hecho, la perspectiva absoluta es

[40] Kenneth A. Mathews, *Genesis 1–11:26*, NAC 1A (Nashville: Broadman & Holman, 1996), 137.

[41] Algunos estudiosos, sin embargo, simplemente ven el origen de la materia primaria en Génesis 1 como un asunto sin resolver.

[42] Hamilton, *Genesis 1–17*, 105

[43] Wenham, *Genesis 1–15*, 12. Véase también Gerhard F. Hasel, "Recent Translations of Genesis 1:1," *The Bible Translator* 22 (1971): 154–68; y Hershel Shanks, "How the Bible Begins," *Judaism* 21 (1972): 51–58. Comparar con John W. Rogerson, R. W. L. Moberly, y William Johnstone, *Genesis and Exodus* (Sheffield: Sheffield Academic Press, 2001), 74–76, que argumentan, débilmente, que incluso la lectura tradicional ("en el principio") misma implica la creación a partir de materia preexistente.

superior a la temporal o de construcción. Veamos algunos de los argumentos y razones:

En primer lugar, la falta de un artículo (lit., "en principio") *difícilmente implica un estado de construcción más que un estado absoluto* ("en *el* principio"). Estudiosos como G. Wenham,[44] N. H. Ridderbos,[45] James Barr,[46] John Sailhamer,[47] y otros han demostrado que las frases temporales a menudo carecen de un artículo (Is. 40:21; 41:4, 26; 46:10; cf. Gen. 3:22; 6:3, 4; Mi. 4:14 [5:1 ET]; Hab. 1:12).[48] Podemos decir contundentemente que *no* se ha demostrado que *bere'sîth* ("en [el] comienzo") *no pueda* tener un sentido absoluto. Tomemos, por ejemplo, Isaías 46:9-10, donde leemos: "Yo soy Dios, ... anuncio el fin desde el principio [*mere'sîth*]" (lit., "desde principio"). Aquí, según Walter Eichrodt, la expresión de Dios parece ser obviamente un sentido absoluto—"la disposición absoluta [de Dios] sobre el principio y el fin"—y con un sentido histórico en mente.[49] Además de Isaías 46:10, con *mere'sîth* usado en un "estado absoluto",[50] Proverbios 8:23 también parece tener fuerza absoluta: "Fui establecida ... desde el principio [*mero's*], desde antes que existiera el mundo". De hecho, en Job 8:7;

---

[44] Wenham, *Genesis 1–15*, 12.

[45] N. H. Ridderbos, "Genesis i 1 und 2," en *Studies on the Book of Genesis*, por B. Gemser et al., Oudtestamentische Studiën 12 (Leiden: Brill, 1958), 216–19.

[46] James Barr observa esto también, señalando a Isaías 41:4, 26; 48:16; Proverbios 8:23; Eclesiastés 3:11 ("Was Everything That God Created Really Good?" 58).

[47] John Sailhamer, "Genesis," 21–23, ofrece una serie de razones gramaticales y literarias por las que se eligió *re'sît*. Por ejemplo, señala la importancia literaria de un comienzo absoluto en Génesis 1:1 en contraste con el término escatológico *'aharît* ("fin de los tiempos") utilizado en lugares estratégicos—en "costuras poéticas"—en el Pentateuco (Gen. 49:1 NVI, "en *el futuro*"; Dt. 31:27 NVI, "¡*después* de mi muerte!" Véase también idem, *The Pentateuch as Narrative: A Biblical-Theological Commentary* (Grand Rapids: Zondervan, 1992), 35–37.

[48] N. H. Ridderbos argumenta que Génesis 1:1 no puede traducirse como una cláusula temporal ("Genesis i 1 und 2," 216–19); cf. Francis Brown, S. R. Driver, y Charles A. Briggs, *The New Brown-Driver-Briggs-Gesenius Hebrew and English Lexicon* (Peabody, Mass.: Hendrickson, 1979), 912; y William R. Lane, "The Initiation of Creation," *Vetus Testamentum* 13 (1963): 63–73, quien, sin embargo, declara: "Sólo hay una visión de la creación que nos resulta aceptable: la creatio ex nihilo. Cualquier otra cosa no es creación" (65).

[49] Walter Eichrodt, "In the Beginning," en *Creation in the Old Testament*, ed. Bernhard W. Anderson (Philadelphia: Fortress, 1984), 68; Hamilton, *Genesis 1–17*, 106, argumenta además que si Isaías 46:10 resultó ser el único texto que usaba el supuesto *resît* de uso de construcción en un sentido absoluto, entonces este ejemplo es "suficiente" para mostrar que esta estructura—*resît*—"puede ser usada para expresar el significado temporal mediante el uso de la construcción absoluta del estado". Además, *bere'sîth* ([temprano] en/al principio) ocurre en Jeremías 26:1; 27:1; 28:1; 49:34 ("al principio del reinado de *X*")—cada vez seguido por la ocurrencia de otro sustantivo, pero en Génesis 1:1, el sustantivo es seguido por un verbo finito (perfecto), y esta construcción es única. Sin embargo, esta construcción es bastante común en las lenguas semíticas, y un paralelo se encuentra en Oseas 1:2 (E. Kautzsch, *Gesenius' Hebrew Grammar*, trad. G. W. Collins [Oxford: Clarendon, 1898], 443, §130d). Véase también Ridderbos, "Genesis i 1 und 2," 228. Para más comentarios, véase Edward J. Young, *Studies in Genesis One* (Philadelphia: Presbyterian & Reformed, 1964), 6.

[50] Young, *Studies in Genesis 1*, 4.

42:12; Eclesiastés 7:8; e Isaías 46:10, vemos esta palabra "principio" usada en oposición al "fin".

James Barr, argumentando que no hay evidencia gramatical de que el "comienzo" sea una construcción en Génesis 1:1[51], llama a dicha lectura "intrínsecamente improbable".[52] El argumento de la construcción depende sólo de la ausencia del artículo, y simplemente no funcionará. Según Bernhard Anderson, sobre la base de consideraciones tanto estilísticas como contextuales, Génesis 1:1 es en realidad una frase independiente,[53] refiriéndose a un "comienzo absoluto", "*el origen de todas las cosas*".[54] Rolf Rendtorff está de acuerdo: Génesis 1:1 se refiere a un comienzo en un sentido absoluto.[55]

Segundo, la estructura literaria de Génesis 1 está en contra de una interpretación de construcción de Génesis 1:1. Según E. A. Speiser, el relato P (*Priestly*=sacerdotal) de la creación termina en 2:4a y el relato J (yahvista o jehovaísta) comienza en 2:4b. Speiser, quien tiende a ser citado en exceso en apoyo de la visión de construcción, cree que Génesis 1:1-3 es paralela a Génesis 2:4b-7. En ambos, él ve un comienzo temporal, un paréntesis, seguido por la cláusula principal (que supuestamente es paralela a la epopeya de *Enuma Elish* de Babilonia):[56]

Génesis 1:1-3	**Génesis 2:4b-7**
Cláusula temporal: Cuando Dios se dispuso a crear el cielo y la tierra	En el momento en que el Señor Dios hizo la tierra y el cielo
Paréntesis: el mundo siendo entonces un desperdicio sin forma...	ningún arbusto del campo estaba aún en la tierra...
Cláusula principal: Dios dijo: "Hágase la luz".	Yahveh Dios formó al hombre de terrones en la tierra.

Desde un punto de vista estructural-lingüístico, hay varios problemas con tal lectura. Victor Hamilton señala que si Génesis 1:1 es una cláusula de dependencia temporal,

> entonces los hechos adicionales son que el versículo 2 es un comentario parentético, que se inicia con los guiones de lo que precede y sigue; y la cláusula principal aparece en el versículo 3, "Y dijo Dios...." El resultado es una frase inusualmente larga e incoherente, en sí misma no desconocida,

[51] Barr, "Was Everything That God Created Really Good?" 57.
[52] Ibid., 58.
[53] Bernhard W. Anderson, *From Creation to New Creation* (Minneapolis: Fortress, 1994), 30.
[54] Bernhard W. Anderson, *Creation versus Chaos* (Philadelphia: Fortress, 1987), 185.
[55] Rendtorff, "Creation and Redemption in the Torah," 313.
[56] Speiser, *Genesis*, 8–13, 18–20.

pero bastante fuera de lugar en este capítulo, entrelazada como está con una serie de frases staccato.[57]

Hershel Shanks señala que la calidad literaria inferior de la construcción proporciona un poderoso argumento a favor de la traducción absoluta más majestuosa. El intento de algunas traducciones recientes de convertir Génesis 1:1-3 en una frase larga es "un modelo de confusión" y "un desorden de pensamientos que claman por ser resueltos", lo que es instintivamente una omisión.[58] Por el supuesto motivo de consideraciones gramaticales y "académicas", la interpretación de la construcción en ciertas traducciones recientes (NAB, NEB, NJV; [en español se puede notar en traducciones como BLP, TLA, PDT) sacrifica la belleza literaria. Las principales preocupaciones detrás de la interpretación de construcción son, de hecho, resueltas por una absoluta.[59] Edward P. Arbez y John P. Weisengoff ven la lectura de construcción como "torpe",[60] y Keil y Delitzsch llegan a llamarla "intolerable".[61] ¿Por qué entonces adoptan una traducción, se pregunta Shanks, "que ha sido caracterizada acertadamente como una *verzweifelt geschmacklose* [desesperadamente insípida] construcción, que destruye una apertura sublime al libro más maravilloso del mundo"?[62]

Wenham, Hamilton y Mathews ofrecen argumentos extensos en contra del supuesto paralelo de Speiser, y sugieren que una nueva sección en Génesis comienza con 2:4a ("Este es el relato de los cielos y de la tierra...."), no 2:4b.[63] Esto es confirmado por los siguientes seis factores:

Factor 1: Génesis 1:1-2:3 forma un patrón quiástico, indicando una unidad completa. Génesis 2:1-3 hace eco de 1:1 introduciendo las mismas frases, pero en orden inverso: "Creó", "Dios", "los cielos y la tierra" reaparecen como "los cielos y la tierra" (2:1), "Dios" (2:2), "creó" (2:3).[64]

Factor 2: "Este es el relato/Éstas son las generaciones..." (2:4a) es un marcador estándar en Génesis (2:4; 5:1; 6:9; 10:1; 11:10; 11:27; 25:12,

[57] Victor P. Hamilton, *Handbook on the Pentateuch* (Grand Rapids: Baker, 1982), 31.
[58] Shanks, "How the Bible Begins," 51.
[59] Véase ibid., 51–58.
[60] Edward P. Arbez y John P. Weisengoff, "Exegetical Notes on Genesis 1:1–2," *Catholic Biblical Quarterly* 10 (1948): 141.
[61] C. F. Keil y F. Delitzsch, *The Pentateuch*, vol. 1 del *Commentary on the Old Testament*, trad. James Martin (1866; reimpr., Grand Rapids: Eerdmans, 1986), 46.
[62] Shanks, "How the Bible Begins," 58.
[63] Wenham, *Genesis 1–15*, 5–10, 44–59; Hamilton, *Genesis 1–17*, 107–8; 7 Mathews, *Genesis 1–11*:26, 137–44, 188–93.
[64] Wenham, *Genesis 1–15*, 5.

19; 36:1, 9; 37:2),[65] apuntando no a lo que *precede* sino a lo que *sigue*. Está diseñado para "hacer avanzar la narración".[66] Siempre anuncia una nueva sección de la narrativa; ésta es su "función habitual".[67] En el caso de 2:4, la inversión quiástica de "los cielos y la tierra" (2:4a) a "la tierra y los cielos" (2:4b) centra nuestra atención en la elaboración de la descripción general de Génesis 1:1-2:3—el escenario y la creación real del hombre y la mujer en Génesis 2:5–25.

Factor 3: Génesis 2:1 ("Así quedaron terminados los cielos y la tierra, y todo lo que hay en ellos") *ya* sirve como un resumen apropiado de 1:2-31.[68] Por lo tanto, tiene más sentido ver en Génesis 2:4a la introducción de una nueva sección en lugar de repetir lo que 2:1 ha declarado ampliamente.

Factor 4: Es bastante difícil establecer paralelismos entre *Enuma Elish* 1-9 y Génesis 1:1-3. De hecho, cualquier similitud que exista es entre Enuma Elish 1-9 y Génesis 2:4b-7.[69] Génesis 1:1 es único, lo que incluso estudiosos críticos como Hermann Gunkel han admitido: "Las cosmogonías de otras personas no contienen ninguna palabra que se acerque a la primera palabra de la Biblia".[70]

Factor 5: Los diversos relatos del AOP que comienzan con *enuma* (o *inuma*) podrían traducirse "el día que" o "cuando" (i.e., como cláusulas temporales), correspondientes al *beyôm* hebreo (en el día)—que es exactamente lo que encontramos en Génesis 2:4b, pero *no* en Génesis 1:1. En efecto, "en el principio" no tiene paralelo en el AOP.[71]

Factor 6: Génesis 1:1 seguido por el *waw* (y) revela que Génesis 1:1 no es simplemente un encabezado o título (que se leería más como 2:4a o 5:1: "Este es el relato/estas son las generaciones del linaje de Adán"). Si Génesis 1:1 fuera un título, entonces 1:2 no comenzaría inmediatamente con la conjunción *y* (*waw*).[72] La función del *waw* (y) en 1:2 es conectar los varios actos *subsecuentes* de la creación con 1:1, como "el fundamento *primario* sobre el cual descansan".[73] El análisis computarizado del AT hebreo en el que la construcción de (a) *waw* más (b) un nopredicado más (c) un predicado que precede al verbo principal

---

[65] Vea también Número 3:1.
[66] Mathews, *Genesis 1–11*:26, 190.
[67] Wenham, *Genesis 1–15*, 55, 49.
[68] John Sailhamer, *The Pentateuch as Narrative: A Biblical-Theological Commentary* (Grand Rapids: Zondervan, 1992), 82 n
[69] Hamilton, *Genesis 1–17*, 107.
[70] Hermann Gunkel, *Genesis*, 7ma ed. (Göttingen: Vandenhoek & Ruprecht, 1966), 101; véase también Hasel, "Recent Translations of Genesis 1:1," 163.
[71] Hasel, "Recent Translations of Genesis 1:1," 162.
[72] John Sailhamer, *Genesis Unbound: A Provocative New Look at the Creation Account* (Sisters, Ore.: Multnomah, 1996), 102–3.
[73] Keil y Delitzsch, *Commentary on the Old Testament*, 1:46 (énfasis añadido).

(como en Gen. 1:2) revela que la cláusula precedente ("En el principio...") nos proporciona información de fondo para entender 1:2-31. Esto significa que Génesis 1:1, en lugar de ser aposicional o resumir lo que ocurre en 1:2-31, en realidad está coordinado con la siguiente sección. Esto es, Génesis 1:1 sirve como contexto histórico o escenario para lo que sigue en 1:2 y más allá.[74]

A la luz de estos seis factores, afirmamos que tanto Génesis 1:1 como Génesis 2:4 son oraciones independientes, más que temporales. Este punto de vista tiene el mejor sentido gramatical, literario y estético.

Tercero, la frase "los cielos y la tierra" es un merismo que se refiere a la totalidad. Según Hershel Shanks, muchos de los supuestos problemas (para la lectura absoluta) planteados por Speiser y otros que toman la lectura de construcción se resuelven cuando vemos que "los cielos y la tierra" es un merismo. Se trata de una figura retórica que se refiere a las partes extremas o al primero y al último de algo para representar el todo. (Un ejemplo es la expresión "desde Dan hasta Berseba" [Jue. 20:1; 1 Sam. 3:20; 2 Sam. 3:10; 17:11; 24:2; et al.]—los límites norte y sur de Israel, que representan la *totalidad* de la nación).[75] En Génesis 1:1, el autor no nos está hablando sobre el orden de la creación; en cambio, nos está diciendo que "Dios hizo el universo".[76]

Shanks afirma además que, si "el cielo y la tierra" hablan de la totalidad—eliminando así una preexistencia primordial—entonces, *incluso si tomamos Génesis 1:1 como una construcción, la creación de la nada todavía estaría implícita:* "Tal vez más importante, si *creatio ex nihilo* está implícito en el versículo 1", escribe Shanks, "depende, no tanto de cómo comencemos el versículo, sino de cómo entendemos 'el cielo[s] y la tierra'".[77] Si "cielo[s] y tierra" describen sólo la organización y el orden, entonces no se excluye alguna existencia primordial. Pero si "cielo[s] y tierra" se refiere a todo—"las obras"—eso excluiría la materia primordial.

Como señala Wenham, Génesis 1:1 podría ser reformulada así: "En el principio Dios lo creó todo".[78] La *totalidad*, más que la *organización*, es el eje principal de este merismo. Westermann afirma, "[El 'comienzo' en el título de Génesis 1:1] no significa el comienzo de algo, sino simplemente El Comienzo. *Todo* comenzó con Dios".[79] Por supuesto, el

---

[74] John Sailhamer ha llevado a cabo un análisis de este tipo. Véase *Genesis Unbound*, 102–3, 253 n.

[75] O, por ejemplo, "desde Gueba hasta Berseba" (2 Re. 23:8), los puntos más septentrionales y meridionales (respectivamente) del reino del sur de Judá.

[76] Shanks, "How the Bible Begins," 55.

[77] Ibid., 57.

[78] Wenham, *Genesis 1–15*, 15.

[79] Claus Westermann, *Genesis: A Practical Commentary*, trad. David E. Green (Grand Rapids: Eerdmans, 1987), 7.

"universo" va más allá de lo que era la comprensión antigua—y más limitada—del cosmos. Por lo tanto, la "totalidad" expresa mejor lo que "los cielos y la tierra" intenta captar.[80]

Cuarto, el apoyo adicional para esta lectura absoluta (y la perspectiva 4 en particular) *proviene del hecho de que esta perspectiva absoluta particular es la más antigua.* Bruce Waltke enumera "todas las versiones antiguas" como entendiendo Génesis 1:1 como una "cláusula independiente".[81] Hamilton señala que "todas las versiones antiguas traducen la palabra como un absoluto y el todo como una cláusula independiente".[82] Observemos la siguiente evidencia:

- Esta comprensión absoluta de Génesis 1:1 y su estatus como una cláusula independiente es confirmada por la interpretación de la LXX también (*En arche epoiesen ho theos ton ouranon kai ten gen. He de ge...* = "En el principio creó Dios el cielo y la tierra. Y la tierra..."). Según Bernhard Anderson, el testimonio de la LXX, que trata Génesis 1:1 como una oración independiente en griego, refuerza el empuje de un comienzo absoluto del cosmos en ese pasaje.[83]
- Juan 1:1 (*En arche en ho logos ....* = "En el principio era el Verbo") se basa en la traducción de Génesis 1:1 de la LXX.
- En lugar de entender Génesis 1:1 como una construcción, el historiador judío del primer siglo Josefo en sus *Antigüedades Judías* sigue la interpretación absoluta de la LXX al comienzo de su obra: "En el principio Dios creó el cielo y la tierra [*En arche ektisen ho theos ton ouranon kai ten gen*]".[84]
- Todas las versiones antiguas como Aquila, Teodoción, Símaco y Tárgum de Onquelos presentan Génesis 1:1 como una cláusula independiente.
- Teófilo de Antioquía (ca. 180) se basa en la lectura absoluta de la LXX en Génesis 1:1 en *To Autolycus* (2.4): "En el principio Dios creó el cielo [*En arche epoiesen ho theos ouranon*]".
- Pseudo-Justino (220-300 d.C.) cita la interpretación absoluta de Génesis 1:1 de la LXX: "Porque así escribió Moisés: 'En el principio Dios creó el cielo y la tierra [*En arche epoiesen ho*

---

[80] John E. Hartley, *Genesis*, NIBC 1 (Peabody, Mass.: Hendrickson, 2000), 42.

[81] Bruce K. Waltke, "The Initial Chaos Theory and the Precreation Chaos Theory," *Bibliotheca Sacra* 132 (July 1975): 223.

[82] Hamilton, *Genesis 1–17*, 107; véase también Mathews, *Genesis 1–11:26*, 138.

[83] Anderson, *Creation versus Chaos*, 185.

[84] Josefo, *Jewish Antiquities* 1.1.

theos ouranon kai ten gen]', luego el sol, la luna y las estrellas".[85]

- La Vulgata de Jerónimo comienza también con la interpretación absoluta, tratándola como una cláusula independiente (*In principio creavit Deus caelum et terram*).[86]
- La traducción de Saadia Gaon del siglo X al árabe toma Génesis 1:1 como una oración independiente.
- Las diferentes versiones y la orientación masorética implican que "esta era la visión estándar desde el siglo III a.C. (LXX) hasta el siglo X d.C. (MT)".[87]

Por lo tanto, en igualdad de condiciones, se debe dar preferencia a la antigüedad.[88] Presumiblemente, los más cercanos en tiempo a la composición de Génesis 1 serían los mejor informados acerca de su significado. Bruce Waltke registra la *unanimidad* en "tanto la tradición judía como la cristiana" de que la primera palabra en la Biblia está en un "estado absoluto", y que el primer verso es "una cláusula independiente".[89]

Quinto, la construcción absoluta de Génesis 1:1 es apoyada por la estructura del versículo 2: El sujeto ("la tierra") precede al predicado ("era") en vez de viceversa, y el predicado "era" no se omite.[90] Más bien, la frase en el versículo 2 "Y la tierra [*weha'ares*]" comienza un nuevo sujeto, lo cual no sería el caso si se entendiera 1:1 como construido. Cassuto declara enérgicamente que esta particular sintaxis ofrece una "objeción decisiva" y "prueba"[91] que el versículo 2 comienza un nuevo tema:

> De ello se deduce, por tanto, que el primer verso es una frase independiente que constituye una introducción formal a toda la sección, y que expresa desde el principio, con majestuosa brevedad, el pensamiento principal de la sección: que en el principio, es decir, al comienzo del tiempo... Dios creó los cielos y la tierra.[92]

---

[85] Pseudo-Justin, *Hortatory Address to the Greeks* [*Cohortatio ad Graecos*] 28.
[86] Hamilton, *Genesis 1–17*, 107; y Waltke, "Initial Chaos Theory," 223.
[87] Wenham, *Genesis 1–15*, 13. Véase también Hamilton, *Genesis 1–17*, 107.
[88] Hamilton, *Handbook on the Pentateuch*, 41.
[89] Véase Waltke, "Initial Chaos Theory," 217–28, esp. 225.
[90] Cf. Jer. 26:1; 27:1; 28:1; Os. 1:2; 1 Sam. 3:2–4 (tomar en cuenta los comentarios de Cassuto, *Commentary on Genesis*, 1:19–20).
[91] Ibid., 1:19–20.
[92] Ibid., 20.

Sexto, como se reconoció anteriormente, Génesis 1:1 se destaca como único cuando se compara con las otras cosmogonías antiguas. Brevard Childs observa que leer Génesis 1:1 "como una cláusula temporal no toma muy en serio" el tipo de contraste que se está haciendo contra las luchas tan típicas en otras cosmogonías del AOP.[93] Independientemente de lo que se pueda decir acerca de los versículos 2-3 como reflejo de las imágenes mitológicas del AOP, el versículo 1 sobresale por ser totalmente independiente y distinto de las cosmogonías del AOP. Como sugiere von Rad, "No se debe privar a la declaración en el versículo 1 del carácter de principio teológico".[94] Es decir, Dios, en la libertad de su voluntad, creó "absolutamente todo", estableciendo "un comienzo de su existencia subsiguiente".[95] Precisamente porque Génesis 1:1 precede a la mención del "caos" en el versículo 2, "no podemos decir que es increado, es decir, que fue encontrado por Dios como preexistente".[96]

Aunque algunos estudiosos suelen hacerlo, llegar a la conclusión de que el "caos" es eternamente preexistente es un enorme *non sequitur*. Hay una muy buena razón—especialmente dada la aversión de la Biblia al dualismo metafísico (ya que sólo Dios es eterno)—para abrazar la idea de que el "caos" fue traído a la existencia por Dios mismo. Kenneth Mathews escribe: "Es un salto innecesario concluir que los elementos en el versículo 2 son autónomos, coeternos con Dios, y de los cuales él dependía de alguna manera para la creación".[97] Brevard Childs comenta que algún dualismo primordial en Génesis 1:2 está simplemente fuera de discusión.[98]

Hemos presentado seis razones por las cuales Génesis 1:1 debe ser tomado como absoluto, lo cual negaría la idea de un caos eternamente preexistente desde el cual Dios organizó el mundo. De hecho, en el comentario de Claus Westermann sobre Génesis 1-11, él declara que Génesis 1:1 es una "oración principal" que sirve como expresión de alabanza a Dios.[99] Esta oración separa dramáticamente el relato de Génesis de sus contrapartes del AOP. Génesis comienza como ningún otro. Y Westermann afirma que "si se le hubiera planteado la pregunta

---

[93] Brevard S. Childs, *Myth and Reality in the Old Testament* (Naperville, Ill.: Allenson, 1960), 41.
[94] Von Rad, *Genesis*, 46.
[95] Ibid., 46.
[96] Gerhard von Rad, *Old Testament Introduction*, vol. 1, trad. D. M. G. Stalker (New York: Harper & Row, 1962), 144.
[97] Mathews, *Genesis 1–11:26*, 141.
[98] Childs, *Biblical Theology of the Old and New Testaments*, 386, agrega que todavía existe la amenaza de que la creación se derrumbe y se convierta en no ser.
[99] Westermann, *Genesis 1–11*, 97.

[al escritor bíblico], seguramente se habría decidido a favor de *creatio ex nihilo*".[100]

El teólogo Robert W. Jenson comenta cómo el análisis de Westermann de Génesis 1 ha socavado decisivamente la interpretación de la construcción, enraizada en enfoques bíblicos críticos radicales de las Escrituras (que, entre otras cosas, no lograron apreciar las diferencias significativas entre las cosmogonías del AOP y la Biblia):

> La Biblia comienza con una declaración de doctrina directa: "En el principio Dios creó los cielos y la tierra". Westermann estableció esto como la traducción correcta.... La resistencia a la visión de Westermann, y las traducciones que hacen de la primera línea una cláusula dependiente, derivan de los prejuicios residuales de un modo anterior de exégesis crítica.[101]

En otro lugar, Jenson lo afirma aún con más fuerza. En lugar de tomar Génesis 1:1 como una cláusula dependiente, él afirma que esta interpretación absoluta seguramente ha sido demostrada de manera definitiva. La cláusula dependiente deriva de "prejuicios residuales de una forma ya antigua de exégesis crítica" que buscaba encontrar el significado "real" de los textos en etapas anteriores de la tradición, anteriores y ajenas a la estructura del texto canónico. Como resultado, la interpretación del texto canónico fue a menudo forzada a esta exégesis crítica para hacerla encajar.[102]

Raymond Van Leeuwen ve en Génesis 1:1 la comunicación tanto de un comienzo absoluto del universo como de la soberanía absoluta de Dios, primero trayéndolo a la existencia y luego ordenándolo por su voluntad.[103] Según James Barr, Génesis 1:1, aunque no afirma la creación de la nada, proporciona un "indicador" en esa dirección.[104] Von Rad declara que Génesis 1:1 es una afirmación teológica general de la creación de la nada, que precede a la referencia del versículo 2 al "caos".[105]

---

[100] Ibid., 108–9.

[101] Robert W. Jenson, "Aspects of the Doctrine of Creation," en *The Doctrine of Creation*, ed. Colin E. Gunton (Edinburgh: T & T Clark, 1997), 17. Para hacer más claras las demarcaciones entre la representación de *construcción* (perspectivas 1 y 2) y *absoluta* (perspectivas 3 y 4), omitimos este segmento de la cita de Jenson: "Westermann estableció esto como la traducción correcta, mostrando que Génesis 1.1 es el encabezado de lo que sigue" (que es la perspectiva 3). Resulta que la perspectiva 4 es la más plausible, como se explica a continuación.

[102] Jenson, *Systematic Theology*, 2:3 n.

[103] Van Leeuwen, "*br*'" 732.

[104] Barr, "Was Everything That God Created Really Good?" 65.

[105] Von Rad, *Genesis*, 49.

Estamos convencidos de que Génesis 1,1-2 no debe traducirse así: "En el principio, cuando Dios creó los cielos y la tierra, la tierra era un desierto sin forma...". (NAB) o de alguna manera similar.[106] Incluso Bernhard Anderson, quien ve en Génesis 1:2 una referencia a la creación desde el caos (aunque afirma que los escritores bíblicos posteriores afirman la creación de la nada, y por lo tanto no hay nada que impida un proceso de dos pasos que comienza con la creación de la nada), admite que los "estudios estilísticos" favorecen a Génesis 1:1 como una "frase declarativa absoluta".[107]

Los comentaristas Keil y Delitzsch declaran que la frase traducida "en el principio" (*bere'sîth*) se utiliza "de manera absoluta", y una traducción como "En el principio, cuando..." simplemente *no puede* ser un tratamiento razonable del texto.[108] En su estimación, el contexto indica "el primer comienzo".[109] Así, la eternidad del mundo o la existencia de cualquier "material primitivo" queda descartada por un lenguaje como la frase absoluta "en el principio" o el merismo totalista "el cielo[s] y la tierra", que era, una vez más, lo mejor que los hebreos podían hacer para expresar la totalidad.[110]

Cuthbert A. Simpson concluye que el autor de Génesis 1:1 está tratando de presentar la idea de una creación *ex nihilo* en la medida en que puede concebirla.[111] El autor tiene cuidado de contrarrestar cualquier sugerencia de que el caos no derivó su existencia de Dios al preanunciar su relato con Génesis 1:1—la creación de Dios de todo. (Según Simpson, Dios creó en dos pasos: primero para traer la materia a la existencia y luego para ponerla en orden).[112] El propio Julius Wellhausen consideró

---

[106] Cf. E. A. Speiser, *Genesis*, 3, quien toma Génesis 1:1 como construcción en lugar de absoluto: "Cuando Dios se dispuso a crear el cielo y la tierra..."; Luis Stadelmann sigue a Speiser aquí (*Hebrew Conception of the World*, 11). Sin embargo, si lo que acabamos de argumentar es cierto, esto significaría que la afirmación de Ian G. Barbour de que Génesis aboga por "la creación del orden a partir del caos" y no de la nada, es errónea. (*Religion in an Age of Science* [San Francisco: Harper & Row, 1990], 130).

[Cabe señalar que una traducción similar se puede encontrar en ediciones en español de la Biblia como la Traducción en lenguaje actual (TLA), Palabra de Dios para Todos (PDT), y la Biblia "La Palabra" (BLP) la cual se lee: "Cuando Dios, en el principio, creó los cielos y la tierra, la tierra era una masa caótica". ***N. del T.***]

[107] Bernhard W. Anderson, *Contours of Old Testament Theology* (Minneapolis: Fortress, 1999), 88–89. El análisis de Mathews concluye que "el v.1 es mejor tomado como una declaración absoluta de la creación de Dios". (*Genesis 1–11:26*, 139).

[108] Keil y Delitzsch, *Commentary on the Old Testament*, 1:46.

[109] Ibid., 46. La misma conclusión es extraída por Hamilton, *Genesis 1–17*, 106.

[110] Ibid., 106. Cf. Werner Foerster, que dice que este merismo "abraza el cosmos"" ("*ktizo*" *TDNT*, 3:1012).

[111] Cuthbert A. Simpson, "Genesis," en *The Interpreter's Bible*, vol. 1, ed. G. A. Buttrick (Nashville: Abingdon, 1952), 467.

[112] Ibid., 468.

que la lectura de construcción de Génesis 1:1 era "desesperada".[113] El estudio de Gerhard Hasel de la literatura concluye señalando el apoyo *unánime* de la lectura independiente/cláusula-principal de Génesis 1:1 a la luz de los "esfuerzos combinados de consideraciones léxicas, gramaticales, sintácticas, comparativas y estilísticas".[114]

Además, es bastante revelador que la *Revised English Bible* (REB)—sucesora de la *New English Bible* (NEB) y que involucra a algunos de los mismos eruditos que trabajaron en la NEB veinte años antes—haga una dramática reversión a la interpretación tradicional y absoluta de Génesis 1:1-2, en lugar de favorecer la interpretación de construcción. Ahora rechazan la lectura que antes habían favorecido.[115]

> NEB: En el principio de la creación, cuando Dios creó el cielo y la tierra, la tierra estaba sin forma y vacía.
> REB: En el principio Dios creó los cielos y la tierra. La tierra era un vasto desperdicio.

A la luz de la erudición bíblica contemporánea, este giro no debe sorprender. Gordon Wenham escribe: "La mayoría de los comentaristas modernos están de acuerdo en que el versículo 1 es una cláusula principal independiente que debe ser traducida, 'En el principio creó Dios....'"[116] Es decir, las perspectivas 1 y 2 (la lectura temporal de Génesis 1:1) son generalmente rechazados a favor de una lectura absoluta (ya sea 3 o 4). Y no es de extrañar: es la lectura más majestuosa y elegante. Es la lectura más antigua y mejor probada. No hay otra manera de expresar un estado absoluto (mientras que hay expresiones temporales alternativas en hebreo, como *beyôm* [en el día]).[117] Y, finalmente, no hay razones estructurales/lingüísticas buenas o imperiosas para anular tal juicio.

---

[113] Citado en Hasel, "Recent Translations of Genesis 1:1," 163.

[114] Ibid., 167.

[115] La NASB (1960) conserva la lectura absoluta de la ASV (1901). La *New Jerusalem Bible* (NJB, 1985) preserva la lectura absoluta de la anterior *Jerusalem Bible* (1966), señalando en Génesis 1:1 que la lectura absoluta es una "interpretación más coherente del texto". Sin embargo, el NRSV (1990) utiliza la lectura de construcción, en contraste con la traducción absoluta más precisa de la RSV (1946).
[En español, las traducciones como LBLA, NTV, NVI, RVR1960, La Biblia de Jerusalén, BTX (aunque ésta última no usa el artículo definido "el" sino que usa el artículo indefinido "un", resultando en: 'En un principio…') entre otras, preservan la lectura absoluta. ***N. del T.***]

[116] Wenham, *Genesis 1–15*, 12.

[117] Waltke lo dice de forma decisiva: "Moisés no podría haber usado ninguna otra construcción para denotar la primera palabra como en estado absoluto, pero podría haber optado por una construcción diferente para indicar claramente el estado de construcción" ("Initial Chaos Theory," 224).

El verbo *Bara'*

¿El verbo *bara'*, usado para "crear" en Génesis 1:1 y en otras partes del AT, implica creación de la nada? Es bien sabido que el *bara'* (crear) es usado en otras partes, como para la creación de Dios del pueblo de Israel (por ejemplo, Is. 43:15) o su creación de un corazón limpio (Sal. 51:12 [10 ET]). Aun después de que la creación inicial de Dios se haya completado (Gen. 2:1), Dios crea indirectamente al continuar creando todas las criaturas y llevando a cabo sus gloriosos propósitos en la historia: "Pero, si envías tu Espíritu, son creados" (Sal. 104:30).

En su uso de *bara'*, los escritores bíblicos no *siempre* están implicando una creación *ex nihilo* al principio del universo. Admitimos libremente que el verbo *bara'*, no *siempre* habla de una creación *ex nihilo*, sino que puede ser usado más allá de este sentido.

Dicho esto, sin embargo, la creación *ex nihilo* está implícita en los contextos relevantes que rodean a *bara'*, y que pertenecen a la creación inicial en particular (como en Gen. 1:1, 21, 27; 2:3). Además, todavía podemos captar fuertes señales de los escritores del AT con respecto a la singularidad de la palabra *bara'* (a pesar de que la LXX lo oscurece).[118] Por lo tanto, debemos examinar más de cerca esta palabra. Si bien debemos tener cuidado de no cargarla con más carga de la que debería llevar,[119] tampoco debemos pasar por alto su importancia.

Para buscar el significado de una palabra, algunos toman la precaria táctica de apelar a su etimología y sugieren que el verbo *bara'* puede haber significado originalmente "cortar, dividir o separar".[120] Esto, sin embargo, está lejos de ser claro, como lo observan estudiosos como G. Wenham y W. H. Schmidt.[121] A pesar de ello, algunos estudiosos concluyen que, basándose en la etimología de "cortar" o "dividir", existe, por lo tanto, cierta connotación de dar forma artesanal a partir de materiales preexistentes.[122] Stanley L. Jaki, por ejemplo, afirma que

---

[118] En la LXX, el verbo *poiein* (hacer), más general, se usa a menudo en lugar de *ktizein* (crear). El verbo *ktizein* aparece sesenta y seis veces en la LXX, y treinta y nueve de ellos no tienen equivalente hebreo. Véase Hans-Helmut Esser, "Creation," en *NIDNTT*, 378.

[119] Westermann advierte de que en *bara'*, por sí sola, no se lee la creación ex nihilo (*Genesis 1–11*, 100).

[120] Karl-Heinz Bernhardt, "*bara'*" en *TDOT*, 2:245, afirma, "La raíz hebrea *br'*, probablemente tenga el significado original de 'separar, dividir'". Cf. van Leeuwen, "*br'*" 731.

[121] Wenham, *Genesis 1–15*, 14. W. H. Schmidt dice que "el significado básico 'cortar' (y significados similares) no hace eco en ninguna parte en el uso de [*bara'*]" en el Qal y Niphal ("*br'*, crear" *TLOT*, 1:253–54).

[122] A pesar de esta advertencia, el propio Jaki parece sucumbir a la "falacia etimológica" que se discute a continuación (Stanley L. Jaki, *Genesis 1 through the Ages* [Royal Oak, Mich.: Real View Books, 1998], 5–6).

bara' es un verbo que "a los exégetas les encanta elevar a un pedestal cuasi divino".[123]

Los lingüistas y exégetas modernos han demostrado repetidamente que el uso de la etimología para establecer el significado de las palabras es erróneo. Por ejemplo, la palabra inglesa *nice* ha sido derivada del latín *nescius*, que significa "ignorante".[124] Por lo tanto, ¡no insinuamos que una persona "agradable" sea un ignorante! En la mayoría de los casos, el uso sincrónico[125] de una palabra rara vez significa lo que originalmente significaba (es decir, etimológicamente). Como afirma enfáticamente el biblista Moisés Silva: "Los estudios modernos nos obligan a rechazar esta actitud [i.e., apelar a la etimología como si nos diera el significado 'básico' o 'real' de una palabra] y desconfiar de la historia de una palabra".[126] De igual manera, James Barr afirma: "El punto principal es que la etimología de una palabra no es una afirmación sobre su significado sino sobre su historia".[127]

¿Implica *bara'*, por sí mismo, la creación de la nada? Aunque admite que el libro intertestamental de 2 Macabeos (7:28) habla de la creación de la nada,[128] el asiriólogo Shalom M. Paul señala que *bara'*, por sí mismo, "no implica" la creación *ex nihilo*.[129] Como veremos, esta afirmación es engañosa; *bara'* tiene un significado teológico importante que tiene que ver con la cuestión de la creación de la nada.

El uso relevante del término *crear* (*bara'*) ocurre treinta y ocho veces en la raíz Qal o forma verbal y diez en la raíz Niphal en las Escrituras Hebreas.[130] *No* estamos aquí considerando la raíz Piel, la cual (como hemos notado, algunos eruditos cuentan como un verbo distinto y dudan

---

[123] Ibid., 7.

[124] Anthony C. Thiselton, "Semantics and New Testament Interpretation," en *New Testament Interpretation: Essays on Principles and Methods*, ed. I. Howard Marshall (Grand Rapids: Eerdmans, 1977), 80.

[En español *nice* generalmente se traduce como 'simpático', 'amable' o 'agradable'; ***N. del T.***]

[125] *Sincrónico* se refiere a la forma en que se usaba una palabra *en el momento de escribir* (a diferencia de *diacrónica*, que es la forma en que se usaba una palabra durante períodos de tiempo, para lo cual el estudio de la etimología de una palabra es muy útil). El estudio etimológico es útil como método de última instancia, cuando la aparición de una palabra en particular es extremadamente rara y hay poco más que hacer.

[126] Moisés Silva, *Biblical Words and Their Meaning: An Introduction to Lexical Semantics* (Grand Rapids: Zondervan, 1983), 51. Véase también D. A. Carson, *Exegetical Fallacies* (Grand Rapids: Baker, 1984), 26–32. Peter Cotterell y Max Turner afirman que la falacia etimológica es "un caballo suficientemente muerto en círculos teológicos educados". (*Linguistics and Biblical Interpretation* [Downers Grove, Ill.: InterVarsity, 1989], 114).

[127] James Barr, *The Semantics of Biblical Language* (Oxford: Oxford University Press, 1961), 109.

[128] Sobre este pasaje, vea el capítulo 3, "El testimonio extrabíblico", más adelante.

[129] Shalom M. Paul, "Creation and Cosmogony in the Bible," *Encyclopedia Judaica* (Jerusalem: Encyclopedia Judaica, 1972), 5:1059, 1062. Pablo reconoce que 2 Mac. 7:28 se refiere a *creatio ex nihilo* y que Gen. 1 es radicalmente diferente de las mitologías del AOP. Aun las aguas—de hecho, todas las cosas—son la creación de Dios de acuerdo a su voluntad.

[130] El verbo *bara'*, ocurre once veces en Génesis y siempre se traduce *poieo* (hacer) en la LXX.

de su *conexión* con *bara'*, en la raíz Qal o Niphal)[131] puede significar "cortar, dividir" (Jos. 17:15).

El primer punto sobre el verbo bara', *es la ausencia total de material preexistente en relación con él.* Aunque *bara'* se usa para crear seres humanos por parte de Dios (Gen. 1:27), una nueva generación de personas (Sal. 102:19 [18 ET]), ciertos eventos históricos de juicio o redención (Éx. 34:10; Num. 16:30; Is. 48:7), y un corazón puro (Sal. 51:12 [10 ET]),[132] no hay mención de material preexistente. En Génesis 1:1, Wenham observa que "el texto nunca dice a partir de qué es lo que Dios crea".[133] Parece que los autores bíblicos tenían la intención de reservar este verbo para actividades únicamente divinas, sin necesidad de materiales preexistentes.[134]

En el Salmo 51:12 (10 ET), Ridderbos dice que un corazón nuevo es una creación *completamente nueva.*[135] En la opinión de Werner Schmidt, este verbo expresa que Dios "no tenía necesidad de material ya existente.... La creación se ve privada de toda similitud con la acción humana".[136] Según George Knight, "Dios le ha dado al hombre el poder de reformar las cosas que ya están allí; pero el hombre no puede *bara'*, sólo Dios puede crear".[137] Stadelmann afirma:

> Analizando la eficiente causalidad de Dios, así como su control activo manifestado en el orden mundial como un todo y en cada uno de sus aspectos y detalles, encontramos que [*bara'*] expresa—junto con su significado básico de crear—la idea de novedad o de un resultado extraordinario. Además, como [*bara'*] es el término por excelencia para la actividad creadora de Dios, es natural que también implique la idea de su producción sin esfuerzo por medio de su palabra poderosa, sin ayuda de ninguna intervención externa.[138]

---

[131] Wenham señala que cualquier "conexión etimológica" con la raíz Piel de *bara'* es dudosa. (*Genesis 1–15*, 12); Schmidt, "*br'*, crear", 253–54.

[132] John E. Stek, "What Says the Scripture?" en *Portraits of Creation: Biblical and Scientific Perspectives on the World's Formation*, ed. Howard J. Van Till (Grand Rapids: Eerdmans, 1990), 207–8.

[133] Ibid.

[134] Robert A. Oden Jr., "Cosmogony, Cosmology," en *ABD*, 1:1166: "Los escritores sacerdotales se cuidan de reservar el término *bara'*, ... sólo para la acción de Dios".

[135] Ridderbos, "Genesis i 1 und 2," 222: "*eine völlig neue Schöpfung*".

[136] Werner H. Schmidt, *The Faith of the Old Testament: A History*, trad. John Sturdy (Philadelphia: Westminster, 1983), 173. Schmidt observa que mientras que la palabra *bara'*, por sí misma no significa creación *ex nihilo*, la creación de Dios por su palabra va más allá de representar a un artesano en su trabajo.

[137] George A. F. Knight, *Deutero-Isaiah: A Theological Commentary on Isaiah 40–55* (Nashville: Abingdon, 1965), 45.

[138] Stadelmann, *Hebrew Conception of the World*, 5.

Como afirma Brevard Childs, el producto siempre se menciona, pero nunca se menciona ningún material. Esto, además del "énfasis simultáneo en la singularidad de la acción de Dios", no podía ser llevado a una "suave armonía con el hecho de un caos preexistente. La realidad del mundo es el resultado de la creación, no una remodelación de la materia existente".[139] Por lo tanto, según Childs, la *creatio ex nihilo* está implícita en el texto.

Uno puede preguntarse: ¿Por qué se utiliza el *bara'* para la creación no sólo de los cielos y la tierra (Gen. 1:1) y de los seres humanos (1:27), sino también de las grandes criaturas marinas (1:21)? ¿Es esto teológicamente significativo? La respuesta nos remite al contexto del AOP, en el que los monstruos marinos figuraban como fuerzas primitivas que obstaculizaban un cosmos bien ordenado. Génesis 1 implica que esta es una visión teológica falsa. El verbo para nada insignificante *bara'*, enfatiza que Dios creó a las criaturas marinas; *no* son fuerzas hostiles a tener en cuenta.[140]

Además, el verbo "crear" se refiere no sólo a la creación originaria de Dios (después de la cual él descansó), sino que también puede hablar con razón de la actividad creadora de Dios a lo largo de la historia. Por ejemplo, Eclesiastés 12:1 expresa que Dios es el "Creador" de cada ser humano; Salmo 104:30 afirma de manera similar que el Dios soberano continúa creando todas las criaturas y realizando sus gloriosos propósitos en la historia: "Pero, si envías tu Espíritu, son creados". Isaías 48:6-7 también habla de las cosas "cosas creadas ahora, y no hace tiempo". Estamos de acuerdo con Kidner en que el sentido preciso de *bara'* varía con su contexto, que puede enfatizar "el momento inicial de traer a la existencia" (e.g, Is. 48:3, 7: "repentinamente", "ahora") o "la paciente obra de llevar algo a la perfección" (e.g., Gen. 2:1-4).[141]

Werner H. Schmidt observa que mientras que la palabra *bara'*, por sí misma no significa creación *ex nihilo*, la creación de Dios por su palabra va más allá de representar a un artesano en su trabajo. "Él habló... y así fue" expresa la verdad de que Dios "llama a la existencia a los objetos materiales a través de su expresión", lo que distingue al Creador de la criatura.[142]

Por lo tanto, *crear* puede referirse a la actividad divina *incluso después de la creación inicial* (e.g., cuando Dios crea un corazón nuevo). Así, *bara'*, puede aplicarse a algo más que la creación inicial de la nada,

[139] Childs, *Myth and Reality*, 40.
[140] Esta observación fue hecha por David Wilkinson, *The Message of Creation* (Downers Grove, Ill.: InterVarsity, 2002), 21.
[141] Derek Kidner, *Genesis*, TOTC 1 (Downers Grove, Ill.: InterVarsity, 1967), 44.
[142] Schmidt, *Faith of the Old Testament*, 173

pero no debemos olvidar que *bara'*, nunca está conectado lingüísticamente a ninguna materia preexistente. Aunque *bara'* no significa por sí mismo "creación de la nada", en los contextos relevantes (como el de Génesis 1) parece significar eso, especialmente cuando se considera en conjunción con otros factores lingüísticos y contextuales. *Bara'*, no habla solamente de la originación temporal *ex nihilo* de la obra creadora de Dios, sino que incluye este concepto.

Segundo, en vista del hecho de que Dios es siempre el sujeto de bara'*, este verbo parece no tener analogía y se refiere únicamente a la actividad divina.* Gordon Wenham dice, "Debe notarse que Dios, el Dios de Israel, es siempre el sujeto" de *bara'*.[143] Pero algunos se encogerán de hombros al señalar que *bara'* se usa en conjunción con otras palabras no necesariamente asociadas con la actividad divina, tales como *'asah* (hacer) y *yasar* (formar); estos parecen ser intercambiables con *bara'*. Por ejemplo, se dice que Dios *hace* y *crea* a los seres humanos a su imagen (Gen. 1:26-27). Leemos en Génesis acerca de "todo lo que [Dios] había *hecho*" (1:31) y acerca de "toda su obra *creadora*" (2:3). En Isaías, vemos que Dios *creó* y *formó* a Israel (43:1). En el versículo 43:7, Dios habla de

> Trae a todo el que sea llamado por mi nombre
> al que yo he creado [*bara'*] para mi gloria,
> al que yo hice [*'asah*] y formé [*yasar*]

Isaías 45:18 declara que Dios *creó* (*bara'*) los cielos, *formó* (*yasar*) la tierra y la *hizo* (*'asah*).

¿El hecho de que el verbo *crear* se utilice en paralelo con otros verbos no necesariamente restringidos a la actividad divina disminuye su significado teológico? ¿Puede *bara'*, simplemente ser reducido a otra forma de expresar "hacer" o "formar"?

Aquí debemos evitar el reduccionismo lingüístico. Mientras que tales verbos pueden expresar *facetas* o *aspectos* involucrados en la obra creativa de Dios (por ejemplo, Dios "hizo" al hombre a su imagen), el verbo "crear" va más allá de lo que expresa y comunica algo más. Según Walter Brueggemann, "Aunque puede utilizarse como sinónimo de 'hacer' o 'formar', el verbo 'crear' no tiene analogía. Se refiere a la acción especial de Dios y a la relación especial que une a estas dos partes".[144] Karl-Heinz Bernhardt afirma que *bara'* se utiliza para

---

[143] Wenham, *Genesis 1–15*, 12.

[144] Walter Brueggemann, *Genesis* (Atlanta: John Knox, 1982), 17. Schmidt se hace eco de este punto de vista sobre *bara'*: "En la medida en que el AT reserva el verbo exclusivamente para Dios, este

expresar claramente la incomparabilidad del trabajo creativo de Dios. Se refiere a la "obra desigual del Dios Creador".[145]

Así pues, tenemos un rechazo al materialismo (algunas "cosas" como autónomas e independientes) y al trascendentalismo (una especie de dualismo entre Dios y la materia).[146] Gerhard von Rad ha observado que Génesis 1:1 utiliza un verbo "retenido exclusivamente para designar la actividad creadora divina".[147] El autor podría haber usado un verbo hebreo para designar "creación artística", pero no lo hace. El verbo que eligió, *bara'*, es "sin analogía" en el reino humano.[148] Cuando Dios crea los cielos y la tierra (Gen. 1:1), un cielo nuevo y una tierra nueva (Is. 65:17), o un corazón nuevo (Sal. 51:12 [10 ET]), estas son cosas que *sólo Dios puede hacer*.[149] Un comentarista judío afirma que mientras que los seres humanos "forman" y "hacen", sólo Dios es visto como "creador", es decir, produciendo algo de la nada.[150]

Así que cuando miramos Génesis 1:1 y 1:27 (donde *crear* se usa tres veces) y 2:3-4, reconocemos que el autor tiene razones teológicas para mostrar una preferencia por *bara'*, por encima de la acción más manual de *'asah*. Según Westermann, esto es evidente por el hecho de que Dios es siempre el sujeto actuante con *bara'*.[151] Werner Schmidt está de acuerdo: "*bara'*, (Gen. 1:1; et al.) es una palabra especial para el acto creador de Dios", usado para "evitar cualquier analogía entre este acto y la actividad humana".[152] Es un verbo que permanece reservado sólo para Dios.[153] Más aún, Schmidt agrega, la creación de Dios no necesita materia prima.[154] La inferencia que hace von Rad de la falta de cualquier mención de material preexistente es que la idea de la creación *ex nihilo* está conectada con ella.[155]

Brevard Childs afirma que *bara'* es un "verbo técnico" para describir el acto creativo de Dios.[156] Y Henri Blocher comenta acertadamente:

---

tipo de creación no tiene analogía y está, por lo tanto, más allá de la conceptualización" ("*br'*, crear", 254).

[145] Bernhardt, "*bara'*" en *TDOT*, 2:246–47. Añade que, en un proceso de redacción, "P introdujo *bara'*, en pasajes particularmente importantes y así evitó implícitamente un malentendido de *'asah* en la narrativa anterior" (246).

[146] Ibid., 246.

[147] Von Rad, *Genesis*, 47.

[148] Ibid. Véase también Gerhard von Rad, *Old Testament Theology*, vol. 1, trad. D. M. G. Stalker (New York: Harper & Row, 1962), 142.

[149] Towner, *Genesis*, 16.

[150] J. H. Hertz, ed., *The Pentateuch and the Haftorahs* (London: Soncino, 1996), 2.

[151] Westermann, *Genesis 1–11*, 86.

[152] Schmidt, *Old Testament Introduction*, 109.

[153] Ibid., 353.

[154] Ibid., 352–53.

[155] Von Rad, *Old Testament Theology*, 1:142.

[156] Childs, *Biblical Theology of the Old and New Testaments*, 111.

> El Antiguo Testamento usa [*bara'*] muy escasamente, y en esa forma, exclusivamente del Dios de Israel. Nunca se menciona ningún material. El acto creativo parece supremamente fácil y su resultado a veces milagroso (Ex. 34:10), frecuentemente nuevo (Sal. 51:10 [ET]; 104:30; Is. 48:7; 65:17; Jer. 31:22). Para Dios, se trata de "hacer"—porque ese verbo ordinario se usa como un paralelo del *bara'*, y Génesis 2:3 habla de "toda su obra que había hecho en la creación"—pero "hecho" en un sentido único, reservado para Dios, de la que surge una completa novedad.[157]

Así que, aunque *bara'*, se usa en conjunción con otros términos, esto no significa que sean totalmente equivalentes y que *bara'*, no tiene nada significativo que aportar más allá de los verbos *hacer* (*'asah*) o *formar* (*yasar*). De hecho, *crear* puede implicar *hacer* y *formar*, pero *hacer* y *formar* no es suficiente para llegar a ser *crear*. Hartley señala que *crear* se refiere a la creación de algo *nuevo* por Dios: sólo Dios crea. Arbez y Weisengoff afirman que "'Crear' es, por lo tanto, una representación adecuada [de *bara'*], más que 'hacer', 'fabricar', 'moldear', 'dar forma', etc.".[158] Otros verbos como *formar* y *hacer* permiten que "una variedad de procesos entren en juego entre el hablar de Dios y la llegada del objeto a la existencia".[159]

La singularidad de *bara'*, se ve reforzada por otro hecho. La versión griega del AT, la LXX, a menudo usa el verbo más general *poiein* (hacer) en lugar de *ktizein* (crear). Sin embargo, las versiones griegas posteriores—Teodoción, Aquila y Símaco—consistentemente usan *ktizein* (para crear) para traducir *bara'*.[160]

Por lo tanto, parece que el *bara'* capta de manera única *la totalidad y la amplitud de la creación de Dios*, algo que estos otros verbos de apoyo no logran hacer. Como dice Derek Kidner, "Todo el proceso es creación".[161] Se cubre *toda* la gama de la actividad creadora de Dios. Pero "hasta que Dios habló, nada existía".[162] El punto es que Dios sostiene toda la realidad.

Tercero, la singularidad de bara'*, se evidencia por su asociación con la poderosa palabra de Dios.* El hecho de que Dios no necesite materia preexistente para su acción en la creación es reforzado aún más por la

---

[157] Blocher, *In the Beginning*, 61. Kidner afirma que el verbo *bara'*, en 1:1, 21 y 27 marca tres grandes comienzos, pero "no define una manera particular de crear, ya que en 2:3-4 es paralelo a *'asah* (hacer) y cubre toda la gama de la obra de Dios" (*Genesis*, 44). Pero de nuevo, aunque *'asah* aquí abarca el alcance de la obra de la creación de Dios, todavía no tiene el significado único que *bara'*, tiene en su conexión específica con Dios.

[158] Arbez y Weisengoff, "Exegetical Notes on Genesis 1:1–2," 144.

[159] Hartley, *Genesis*, 45.

[160] La versión griega de Teodoción es del siglo I d.C.; Aquila, del siglo II; y Símaco, del siglo III.

[161] Kidner, *Genesis*, 45.

[162] Ibid., 43.

creación de Dios por su poderosa palabra.[163] Wenham observa que, aunque *bara'* no es un término reservado exclusivamente para la creación de la nada, conserva la misma idea (citando a W. H. Schmidt sobre "La creación de Dios sin esfuerzo, totalmente libre y sin límites, su soberanía. Nunca se menciona a partir de qué Dios creó").[164] El verbo *bara'*, en Génesis 1, habla de la "absoluta falta de esfuerzo de la acción creadora divina", del Dios que crea simplemente por su voluntad y palabra.[165]

Wenham añade: "Que Dios creó el mundo de la nada está ciertamente implícito en otros pasajes del Antiguo Testamento que hablan de su creación de todo por su palabra y su existencia antes del mundo" (cf. Sal. 148:5; Prov. 8:22-27). Además, no hay ningún indicio en el AT de que haya poderes o entidades independientes de Dios. Dios es soberano sobre todas las cosas, y todas las demás entidades cumplen sus órdenes.[166]

Bruce Waltke añade algo similar: El género del Génesis "representa al mundo como que nace a través de la proclamación de Dios, de modo que el mundo depende de su voluntad, propósito y presencia".[167] De nuevo: "Puesto que todo existe por la palabra de Dios, no debemos pensar en la creación independientemente de Dios".[168] Casualmente, en opinión de Waltke, el narrador del Génesis no dice explícitamente de dónde vienen las tinieblas y las aguas,[169] pero esto de ninguna manera socava la convicción teológica expresada por los escritores bíblicos de que Dios creó todo de la nada. Cualquier dualismo eterno es implícitamente rechazado.[170]

En el contexto de Génesis 1, el verbo *bara'*, nos indica la dirección de la creación de la nada. Como declara von Rad, "Es correcto decir que el verbo *bara'*, 'crear', contiene la idea tanto de la completa ausencia de esfuerzo como de la *creatio ex nihilo*, ya que nunca está conectado con ninguna declaración del material. El pathos oculto de esta declaración es que Dios es el Señor del mundo".[171]

---

[163] La creación de Dios por decreto divino también se refleja en 2 Esdras 6:38 (NEB): "Oh Señor, al principio de la creación hablaste la palabra. El primer día dijiste: 'Que se hagan el cielo y la tierra', y tu palabra llevó a cabo su trabajo".

[164] Wenham, *Genesis 1–15*, 12.

[165] Von Rad, *Old Testament Theology*, 1:142.

[166] Wenham, *Genesis 1–15*, 16.

[167] Bruce K. Waltke, *Genesis: A Commentary* (Grand Rapids: Zondervan, 2001), 78.

[168] Ibid., 69.

[169] Así también en John J. Scullion, *Genesis* (Collegeville, Minn.: Liturgical Press, 1992), 15.

[170] Waltke deja claro este punto: "No se debería inferir un dualismo eterno de este silencio" (*Genesis*, 68).

[171] Von Rad, *Genesis*, 47.

Debido a que Dios es siempre el *sujeto* del *bara'*, los intérpretes reconocen regularmente que la palabra *crear* se refiere ineludiblemente a la actividad *divina*.[172] El verbo lleva "fuerza considerable" en hebreo.[173] Sobre Isaías 42:5-6, Walter Brueggemann comenta que el verbo *bara'* es "el más majestuoso de los términos para la acción de Dios como Creador"—un verbo usado "sin ningún otro tema que no sea Yahveh".[174] E. J. Young observa que con el verbo *bara'*, la "idea de novedad o de extraordinariedad del resultado parece estar frecuentemente implícita".[175] Thomas McComiskey concuerda en que la *novedad* o la *iniciación* de un objeto está implícita en *bara'*.[176] Schmidt hace este mismo punto,[177] y también lo hace N. H. Ridderbos: "Cuando se dice que Dios 'crea' algo, entonces eso significa que ese 'algo' no estaba antes allí".[178]

Aunque se usan otros verbos paralelos para apoyar la acción de Dios (como *formar* [*yasar*] o *hacer* [*'asah*]), el poder de la palabra de Dios para crear se destaca repetidamente en las Escrituras. A los escritores del AT les habría parecido *blasfemo* sugerir que los seres humanos crean (*bara'*).[179] Robert Jenson afirma que crear (*bara'*) es algo que sólo Dios hace.[180] Génesis 1 describe de manera rítmica a un Dios que simplemente dice: "Hágase..." - y "se hizo...". Dios crea el mundo sólo con su palabra. "Por la *palabra* del Señor fueron creados los cielos, y por el soplo de su boca, las estrellas" (Sal. 33:6 NVI). "Porque El *habló*, y fue hecho; El *mandó*, y todo se confirmó" (Sal. 33:9 LBLA).

Así, la creación no es un "efecto" de Dios, sino "una obra creada en libertad en la Palabra".[181] Bruce Waltke dice que *bara'* "se distingue por ser usado exclusivamente por Dios", revelando su vasto poder y fuerza, imaginación y sabiduría, inmortalidad y trascendencia.[182]

El teólogo alemán Jürgen Moltmann capta esto muy bien:

---

[172] Brown et al., *The New Brown-Driver-Briggs-Gesenius Hebrew and English Lexicon*, 135.

[173] Blocher, *In the Beginning*, 61.

[174] Walter Brueggemann, *Theology of the Old Testament: Testimony, Dispute, Advocacy* (Minneapolis: Fortress, 1997), 146.

[175] Young, *Studies in Genesis 1*, 6.

[176] Thomas E. McComiskey, "*bara'*" en *Theological Wordbook of the Old Testament*, 2 vols., ed. R. Laird Harris, Gleason L. Archer, y Bruce K. Waltke (Chicago: Moody, 1980), 1:127. McComiskey menciona que *yasar* enfatiza principalmente *la forma* de un objeto.

[177] Schmidt, "*br'*, crear," 255: los objetos del verbo "crear" son "especiales, extraordinarios, nuevos".

[178] Ridderbos, "Genesis i 1 und 2," 221: "*wenn gesagt wird, dass Gott etwas 'schafft,' dan bedeutet das, dass dieses 'etwas' vorher nicht da war.*"

[179] Smith, *Old Testament Theology*, 180.

[180] Jenson, *Systematic Theology*, 5.

[181] Dietrich Bonhoeffer, *Creation and Fall: A Theological Interpretation of Genesis 1–3* (London: SCM Press, 1959), 21.

[182] Waltke, *Genesis*, 59.

> Decir que Dios "creó" el mundo indica la autodistinción de Dios de ese mundo, y enfatiza que Dios lo deseaba.... Es el resultado específico de su decisión de voluntad. Puesto que son el resultado de la actividad creadora de Dios, el cielo y la tierra son .... contingentes.[183]

Moltmann comenta sobre *bara'*, el cual se usa "exclusivamente como término para el suscitar divino".[184] Él señala que, puesto que *bara'* no toma un acusativo (i.e., algún objeto) de un material del que se ha hecho algo, esto revela que "la creatividad divina no tiene condiciones ni premisas.[185] La creación es algo absolutamente nuevo.[186] Como ha escrito Werner Foerster, la creación en Génesis 1 "surge de la nada por la Palabra de Dios".[187]

Mientras que *bara'* no connota automáticamente la creación de la nada en el contexto de Génesis 1, el hecho de ser "sin analogía" es parte de un caso acumulativo que apunta en la dirección de *creatio ex nihilo.*[188] La idea de *creatio ex nihilo* está implícita en Génesis 1:1 ya que no se menciona ningún "principio" para Dios.[189] Por lo tanto, *bara'* es la palabra más adecuada para expresar el concepto de creación de la nada. De hecho, ningún otro término hebreo estaría bien.

Cuarto, el verbo bara'*, en Génesis 1:1 está conectado con la totalidad de la creación de Dios* ("los cielos y la tierra")*, que nos indica la creación de la nada.* Walter Eichrodt expresa la suposición implícita que el AT hace con respecto a la creación absoluta: "La idea del

---

[183] Jürgen Moltmann, *God in Creation: A New Theology of Creation and the Spirit of God*, trad. Margaret Kohl (San Francisco: Harper & Row, 1985), 72–73. Para un comentario sobre la inconsistencia entre la exégesis de Moltmann de Génesis 1 y su panenteísmo (i.e., la confusión entre la creación de la nada [*ex nihilo*] y la creación continua [*continua*], haciendo que cualquier distinción carezca de sentido), ver Allan J. Torrance, "Creatio ex Nihilo and the Spatio-Temporal Dimensions with Special Reference to Jürgen Moltmann and D. C. Williams," en *The Doctrine of Creation: Essays in Dogmatics, History, and Philosophy*, ed. Colin E. Gunton (Edinburgh: T & T Clark, 1997), 83–103; cf. La discusión de Philip Clayton del panenteísmo de Moltmann (e.g., el "spacio absoluto" es visto como la presencia de Dios en todo el mundo material y todo lo que contiene), en *God and Contemporary Science*, ed. Philip Clayton (Grand Rapids: Eerdmans, 1997). Véase también Wolfhart Pannenberg, *Systematic Theology*, vol. 2, trad. Geoffrey W. Bromiley (Grand Rapids: Eerdmans, 1994), 14–15.

[184] Moltmann, *God in Creation*, 73.

[185] Westermann hace estos mismos comentarios: Yahveh es siempre el sujeto de *bara'*, y *bara'* nunca se usa con una preposición o acusativo del material del cual Dios crea (*Genesis 1-11*, 98). Ridderbos también toma nota de esto: "El sujeto [de *bara'*] es siempre Dios. Nunca está conectado con el acusativo de la materia = *[Das] Subjekt ist immer Gott. Es wird niemals verbunden mit dem Akkusativ des Stoffes"* ("Genesis i 1 und 2," 220).

[186] Ridderbos, "Genesis i 1 und 2," 220.

[187] Foerster, "*ktizo*", 1010.

[188] Brueggemann dice que mientras Génesis 1:2 habla de una especie de caos, 1:1 (que él toma como una reflexión teológica posterior sobre la creación) "sugiere que Dios comenzó con nada". (*Genesis*, 29). Según Brueggemann, no se intenta resolver la tensión aparente. También observa que, en el tiempo del NT, "se afirmó que Dios creó de la nada (cf. Rom. 4:17; Heb. 11:3)" (*Genesis*, 29).

[189] Sailhamer, *Genesis Unbound*, 247–49.

comienzo absoluto del mundo creado resulta así una expresión lógica de la visión total del narrador sacerdotal".[190] Por ejemplo, Isaías 40:21—que se refiere a Génesis 1:1 pero utiliza la expresión paralela "desde los cimientos de la tierra"—es "una clara referencia a un comienzo absoluto" y no a un "juicio arbitrario", según Eichrodt.[191] Él considera que la doctrina *creatio ex nihilo* es "irrefutable",[192] especialmente a la luz del estricto monoteísmo del autor, así como de su distinción radical entre su propia visión y la de otras cosmogonías antiguas, en las que los dioses surgieron de la materia preexistente. Eichrodt sostiene que "el objetivo último de la narrativa [de la creación] es el mismo que el de nuestra fórmula de creación ex nihilo".[193]

Aunque esta fórmula (creación *ex nihilo*) no aparece en el AT, el objeto de la actividad creadora de Dios es "el cielo y la tierra y todo lo que hay en ellos"; por lo tanto, la creación de Dios no puede limitarse a "las estrellas y las cosas de la tierra", sino que debe incluir "todo el cosmos".[194] El hecho de que "el cielo y la tierra" sea un merismo que signifique "la totalidad de los fenómenos cósmicos" nos indica un comienzo absoluto del universo, incluida la materia.[195] De hecho, "no hay una sola palabra en el idioma hebreo" para expresar la totalidad; por lo tanto, se usa esta frase.[196] Como señalamos con Westermann, Génesis 1:1 se refiere al "Principio. Todo comenzó con Dios".[197]

Así que está claro que mientras que *bara'*, por sí solo, es insuficiente para establecer la idea de la creación de la nada, cuando se ve en conjunción con, y en el contexto de, los pasajes relevantes y otras características literarias e históricas, estamos apuntando en esa dirección.[198]

Resumen de las reflexiones sobre Génesis 1

Génesis 1 tiene varias características que se refuerzan mutuamente y que nos llevan a concluir su comprensión implícita de la creación *ex*

---

[190] Eichrodt, "In the Beginning," 72.
[191] Ibid., 67
[192] Ibid., 72.
[193] Walter Eichrodt, *Theology of the Old Testament*, vol. 2, trad. J. A. Baker (Philadelphia: Westminster, 1967), 101.
[194] Ibid., 102.
[195] Nahum M. Sarna, *Genesis*, JPS Torah Commentary (New York: Jewish Publication Society, 1989), 5. Harrison afirma que la frase "los cielos y la tierra" es un merismo que indica la totalidad, no simplemente dos elementos antónimos. Ver Harrison, "Creation," en *The Zondervan Pictorial Encyclopedia of the Bible*, ed. Merrill C. Tenney (Grand Rapids: Zondervan, 1975), 1:1022; también Paul K. Jewett, *God, Creation, and Revelation* (Grand Rapids: Eerdmans, 1991), 457.
[196] Keil y Delitzsch, *Commentary on the Old Testament*, 1:47.
[197] Westermann, Genesis, 7.
[198] Stek, "What Says the Scripture?" 221.

nihilo. Estas características incluyen (1) la singularidad del relato de la creación del Génesis en comparación con otras epopeyas del AOP, (2) la elegancia literaria y la necesidad estructural y gramatical del sentido absoluto en Génesis 1:1, (3) la singularidad de *bara'* y (4) la creación de Dios sólo por su palabra. Por lo tanto, vemos emerger un fuerte caso acumulativo para la creación *ex nihilo*.[199] A la luz de todo el entramado de Génesis 1, la creación de la nada es la única inferencia apropiada de sacar.[200] Ninguna otra conclusión puede ser adecuadamente asegurada.[201]

¿Es la "doble creación" demasiado problemática y helenística?

El comentarista judío medieval Ramban afirma que el verbo *bara'*, es el único verbo posible que podría expresar la creación desde la nada absoluta:

> El Santo, bendito sea, creó todas las cosas de la inexistencia absoluta. Ahora no tenemos ninguna expresión en la lengua sagrada para sacar algo de la nada que no sea la palabra *bara'* [crear].

Ramban continúa diciendo que esa creación de la nada absoluta tuvo lugar en etapas. La primera etapa de la creación de Dios a partir de "la nada total y absoluta" implicaba (1) *crear* o producir una "sustancia

---

[199] Walter Eichrodt observa tres rasgos de Génesis 1:1, cuya conjunción nos apunta en la dirección de—de hecho, representa concretamente—la creación de la nada (*Theology of the Old Testament*, 2:101–6): la misma declaración absoluta de apertura de Génesis 1:1; el hecho de que Dios crea por su *palabra*; y el uso de *bara'*, en Génesis 1:1. Del mismo modo, Thomas McComiskey escribe: "La limitación de esta palabra a la actividad divina indica que el área de significado delineada por la raíz [de *bara'*] cae fuera de la esfera de la habilidad humana. Puesto que la palabra nunca aparece con el objeto de la materia, y puesto que el énfasis primario de la palabra está en la novedad del objeto creado, la palabra se presta bien al concepto de creación *ex nihilo*, aunque ese concepto no es necesariamente inherente al significado de la palabra" (McComiskey, "*bara'*" 1:173). Véase también la útil discusión de Jewett en *God, Creation, and Revelation*, 455–67; y Schmidt, "br' to create," 253–56. Arbez y Weisengoff comenta que "todo Génesis 1 está impregnado de la idea de la absoluta trascendencia de Dios y de la total dependencia de todo ser de Dios para su existencia. La idea de una 'creatio ex nihilo' parece estar tan lógicamente ligada a la visión que el autor tiene de Dios que uno difícilmente puede negarse a verla en su discurso de apertura". ("Exegetical Notes on Genesis 1:1–2," 144). El escritor judío Nahum Sarna capta bien nuestro punto de vista: "La narrativa del Génesis contiene insinuaciones de tal concepto. Precisamente debido a la importancia indispensable de la materia preexistente en las cosmologías paganas, la misma ausencia de tal mención aquí es altamente significativa. Esta conclusión se ve reforzada por la idea de la creación por decreto divino sin referencia a la presencia de materia inerte. También, el énfasis bíblico repetido en Dios como el Creador exclusivo parecería descartar la posibilidad de materia preexistente. Por último, si *bara'* sólo se utiliza para referirse a los [actos de] creación de Dios, debe ser esencialmente distinto de los [actos de] creación humanos. La última distinción sería *creatio ex nihilo*, que no tiene paralelo humano y por lo tanto está totalmente fuera del alcance de toda comprensión humana". (*Genesis*, 5).

[200] Mathews, *Genesis 1–11:26*, 141.

[201] Ridderbos lo dice claramente: "Génesis 1 enseña *creatio ex nihilo* = *Gen. i die* creatio ex nihilo *lehrt*" ("Genesis i 1 und 2," 259).

desprovista de corporeidad, pero con un poder de potencia" (la "materia prima", o *hyle*, en el pensamiento griego). En la etapa siguiente, sin embargo, (2) Dios "no *creó* nada, sino que *formó* e hizo las cosas con [el *hyle*]".[202]

La idea de que Dios creó en dos etapas (creando la "materia prima" y luego formándola) nos lleva a una objeción típica a tal enfoque (perspectiva 4). James Barr ve esta comprensión de la "doble creación" como "equivocada" porque implica que Dios (bastante descuidadamente, en opinión de Barr) produjo materia prima y luego la formó en algo ordenado. Además, tal visión de "doble creación" aparentemente presupone una distinción griega entre materia y forma (¡aunque el propio Ramban judío adopta esta visión!).

Sin embargo, estas acusaciones de desorden y de influencia helenística no parecen ser convincentes. En cuanto al problema del "descuido", vemos que el propio texto del Génesis se mueve con bastante rapidez y concisión; por lo tanto, no aborda las posibles lagunas que puedan surgir al tratar de desempacar el texto. John E. Hartley, que ve la creación *ex nihilo* como bíblica, observa que "sólo la brevedad del relato de la creación crea esta impresión" de materia preexistente.[203] La creación de la nada no era un problema, sino algo que se daba por sentado. Para la mente hebrea, habría sido impensable que cualquier cosa pudiera tener existencia independiente de Dios a menos que Dios la creara. Como afirma John Goldingay, un pensador del Antiguo Testamento que se hizo la pregunta: "¿De dónde vino la materia?" sin duda declararía: "Yhwh lo hizo, por supuesto".[204]

En segundo lugar, no es difícil encontrar traducciones plausibles que permitan una doble creación. Por ejemplo, E. J. Young ofrece un enfoque sensible al contexto de Génesis 1:1-2—especialmente con respecto a la frase *tohû wabohû*, "desordenada y vacía" (RVR1960) o "desolada e inhabitable"—que elimina la aparente falta de pulcritud que Barr percibe en lo que él llama "doble creación". Según Young:

> Determinar el significado de [*tohû*] en Génesis 1:2 no es particularmente difícil. En Isaías 45:18 se usa como un contraste con la frase, "ser habitado". Según este versículo, Dios no creó la tierra para desolación, sino para ser habitada. Una tierra de [*tohû*], por lo tanto, es una tierra que no puede ser habitada. Tal tierra no ha cumplido el propósito para el que fue creada; es

---

[202] Ramban (Nachmanides), *Commentary on the Torah: Genesis*, trad. Charles B. Chavel (New York: Shiloh, 1971), 23

[203] Hartley, *Genesis*, 42.

[204] John Goldingay, *Old Testament Theology*, volume 1, *Israel's Gospel* (Downers Grove, Ill.: InterVarsity, 2003), 77.

> una tierra creada en vano, una tierra desolada. Si, por lo tanto, lo traducimos como "desolación", probablemente estaremos haciendo justicia a la palabra.
>
> Del mismo modo, el sonido similar [*bohû*] aparentemente significa algo inhabitable, y es muy posible que lo convirtamos en "ruina".[205]

Young comenta que en Jeremías 4:23, la combinación de "desolación/ inhabitable" (*tohû*) y "ruina" (*bohû*) se remonta a Génesis 1:2, hablando de la tierra de Palestina después de haber sido diezmada por la invasión babilónica. En ese tiempo (ca. 587-86 a.C.) la tierra prometida llegaría a ser como Génesis 1:2—"una desolación y una ruina", un lugar donde los seres humanos no podrían vivir: "Es ese pensamiento que se expresa en Génesis. La tierra estaba en tal condición que [la gente] no habría podido vivir en ella".[206]

La traducción de las palabras *tohû wabohû* (Génesis 1:2) como "caos" es lamentable. Pero si uno la usa, debe considerarla, sostiene Young, como la "primera etapa en la formación de la actual tierra bien ordenada" en lugar de como "lo que estaba confuso y fuera de orden", como si este estado hubiera estado fuera del control de Dios.[207] De hecho, no hay razón, dado lo que leemos en Génesis 1, por qué Dios no pudo haber pronunciado la condición descrita en Génesis 1:2 como "muy buena".[208] Después de todo, la tierra no sólo era inhabitable en 1:2;[209] *estaba en la misma condición durante los últimos días de la creación:*

> Génesis 1:2 es la primera imagen del mundo creado que la Biblia da, y el propósito del resto del capítulo es mostrar cómo Dios trajo este mundo de su condición primitiva de desolación y ruinas para convertirse en una tierra, completamente equipada para recibir al hombre y ser su hogar. La tierra era desolación y ruinas, pero todo estaba en manos de Dios y bajo su control; nada era contrario a su designio.[210]

Comentando sobre Isaías 45:18 (que refleja este tema), John Oswalt comenta que el caos no existía ante Dios, ni Dios trajo un caos sin sentido a la existencia. En cambio, "el Dios preexistente" creó el mundo específicamente para la habitación humana.[211]

---

[205] Young, *Studies in Genesis 1*, 33–34.
[206] Ibid., 34. Véase también Hasel sobre la creación en dos etapas ("Recent Translations of Genesis 1:1," 165).
[207] Young, *Studies in Genesis 1*, 38.
[208] Ibid.
[209] Ridderbos ("Genesis i 1 und 2," 233) lo traduce como "desierto y vacío/deshabitado" [*Wüste und Leere*]."
[210] Young, *Studies in Genesis 1*, 38
[211] John N. Oswalt, *Isaiah 40–66*, NICNT (Grand Rapids: Eerdmans, 1998), 218.

Una perspectiva similar de dos etapas es tomada por John Sailhamer, pero con la siguiente variación.[212] Génesis 1:1 se refiere a la creación del universo por parte de Dios, y luego 1:2 comienza a desplegar la preparación de la *tierra* prometida (no la "tierra")—Edén, en la que se colocó un jardín—cuyos límites están literalmente ligados a la tierra que Dios prometió a Abraham y a sus descendientes (cf. Gen. 2:10-14; 15:18). Dios el Creador es identificado como Dios el Creador del Pacto. Lo que tienen en común estudiosos como Young, Sailhamer y también Kidner[213] es que hay una representación elegante y resuelta de un proceso de dos pasos hacia la creación—no uno torpe y ad hoc.

Cosas similares se pueden decir sobre las "aguas" en Génesis 1:2. El comentarista U. Cassuto dice que lo "profundo" es el "primitivo mundo oceánico", pero no es un mundo eternamente preexistente. Insiste en que "no existía desde tiempos inmemoriales, sino que fue creado por la voluntad de Dios, y que estaba dispuesto a recibir cualquier forma que su Creador quisiera darle".[214]

Mucho más podría decirse en respuesta a la acusación de Barr de que una creación en dos etapas es poco elegante. Como hemos visto, esta queja puede ser fácilmente contrarrestada.

Entonces, ¿qué hay de la segunda preocupación de Barr, que un proceso creativo de dos pasos aparentemente refleja *influencias helenísticas* (en las que la materia eterna y primaria se organiza en un cosmos ordenado)? Ciertamente, debemos aclarar la confusión que viene con la interpretación de Génesis 1:2 de la LXX (*he de ge en aoratos kai akataskeuastos* = "*Y la tierra era oculta/invisible y no estaba formada*"). Esta traducción de 1:2 refleja claramente una influencia helenística,[215] y versiones tales como la RVR1960 y LBLA helenizan la frase *tohû wabohû* en "desordenada/sin orden y vacía". Sin embargo, no debemos inferir que los traductores asumieron materia eternamente preexistente.

---

[212] Sailhamer, *Genesis Unbound*, 247–49; véase también idem, "Genesis," 41–43.

[213] Al comentar Génesis 1:2, Kidner declara: "Todo el proceso es creación" (*Genesis*, 45). Véase también Blocher, que adopta este punto de vista en dos etapas (*In the Beginning*, 64).

[214] Cassuto, *Commentary on Genesis*, 24.

[215] Así también Armin Schmitt: "Aus dieser Sicht ist es gut möglich, daß [*aoratos*] in Gen 1 2 platonisch beeinflußt ist. Auch [*akataskeuastos*] tendiert in diese Richtung = Desde este punto de vista es muy probable que [*aoratos* = oculta/invisible] en Génesis 1:2 esté influenciado por el platonismo. [*Akataskeuastos* = no formado] también tiende en esta dirección" ("Interpretation der Genesis aus hellenistischem Geist," *Zeitschrift für alttestamentliche Wissenschaft* 86 [1974]: 150). Aunque la LXX toma Génesis 1:1 en un estado absoluto, los términos en 1:2 no captan lo que el hebreo expresa. Schmitt señala que estos términos particulares son "eine wesentliche Komponente der griechischen und speziell der platonishen Weltentstehungslehre, daß die Welt aus einem anfänglich ungeordneten Status in einen Zustand der Harmonie und Schönheit überführt wird = un componente esencial de la doctrina griega y, en especial, de la doctrina platónica de los orígenes, según la cual el mundo pasó de ser un estado inicialmente desordenado a ser una condición de armonía y belleza" (151). Dicho esto, esto todavía no excluye de la nada una creación en dos etapas.

Traducir Génesis 1:2 de esta manera, sin embargo, ha contribuido a una perspectiva un tanto griega para muchos cristianos que piensan en la tierra descrita como una masa amorfa. Sin embargo, estos términos hebreos, cuando se toman en consideración los usos bíblicos posteriores (Is. 45:18; Jer. 4:23) que se relacionan con Génesis 1:2, nos conducen a una mejor (y menos helenizada) comprensión de la tierra como desolada e inhabitable, "un desierto y una tierra baldía", como lo traduce Victor Hamilton.[216]

Los intérpretes judíos medievales, no influenciados por la LXX, también tomaron esta perspectiva.[217] Reforzando aún más el hecho de que las versiones griegas posteriores de la LXX se apartaron de una visión platónica de la creación en favor de una más bíblica: Aquila traduce los términos como "vacía y nada", y Símaco como "improductiva y sin distinción".[218] Además, nuestros primeros targums semíticos (palestinos), que son presentaciones interpretativas de la Biblia hebrea, no tienen "ningún rastro de los conceptos" encontrados en la LXX.[219] Por ejemplo, el Targum Neofiti I (no posterior al siglo III d.C. y posiblemente precristiano) traduce Génesis 1:2 como "desolada, sin seres humanos ni bestias, y vacía de todo cultivo de plantas y árboles"—capturando así el uso hebreo.

Por lo tanto, no hay necesidad de ver que Génesis 1:2 se refiera a la materia eternamente preexistente. Como Keil y Delitzsch observan, "*'Y la tierra estaba sin forma y vacía'*, no antes, sino cuando, o después de que Dios la creó".[220] De hecho, no hay nada que pertenezca a la composición del universo (ya sea material o formal), que tuviera una existencia de Dios antes de este acto divino en el principio.[221] Aunque algunos afirman que Génesis 1:1 debe ser interpretado a la luz de Génesis 1:2, nosotros argumentamos que lo contrario es cierto. Y el hecho de que el hebreo de 1:2 comience con un *waw* consecutivo ["*y* la tierra"] indica la prioridad temporal del versículo 1:1 a 1:2.[222] Prestar más apoyo a tal enfoque, como veremos, es el testimonio no sólo de eruditos judíos como Ramban, sino también de los primeros padres de la iglesia que declararon o implicaron que Dios creó en dos etapas.

---

[216] Ver discusión en Hamilton, *Genesis 1–17*, 108–9; que se hace eco de esto es la extensa discusión de Mathews en *Genesis 1–11:26*, 130–44.
[217] Sailhamer, *Genesis Unbound*, 213–22, esp. 214.
[218] Sailhamer, *The Pentateuch as Narrative*, 85 n.
[219] Ibid.
[220] Keil y Delitzsch, *Commentary on the Old Testament*, 1:47–48. John H. Walton, comentando sobre Génesis 1:2, dice que el punto aquí es que Dios está dirigiendo y ordenando a propósito su creación ("Creation," en *Dictionary of the Old Testament and Pentateuch*, ed. T. Desmond Alexander y David W. Baker [Downers Grove, Ill.: InterVarsity, 2003), 157.
[221] Keil y Delitzsch, *Commentary on the Old Testament*, 1:47.
[222] Ibid., 47–48.

Textos adicionales del AT que implican *Creatio ex nihilo*

Habiendo visto Génesis 1:1, ahora queremos examinar otros pasajes del AT que refuerzan la idea de la creación de la nada. Aquí vemos claramente el totalismo y la contingencia de la creación de Dios. Tal totalismo es de esperar ya que, en la mente hebrea, no había otro tipo de existencia fenomenológica fuera de la actividad creadora de Dios.[223]

Ya hemos reconocido que la expresión "los cielos y la tierra" se refiere a "absolutamente todo".[224] Hermann Sasse informa que el AT hebreo no tiene ninguna palabra para "universo", sino que usa "cielo y tierra" en su lugar.[225] O a veces *hakol*—"la totalidad, todo"—se usa, que a veces se expande a "los cielos y la tierra, el mar, y todo lo que hay en ellos" (Éx. 20:11; cf. Sal. 24:1-2; Jer. 51:48).[226] Ocasionalmente, los escritores del AT utilizan el término "el todo [*hakol*]" para referirse a todo o a la totalidad—es decir, toda la realidad fuera de Dios.[227] A diferencia de los griegos, los hebreos no tenían una palabra para el cosmos; por lo tanto, la palabra *todo* se usa (e.g., Is. 44:24).[228] Todas las cosas tuvieron un principio, y Dios es su creador.

La clara implicación del título de Yahveh "el primero y el último" (Is. 44:6)—o, como dice el Nuevo Testamento, "el Alfa y la Omega" (Ap. 1:8)—es que él es el creador último y el único Ser eterno. Proverbios 8:22-26 establece que antes de que las profundidades fueran producidas (i.e., el "abismo" de Génesis 1:2), la Sabiduría estaba creando con Dios. Comentando este pasaje, Richard J. Clifford afirma que "los elementos básicos del universo no existían. No había aguas cósmicas [Prov. 8:24], ni columnas de la tierra, ... ni superficie habitable de la tierra".[229]

Nada más que el Creador existía, y esto impediría cualquier cosa preexistente. Así, la referencia hecha en 2 Pedro 3:5 a la creación de Dios "del agua" debe tener en cuenta que las aguas mismas fueron traídas a la

[223] Harrison, "Creation," 1:1023.
[224] Von Rad, *Genesis*, 46
[225] Sasse, "*kosmos*", en *TDNT*, 3:878.
[226] Van Leeuwen, "*br'*" 730.
[227] Sasse, "*kosmos*", 881.
[228] George A. F. Knight, *Deutero-Isaiah: A Theological Commentary on Isaiah 40–55* (Nashville: Abingdon, 1965), 124.
[229] Richard J. Clifford, *Proverbs: A Commentary* (Louisville: Westminster John Knox, 1999), 96. No hay ninguna buena razón para tomar en serio el extraño comentario de Roger N. Whybray: "['Las profundidades'] probablemente no es una alusión al océano primitivo (*Proverbs*, NCB [Grand Rapids: Eerdmans, 1994], 132). Dada la similitud lingüística (*tehomôt* en Prov. 8:24 y *tehôm* en Gén. 1:2) y el contexto teológico asumido por el escritor de la Sabiduría, es prácticamente seguro que el océano primitivo está a la vista en general. En lugar de tomar en serio palabras como "antes" o "cuando no había", Leo G. Perdue hace una afirmación similar sin fundamento de que la creación aquí no es de la nada (*Proverbs* [Louisville: Westminster John Knox, 2000], 144).

existencia por Dios. Por lo tanto, no debemos leer en tal pasaje alguna "profundidad" eternamente existente basada en Génesis 1:2, ya que Dios creó la "profundidad" (Sal. 104:6; Prov. 8:24, 27-28). Tampoco debemos ver las "tinieblas" de Génesis 1:2 como eternas e increadas, puesto que Dios crea *tanto* oscuridad *como* luz (Is. 45:7).

En su comentario en la Anchor Bible, Michael Fox enfatiza Proverbios 8:24 revelando que las "aguas" de Génesis 1:2 son parte del proceso de creación. Su formación es un paso, o etapa, en la creación.[230] Él observa la similitud en el lenguaje entre Proverbios 8:25 ("antes que se cimentaran las montañas...") y Salmo 90:2 ("antes que nacieran los montes,... hasta los tiempos postreros, tú eres Dios"), concluyendo: "Prov. 8 parte del indiscutible lugar común de que Dios existía antes del comienzo de los tiempos y atribuye la misma precedencia a la sabiduría".[231]

La creación de Dios sin la ayuda de ningún material preexistente es sugerida por la secuencia de pasajes en el Salmo 104 y Proverbios 8. Así lo declara el Salmo 104:5-8 NVI:

> Tú pusiste la tierra sobre sus cimientos, y de allí jamás se moverá; la revestiste con el mar, y las aguas se detuvieron sobre los montes. Pero a tu reprensión huyeron las aguas; ante el estruendo de tu voz se dieron a la fuga. Ascendieron a los montes [como nubes], descendieron a los valles [como océanos], al lugar que tú les asignaste

Según este pasaje, Dios estableció la tierra (Gen. 1:1) y luego la cubrió de agua. Él no creó la tierra simplemente a partir de un mar primitivo. (En el capítulo 2 veremos 2 Pedro 3:5, que indica una creación en dos etapas en lugar de la creación de Dios a partir del caos primordial.)

Alguien puede objetar que estos pasajes poéticos no están trazando una secuencia específica en orden cronológico. Aunque podemos apreciar este punto, el énfasis abrumador en los textos del AT está en la soberanía de Dios y en la totalidad de todo lo que está bajo su control. Dios no sólo da forma, sino que crea. Dios trae a la existencia incluso aquellos elementos supuestamente primordiales. (Como ya se ha dicho, Is. 45:7 declara que parte de la actividad creadora de Yahveh es "formar la luz y crear las tinieblas"). Aunque debemos tener cuidado al ver los textos poéticos como un intento de dar una cronología estricta de los acontecimientos de la creación, todavía podemos sacar algunas conclusiones firmes, que sirven como indicadores de la creación de la

[230] Michael V. Fox, *Proverbs 1–9*, AB 18A (New York: Doubleday, 2000), 282.
[231] Ibid., 284.

nada. Lo que parece claro de tales pasajes es que todo lo que no es Dios ha sido traído a la existencia por Dios.

Un pasaje que se refiere al "principio, antes de que el mundo comenzara" (Prov. 8:23b NVI), dice:

> Cuando no había abismos fui engendrada,
> cuando no había manantiales abundantes en aguas.
> Antes que los montes fueran asentados,
> antes que las colinas, fui engendrada.
>
> Proverbios 8:24-25, LBLA

Aunque algunos afirman que Génesis 1:2 se refiere a un océano primitivo de caos eternamente existente del cual Dios creó (supuestamente apoyado por 2 Pedro 3:5), Proverbios 8 no tendrá nada de esto. Simplemente no había océanos (o "profundidades") cuando la Sabiduría comenzó a actuar creativamente. Ni siquiera había "el primer polvo del mundo" (8:26 LBLA) cuando la Sabiduría obró creativamente. Todo lo que existe independientemente de Dios/Sabiduría tiene un origen temporal distinto. Derek Kidner escribe de Proverbios 8: "La Sabiduría es a la vez más antigua que el universo y fundamental para él. Ni una pizca de materia (26b), ni un rastro de orden (29), sino por sabiduría".[232] Roland Murphy declara que el significado de este pasaje es "claro": "[La sabiduría] es… preexistente a cualquier otra cosa.... La Sabiduría estaba allí antes que nada".[233] John Goldingay observa que Proverbios 8 se remonta "a un tiempo en el que no había materia de la cual el mundo pudiera formarse".[234]

Salmo 24:1-2 (NVI) habla en términos generales acerca de la creación de Dios: "Del Señor es la tierra y todo cuanto hay en ella.... porque él la afirmó sobre los mares". O considere el Salmo 146, donde leemos que la esperanza de los creyentes es ser "en el Señor su Dios", es decir, el Dios "que hizo el cielo y la tierra, el mar y todo lo que hay en ellos". Es este Dios que "guarda la fe para siempre" (Salmo 146:5-6, LBLA). En los diversos salmos en los que se menciona la creación, Dios crea primero un cosmos ordenado para la habitación humana, y luego elabora su plan redentor a través de su pueblo Israel. La creación no es el foco principal, pero sirve como escenario para las acciones salvíficas de Dios en la historia humana.[235]

[232] Derek Kidner, *Proverbs*, TOTC 15 (Downers Grove, Ill.: InterVarsity, 1964), 78.
[233] Roland E. Murphy, *Proverbs*, WBC 22 (Nashville: Nelson, 1998), 52.
[234] Goldingay, *Old Testament Theology*, 47.
[235] Véase Stacy R. Obenhaus, "The Creation Faith of the Psalmists," *Trinity Journal* 21 (otoño 2000): 131–42.

Además, la noción de *creatio ex nihilo* se refuerza cuando la Escritura declara la eternidad y la autosuficiencia de Dios en contraste con la fugacidad del orden creado finito. El Salmo 102:25-27 (NVI) habla de la naturaleza perdurable de Dios en oposición a la transitoriedad del universo:

> En el principio tú afirmaste la tierra,
> y los cielos son la obra de tus manos.
> Ellos perecerán, pero tú permaneces.
> Todos ellos se desgastarán como un vestido.
> Y como ropa los cambiarás,
> y los dejarás de lado.
> Pero tú eres siempre el mismo,
> y tus años no tienen fin.

Leslie Allen, comenta: "Creador y creación son distintos: él es mucho más grande que ellos y les sobrevive, como un hombre sobrevive a sus ropas. A diferencia de las cosas materiales, sólo Yahveh es inmortal e inmune al deterioro".[236]

Leemos algo similar en el Salmo 90:2 (NVI): "Desde antes que nacieran los montes y que crearas la tierra y el mundo, desde los tiempos antiguos y hasta los tiempos postreros, tú eres Dios". Rendtorff deduce de este pasaje (y Génesis 1:1), "Antes del 'principio', no había nada más que Dios".[237] Así, el Dios "que llamó a la creación de la nada tiene también el poder de reducirla a nada otra vez".[238] Así que leemos que Dios, a diferencia de los seres humanos o del universo, existió de manera independiente y sin relación con nada más, y tiene el poder inherente de perdurar sin nada ajeno a su ser. A diferencia de Dios, cualquier otra cosa puede pasar. Todo esto sugiere fuertemente que Dios es esencialmente eterno o duradero; todo lo demás no lo es. En verdad contradiría la mentalidad de los escritores bíblicos decir a Dios: "¡De eterno a eterno, tú eres Dios; pero la materia existe junto a ti de eterno a eterno!"

En Isaías 40-48 está implícita la soberanía suprema y la singularidad absoluta de Yahveh en la creación, además de quien no hay otro dios—ni nada más—cuando creó: "o soy el primero y el último" (44:6 NVI; cf. 48:12); "Yo, el Señor, creador de todo" (44:24 LBLA); "Yo soy el Señor y no hay ningún otro" (45:18 LBLA; cf. 46:9). El estupendo poder creativo de Dios no tiene analogía. Dios se distingue como "creador y

---

[236] Leslie C. Allen, *Psalms 101–150*, WBC 21 (Waco: Word, 1983), 16.
[237] Rendtorff, "Creation and Redemption in the Torah," 313.
[238] Carl F. H. Henry, *God, Revelation, and Authority* 6 (Waco: Word, 1983), 122.

autor de todas las cosas", no sólo como organizador o arreglista.[239] Como comenta Wolfhart Pannenberg:

> Las afirmaciones [del AT] sobre la creación en, e.g., Sal. 104:14-30; 139:13; 147:8f. rehúsan limitar el poder creador de Dios vinculándolo con la materia preexistente. Como el pensamiento de la creación por la Palabra en Génesis 1, implican la libertad irrestricta de la acción creadora de Dios que la frase "creación de la nada" expresaría más tarde.[240]

Tal libertad es desconocida en las otras cosmogonías del AOP discutidas anteriormente. En su libro *La religión de Israel*, Yehezkel Kaufman ve estas cosmogonías y religiones como totalmente distintas de las de la Biblia: "Una voluntad divina, soberana y absoluta, que gobierna todo y es la causa de todo ser—tal concepción es desconocida" en otro lugar—además del hecho de que el Dios de la Biblia no está limitado por preexistentes *Urstoff* o poderes primitivos.[241] ¡No era una cuestión de pura suerte que las cosas primordiales simplemente existieran para que Dios pudiera crear!

Al leer el AT, observamos que simplemente no hay condiciones preexistentes a las que Dios esté sujeto; es la palabra de Dios que ordena la creación.[242] Claus Westermann observa que el énfasis de (Deutero-) Isaías en Dios *solo* como el Creador y único Dios, es en virtud de que no sólo es "más grande y más poderoso que todos los demás" de los dioses de Babilonia, sino que también "es el que permanece ('Yo soy el primero y el último')".[243]

Lo que tenemos en el AT son varias líneas que extraen lo que implica el texto bíblico en lugar de decirlo directamente (como "creación de la nada"). Israel no se preocupaba tanto de las dimensiones *ex nihilo* de la creación como de la soberanía de Dios sobre la creación, del dominio absoluto de Dios sin competencia, del poder de la palabra de Dios.[244] Los antiguos escritores hebreos tenían una mentalidad principalmente *teológica* más que *filosófica*. Todas estas características encajan perfectamente con la creación *ex nihilo,* pero no con creación *ex materia*. La suposición detrás de los escritos del AT era que la creación no necesitaba ser defendida; no era un artículo de fe porque "simplemente

---

[239] Knight, *Deutero-Isaiah*, 124.
[240] Pannenberg, *Systematic Theology*, 2:17.
[241] Yehezkel Kaufman, *The Religion of Israel*, trad. M. Greenberg (London: Allen & Unwin, 1961), 21–22.
[242] Foerster, "*ktizo*," 1012; "God created everything (without precondition)": W. H. Schmidt, "*br'* to create," 256.
[243] Claus Westermann, *Isaiah 40–66* (Philadelphia: Westminster, 1969), 156.
[244] Véase Brueggemann, *Theology of the Old Testament*, 158–59.

no había otra alternativa".[245] Esto es, "no había otra realidad que la establecida por Dios", y por lo tanto los israelitas "no tenían necesidad de *creer* expresamente que el mundo había sido creado por Dios porque esa era la presuposición de su pensamiento".[246]

El mismo merismo de la totalidad—"los cielos y la tierra"—expresa la *totalidad* en vez de una simple *organización*. Decir que Dios meramente *organizó* no hace justicia a lo que expresa este merismo.

Conclusión

En este capítulo, se ha presentado el caso acumulativo a favor de la creación *ex nihilo* en el AT. Estos diversos hilos entrelazados nos proporcionan un sólido apoyo para que esta doctrina sea asumida por los escritores del AT.

La lectura de Génesis 1 en el contexto cosmogónico del AOP proporciona la primera línea de apoyo. Génesis 1:1 se destaca dramáticamente como una declaración robusta y monoteísta; Dios y la creación son ontológicamente distintos y constituyen toda la realidad que hay.

Además, Génesis 1:1 es una declaración absoluta, no una cláusula temporal. Su absolutidad ofrece un fuerte apoyo a la creación *ex nihilo*. De hecho, la mayoría de los estudiosos de hoy en día reconocen que esta lectura absoluta no sólo es preferible desde el punto de vista gramatical y contextual, sino que también es superior desde el punto de vista estético. El verbo *bara'* (en ciertos contextos) refuerza aún más la idea de la creación *de la nada*. Su asociación única con Dios y su palabra, su falta de conexión con algo material y su absoluta novedad la convierten en una expresión adecuada de la idea de la creación *ex nihilo*.

Luego llegamos a la cuestión de la tierra baldía inhabitable o el llamado "caos primigenio" en Génesis 1:2. Incluso si existieran elementos primarios a partir de los cuales Dios creó, podemos simplemente afirmar que no existían eternamente, sino que fueron creados por Dios *ex nihilo*. Una creación en dos etapas, en la cual Dios crea sus materias primas de la nada (Génesis 1:1) y luego las moldea en un cosmos (Génesis 1:2-31), es perfectamente plausible. Es textualmente sana, difícilmente poco elegante y no del todo "helenística".

Finalmente, la contingencia del orden creado, así como el totalismo expresado por el AT, atestiguan la creación de la nada. Dios creó todo lo externo a sí mismo, lo que significa que la realidad está constituida por Dios y la creación. Sin Dios, nada más podría existir. Él debe traerlo a la

---

[245] Westermann, *Creation*, 5.
[246] Ibid.

existencia, y debe sostenerlo en la existencia. La creación de la nada se da por sentado y está fuertemente implícita en el AT.

II

El testimonio del Nuevo Testamento de la *Creatio ex nihilo*

Algunos eruditos comúnmente afirman que la posición bíblica sobre la creación (ya sea *ex nihilo* o *ex materia*) es ambigua. Hemos tomado nota de la sugerencia de Gerhard May a este respecto. Sin embargo, la ausencia de análisis bíblico en el libro de May debilita su posición.[1] Si se hace correctamente, una exégesis bíblica sólida refuta la noción de que la creación de la nada es una mera invención teológica de finales del siglo II en respuesta a las doctrinas gnósticas heréticas y a las ideas medioplatónicas.

Esto es cierto no sólo para el testimonio del AT sino también para el testimonio del NT. De hecho, los escritores del NT se basan en la cosmovisión del AT. Por ejemplo, los creyentes en Hechos 4:24 oran a Dios, quien creó el cielo, la tierra, el mar y todo lo que hay en ellos, una declaración radical que no omite nada.[2] Markus Barth y Helmut Blanke declaran que "la idea del AT de la creación" sirve como escenario para las afirmaciones de Pablo sobre la creación en el Nuevo.[3] Brevard Childs afirma: "Es evidente que la comprensión del Antiguo Testamento de Dios como Creador fue simplemente asumida y en gran medida dada por sentada como verdadera" por los autores del NT.[4] Los escritores del NT creían que "el mundo no era eterno" y, añade Childs, que "el poder creativo de Dios lo abarca todo". Se resume acertadamente en la frase *creatio ex nihilo*.[5]

---

[1] Gerhard May, *Creatio ex Nihilo: The Doctrine of "Creation out of Nothing"* en *Early Christian Thought*, trad. A. S. Worrall (Edinburgh: University of Edinburgh Press, 1994).

[2] John S. Feinberg, *No One like Him: The Doctrine of God* (Wheaton, Ill.: Crossway Books, 2001), 554.

[3] Markus Barth and Helmut Blanke, *Colossians*, AB 34B, trad. Astrid B. Beck (New York: Doubleday, 1994), 198.

[4] Brevard S. Childs, *Biblical Theology of the Old and New Testaments* (Minneapolis: Fortress, 1992), 391.

[5] Ibid.

Citando Génesis 1:1 y la referencia intertestamental de 2 Macabeos 7:28, Jenson afirma que los escritores del NT y la iglesia primitiva

> simplemente se apoderaron de la enseñanza judía. Para ellos, la doctrina de la creación fue recibida como una verdad que no necesitaba ser afirmada, sino que funcionaba más bien como una garantía para afirmar otras cosas. Así que la diferencia absoluta entre el Creador y la criatura es una clasificación automática (Rom. 1.25; Heb. 4.3). "Creador" es simplemente equivalente a "Dios" (1 Ped. 4.19), y "criatura" es simplemente equivalente a "todo" (Rom. 8.19-39; Col. 1.23).[6]

Por supuesto, los escritores del NT relacionaron la creación y la cristología. Al compartir Cristo la identidad de Dios como el Creador del universo (e.g., 1 Cor. 8:6)[7] y a la luz de la resurrección de Jesús de entre los muertos (que ha sido llamada el "octavo día de la creación"), la creación está ahora infundida con la esperanza de la restauración. Aún así, el monoteísmo del AT—con su rechazo de un dualismo eterno—es claro. Como en el AT, los escritores del NT ven a Dios como el Creador de todo, sin el cual no habría una realidad distinta de él. Los escritores del NT obviamente se basan en el AT.

No hay una transición clara del verbo hebreo *bara'* al griego. Los verbos griegos para la actividad creadora de Dios incluyen *ktizo* (crear) y sus cognados, que tienden a ser usados para la actividad divina, y *poieo* (hacer/crear), que es usado tanto para la acción divina como para la humana. Por ejemplo, refiriéndose a Génesis 1:27, Jesús habla de la creación del hombre y de la mujer, declarando que Dios los creó/hizo [*epoiesen*] varón y hembra (Mt. 19:4; par. Mc. 10:6). Sin embargo, el verbo *poieo* se refiere a lo que también es hecho por el *hombre* (e.g., el tabernáculo en el desierto [Hechos 7:44]). En la LXX misma, el verbo *bara'*, se traduce a veces con *ktizein* (crear) y otras veces con *poiein* (crear, hacer), a diferencia de las versiones posteriores de Aquila, Símaco y Teodoción, que consistentemente usan *ktizein*.[8]

A pesar de lo que algunos eruditos afirman sobre la influencia filosófica griega en el pensamiento judío, todavía existe, según James D. G. Dunn, una "influencia distintivamente judía" en el "uso exclusivo de 'crear/creación' para el acto y el hecho de la creación *divina*".[9] Empapados del AT, escritores del NT como Pablo exhiben el mismo tipo

---

[6] Robert W. Jenson, "Aspects of a Doctrine of Creation," en *The Doctrine of Creation*, ed. Colin E. Gunton (Edinburgh: T & T Clark, 1997), 17.

[7] Véase Richard Bauckham, *God Crucified: Monotheism and Christology in the New Testament* (Grand Rapids: Eerdmans, 1998).

[8] Werner Foerster, "*ktizo*," *TDNT*, 3:1000–35; W. H. Schmidt, "*br'*, to create," en *TLOT*, 1:256.

[9] James D. G. Dunn, *The Theology of Paul the Apostle* (Grand Rapids: Eerdmans, 1998), 38.

de exclusividad en el uso del verbo "crear", lo que contrasta con el "uso menos discriminatorio del pensamiento griego".[10] Los griegos utilizaban una variedad de palabras para creación. G. Petzke observa que el NT y el judaísmo posbíblico siguen la LXX al evitar el término *demiourgos* (demiurgo), "que era común en el mundo circundante", para el "Creador".[11] Sobre todo el tema de las influencias filosóficas helénicas en los escritores bíblicos, lo que es notable es que la palabra *demiourgos* (constructor) aparezca una sola vez en el NT (Heb. 11:10; usado para Dios). Como se señaló anteriormente, este término se evita por completo en la LXX. Por el contrario, "creador [*ho ktises*]" es el término preferido en la Escritura. Pero aún en Hebreos 11:10—a diferencia del platonismo—la palabra "constructor" (*demiourgos*) no sugiere un estatus más bajo que el de Creador. En cambio, escritores del NT como Pablo afirman regularmente la "concepción esencialmente judía del cosmos".[12] Esto se ve confirmado por el hecho de que la palabra griega común para materia no formada—*hyle*—se encuentra sólo una vez en el NT, sin ninguna referencia a la materia no formada. Santiago 3:5b LBLA se lee, "Mirad, ¡qué gran *bosque* [o 'madera' = *hylen*][13] se incendia con tan pequeño fuego!"

Este capítulo examina los textos clave de la creación del NT, que atestiguan la doctrina de la creación de la nada, y revela que la creación *ex materia* es de hecho extraña a la cosmovisión bíblica.

Juan 1:3

> Todas las cosas fueron hechas por medio de El, y sin El nada de lo que ha sido hecho, fue hecho. (LBLA)

Refiriéndose a la creación, Juan 1:3 utiliza un lenguaje amplio y sin excepciones: "Todas las cosas [*panta*]" surgieron a través de la Palabra.[14] En lugar de que los teólogos del siglo II se alejaran del gnosticismo antimaterialista e inventaran la creación de la nada, Raymond Brown observa que aquí, dentro del texto bíblico mismo, vemos que "el mundo

---

[10] Ibid.

[11] G. Petzke, "*ktizo,*" en *Exegetical Dictionary of the New Testament*, vol. 2, ed. Horst Balz y Gerhard Schneider, trad. James W. Thompson (Grand Rapids: Eerdmans, 1991), 325.

[12] Dunn, *Theology of Paul the Apostle*, 38.

[13] Ralph P. Martin, *James*, WBC 48 (Waco: Word, 1988), 113. Cf. Walter Bauer, William F. Arndt, F. Wilbur Gingrich, y Frederick W. Danker, *A Greek-English Lexicon of the New Testament and Other Early Christian Literature*, 2d ed. (Chicago: University of Chicago Press, 1979), 836.

[14] Juan aquí usa *panta* (no precedido por el artículo definido), que puede apuntar a todo como una totalidad, en lugar de la expresión *ta panta* (todas las cosas), que podría haber apuntado a todas las cosas individuales (Leon Morris, *The Gospel according to John* [Grand Rapids: Eerdmans, 1971], 79 n.). Véase también la edición revisada de este volumen (1995).

material ha sido creado por Dios y es bueno".[15] La implicación es que todas las cosas existen a través de la agencia de Dios, que es el creador de todo.[16] Esto es confirmado por el hecho de que aunque la Palabra ya *era* (*en*), la creación *vino a ser* (*egeneto*).[17]

Así que cuando la Escritura habla de la creación de Dios, hay una naturaleza que lo abarca todo.[18] Klaus Wengst señala lo obvio: no se excluye nada de todo lo que existe.[19] En efecto, como afirma Ernst Haenchen, este pasaje rechaza cualquier protognosticismo, en el que el mundo material era malo.[20] Rudolf Schnackenburg observa que este texto defiende la bondad de todas las cosas creadas, ya que, en la obra de la creación, todo debe su existencia a Dios.[21]

Incluso Rudolf Bultmann, a pesar de toda su charla sobre las influencias helenísticas en los escritores del NT, declara que el alcance de la creación en Juan 1:3 se refiere a "todo lo que hay [*panta*]". Esta es una afirmación en las palabras más fuertes posibles de que "todo sin excepción" ha sido hecho por el Logos. La palabra *egeneto* (hecho, creado) es una expresión pura de la idea de creación, que excluye tanto la *emanación* como cualquier *dualidad* original: "La creación no es el arreglo de una cosa caótica, sino que es .... *creatio ex nihilo*".[22] Juan usa el lenguaje arrollador y totalista típico de los escritores bíblicos, que tienen "el hábito natural de hablar lo más exhaustivamente posible sobre el poder creativo de Yahveh".[23]

En este sentido, Herman Ridderbos comenta:

---

[15] Raymond E. Brown, *The Gospel according to John I–XII*, AB 29 (New York: Doubleday, 1966), 26. Brown afirma erróneamente que Juan 1:1-18 "no tiene necesariamente la misma teología que el Evangelio" (ver la discusión de D. A. Carson sobre cómo el prólogo de Juan introduce realmente los temas principales del Evangelio: *The Gospel according to John* [Grand Rapids: Eerdmans, 1991], 111–12). Sin embargo, Brown (6) deja claro que la palabra *egeneto* ("nacer") se usa consistentemente para describir la creación en la LXX de Génesis 1.

[16] Sobre la puntualización de Juan 1:1-3, ver D. Moody Smith, *John*, ANTC (Nashville: Abingdon, 1999), 52–53; George R. Beasley-Murray, *John*, WBC 36 (Waco: Word, 1987), 2; R. E. Brown, *John I–XII*, 6.

[17] Brown, *John I–XII*, 8.

[18] Para un estudio de los datos bíblicos sobre la creación, veáse Karl Hermann Schelkle, *Theology of the New Testament*, vol. 1, trad. William A. Jurgens (Collegeville, Minn.: Liturgical Press, 1971), 3–61.

[19] "*Nichts von allem, was ist, ist ausgeschlossen*" (Klaus Wengst, *Das Johannessevangelium*, vol. 1 [Stuttgart: Verlag W. Kohlhammer, 2000], 48).

[20] "*Für diese war die materielle Welt schlecht*" (Ernst Haenchen, *Das Johannesevangelium: Ein Kommentar* [Tübingen: Mohr/Siebeck, 1980], 120).

[21] Rudolf Schnackenburg, *The Gospel according to St. John*, vol. 1, trad. Kevin Smyth (New York: Herder & Herder, 1968), 238–39.

[22] Rudolf Bultmann, *The Gospel of John: A Commentary*, trad. G. R. Beasley-Murray et al. (Philadelphia: Westminster, 1971), 38.

[23] Walter Eichrodt, *Theology of the Old Testament*, vol. 2, trad. J. A. Baker (Philadelphia: Westminster, 1967), 102.

> La posición enfática que "todas las cosas" tiene en el versículo 3 y la adición de que *nada* es exceptuado de lo que ha sido hecho por la Palabra, por lo tanto, pretenden expresar—contra todas las especulaciones sobre el origen del mundo que compiten con este punto de vista—no sólo la idea monoteísta absoluta de la creación [i.e., *ex nihilo*], sino aún más el significado global de la encarnación de la Palabra.[24]

Lo que Juan articula es lo que es esencial para el monoteísmo judío/cristiano: no hay intermediarios entre Dios/Cristo y el mundo.[25] Todas las cosas fueron hechas *a través de él*—sin excepción alguna.[26] Seguramente la creación *ex nihilo* resuena en este texto.

Romanos 4:17

> Así que Abraham creyó en el Dios que da vida a los muertos y que llama las cosas que no son como si ya existieran. (NVI)

El comentarista C. E. B. Cranfield declara: "No hay duda de que la referencia es a *la creatio ex nihilo* de Dios".[27] Sin embargo, esto debe ser matizado. Douglas Moo señala que Pablo tiene otra intención aquí—aunque "el lenguaje de Pablo está muy cerca de esta tradición judía de *creatio ex nihilo*", y tal lenguaje "no estaría fuera de lugar en el contexto [de Rom. 4:17]".[28] Según Moo, el punto de vista de Pablo es más amplio que—pero también incorpora—la creación *ex nihilo*. Sería erróneo decir: "Romanos 4:17 no habla de la creación de la nada; por lo tanto, nadie debe apelar a este texto en apoyo de esta doctrina".

Como en el Génesis ("Hágase..."), Pablo habla de Dios como quien "llama" a todas las cosas a la existencia. Pablo está, según el erudito del NT James Dunn, operando desde un "axioma teológico" indiscutible.[29] Es decir, *no existe una condición previa para la actividad de Dios*, ya sea que se trate de la creación, la resurrección o la concesión de un hijo a una pareja infértil de edad avanzada. Donde hay muerte, Dios da vida; donde hay esterilidad, Dios hace fructificar; en el caso de la creación, donde no hay nada, Dios trae algo a la existencia. Todo lo que existe depende totalmente de Dios para su ser y existencia continua.

---

[24] Herman Ridderbos, *The Gospel of John: A Theological Commentary*, trad. John Vriend (Grand Rapids: Eerdmans, 1997), 36.
[25] Barnabas Lindars, *The Gospel of John*, NCB (London: Oliphants, 1972), 84.
[26] Rodney A. Whitacre, *John*, IVPNTC (Downers Grove, Ill.: InterVarsity, 1999), 51.
[27] C. E. B. Cranfield, *A Critical and Exegetical Commentary on the Epistle to the Romans*, ICC, vol. 1 (Edinburgh: T & T Clark, 1975), 244. Véase también Childs, *Biblical Theology of the Old and New Testaments*, 391: "El tema similar a *creatio ex nihilo* se menciona en Romanos 4:17".
[28] Douglas J. Moo, *The Epistle to the Romans*, NICNT (Grand Rapids: Eerdmans, 1996), 282.
[29] James D. G. Dunn, *Romans 1–8*, WBC 38A (Dallas: Word, 1988), 237.

Dunn explica la relación entre el entendimiento de Pablo de la creación y cómo Pablo lo relaciona con su punto sobre la redención en Romanos 4:17:

> Pablo apela a este axioma teológico no sólo porque es una fórmula que pocos o ninguno de sus lectores discutirían, sino porque claramente implica también la relación que debe existir entre este creador y su creación. Como creador crea sin ninguna condición previa: hace vida donde sólo había muerte, y *llama a la existencia donde no había nada en absoluto*. Por consiguiente, lo que ha sido creado, hecho vivo de esta manera, debe ser totalmente dependiente del creador, el dador de vida, para su propia existencia y vida. Expresada en tales términos, la declaración proporciona el principio rector por el cual deben entenderse todas las relaciones de Dios con la humanidad, incluyendo la salvación y la redención. A menos que Dios sea inconsistente, el mismo principio gobernará los tratos de Dios como salvador: redime a medida que crea, y considera a los justos de la misma manera en que da vida. Es decir, su obra salvífica no depende de nada en lo que es salvado; la redención, los juicios justos, no depende de ninguna condición previa por parte del receptor; los muertos no pueden hacer términos, lo que no existe no puede poner a Dios bajo ninguna obligación—es decir, el individuo o la nación depende de la gracia incondicional de Dios tanto para la vida del pacto como para la vida creada. Fue esta dependencia total de Dios para la existencia misma lo que el hombre olvidó, [y] su rechazo de esa dependencia que yace en la raíz de su desasosiego ([Rom.] 1:18–28).[30]

En una línea similar, el teólogo John Feinberg dice que el punto de vista de Pablo va más allá de la cuestión de si Dios creó o no a partir de materia preexistente. Más bien, el mencionado "axioma teológico" se aplica de esta manera: nada existe aparte de la creación de Dios, y si esto es cierto para todas las cosas, entonces la creación *ex nihilo* se deriva naturalmente de este hecho.[31]

Otfried Hofius señala que Pablo se basa en la conexión común, hecha dentro del pensamiento y la literatura judía extrabíblica de su tiempo, entre la creación de la nada y la resurrección de los muertos.[32] De hecho, Hofius afirma que la creación de la nada en tales pasajes "no es dudosa".[33] Werner Foerster advierte que no debemos tomar el *me onta*

---

[30] Ibid.

[31] Feinberg, *No One like Him*, 556.

[32] Para una discusión más extensa, vea Otfried Hofius, "Die Gottesprädikationen Röm 4,17b," en *Paulusstudien II*, Wissenschaftliche Untersuchungen zum Neuen Testament 143 (Tübingen: Mohr/Siebeck, 2002), 58–61.

[33] " . . . ist . . . nicht zweifelhaft" (Hofius, "Röm 4,17b," 60 n). Gracias a Peter Frick por señalar el trabajo de Hofius en este pasaje.

(cosas que todavía no existen) como si en cierto sentido fueran *onta* (cosas existentes).[34] Debemos tomar el versículo de una manera directa: que Dios llama a lo que aún no existe. Foerster infiere de Romanos 4:17 que todo lo que existe surge de la nada, por la Palabra de Dios.[35]

Comentando este pasaje, Leon Morris afirma que las "cosas que no lo son" se refieren a "la inexistencia de los llamados antes de la llamada. Pablo está hablando de Dios como creando algo de la nada por su llamado".[36] Morris está de acuerdo con Moo, Dunn y Feinberg en señalar que el pensamiento de Pablo ciertamente se aplica a la creación física, aunque no se refiera directamente a ella. Romanos 4:17 sugiere este amplio principio que incorpora tanto la creación como la resurrección. Robert H. Mounce explica la suposición bíblica expresada aquí y en toda la Escritura: "Por definición, el Creador trae a la existencia todo lo que es de lo que nunca fue. Cualquier cosa menos que eso sería más adaptación que creación".[37] Paul Achtemeier está de acuerdo, al comentar que Dios hará todo lo posible para cumplir sus promesas, incluso si esto significa crear algo donde antes no existía nada en absoluto.[38]

Ernst Käsemann señala la "plena radicalidad" de la doctrina de la justificación como "una anticipación de la resurrección de los muertos".[39] Esto merece ser llamado "creación de la nada".[40] Así como Dios trajo el ser del no ser, así también aquí Dios trae la vida donde hubo muerte, la salvación donde hubo alienación. Como observa Matthew Black, el contexto refleja que Dios es "capaz de revivir a los muertos y crear de nuevo de la nada (cf. 2 Mac. 7:28)".[41] Señalando a Romanos 4:17, Bernhard Anderson afirma que la soberanía de Dios como Creador en realidad *implica* la doctrina de la creación de la nada.[42] El erudito católico romano Joseph Fitzmyer reconoce en este pasaje la promesa

---

[34] Foerster, "*ktizo*," 1010.

[35] Ibid., 1010. En apoyo de la creación de la nada, Foerster (ibid., 1029) también señala 2 Corintios 4:6 (haciendo eco de Génesis 1:3), donde Dios llama a la luz de las tinieblas, otra referencia a la creación de la nada por la palabra de Dios. Hofius hace la conexión con 2 Corintios 1:9 también ("Röm 4,17b," 59).

[36] Leon Morris, *The Epistle to the Romans* (Grand Rapids: Eerdmans, 1988), 208–9.

[37] Robert H. Mounce, *Romans*, NAC 27 (Nashville: Broadman & Holman, 1995), 128. Mounce observa aquí que los participios plurales neutros en este pasaje pueden en efecto sugerir un "contexto más amplio" en el que Dios no habla de cosas "que no existen como si existieran" sino que "habla de lo inexistente para que exista" (Hebreos 11:3; 2 Pedro 3:5). W. H. Schmidt también considera que Romanos 4:17 apoya la idea de la creación *ex nihilo* ("br,, to create," 256), como hace William P. Brown ("Creation," en *Eerdmans Dictionary of the Bible*, ed. David Noel Freedman [Grand Rapids: Eerdmans, 2000], 293).

[38] Paul J. Achtemeier, *Romans*, *Interpretation* (Atlanta: John Knox, 1985), 82.

[39] Ernst Käsemann, *Commentary on Romans* (Grand Rapids: Eerdmans, 1980), 123.

[40] Ibid.

[41] Matthew Black, *Romans*, NCB, 2d ed. (Grand Rapids: Eerdmans, 1973), 72.

[42] B. W. Anderson, "Creation," *IDB*, 1:728. Anderson también señala que Hebreos 11:3 articula la creación *ex nihilo*.

hecha a Abraham por el todopoderoso Dios Creador mismo, quien "puede hacer que se cumplan todas las cosas".[43]

De la teología de la creación de Pablo, Gottfried Nebe escribe que "no alude al camino desde el caos o el desorden o la materia no formada al orden, como las conocidas ideas de la creación en el mundo antiguo pagano o incluso en el judaísmo helenístico. Sino que vemos aquí, como en el judaísmo antiguo y en el judaísmo helenístico, la llamada *creatio ex nihilo*".[44] En relación con Romanos 4:17, la base de la *conexión* entre la creación de la nada y la resurrección de los muertos es la grandeza y el poder de Dios. De hecho, el comienzo y la existencia continuada del universo dependen únicamente del poder creador de Dios.[45]

En lugar de helenizar completamente a Pablo (como lo hizo Rudolf Bultmann, quien proclamó, "Pablo se originó en el judaísmo helenístico"),[46] Nebe advierte que observemos cuán muy judío es su pensamiento.[47] Una vez más, Romanos 4:17, aunque no trata directamente la creación de la nada, ciertamente la incluye.

Hebreos 11:3

> Por la fe entendemos que el universo fue formado por la palabra de Dios, de modo que lo visible no provino de lo que se ve. (NVI)

Este pasaje (junto con Rom. 4:17), dice Jaroslav Pelikan, "explícitamente" enseña la creación de la nada.[48] De hecho, es una de las afirmaciones más contundentes de la creación de la nada en el NT, a pesar de que está redactado de una manera un tanto negativa ("no provino de [*me ... gegonenai*]") en lugar de una manera únicamente positiva.

Por mandato de Dios, el universo se formó, se completó, se creó (*katertisthai*; 11:3a), pero no a partir de "cosas visibles" (11:3b). La frase *to me ek phainomenon* significa, literalmente, "no de las cosas que aparecen". Aunque la expresión ta *phainomena* (cosas visibles) era común en la literatura griega clásica, el orden de las palabras "no de nada observable [*to me ek phainomenon*]" aquí es inusual y un tanto

---

[43] Joseph A. Fitzmyer, *Romans*, AB 33 (New York: Doubleday, 1993), 383.

[44] Gottfried Nebe, "Creation in Paul's Theology," en *Creation in Jewish and Christian Tradition*, ed. Henning Graf Reventlow y Yair Hoffman, JSOT Supplement Series 319 (Sheffield: Sheffield Academic Press, 2002), 116.

[45] Ibid., 119.

[46] Rudolf Bultmann, *Theology of the New Testament*, vol. 1, trad. K. Grobel (London: SCM Press, 1952), 187.

[47] Nebe, "Creation in Paul's Theology," 119–20.

[48] Jaroslav Pelikan, "Creation and Causality in the History of Christian Thought," en *Evolution after Darwin*, vol. 3, ed. Sol Tax and Charles Callender (Chicago: University of Chicago Press, 1960), 34.

ambiguo.[49] Por lo tanto, vale la pena explorarla con más detalle, aunque las dos alternativas más viables apoyan fuertemente la creación de la nada.

Craig Koester presenta las siguientes alternativas en cuanto a cómo deben interpretarse las "cosas que no se ven":[50]

Perspectiva #1. La nada	Dios trajo al universo de la inexistencia (lo invisible).
Perspectiva #2. Un reino trascendental	Esto refleja la noción helenística de que el mundo visible se deriva de un mundo invisible.
Perspectiva #3. El poder de la palabra de Dios	Lo que "no se puede ver" corresponde a la "palabra de Dios".

Koester es uno de los muchos comentaristas que descartan la visión #2 como una alternativa plausible. Señala que es inadecuado porque Hebreos no plantea conexiones entre los patrones celestiales y las realidades terrenales de ninguna manera consistente.[51] En el pensamiento de Platón, Dios es un artífice, o arquitecto, que trabaja con materiales preexistentes y los moldea en un cosmos ordenado. Se presupone un cierto dualismo eterno, una visión antitética al monoteísmo. Además, hay suficientes diferencias en la cosmovisión entre la fe bíblica y la filosofía helenística que la perspectiva #2 probablemente no está a la vista. William Lane afirma que este pasaje, diciendo que el universo no fue traído a la existencia de nada observable, "parecería excluir cualquier influencia de la cosmología platónica...".[52]

Por otro lado, se podría argumentar que incluso en la perspectiva #2, la *creatio ex nihilo* difícilmente se excluye, ya que es posible hablar de que Dios hace surgir el mundo de la nada, de lo no material; simplemente habla, y se crea—ordenado de acuerdo con las Ideas o Formas de la Mente divina—un cosmos.

---

[49] William L. Lane, *Hebrews*, WBC 47B (Dallas: Word, 1991), 332.

[50] Véase las comparaciones de Craig Koester del pensamiento platónico y el del escritor de Hebreos (*Hebrews*, AB 36 [New York: Doubleday, 2001], 97–100). Por ejemplo, según Platón, la fe pertenece a un orden inferior; no así para el autor de Hebreos.

[51] Ibid., 474.

[52] Lane, *Hebrews*, 332. Algunos dirán que el extraño uso de de *demiourgos* (creador) o *technites* (arquitecto) en Hebreos 11:10 es tomado de Platón, quien usa el término para artistas o artesanos humanos en el libro 10 de su *República* (371a, 373c). En *Timeo,* Platón lo usa del Hacedor (*poietes*) y Padre de este universo. Habla del Arquitecto/Constructor del universo (*ho tektainomenos*) y del Constructor (*demiourgos*). Este Demiurgo impone orden y estructura a la materia prima, en la que hace "todo lo que era visible [*pan hoson en horaton*]" (*Timaeus* 28c-32c, 42e). Además, el Demiurgo es el creador (*demiourgos*) del día y de la noche (*Timaeus* 40c). Sin dar ninguna prueba sustancial de su afirmación, Harold Attridge afirma que "un modelo cosmogónico platónico" se encuentra detrás de la formulación de este verso (*Epistle to the Hebrews* [Philadelphia: Fortress, 1989], 316).

Exploremos el razonamiento detrás de la selección de la perspectiva #3 (es decir, el poder invisible de la palabra de Dios), que Koester afirma como "el más viable".[53] En este punto de vista, lo que no se puede ver es la palabra de Dios.[54] Un argumento a favor de esta alternativa es que el patrón quiástico (o entrecruzado) dentro del texto parece confirmar esto. Es decir, las dos mitades del versículo son paralelas en significado y forman un quiasmo:[55]

1 fue creado [*katertisthai*]	1' se creó [*gegonenai*]
2 el universo [*tous aionas*]	2' lo que se puede ver [*to blepomenon*]
3 por la palabra de Dios [*rhemati theou*]	3' por lo que no se puede ver [*to me ek phainomenon*]

Así, "lo que no se ve" parece referirse a la "palabra de Dios".[56]

Tal interpretación apoyaría sin duda la creación de la nada. En este pasaje, que refleja el pensamiento del Salmo 33:6 ("Por la palabra del Señor fueron hechos los cielos" [LBLA]), leemos del poder creativo de *rhemati theou*: "la palabra/mandato de Dios". Esto se remonta a Hebreos 1:2-3, donde la Palabra de Dios—a saber, Cristo—es el instrumento por el cual Dios "creó [*epoiesen*] el universo". Paul Ellingworth argumenta que la frase "por la palabra/mandato de Dios" entraría en "conflicto" con cualquier idea de que el mundo visible está hecho de materiales en el mundo invisible.[57]

Esta lectura es ciertamente posible. Y aunque la perspectiva #1 se acerca más a nuestra visión, todavía no capta lo que el texto dice como la lectura más natural. El escritor de Hebreos no está afirmando en términos *positivos* que el mundo fue hecho de algo no visible. En vez de eso, lo expresa *negativamente*: el mundo no se hizo de nada visible. Aquí, mucho depende de cómo se va a usar el *me* negativo, ya que hay un orden de palabras inusual. Lane señala dos posibilidades alternativas:

(a) de modo que lo que se ve fue traído a la existencia desde lo que *no se puede* ver.

(b) de modo lo que se ve *no* fue traído al ser desde lo que se puede ver.

---

[53] Koester, *Hebrews*, 474.

[54] Ibid., 481.

[55] Ibid.; cf. también Paul Ellingworth, *The Epistle to the Hebrews: A Commentary on the Greek Text*, NIGTC (Grand Rapids: Eerdmans, 1993), 569.

[56] La preposición *ek/ex*, que puede significar "a partir de", también puede traducirse *causalmente*, ya que es paralela a "la palabra de Dios". El sentido entonces sería que lo visible viene a la existencia por lo invisible (Koester, *Hebrews*, 474).

[57] Ellingworth, *Hebrews*, 569.

Lane, por no mencionar (entre otros) a Ronald Williamson y Philip E. Hughes,[58] opta por la alternativa (b). Lane señala que el *me* negativo generalmente ocurre antes de la palabra o frase que se niega, y aquí está toda la cláusula ("de modo que lo que se ve no fue traído a la existencia de nada observable").[59] El *me* negativo modifica adecuadamente toda la cláusula infinitiva (*eis to me ek phainomenon to blepomenon gegonenenai*), la frase *eis to* tiene un sentido final o intencional para él (de modo que).[60] El empuje de esta cláusula es una negación del hecho de que el mundo tiene una fuente visible. Además, el *phainomenon* plural parece estar extrañamente unido a la singular "palabra de Dios [*rhemati theou*]" (aunque se ha argumentado que el plural neutro podría transmitir una idea singular).[61] Lane resume diciendo que aunque Hebreos 11:3 no declara *creatio ex nihilo* en términos positivos, sino negativos: "niega que el universo creado se originó a partir de materia prima o algo observable".[62]

Dicho esto, lo que las alternativas (a) y (b) afirman una comprensión *creatio ex nihilo* de la creación.[63] El poder de la palabra de Dios, sin depender de nada visible, produce efectos visibles. El mundo visible carece de antecedentes visibles.[64] La palabra de Dios, notablemente dinámica e infinitamente poderosa, trajo a la existencia el orden creado.[65]

F. F. Bruce afirma que el universo visible "no estaba hecho de una materia prima igualmente visible [preexistente]; fue llamado a existir por el poder divino".[66] Esta idea bíblica habría sido totalmente incongruente para el pensamiento griego.[67] George Wesley Buchanan también afirma que el autor de Hebreos, a pesar de su profunda familiaridad con las cosas helénicas, no está adoptando una concepción platónica de la creación. Williamson afirma que el escritor de Hebreos "se propone deliberadamente exponer una doctrina de la Creación opuesta a la de Platón".[68]

---

[58] Ronald Williamson, *Philo and the Epistle to the Hebrews* (Leiden: Brill, 1970), 377–79; Philip Edgecumbe Hughes, *The Epistle to the Hebrews* (Grand Rapids: Eerdmans, 1977), 443.

[59] Lane, *Hebrews*, 326–27. Véase también Hughes, *Hebrews*, 443.

[60] Véase Maximilian Zerwick, *Biblical Greek* (Rome: Pontifical Institute, 1963), 122, §352.

[61] Koester, *Hebrews*, 474

[62] Lane, *Hebrews*, 332.

[63] C. F. D. Moule dice que la referencia en Hebreos 11:3 parece ser a la creación *ex nihilo*, "lo *visible* que viene de lo *invisible*". Moule añade, sin embargo, que el orden del *me* negativo antes de la preposición *ek*, "de" o "a partir de", es gramaticalmente algo incómodo (C. F. D. Moule, *An Idiom Book of New Testament Greek*, 2da ed. [Cambridge: University of Cambridge Press, 1959], 168).

[64] Hughes, *Hebrews*, 443.

[65] Ibid., 452.

[66] F. F. Bruce, *The Epistle to the Hebrews*, rev. ed., NICNT (Grand Rapids, Eerdmans, 1990), 280.

[67] Ibid., 281.

[68] Ibid.

Hebreos no se preocupa de las cosas caóticas preexistentes, ni siquiera un mundo invisible e intangible. El autor no está hablando ni de alguna materia eterna ni de ideas en la mente de Dios, aunque esta última idea ciertamente no socavaría la creación *ex nihilo*, sino que incluso la apoyaría. Más bien, la preocupación del autor es la *futura* aparición de lo que no estaba presente antes de que Dios hablara.[69] Él cree en un Dios que promete y cuya palabra es verdadera, que es a lo que Hebreos 11 se refiere. Así como la creación atestigua el poder de la palabra de Dios para crear un universo por su mandato, así también la fe de los santos del AT atestigua el poder de la palabra de Dios en los milagros, maravillas y dificultades que experimentaron.

Como señala Donald Guthrie, "Un poder invisible era la causa efectiva del mundo fenoménico".[70] De hecho, el autor de Hebreos no está haciendo un punto metafísico sobre los diferentes tipos de materia (visible vs. invisible) o que Dios creó a partir de materia invisible en lugar de visible.[71] David deSilva ve el propósito del autor en Hebreos 11:3 como "meramente afirmando que el cosmos material y visible nació por medio de causas más allá y por encima del reino de lo que pueden ser experimentadas por los sentidos, la causa principal [de] que fue 'la palabra de Dios'".[72] En su libro *La teología del Libro de Hebreos*, Bernabé Lindares declara que se asumió que "el orden creado visible es el resultado del fiat divino (Gen. 1.3)".[73] Lo que estaba en la mente de Dios fue hablado y puesto en práctica.[74]

El mismo tema de Hebreos 11 es el de la fe en el Dios cuya palabra trae las cosas a la existencia. Así como Dios puede hacer realidad el mundo creado sin la ayuda de la materia preexistente,[75] así también vemos que todo depende de la palabra de Dios para su existencia y sustento. Es esta palabra de Dios la que ha sostenido a su pueblo a lo

---

[69] Koester, *Hebrews*, 184. Cf. Williamson, *Philo and Hebrews*, 50–51, 421–22. Williamson insiste en que si hay alguna similitud entre el platonismo y Hebreos en la creación (una conexión que él considera "extremadamente dudosa"), cualquier "rastro de platonismo" es "vacuo". (50).

[70] Donald Guthrie, *The Letter to the Hebrews* (Downers Grove, Ill.: InterVarsity, 1983), 227.

[71] Feinberg, *No One Like Him*, 557.

[72] David deSilva, P*erseverance in Gratitude: A Socio-Rhetorical Commentary on the Epistle to the Hebrews* (Grand Rapids: Eerdmans, 2000), 386.

[73] Barnabas Lindars, *The Theology of the Book of Hebrews* (Cambridge: Cambridge University Press, 1991), 110.

[74] H. W. Montefiore declara que Dios no es sólo el Arquitecto divino sino también el Creador divino (*The Epistle to the Hebrews* [London: A & C Black, 1964], 188). No negamos que una creación en dos etapas—de la nada, en última instancia—pueda estar en la mente del autor. Simon Kistemaker comenta que Dios *primero* "creó los cielos y la tierra" (Gen. 1:1) y "luego procedió a dar estructura y variedad a una tierra sin forma y vacía". (*Exposition of the Epistle to the Hebrews* [Grand Rapids: Baker, 1984], 313).

[75] Gareth L. Cockerill, *Hebrews: A Bible Commentary in the Wesleyan Tradition* (Indianapolis: Wesleyan Publishing House, 1999), 232.

largo de la historia en medio de la angustia y la angustia, porque "vieron al que es invisible" (11:27) y pudieron confiar en el Dios que promete.

Hebreos 1:3 declara que Dios sostiene "todas las cosas"—expresando el lenguaje totalista de nuevo—por su poderosa palabra. Así como Dios hizo todas las cosas en la creación (Heb. 11:3; Gen. 1:1), así él continúa sosteniéndolas y dándoles su existencia en cada momento. En ambos casos la fuente es la misma: la palabra poderosa de Dios, que es esencial para dar a las cosas su ser y mantenerlas en existencia.

Otros pasajes del Nuevo Testamento

> Porque todas las cosas proceden de él, y existen por él y para él.
>
> Romanos 11:36 NVI

> Porque por medio de él fueron creadas todas las cosas en el cielo y en la tierra, visibles e invisibles, sean tronos, poderes, principados o autoridades: todo ha sido creado por medio de él y para él.
>
> Colosenses 1:16 NVI

> Para nosotros no hay más que un solo Dios, el Padre, de quien todo procede y para el cual vivimos; y no hay más que un solo Señor, es decir, Jesucristo, por quien todo existe y por medio del cual vivimos.
>
> 1 Corintios 8:6 NVI

La gran amplitud de estos pasajes ("todas las cosas") se asemeja a la cosmovisión del AT, con la adición de la participación del Cristo cósmico en la identidad de Dios. La suma total de la realidad está compuesta por Dios/Cristo y todo lo demás (i.e., la creación). No se omite nada.

Según Romanos 11:36, "de [*ek*]" Dios y "por [*dia*] él y para [*eis*] él son todas las cosas [*ta panta*]". A la luz de una afirmación tan arrolladora, parecería extraño decir que de, a través de, y para él son todas las cosas, excepto la materia primordial. La materia no originada difícilmente encajaría con tal afirmación. La creación absoluta es el mejor sentido de estas afirmaciones exhaustivas. Habla con un totalismo de que Dios es "la fuente (*ek*), el sustentador (*dia*) y la meta (*eis*) de todas las cosas".[76] Todas las cosas encuentran su origen en Dios, por no mencionar que son sostenidas y dirigidas por él.[77]

Algunos han sugerido que esta formulación en Romanos 11:36 es similar (y por lo tanto influenciada por) el estoicismo. Sin embargo, debemos tener cuidado de no sucumbir a la paralelomanía. Como bien

[76] Moo, *Romans*, 743.
[77] Mounce, *Romans*, 227.

observa Thomas Schreiner, "Los paralelismos son superficiales, ya que tales formulaciones deben ser interpretadas en términos de la visión del mundo del autor, y el estoicismo y el pensamiento paulino son obviamente diferentes".[78] Por ejemplo, la concepción estoica de Dios era panteísta, pero la comprensión de Dios por parte de Pablo era personal y teísta.

De manera similar, el lenguaje de Pablo en 1 Corintios 8:6 habla con la misma amplitud de "Realidad = Dios/Cristo + Creación". Eruditos como Richard Bauckham y James Dunn notan que Pablo divide el Shemá de Deuteronomio 6:4 ("Escucha, Israel: El Señor nuestro Dios es el único Señor" [NVI]). Pablo afirma que *Jesús* se identifica con Yahveh como el "único Señor" de Deuteronomio 6:4, y que *tanto* Jesús como el Padre son vistos como los artífices del orden creado.[79] Sorprendentemente, el monoteísta Pablo está haciendo una declaración dramática al "cristianizar" el Shemá.[80] El *ta panta* (todas las cosas)—como "los cielos y la tierra" de Génesis 1 y de otras partes del AT—se refiere a *todo, el universo*.[81]

Incluso la palabra "creación" (*ktisis*), según la segunda edición del léxico griego Bauer-Arndt-Gingrich-Danker, tiene el sentido de "la suma total de todo lo creado", y esto es confirmado por la distinción de Creador-creación hecha en la Escritura (cf. Heb. 9:11 "no es parte de esta creación").[82] En la tercera edición, la palabra "crear [*ktizo*]" se define como "traer algo a la existencia".[83]

Colosenses 1:16-17 también habla ampliamente cuando declara que *todas las cosas* fueron creadas *en* y *por medio* de Cristo y *para* él. El merismo totalista en Génesis 1:1 ("los cielos y la tierra") se expresa en la frase "todas las cosas" (*ta panta*). Afirmar que Cristo ha creado cosas "en el cielo y en la tierra"—lo que corresponde o se asemeja[84] a "cosas visibles e invisibles" (*ta horata kai ta aorata*)—indica que estas

---

[78] Thomas R. Schreiner, *Romans*, BECNT (Grand Rapids: Baker, 1998), 637.

[79] Dunn, *Theology of Paul the Apostle*, 268; y Bauckham, *God Crucified*, 38. Bauckham señala que lo que Pablo hace es reproducir las palabras de la declaración sobre Yahveh y hacer que se apliquen tanto al Padre como a Cristo. Así pues, Pablo está incluyendo a Jesús en la identidad divina, redefiniendo el monoteísmo como monoteísmo cristológico. Mientras que el "único Señor" fue aplicado a Dios en el Shemá, ahora está siendo aplicado a Cristo. Así, para Pablo, la identidad única del único Dios consiste en el único Dios, el Padre, y el único Señor, su Mesías. Así que Pablo no está repudiando el monoteísmo simplemente al asociar a Jesús con el Dios único, sino que está incluyendo a Jesús en esta identidad única.

[80] F. F. Bruce, *1 and 2 Corinthians*, NCB (Grand Rapids: Eerdmans, 1971), 80.

[81] Dunn, *Theology of Paul the Apostle*, 267.

[82] Bauer, Arndt, et al., *A Greek-English Lexicon of the New Testament*, 2da ed. (1979), 456.

[83] Walter Bauer, William F. Arndt, F. Wilbur Gingrich, y Frederick W. Danker, *A Greek-English Lexicon of the New Testament and Other Early Christian Literature*, 3ra ed. (Chicago: University of Chicago Press, 2000), 572.

[84] Corresponde, es decir, de manera quiástica.

expresiones "lo abarcan todo, pues no hay excepciones".[85] M. Barth y Blanke observan que "las cosas visibles e invisibles" *no* deben entenderse en un sentido platónico del reino de las apariencias, en contraposición al reino de las ideas o de las formas. Más bien, de acuerdo con la cosmovisión hebrea (que no tenía una palabra para "invisible"), deberíamos traducir un pasaje como "lo que se ve y lo que no se ve".[86]

N. T. Wright declara que "todas las cosas" podría traducirse como "la totalidad".[87] No sólo esto, sino que Cristo está *antes* de todas las cosas. La implicación es que había un estado del ser en el que Cristo existía y el universo no. Como señala F. F. Bruce, "Las palabras ['antes de todas las cosas'] no sólo declaran la prioridad temporal [de Cristo] para el universo, sino que también sugieren su primacía sobre él [el universo]".[88] Herman Ridderbos entiende que Colosenses 1:17 significa que "todas las cosas tienen su existencia juntas" en Cristo.[89]

M. Barth y Blanke enfatizan que la totalidad (*ta panta*) se refiere a la "creación entera" (comparable al *kol* hebreo, "todo"): "Desde el punto de vista de [Colosenses], *todo* lo que no es creador se representa como creado".[90] Lo que se expresa en Colosenses 1:16 está en "llamativo contraste" con las "declaraciones helenísticas" sobre la naturaleza de la creación.[91] De hecho, como señala M. Barth en su comentario de Efesios, aunque Pablo hace uso de la dicción helenística, su referencia a la creación de Dios/Cristo y a su gobierno sobre "todas las cosas" puede que tenga la intención de atravesar el "laberinto del sincretismo helenístico" del testimonio monoteísta del AT sobre la creación.[92] Por lo

---

[85] P. T. O'Brien, *Colossians, Philemon*, WBC 44 (Waco: Word, 1982), 46.

[86] Barth y Blanke, *Colossians*, 200. Ellos sugieren que la frase "lo que se ve" describe quiásticamente las cosas "sobre la tierra" (1:15), y "lo que no se ve" correspondería a las cosas "en los cielos". También notan que de acuerdo a las percepciones del AT y del NT, "no es justificable caracterizar a los ángeles como 'invisibles' (Gen. 18:2; Jos. 5:13; Jue. 6:11-24; 13:3-7; Mt. 25:31; Lc. 1:11-20, 26-38; 2:9-15; 24:4-7; Hch. 10:30; 12:7; 27:23; 2 Ts.. 1:7; et al.). O'Brien ve estas cosas invisibles (tronos, dominios, etc.) como poderes angelicales hostiles (*Colossians, Philemon*, 46). Desde este punto de vista, si vemos que las cosas "invisibles" se refieren a tronos y dominios y principados y potestades, todavía encuentran su fuente y origen temporal en Cristo.

[87] N. T. Wright, *Colossians and Philemon*, TNTC (Grand Rapids: Eerdmans, 1986), 73.

[88] E. K. Simpson y F. F. Bruce, *The Epistles of Paul to the Ephesians and to the Colossians*, NICNT (Grand Rapids: Eerdmans, 1957), 200. O'Brien también señala la "prioridad temporal de Cristo para el universo". (*Colossians, Philemon*, 47), como hace Wright, *Colossians and Philemon*, 71 ("prioridad en el tiempo y en el rango"; "el sentido temporal continuo de la palabra es claro").

[89] Herman Ridderbos, *Paul: An Outline of His Theology*, trad. John Richard de Witt (Grand Rapids: Eerdmans, 1975), 83.

[90] Barth y Blanke, *Colossians*, 199.

[91] Ibid.

[92] Markus Barth, *Ephesians*, AB 34 (Garden City, N.Y.: Doubleday, 1974), 178. Véase P. T. O'Brien, *The Letter to the Ephesians*, Pillar (Grand Rapids: Eerdmans, 1999), 60. En Efesios, Pablo habla de dos esferas—"las cosas de la tierra" y "las celestiales", ambas son los reinos de la creación de Dios. Cf. "lugares celestiales" en 1:3, 10, 20; 2:6; 3:10; 6:12; cf. 3:15; 4:10; 6:9; "cosas en la tierra" en 1:10; 3:15; 4:9; 6:3. Así que ya sean cosas visibles o invisibles, Dios las ha creado todas.

tanto, el texto de Colosenses 1:16-17 sugiere las siguientes afirmaciones:[93] (1) La creación de Cristo (trayendo todas las cosas a la existencia) y (2) su sostenimiento en el ser. El hecho de que en él "todas las cosas se mantienen unidas" (1:17) enfatiza su sostenimiento de "lo que él ha traído a la existencia".[94] Sin tal actividad, todo se desintegraría.[95] (3) Todas las cosas (i.e., la creación) alcanzan su cumplimiento o culminación en Cristo (comparar 1:20); están hechas *para* él.

Podríamos referirnos a otras porciones de la Escritura a lo largo de estas líneas. Apocalipsis 1:8 declara que el Señor es el "Alfa y la Omega". Él es el único "que es, y que era, y que ha de venir". (Esto, por supuesto, hace eco de pasajes como Is. 41:4; 44:6; 48:12.) Él es "desde la eternidad hasta la eternidad" (Sal. 90:2). No es Dios—y la materia eterna—quien es "desde la eternidad hasta la eternidad". Es Dios, "quien creó todas las cosas" (Ef. 3:9). En efecto, "tú creaste todas las cosas; por tu voluntad existen y fueron creadas" (Ap. 4:11 NVI).

Así que la formulación doctrinal de la creación de la nada es, como dice Moltmann, "incuestionablemente una paráfrasis apta" de lo que la Escritura quiere decir con "creación".[96] Como señala Foerster, "la creación de la nada por la Palabra subyace explícita o implícitamente en las declaraciones del Nuevo Testamento [sobre la creación]".[97]

¿Es 2 Pedro 3:5 un pasaje problemático para la *Creatio ex nihilo*?

> Desde tiempos antiguos, por la palabra de Dios, existía el cielo y también la tierra, que surgió del agua y mediante el agua. (NVI)

> Los cielos existían desde hace mucho tiempo, y también la tierra, surgida del agua y establecida entre las aguas por la palabra de Dios. (LBLA)

Seríamos negligentes si no mencionáramos este pasaje porque tiene que ver con la cuestión de la creación de la nada. J. N. D. Kelly afirma que 2 Pedro sigue la cosmología de la narrativa del Génesis (1:2), donde el agua es supuestamente la "única existente" y la "materia elemental de la que se formó el universo".[98] ¿Es esto así?

---

[93] O'Brien, *Colossians, Philemon*, 47.

[94] Ibid.

[95] Ibid.

[96] Jürgen Moltmann, *God in Creation: A New Theology of Creation and the Spirit of God*, trad. Margaret Kohl (San Francisco: Harper & Row, 1985), 74.

[97] Foerster, "*ktizo*," 1029

[98] J. N. D. Kelly, *The Epistles of Peter and of Jude* (Peabody, Mass.: Hendrickson, 1969), 358–59.

El comentarista Charles Bigg señala: "No parece haber ningún rastro de la creencia judía de que el agua era el elemento principal de la tierra".[99] En lugar de ser *creatio ex aquis*, 2 Pedro habla más libremente cuando usa las frases "de [*ek*] agua" y "por [*dia*] agua".[100] En efecto, como sugiere Thomas Schreiner, la sintaxis es complicada y poco clara;[101] por lo que debemos proceder con precaución. Sería difícil mantener que el autor creía que el universo estaba hecho literalmente *de agua*—una visión sostenida por el antiguo filósofo Tales de Mileto—ya que esto es totalmente contrario a la cosmovisión bíblica, en la que sólo Dios es duradero y eterno. Puesto que Dios es el Creador de todas las cosas fuera de sí mismo, cualquier dualismo eterno es totalmente antibíblico, de lo cual Pedro es muy consciente.

Así, mientras que la NVI hace que este versículo se lea "Desde tiempos antiguos, por la palabra de Dios, existía el cielo y también la tierra, que surgió del agua y mediante el agua", es improbable.[102] A la luz de la profunda familiaridad de Pedro con el Génesis 1, su uso de "los cielos y la tierra" en esta porción de la Escritura (cf. también v. 7: "los cielos y la tierra presentes") sigue a Génesis 1:1, el uso de este merismo para la totalidad. Por lo tanto, la representación de la NVI es improbable, ya que rompe esta unidad. La lectura más natural uniría "los cielos" y "la tierra".

A diferencia de la búsqueda filosófica de Tales de la "materia prima", Pedro está pensando en la historia de la creación en Génesis 1. Dios organiza las aguas que él mismo ha traído a la existencia, separando las aguas de arriba y de abajo (1:6-8), y hace la tierra seca al juntar el agua (1:9): "Sobre la base del relato del Génesis, entonces, la afirmación de Pedro de que Dios creó los cielos y la tierra 'del agua' no parece descabellada".[103]

C. F. D. Moule observa que la tierra fue creada "a partir del agua y a través del agua". Es decir, Pedro puede estar refiriéndose a "tierra continua que surge de y se extiende a través del agua".[104] La preposición *a través de* (*dia*) con el caso genitivo, cuando se usa literal o espacialmente, podría denotar la idea de "extensión a través de" (por

---

[99] Charles Bigg, *A Critical and Exegetical Commentary on the Epistles of St. Peter and St. Jude*, ICC (New York: Scribners, 1903), 293. Bigg también afirma que el *ex* (fuera de) parece expresar "el material con el que se hizo la tierra", pero no está claro si Bigg pretende que esto se entienda como creación de la nada (en dos etapas) o no.

[100] Richard J. Bauckham, *Jude, 2 Peter*, WBC 50 (Waco: Word, 1983), 297.

[101] Thomas R. Schreiner, *1 and 2 Peter, Jude*, NAC 37 (Nashville: Broadman & Holman, 2003), 374.

[102] Ibid.

[103] Douglas J. Moo, *2 Peter, Jude*, NIV Application Commentary (Grand Rapids, Zondervan, 1997), 170.

[104] Moule, *An Idiom Book*, 55.

ejemplo, Mc. 9:30: "viajando a través de Galilea").[105] Y la frase "por el agua" entonces podría ser simplemente una expansión de la primera frase "del agua". Como vemos en Génesis 1, "Dios usó el agua como instrumento en su creación del cielo".[106]

Esto implicaría un proceso de creación en dos pasos (ya mencionado en el capítulo anterior) que implica la creación del universo y sus elementos por parte de Dios. Esto se apoya en el hecho de que se utiliza el verbo "formado [*synestosa*]" en lugar del verbo *ktizein* (crear).[107] En Proverbios 8:24, leemos que "lo profundo" no siempre existió. Dios crea las aguas y luego las usa en el proceso de creación. Así, el agua es el *material* a partir del cual se crea el cielo y el *instrumento* (*dia*) para crear el cielo.[108] Thomas Schreiner propone que cuando Pedro dice que el mundo se formó *ex hidatos* ("del agua"), probablemente tenga en mente el surgimiento de la tierra y el cielo de estas aguas.[109] La frase *a través de* [*dia*] *agua* se refiere, según Schreiner, a que Dios usa el agua como instrumento para formar el mundo.

¿Cuál es el punto de vista de Pedro? Claramente quiere hacer un paralelismo entre dos usos del agua en el Pentateuco para señalar que las cosas *han cambiado* desde la creación del mundo. Dios habló, usando la división del agua para crear el cielo, pero también usó el agua para destruir el mundo—simplemente por su decreto divino.[110]

Por lo tanto, debemos tener cuidado de no presionar demasiado la preposición *ek/ex* ("a partir de"). Después de todo, las Escrituras refuerzan que Dios es la fuente última de todas las cosas, y la preposición *ek* se usa a menudo en el NT para transmitir esto (e.g., Rom. 11:36: "de [*ek*] él .... son todas las cosas"). M. Barth y Blanke afirman que mientras que el estoico Séneca podría usar "de [*ek/ex*] para referirse al material a partir del cual se produce algo, los escritores bíblicos como Pablo lo usan para designar al Creador".[111] M. Barth y Blanke señalan que las preposiciones usadas en 2 Pedro 3:5 y en los escritos de Pablo se superponen en la representación de la actividad creadora de Dios; por lo tanto, debemos ser cautelosos acerca de las "diferenciaciones

---

105 La frase preposicional aquí es *dia tes Galilaias* (el mismo uso preposicional como en Mt. 12:43; Jn. 4:4; Rom. 15:28; Heb. 11:29).

106 Moule, *An Idiom Book*, 55.

107 Edwin A. Blum, "2 Peter," en *Expositor's Bible Commentary*, ed. Frank E. Gaebelein (Grand Rapids: Zondervan, 1981), 285.

108 Moo, *2 Peter, Jude*, 170.

109 Schreiner, *1 and 2 Peter, Jude*, 376.

110 Bauckham, *Jude, 2 Peter*, 302. En su comentario, Bauckham parece aceptar la idea de las influencias mitológicas del AOP en los escritores bíblicos. Hemos respondido a esta idea en la primera parte del capítulo 1.

111 Barth y Blanke, *Colossians*, 197, 205.

dogmáticas", así como de dibujar las conexiones helénicas que simplemente no existen.[112]

Dado el uso suelto e incluso "confuso"[113] de las preposiciones en este pasaje, no es prudente leer en ellas alguna teoría cosmológica, especialmente cuando el hecho de que Dios divida las aguas por encima y por debajo en el proceso creativo (Génesis 1) bastaría para explicar este lenguaje, como sostiene Jerónimo Neyrey.[114]

Además, debemos tener en cuenta los propósitos retóricos de Pedro: "Una de las principales razones por las que introduce la idea de que el mundo ha sido creado 'por el agua' es para prepararse para el paralelo que hará en el versículo 6, donde Dios destruye el mundo 'por el agua'".[115] En el versículo 5, Dios crea el mundo (en la segunda de dos etapas, como hemos visto) por su palabra; luego, en el versículo 7, Dios lo juzga "por la misma palabra".[116] Por lo tanto, tenemos un paralelismo adecuado.[117] Thomas Schreiner observa esto también: "Tal vez Pedro enfatiza el agua para propósitos retóricos ya que es el agente de juicio en el próximo versículo".

Jerónimo Neyrey nos recuerda el punto importante de la escritura de Pedro: abordar el conflicto sobre "la teodicea y la teología".[118] Es decir, la cuestión de la que trata 2 Pedro "depende menos de la teoría cosmológica que de la crisis inmediata que rodea a las diversas palabras de Dios en el documento".[119] Pedro escribe que "por medio de la palabra de Dios" (Sal. 33:6, 9), Dios dividió las aguas primigenias, produciendo los cielos arriba y las aguas abajo. Dios no sólo trajo las aguas a la existencia; también las separó en nubes y cuerpos de agua en la tierra mientras llevaba a cabo la creación que había comenzado.

Pheme Perkins declara: "La palabra de Dios fue lo suficientemente poderosa como para crear todas las cosas y sacar a la tierra de las aguas destructivas por segunda vez después del diluvio".[120] Por lo tanto, el supuesto apoyo que este pasaje da a la creación de Dios a partir del caos acuático eternamente preexistente está fuera de lugar.[121]

---

[112] Ibid., 199.

[113] Jerome H. Neyrey, *2 Peter, Jude*, AB 37C (New York: Doubleday, 1993), 234.

[114] Ibid.: "Génesis 1 describe cómo la tierra seca fue separada de las aguas de arriba y de abajo".

[115] Moo, *2 Peter, Jude*, 170.

[116] Ibid., 171.

[117] Bo Ivar Reicke sugiere la creación *ex nihilo* en sus comentarios sobre 2 Pedro 3:5: Dios con su "palabra todopoderosa" realiza "los primeros días" de la "creación original" (*The Epistles of James, Peter, and Jude*, AB 37 [Garden City, N.J.: Doubleday, 1964], 175).

[118] Neyrey, *2 Peter, Jude*, 233.

[119] Ibid., 234.

[120] Pheme Perkins, *First and Second Peter, James, and Jude*, Interpretation (Louisville: John Knox, 1995), 189.

[121] En oposición, J. N. D. Kelly, The Epistles of Peter and of Jude (Peabody, Mass.: Hendrickson, 1969), 358–59.

Conclusión

Este capítulo ha revelado que el NT refleja la comprensión de la creación del AT. Aparte de la importante adición del NT del Cristo cósmico, el Pantocrátor, se reiteran los mismos temas de la creación: la amplia imagen totalista de Dios como el Creador de todo, y el hecho de la contingencia de la creación en contraste con la autoexistencia de Dios. Pasajes como Juan 1:3; Romanos 4:17; y Hebreos 11:3—por nombrar algunos—presentan una creencia poderosa, aunque implícita, en la creación de la nada. El pasaje de 2 Pedro 3:5 no debe ser tomado como soporte de la creación *ex materia* ya que Génesis 1 sugiere la creación de Dios de todo (incluyendo las aguas) y luego dividirlas al final de un proceso de dos etapas. De hecho, el peso acumulativo de las pruebas del AT y del NT conduce a un fuerte argumento a favor de la creación *ex nihilo*.

En la introducción, señalamos la distinción entre lo *implícito* y lo *ambiguo*. Un argumento puede tener un gran poder, aunque sea implícito. Un padre puede decirle a un hijo: "O estoy cortando el césped, o tendrás que hacerlo tú, y yo no estoy cortando el césped". El punto del padre está lejos de ser ambiguo. Además, aunque implícita, es bastante contundente, y no hay duda de lo que quiere decir.

Cuando aplicamos este punto a la creación de la nada, afirmamos: "O la *creatio ex nihilo* es verdadera, o Dios no lo creó todo. Pero la Escritura dice que Dios creó todo". Cuando la Biblia declara que Dios creó todo, afirma implícitamente que la *creatio ex nihilo* es verdadera; el asunto no es ambiguo. O considera esto: Vimos que, si la materia es eterna y Dios no podría crear sin ella, esto sería un límite al poder de Dios, ya que es por pura suerte que la materia está presente para que Dios pueda crear. Por lo tanto, podemos afirmar: "O la *creatio ex nihilo* es verdadera, o Dios no es todopoderoso. Pero Dios es verdaderamente todopoderoso". Una vez más, el hecho de que Dios sea todopoderoso sugiere fuertemente la creación de la nada. Aunque está implícito en las Escrituras, no es ambiguo.

Otro punto notable: aunque la evidencia bíblica *fuera* ambigua y los escritores bíblicos no tomaran posición sobre este asunto, la idea de que Dios creó a partir de materia eternamente preexistente *no ganaría por defecto*. En cambio, esta posición tiene que soportar su propia carga de prueba. No se trata de una situación (en la que *o bien* la Biblia enseña explícitamente la creación de la nada, *o bien* la visión de la creación *ex materia* es verdadera por defecto). Un mormón o un verdadero panenteista tal como Ian Barbour (no Peacocke o Moltmann) que podría tratar de usar la Escritura para justificar la creación *ex materia* debe tratar contextual y exegéticamente con los textos bíblicos y ofrecer evidencia positiva a favor de esta posición. El punto de vista que propone la creación a partir de materia preexistente no ganaría, aunque la Biblia guardara silencio al respecto.

Afortunadamente, no necesitamos esa hipótesis.

III

El testimonio extrabíblico de la *Creatio ex nihilo*

A la luz de los textos que acabamos de examinar, la evidencia exegética nos lleva a la creación *ex nihilo*. Aunque debemos tener cuidado de no poner demasiado peso en una sola línea de evidencia, un fuerte caso acumulativo puede ser hecho de la Escritura para la supuesta creencia dentro de la cosmovisión bíblica de que Dios es el Autor y Creador de toda la realidad aparte de sí mismo. Una perspectiva como la creación *ex materia* simplemente no tendría sentido para los autores bíblicos.

A pesar de ello, estudiosos como Ian Barbour afirman que la creación de la nada es una invención o innovación posbíblica para defender la bondad de Dios y su soberanía absoluta sobre el mundo contra "ideas gnósticas que consideran la materia como malvada o como el producto de una deidad inferior".[1] Como hemos visto, Barbour cree que la Biblia no es simplemente ambigua sobre la naturaleza de la relación de Dios con la creación, sino que en realidad afirma que Dios creó a partir de materiales preexistentes:

> Génesis retrata la creación de orden a partir del caos, y .... la doctrina *ex nihilo* fue formulada más tarde por los padres de la iglesia para defender el teísmo contra un dualismo último o un panteísmo monista. Todavía tenemos que defender el teísmo contra las filosofías alternativas, pero podemos hacerlo sin hacer referencia a un comienzo absoluto.[2]

Sin embargo, no sólo hay una garantía bíblica—y como veremos, científica y filosófica—para un comienzo absoluto. En este capítulo quedará claro que los padres de la iglesia (y otros textos relevantes que

---

[1] Ian G. Barbour, *Religion in an Age of Science*, The Gifford Lectures 1989–91 [i.e., 1990], vol. 1 (San Francisco: Harper & Row, 1990), 144.
[2] Ibid., 144.

reflejan la cosmovisión bíblica) asumen o implican una creación de la nada. Pasemos, pues, al testimonio extrabíblico.

¿Existen indicadores de que la creación a partir de la nada—aunque no esté explícitamente declarada o articulada—se asume e incluso se puede inferir adecuadamente a partir de los escritos pertinentes *anteriores* al final del siglo II y principios del III d.C., después de lo cual los teólogos declaran abiertamente que la creación *ex nihilo* es *el* punto de vista bíblico? Según May y otros, los pensadores cristianos de finales del siglo II trataron de *formular* la doctrina de la creación en respuesta al gnosticismo (con su énfasis en las emanaciones y la materia como maldad) y al pensamiento medioplatónico (con su énfasis en la materia eternamente preexistente), resultando en una formulación explícita y precisa de la *creatio ex nihilo*.[3]

Esto está bien hasta donde llega. Pero una pregunta clave pide ser contestada: ¿Fue esto (1) una innovación/invención, o fue (2) simplemente sacar a relucir y explicitar lo que estuvo implícito todo el tiempo? Argumentamos que este último es el caso. Insistimos en que hay una continuidad orgánica con la tradición bíblica más que una innovación o una desviación de ella.

Incluso aparte del testimonio bíblico, que implica fuertemente la creación de la nada, hay evidencia extrabíblica que revela la misma suposición en las mentes de muchos que afirman adherirse a los escritos bíblicos. En lugar de ver la creación de la nada como una idea novedosa que surgió a finales del siglo II, vemos un vínculo notable entre la Escritura y una línea continua de pensamiento que se enhebra a través de muchos escritores judíos y cristianos extrabíblicos.[4] La mayoría de ellos se aferran a una visión en dos etapas de la creación de la nada; todos ellos se aferran a la imposibilidad de que la materia coexista con Dios desde la eternidad. La creación *ex nihilo*, incrustada en su pensamiento, se vuelve cada vez más abierta.

El testimonio judío

G. F. Moore escribe en su obra *Judaísmo* que el monoteísmo judío durante los primeros siglos del cristianismo (el período tanaítico)

[3] Gerhard May, *Creatio ex Nihilo: The Doctrine of "Creation out of Nothing" en Early Christian Thought*, trad. A. S. Worrall (Edinburgh: University of Edinburgh Press, 1994), 2.

[4] La mayoría de las citas (a menos que se indique lo contrario) se han tomado de James H. Charlesworth, ed., *The Old Testament Pseudepigrapha*, 2 vols. (Garden City, N.Y.: Doubleday, 1983–85); y Alexander Roberts, James Donaldson, et al., eds., *Ante-Nicene Fathers*, 10 vols. (1885–96; reimpr., Edinburgh: T & T Clark, 1989). Disponible en línea en www.ccel.org/fathers2/; R. H. Charles, *The Apocrypha and Pseudepigrapha of the Old Testament in English*, 2 vols. (Oxford: Clarendon, 1913).

típicamente enfatizaba la *soledad* de Dios (en oposición a, digamos, el politeísmo).[5] Para la mente judía, Dios en su esencia es uno, y la multiplicidad surge a través de la creación.[6] Por definición, esta comprensión de Dios excluye cualquier dualismo ontológico (tal como la existencia independiente de materia primordial). Walter Dietrich hace la misma observación que ha caracterizado al monoteísmo judío, que todo, excepto Yahveh, es criatura: "Sólo está Yahveh y Su creación".[7]

Moore observa que la creación de la nada contra la creación de la eterna materia sin forma "no excitó la discusión en las escuelas palestinas, y hay pocas expresiones que tengan que ver con ello de alguna manera".[8] Y no es de extrañar: el dualismo metafísico era simplemente una idea ajena al monoteísmo.

Este punto no debe disminuir el hecho de que una serie de textos judíos relevantes que tienen que ver con la doctrina de la creación implican la creación *ex nihilo*. Estos textos refutan la idea de que la creación de la nada era una innovación cristiana a finales del siglo II y muestran que está implícita en la estructura de creencias del judaísmo.[9]

Los apócrifos y las pseudoepigrafías

2 MACABEOS 7:28

Muchos estudiosos han sugerido que el libro apócrifo intertestamental 2 Macabeos (siglo II a.C., siglo I d.C.)[10] establece la idea de *creatio ex nihilo* de manera clara y explícita por primera vez en la literatura judía. Gerhard von Rad sostiene que la formulación conceptual de la creación *ex nihilo* se encuentra aquí por primera vez.[11] Hans Schwarz está de acuerdo.[12]

---

[5] George Foot Moore, *Judaism in the First Centuries of the Christian Era: The Age of Tannaim*, vol. 1 (1927; reimpr., Peabody, Mass.: Hendrickson, 1997), 360–61.

[6] No estamos abordando la cuestión de la Trinidad, en la que hay una trinidad en las personas divinas necesariamente unidas como el único Dios.

[7] "*Alles, aber auch alles außer JHWH ist Kreatur. . . . Es gibt nur JHWH und seine Schöpfung*" (Walter Dietrich, "Über Werden und Wesen des biblischen Monotheismus: Religionsgeschichtliche und theologische Perspektiven," en *Ein Gott allein? JHWH-Verehrung und biblischer Monotheismus im Kontext der israelitschen und altorientalischen Religionsgeschichte*, ed. Walter Dietrich y Martin A. Klopfenstein, Orbis Biblicus et Orientalis 139 [Göttingen: Vandenhoeck & Ruprecht, 1994], 21).

[8] Moore, *Judaism*, 1:381.

[9] Ibid., 1:381–82, donde Moore cita a *Rabban Gamaliel II*, cuya enseñanza sobre la creación se explora más adelante.

[10] La fecha exacta es difícil de establecer, pero ciertas partes fueron escritas durante el siglo II a.C. Se desconoce el momento en que alcanzó su forma final.

[11] Gerhard von Rad, *Old Testament Theology*, vol. 1, trad. D. M. G. Stalker (New York: Harper & Row, 1962), 142 n; véae también William Brown, "Creation," en *Eerdmans Dictionary of the Bible*, ed. Allen Myers et al. (Grand Rapids: Eerdmans, 2000), 293.

[12] Hans Schwarz, *Creation* (Grand Rapids: Eerdmans, 2002), 172–73.

En este pasaje, una madre suplica a su hijo que acepte voluntariamente la tortura en lugar de retractarse de sus creencias:

> Te ruego, hijo, que mires al cielo y a la tierra y, al ver todo lo que hay en ellos, sepas que a partir de la nada lo hizo Dios [*hoti ouk ex onton epoiesen auta ho theos*] y que también el género humano ha llegado así a la existencia (BJ)

Anteriormente en este capítulo (7:23) ella dice:

> Pues así el Creador del mundo, el que modeló al hombre en su nacimiento y proyectó el origen de todas las cosas, os devolverá el espíritu y la vida con misericordia, porque ahora no miráis por vosotros mismos a causa de sus leyes. (BJ)

La frase crítica en 7:28 es "de la nada". Podría significar (1) "de lo inexistente" o (2) "de cosas que no existían" (como la materia preexistente, amorfa o la "nada").[13] A pesar de los argumentos de Jonathan Goldstein de que esta última podría ser intencionada (esta idea de orden que proviene de la caótica "nada" era griega),[14] esto no parece probable. Un autor, J. C. O'Neill, se refiere a "la ingeniosa lectura de Goldstein" (¡!)[15] y ofrece fuertes argumentos para socavar el argumento de Goldstein.[16] El erudito hebreo Nahum Sarna observa: "Esta doctrina [de la creación *ex nihilo*] parece haber sido articulada por primera vez en la obra tardía del Segundo Templo, 2 Macabeos".[17] Otfried Hofius, quien revisa la literatura judía relevante en esta época, declara que aquí (como en otras fuentes judías) se asume que la esperanza en la futura

---

[13] N. Joseph Torchia, *Creatio ex nihilo and the Theology of St. Augustine: The AntiManichean Polemic and Beyond* (New York: Peter Lang, 1999), 2.

[14] Véase Jonathan A. Goldstein, *II Maccabees*, AB 41A (Garden City, N.Y.: Doubleday, 1983), 307–15. David deSilva sigue la línea de razonamiento de Goldstein en *Introducing the Apocrypha* (Grand Rapids: Baker, 2002), 140–41. En contra de esto, véase Otfried Hofius, "Die Gottesprädikationen Röm 4,17b," en *Paulusstudien II*, Wissenschaftliche Untersuchungen zum Neuen Testament 143 (Tübingen: Mohr/Siebeck, 2002), 58–61; véase también J. C. O'Neill, "How Early Is the Doctrine of *Creatio ex Nihilo*?" *Journal of Theological Studies 53*, no. 2 (oct. 2002): 449–53.

[15] O'Neill, "How Early Is the Doctrine of *Creatio ex Nihilo*?" 452 n

[16] Véase la refutación de O'Neill a Goldstein sobre 2 Mac. 7:28 ("How Early Is the Doctrine of *Creatio ex Nihilo*?" 449–53).

[17] Nahum M. Sarna, *Genesis*, JPS Torah Commentary (New York: Jewish Publication Society, 1989), 5.

resurrección se basó en la creación del mundo de la nada[18]—la misma conexión hecha por Pablo en Romanos 4:17.[19]

Varios puntos están en orden. *Primero*, aunque la influencia del helenismo era omnipresente, no debemos inferir que los distintivos de la cosmovisión entre los judíos palestinos—tales como la firme creencia en la eternidad de Dios solamente—fueron completamente socavados en cada punto. A primera vista, el libro apócrifo Sabiduría de Salomón (11:17) parece postular una arquimateria informe (sin forma):[20] Dios creó "de informa materia [*ex amorphou hyles*]" (BJ). Esto puede ser cierto, pero incluso en este caso, debemos proceder con cautela. En Sabiduría 1:14, podría haber a la vista una creación de dos etapas: "él todo lo creó [*ektisen ... ta panta*] para que subsistiera [*to einai*]" (BJ). Sabiduría 9:1 habla del "Dios de los Padres" que "hiciste el universo con tu palabra" (BJ). Es plausible argumentar que el *hyle* (materia prima) del cual se hizo el cosmos era la "tierra [*ge*]" deshabitada, que ya fue creada en Génesis 1:1. Dios formó el mundo de la materia que creó previamente.[21]

Para argumentar, sin embargo, asumamos que Sabiduría se aferra a este hilomorfismo griego (i.e., se da forma a un sustrato eternamente preexistente) y que una creación *ex nihilo* de dos etapas queda completamente excluida. Todavía podemos hacer un contraste aquí en que "la [perspectiva] palestina (2 Mac. vii. 28) insiste en que todo fue hecho por Dios 'de la nada'".[22] Según Claus Westermann, el entendimiento judío de la creación era que "el mundo en su conjunto sólo puede ser entendido en el contexto de su nacimiento".[23]

Westermann, que ve en 2 Macabeos 7:28 una clara afirmación de la *creatio ex nihilo*, afirma que no es casualidad que esta idea surja en un escenario helenístico en defensa de una cosmovisión bíblica ("Dios creó los cielos y la tierra").[24] En Génesis 1:1, la idea de la creación preexistente de la materia no estaba en el pensamiento del escritor,[25] y

---

[18] Hofius, "Röm 4,17b," 61: "Diese Hoffnung wird . . . auf die Erschaffung der Welt aus dem Nichts begründet." Hofius observa que la creación de la nada se asume en varios pasajes como José y Asenat 12:2; cf. 20:7; 2 Macabeos 7:23, 28–29; 2 (Apocalipsis siríaco de) Baruc 14:17; 21:4; 48:8; cf. *Constituciones apostólicas* 8.12.7.

[19] Ibid., 61.

[20] Kaufmann Kohler y Emil G. Hirsch, "Creation," en *Jewish Encyclopedia* (publicado 1901–06), disponible en línea en www.jewishencyclopedia.com/index.jsp. El artículo sobre la creación se encuentra en www.jewishencyclopedia.com/view.jsp?artid=853&letter=C.

[21] O'Neill, "How Early Is the Doctrine of *Creatio ex Nihilo*?" 455–56.

[22] Kohler y Hirsch, "Creation."

[23] Claus Westermann, *Creation*, trad. John J. Scullion (Philadelphia: Fortress, 1974), 36.

[24] Westermann agrega que algunos dentro del judaísmo llegaron a ser influenciados en esta época para pensar en la materia sin forma eterna antes de la creación (cf. Sabiduría 11:17), pero de nuevo, si una creación en dos etapas es posible aquí, entonces esto puede ser fácilmente incorporado en una perspectiva de creación *ex nihilo* (como Sabiduría 1:14 parece sugerir).

[25] Claus Westermann, *Genesis 1–11* (Minneapolis: Augsburg, 1984), 110.

este pensamiento antidualista impregna el AT. O'Neill sostiene que, a pesar de los elogios académicos comunes sobre el buen razonamiento de la madre de siete hijos, "por lo general no se le permite ser lo suficientemente teóloga como para desplegar la doctrina de la *creatio ex nihilo*".[26]

Segundo, decir que Dios creó tanto (1) el cielo y la tierra *como* (2) a los seres humanos de la materia primordial es simplemente incorrecto. No es raro escuchar a la gente declarar que, basándose en Génesis 2, Dios no creó a los seres humanos de la nada, sino más bien del polvo de la tierra, que no es *ex nihilo*. Sería incorrecto, sin embargo, declarar que los seres humanos fueron hechos de materia amorfa eternamente preexistente ("a partir de la nada" como dice 2 Mac. 7:28), como en el supuesto caso de "los cielos y la tierra". El polvo de la tierra *ya* había sido creado por Dios; los cielos y la tierra fueron creados, y el polvo de la tierra es parte de esta creación. Dios había formado el polvo de la tierra, y por lo tanto el hombre no podía ser creado "también así" que los cielos y la tierra. Así que "también así" se refiere a la palabra misma y al poder ilimitado de Dios para crear o traer a la existencia lo que no era antes.

Tercero, una lectura muy legítima (y una utilizada por Josefo y los primeros padres de la iglesia, así como por otros exégetas judíos) sería una *creación en dos etapas*, con la primera etapa creada de la nada. Entonces Dios finalmente formaría o daría forma tanto a (1) "los cielos y la tierra" como a (2) seres humanos a partir del sustrato que había creado previamente *ex nihilo*.

Cuarto, mientras que la madre no está haciendo un punto filosófico preciso, está atribuyendo a Dios plena soberanía sobre la creación, la cual estaría comprometida por una materia preexistente, eternamente coexistente con Dios. En su comentario sobre 2 Macabeos, John Bartlett declara que el punto de la declaración de la madre es este: si Dios puede hacer del universo—y de la humanidad en particular—*de la nada*, entonces la madre (junto con su hijo) puede estar segura de que recibirá de vuelta a su descendencia martirizada.[27] Jenofonte (citando al hijo mayor de Sócrates, Lamprocles) usa un lenguaje similar para hablar de los niños, que una vez no existían pero que fueron creados por sus padres—"a quienes los padres hacen salir de la nada [*ek* ... *ouk onton*]".[28] Donde antes no había ningún hijo, ahora hay un hijo. Afirmar que, "técnicamente, los hijos no vienen de la nada" es pasar por alto lo dicho

---

[26] O'Neill, "How Early Is the Doctrine of *Creatio ex Nihilo*?" 449.

[27] John R. Bartlett, *The First and Second Books of the Maccabees* (Cambridge: Cambridge University Press, 1973), 276.

[28] Jenofonte, *Memorabilia* 2.2.3.

por la madre en 2 Macabeos, así como por Lamprocles. Lo que se vislumbra es una *novedad absoluta*".[29]

Como veremos más adelante, los padres de la iglesia primitiva, como Teófilo de Antioquía, vieron este texto como una clara explicación de la creación *ex nihilo*. En efecto, podemos hablar de un gran número de estudiosos y exégetas que afirman que la creación *ex nihilo* se encuentra en este pasaje. Por ejemplo, Bernhard Anderson ve aquí la doctrina de *creatio ex nihilo*.[30] James Barr también ve este pasaje como una "expresión deliberada" de la creación de la nada.[31] Según S. D. Luzzatto, la creación de Dios a partir de la nada se declara explícitamente por primera vez aquí.[32] En el *Oxford Companion to the Bible*, J. R. Porter también opina que la creación a partir de la nada aparece aquí.[33] Robert Oden Jr. comenta en el *Anchor Bible Dictionary* que la formulación de la creación *ex nihilo* aparece por primera vez en el judaísmo posbíblico en 2 Macabeos 7:28.[34] Hermann Sasse admite esto también en otro diccionario bíblico.[35] En el *Theologische Realenzyklopädie*, leemos que la creación de la nada se establece primero aquí.[36] El erudito bíblico W. H. Schmidt está de acuerdo.[37] Otro erudito, Craig A. Evans, señala en su trabajo sobre escritos no canónicos que 2 Macabeos 7:28 puede ser el

---

[29] Yo sigo a O'Neill en esto ("How Early Is the Doctrine of *Creatio ex Nihilo*?" 451). Vea su argumentación adicional en este ensayo.

[30] Bernhard W. Anderson, *Contours of Old Testament Theology* (Minneapolis: Fortress, 1999), 87.

[31] James Barr, "Was Everything That God Created Really Good? A Question in the First Verse of the Bible," en *God in the Fray*, ed. Tod Linafelt y Timothy K. Beal (Minneapolis: Fortress, 1998), 63.

[32] S. D. Luzzatto, *The Book of Genesis: A Commentary by ShaDal* [S. D. Luzzatto], trad. Daniel A. Klein (Northvale, N.J.: Jason Aronson, 1998), 3.

[33] J. R. Porter, "Creation," en *The Oxford Companion to the Bible*, ed. Bruce M. Metzger y Michael D. Coogan (New York: Oxford University Press, 1993), 140. El sacerdote y físico anglicano John Polkinghorne ve 2 Macabeos 7:28 como la "primera declaración inequívoca de la idea de la creación de la nada". Sin embargo, cree que Génesis 1 subraya al menos "la dependencia de todos de la voluntad soberana de Dios para su existencia", lo que es "ciertamente coherente con el significado central de la *creatio ex nihilo*". (*Reason and Reality* [Philadelphia: Trinity Press International, 1991], 72). Stanley Jaki considera que este pasaje contiene "la primera aparición bíblica de la frase 'creación de la nada'" (*The Savior of Science* [Washington, D.C.: Regnery, 1988], 65).

[34] Robert A. Oden Jr., "Cosmogony, Cosmology," en *ABD*, 1:1166.

[35] Hermann Sasse, "Kosmos," en *TDNT*, 3:878.

[36] Reinhard G. Kratz y Hermann Spieckermann, "Schöpfer/Schöpfung II," en *Theologische Realenzyklopädie* 30, no. 1 (Berlin: Walter de Gruyter, 1998), 270. Los autores permiten una doble creación en la Escritura. Incluso si hay caos, esto no niega la creación de la nada. El contexto de la cita dice: "Esto no implica que el Antiguo Testamento hebreo excluya desde el principio una creación de la nada, que se menciona por primera vez en 2 Macabeos 7:28, sino que revela la autosuficiencia y la conformación creativa del caos = *Das impliziert nicht den dem hebräischen Alten Testament fremden Gedanken einer Schöpfung aus dem Nichts, die erst II Makk 7,28 belegt ist, schließt aber die Eigenmächtigkeit und schöpferische Selbstenfaltung des Chaos vorherein aus*."

[37] W. H. Schmidt, "*br'*, to create," *TLOT*, 1:256.

primero en enseñar que Dios creó el universo de la nada.[38] La lista continúa.

Basta decir que no pocos eruditos respetados ven la creación de la nada claramente expresada aquí.

LIBRO DE LOS JUBILEOS

El *Libro de los Jubileos* fue escrito en hebreo por un fariseo en algún lugar entre 135 y 105 a.C.[39] En este libro, Dios no sólo es el Creador de un universo ordenado, sino que también trae a la existencia los elementos supuestamente primordiales y caóticos de las tinieblas y las profundidades. *Jubileos* 2:2 dice:

> En el primer día creó el cielo superior, la tierra, *las aguas*, todos los espiritus que ante el sirven, los ángeles de la faz, los ángeles santos, los del viento de fuego, los ángeles [del espíritu del fuego, y los ángeles] de la atmósfera respirable, los ángeles del viento de niebla, de *tiniebla*, granizo, nieve y escarcha, los ángeles del trueno y los relámpagos, los ángeles de los vientos de hielo y calor, de invierno, primavera, verano y otoño, y todos los vientos de la obra de cielos y tierra, [él creó] los abismos, la tiniebla, el atardecer [y la noche], la luz, la aurora y el crepúsculo, que Él preparó con la sabiduría de su corazón. [énfasis añadido]

Esta implicación de la creación *ex nihilo* se refuerza aún más en 2:16, que deja claro que Dios creó todo en seis días—incluyendo las *tinieblas* y lo *profundo* mencionado en Génesis 1:2: "Acabó su obra el día sexto, todo lo que hay en los cielos y la tierra, en los mares y los abismos, en la luz y la tiniebla y en todo".

Para redondear las cosas hacia el final del capítulo, observamos la amplitud de la creación de Dios. De hecho, nada está excluido: "El Señor creó los cielos y la tierra, y todo lo que creó lo realizó en seis días" (2:25). Verdaderamente, Dios es "El Creador de todo" (2:31).

En *Jubileos*, vemos que nada está excluido del alcance de la creación de Dios. Parece que un dualismo eterno de Dios y alguna materia preexistente habría sido intolerable para el escritor.

SEGUNDO LIBRO DE ENOC

El *Segundo Libro de Enoc* fue escrito en el segundo o quizás a principios del tercer siglo por un judío en Egipto. Algunos sugieren que

---

[38] Craig A. Evans, Noncanonical Writings and New Testament Interpretation (Peabody, Mass.: Hendrickson, 1992), 17.
[39] Ibid., 31.

la fecha puede remontarse hasta finales del siglo I d.C.[40] Esta obra también refleja la doctrina de la creación de la nada en varios lugares. En 24:1, el Señor llama a Enoc para que se siente a su izquierda con Gabriel. Enoc se inclina ante el Señor, quien entonces le dice: "Enoc, amado, todo lo que ves, todas las cosas que están terminadas te digo incluso antes del principio, todo lo que he creado del no ser, y las cosas visibles de lo invisible". (24:2).

Es cierto que hay algunas especulaciones extrañas (e incluso poco comunes) en el relato de la creación en *2 Enoc*, pero no hay dualidad presupuesta en este libro. Cualquier entidad invisible es claramente creada por Dios, que es el único que existe desde la eternidad.

Antes de crear la "creación visible", Dios se movía entre "cosas invisibles" como el sol, que se mueve "de este a oeste y de oeste a este" (24:4). Claramente, el sol es parte de la creación de Dios, como lo aclara Génesis 1. En efecto, "las cosas invisibles" no son elementos eternamente preexistentes distintos de Dios. Más bien, el sol es parte de "todas las cosas" que Dios crea (24:5).

De hecho, vemos en *2 Enoc* una aparente creación de dos etapas. Primero Dios hace "cosas invisibles" (como el sol). Luego Dios hace "cosas visibles", como si se tratara de poner los cimientos de la tierra: "Pero aun el sol tiene paz en sí mismo, mientras que yo no encontré paz, porque yo estaba creando todas las cosas, y concebí el pensamiento de poner cimientos, y de crear la creación visible" (24:5).

En el capítulo siguiente, Dios "mandó... que las cosas visibles descendieran de lo invisible" (25:1). ¿Qué es esta cosa invisible? Es el *adoil*—la luz de la creación ("sobre la luz no hay nada más" [25:5]). Entonces Dios ordena: "Deja que lo visible salga de ti" (25:2). Una vez más, aunque el lenguaje de este pasaje extrabíblico nos parezca bastante extraño, expresa la creencia de que la luz—sea invisible o visible—es una creación de Dios.

En el capítulo 26, Dios ordena: "Que una de las cosas invisibles salga sólida y visible" (26:1). *Archas*—el espíritu de la creación—es llamado a hacer el fundamento de las cosas inferiores. Paralelamente a la luz, no hay "nada más" debajo de la oscuridad (26:4). De nuevo, la sugerencia es que *tanto* la luz como las tinieblas son la creación de Dios; en el capítulo 27, la luz y las tinieblas están separadas. Que la luz y las tinieblas (que son "invisibles") son la creación de Dios se refuerza en 32:1: "Bendigo a todas mis criaturas visibles e invisibles".

A diferencia de su creación (ya sea celestial o terrenal), que es transitoria, sólo Dios es eterno, increado e inmutable:

[40] Ibid., 23.

> Todo lo que has comprendido, todo lo que has visto de las cosas celestiales, todo lo que has visto en la tierra, y todo lo que he escrito en los libros por mi gran sabiduría, todas estas cosas las he ideado y creado desde el fundamento más alto hasta lo más bajo y hasta el final, y no hay consejero ni heredero de mis creaciones. Soy autoeterno, no hecho con manos, y sin cambio. Mi pensamiento es mi consejero, mi sabiduría y mi palabra están hechas, y mis ojos observan todas las cosas como están aquí y tiemblan de terror. Si aparto mi rostro, entonces todas las cosas serán destruidas (33:2–5)

El Dios autoexistente sostiene todas las cosas en el ser. El Dios invisible es el Hacedor de todas las cosas distintas de sí mismo, ya sean visibles o invisibles: "Todo esto lo midió, con una buena medición de las horas, y fijó una medida por su sabiduría, de lo visible y lo invisible. Desde lo invisible hizo visibles todas las cosas, siendo él mismo invisible" (48:4–5).

Hacia el final de *2 Enoc*, leemos de Enoc hablando a su pueblo de la amplitud de la creación de Dios. Él no creó *todo* lo visible desde algún substrato eterno e invisible. Creó cosas visibles e invisibles: "Oíd, hijos míos, antes de que todas las criaturas fueran creadas, el Señor creó las cosas visibles e invisibles" (65:1). Incluso si la "nada" o el "vacío" (como muchos griegos creían) fueran una entidad existente y por lo tanto no literalmente nada, entonces Dios habría sido el Creador de esto, así como de todas las cosas visibles.

Así, observamos aquí la distinción ontológica entre Dios y todo lo demás (i.e., su creación). Además, se entiende que la creación ha tenido lugar en etapas, en las que Dios trae a la existencia todas las cosas y luego las forma en un universo ordenado.

JOSÉ Y ASENAT

El libro seudodepigráfico judío *José y Asenat*, de alrededor del siglo I d.C. y con un lenguaje parecido al de los Rollos del Mar Muerto,[41] contiene un pasaje que también implica *creatio ex nihilo*. De hecho, es sorprendentemente similar a los pasajes de 2 Enoc, reflejando que Dios creó todo, ya sea visible o invisible.

Asenat, habiendo tirado sus ídolos por la ventana y vestido de saco durante una semana, se dirige al Dios de José:

> Señor Dios de los siglos,
> que creaste todas (las cosas) y diste vida (a ellos),
> que diste aliento de vida a toda tu creación,

[41] James H. Charlesworth, *The Pseudepigrapha and Modern Research*, Septuagint and Cognate Studies 7 (Chico, Calif.: Scholars, 1981), 137.

que trajiste las cosas invisibles hacia la luz,
que hiciste las (cosas que) son y las (las que) tienen apariencia
de la no-apariencia y del no-ser,
que levantaste el cielo
y lo fundaste sobre un firmamento en la espalda de los vientos.
....
Porque tú, Señor, has hablado y ellos fuera traídos a la vida,
porque tu palabra, Señor, es vida para todas tus criaturas. (12:1–3)

De nuevo, leemos que Dios creó todas las cosas y trajo todo a la existencia. Es difícil evitar la gran amplitud. Como es común en libros extrabíblicos como éste, Dios es el Creador de las cosas visibles e invisibles. Es la palabra poderosa de Dios la que hace que cualquier cosa exista.

2 BARUC/APOCALIPSIS SIRÍACO DE BARUC

A principios del siglo II, el autor judío de 2 Baruc escribió para animar a los judíos de la diáspora.[42] Mientras lo hacía, en varios lugares expresó una creencia implícita en la creación de la nada.

En el capítulo 14 se habla de "nuestro Creador". "Cuando en otro tiempo no había mundo con sus habitantes, vosotros idearon y hablaron con una palabra, e inmediatamente las obras de la creación estuvieron delante de vosotros" (14:17). Notamos aquí que, al igual que con el NT, primero no había nada; Dios habló; y luego la creación vino a la existencia.

En 21:4, se habla de nuevo de Dios: "Oh tú que has hecho la tierra,... que has fijado el firmamento con la palabra [cf. Sal. 33:6], ... que has llamado desde el principio del mundo lo que aún no existía". En su tesis sobre 2 Baruc, Frederick James Murphy comenta que la *creatio ex nihilo* se está expresando aquí, indicando que el mundo visible actual no es eterno. Tuvo un comienzo.[43]

En el capítulo 48, el poder perdurable de la palabra de Dios se ve en contraste con la creación temporal:

Oh mi Señor, tú invocas el advenimiento de los tiempos,
Y se paran ante ti;
Haces que el poder de las edades pase,
Y no se resisten a ti. (48:2)

[42] Evans, *Noncanonical Writings*, 26.
[43] Frederick James Murphy, *The Structure and Meaning of Second Baruch*, SBL Dissertation Series (Atlanta: Scholars Press, 1985), 43.

El versículo 8 continúa este énfasis en el poder de Dios:

> Y con una palabra aceleras lo que no era,
> Y con gran poder sostienes lo que aún no ha llegado.

De hecho, en todos estos pasajes, observa Werner Foerster, la creación de la nada se "enseña claramente".[44]

Otras fuentes judías

JOSEFO

En sus obras, el historiador judío del siglo I Josefo (ca. 38-100 d.C.) describe a Dios como "siendo él mismo uno, increado, eternamente inmutable".[45] Josefo utiliza el término *demiourgos* para referirse al "Creador del universo [*demiourgos ton holon*]" y al "Creador del ser universal [*demiourgos tes holes*]".[46] En nuestro capítulo sobre el testimonio del AT, mostramos que una creación de dos pasos (doble) no es una lectura inverosímil o inelegante del proceso creativo. Incluso en el NT (por ejemplo, 2 Pedro 3:5), una creación en dos etapas es muy posible.

Aunque extrañamente inadvertido en la discusión erudita sobre la creación *ex nihilo*, Josefo se aferra a dos etapas en la creación, pero en última instancia con un comienzo absoluto. En sus *Antigüedades Judías*, él declara que Dios primero creó todo/el universo ("En el principio Dios creó el cielo y la tierra") y luego completa la creación:

> En el principio Dios creó el cielo y la tierra [*En arche ektisen ho theos ton ouranon kai ten gen*]; pero cuando la tierra no apareció, sino que se cubrió de gruesas tinieblas, y un viento se movió sobre su superficie, Dios ordenó que hubiera luz; y cuando eso se hizo, consideró toda la masa/materia [*hylen*], y separó la luz de las tinieblas; el nombre que le dio a uno era *Noche*, y al otro *Día*.[47]

Este texto es idéntico a la interpretación de Génesis 1:1 de la LXX, que Josefo lee como *absoluto* en vez de *constructo* o de *construcción*. Segundo, la clara implicación es que aunque Dios creó el cielo y la tierra en el principio, la creación avanza por etapas. Dios da forma a la "masa" o "materia [*hylen*]" que ha creado. Así que Dios continúa el proceso creativo que él inició—la implicación parece obvia—*ex nihilo*. Josefo ve

---

[44] Werner Foerster menciona a 2 Baruc 14:17; 21:4–8.; y 48:2–8 ("*ktizo*," *TDNT*, 3:1017).
[45] Josefo, *Against Apion* 2.16 (166–168).
[46] Josefo, *Jewish Antiquities* 1.155; 1.272.
[47] Ibid., 1.1.

a Dios originalmente produciendo los mismos materiales usados en el proceso creativo posterior.

ROLLOS DEL MAR MUERTO

Los Rollos del Mar Muerto (250 a.C.—68 d.C.) producidos por la comunidad de Qumrán presentan otro conjunto de escritos judíos en los que se asume una comprensión *ex nihilo* de la creación. Por ejemplo, vemos la creación de la nada asumida en la *Regla de la Comunidad*:

> Del Dios del conocimiento proviene todo lo que hay y todo lo que habrá. Antes de que existieran, él hizo todos sus planes, y cuando lleguen a ser, ellos ejecutarán todas sus obras de acuerdo con sus instrucciones, de acuerdo con su glorioso diseño, sin alterar nada. (1QS 3.15–16)[48]

Gottfried Nebe ve este pasaje como un apoyo a la creación *ex nihilo*. Aquí encontramos "la conexión de la creación por parte de Dios y los términos e ideas ontológicas [e.g., 'todo lo que hay... y habrá, 'existió' y 'lleguen a ser']".[49] Otra cita del mismo pergamino (1QS 11.11) hace eco de esta misma idea de la creación absoluta de Dios:

> Por su conocimiento todo se hará realidad,
> y todo lo que existe
> él lo establece con sus cálculos
> y no se hace nada fuera de él.

Los escritos de Qumrán enfatizan notablemente la soberanía absoluta de Dios: Dios crea para su propia gloria, y el ser mismo del universo se origina en él. "[Sin ti] nada se hace, y nada se sabe sin tu voluntad" (1QH 9.8). No sólo Dios ha creado todo lo físico, sino también el reino invisible de los espíritus: "Tú has formado a todo espíritu" (1QH 9.20-31). En 1QH 9.14, incluso los "mares y profundidades" y "todo lo que hay en ellos" han sido fundados por la sabiduría de Dios. Esto se refuerza en el "Pergamino de la Guerra", que declara que Dios creó absolutamente todo: la "tierra", las "leyes de sus divisiones", el "círculo del mar", los "embalses de los ríos", así como "la brecha del abismo" (1QM 10.13). Por lo tanto, las aguas no son un elemento primordial no creado por Dios.

---

[48] Citado en Florentino García Martínez, *The Dead Sea Scrolls Translated*, 2da ed. (Leiden: Brill, 1996), 6. Todas las demás citas se han tomado de esta traducción.

[49] Gottfried Nebe, "Creation in Paul's Theology," en *Creation in Jewish and Christian Tradition,* ed. Henning Graf Reventlow y Yair Hoffman, JSOT Supplement Series 319 (Sheffield: Sheffield Academic Press, 2002), 119 n.

Uno no puede escapar del alcance comprensivo de la creación de Dios. Todo, excepto Dios, es una criatura. Este énfasis totalista es obvio en 1QS 3.15: "Del Dios del conocimiento proviene todo lo que hay y todo lo que habrá".

Este segmento de 1QH 9 refuerza el tema de la creación integral de Dios:

> Y en la sabiduría de tu conocimiento
> has determinado su curso [de los humanos]
> antes de que existieran.
> Y con [tu aprobación] todo ocurre
> Y sin ti nada pasa. (9.19–20)

La acción creadora de Dios se lleva a cabo por su sabiduría (y poder), no a partir de materiales preexistentes. Leyendo la alabanza al Creador del *Pergamino de los Salmos* (11Q5 26.9-15), vemos que Dios "estableció la aurora con el conocimiento de su corazón"; "hizo la tierra con su fuerza" y estableció "el mundo con su sabiduría". "Con su conocimiento extendió los cielos".[50] El poder indiscutible de Dios en la creación se enfatiza fuertemente.[51] Como dice Devorah Dimant, "La creación es la materialización del plan divino para establecer su sumisión total a Dios".[52] Una vez más, se nos apunta hacia la creación *ex nihilo* en lugar de alejarnos de ella.

A la luz de todos estos textos, el erudito en los Rollos del Mar Muerto Craig A. Evans concluye:[53]

> Debemos asumir, a menos que haya una buena razón para pensar de otra manera, que pensar en Qumrán (sobre la Divinidad, escatología, expiación, etc.) es más o menos la corriente principal de los judíos. No veo nada en los Rollos que se desvíe de las expresiones encontradas en los [textos anteriores]. Creo que es muy probable que los hombres de Qumrán creyeran en la creación *ex nihilo*. Los textos de los RMM [citados anteriormente] son bastante compatibles con esta creencia, aunque no la expresen del todo. La creación no fue parte del debate que ocasionó el surgimiento de la secta Qumrán (lo fue el entendimiento del pacto y el sacerdocio, por esto, se habla

[50] Para una breve discusión de la doctrina de la creación en los textos de Qumrán, vea Daniel J. Harrington, "Creation," en *Encyclopedia of the Dead Sea Scrolls*, 2 vols., ed. Lawrence H. Schiffman y James C. VanderKam (Oxford: Oxford University Press, 2000), 1:155–57.

[51] Alex Deasley, *The Shape of Qumran Theology* (Carlisle: Paternoster, 2000), 161.

[52] Devorah Dimant, "Qumran Sectarian Literature," en *Jewish Writings of the Second Temple Period*, vol. 2, ed. M. E. Stone, Compendia rerum judaicarum ad Novum Testamentum (Leiden: Brill, 1984), 533.

[53] Correspondencia personal, nov. 2001.

mucho de estos temas); por lo tanto, no es sorprendente que no se diga casi nada acerca de [la creación].

Los Rollos del Mar Muerto, por lo tanto, nos proporcionan más apoyo para la creencia de que Dios y su creación son toda la realidad que hay. La creación *ex nihilo* habría sido asumida por la comunidad Qumrán.

3 MACABEOS

Este libro, que comparte el sabor de 2 Macabeos, fue escrito en las cercanías de Alejandría, Egipto, alrededor del siglo I a.C., siglo I d.C.[54] Como es típico, la amplitud del lenguaje de la creación es bastante aparente y está en consonancia con el monoteísmo del AT. Por ejemplo, leemos: "Señor, Señor, Rey del cielo y Gobernante de toda la creación [*despota pases ktiseos*].... Tú que creaste todas las cosas y gobiernas al mundo entero" (3 Mac. 2:2-3). Más adelante en el capítulo, Dios es llamado "el Gobernante de toda la creación" y luego Aquel que supervisa "todas las cosas" y es el "primer Padre de todo", claramente "todo" sin excepción (3 Mac. 2:7, 21).

Mientras que *3 Macabeos* presenta un material mínimo sobre el tema en cuestión, lo que leemos encaja bastante bien con la idea de que Dios creó todo. Nada—excepto Dios—está fuera del reino de la creación.

FILÓN DE ALEJANDRÍA

Filón (10 a.C.—50 d.C.) es una especie de enigma, y hay estudiosos en ambos lados del debate. Como ha escrito Gerhard May, "El debate sobre si Filón de Alejandría ya había enseñado la creación de la nada parece continuar sin cesar".[55] El notable erudito de Filón David T. Runia admite que la cuestión de si Filón se suscribe o no a *creatio ex nihilo* es "uno de los temas más controvertidos en los estudios filónicos, sobre el que hasta ahora no ha surgido ningún consenso".[56] Algunos afirman que el pensamiento de Filón estaba tan impregnado en el pensamiento medioplatónico (especialmente a través del *Timeo*) que su punto de vista sobre la creación implicaba en última instancia la preexistencia eterna de cosas primordiales, que Dios moldeó en un cosmos ordenado.[57] (El

---

[54] Charlesworth, *Pseudepigrapha and Modern Research*, 149. Puede haber sido escrito ya a finales del siglo II a.C. Véase H. Anderson, "3 Maccabees," en *Old Testament Pseudepigrapha* (ed. Charlesworth), 2:512.

[55] May, *Creatio ex Nihilo*, viii–ix.

[56] David T. Runia, *Philo of Alexandria: On the Creation of the Cosmos according to Moses*, Philo of Alexandria Commentary Series (Leiden: Brill, 2001), 152.

[57] Gregory E. Sterling, "*Creatio Temporalis, Aeterna, vel Continua?* An Analysis of the Thought of Philo of Alexandria," The Studia Philonica Annual 4 (1992): 15–41.

mismo Gerhard May cree, incorrectamente, que Filón estaba siguiendo la teoría estoica en su comprensión de la creación.)[58]

Filón, comentando sobre Génesis 1:27, escribe: "Le preparaste un alma de la nada". Gregory E. Sterling (que pretende seguir el análisis de Gerhard May) señala que esta línea parece sugerir que el alma fue creada *ex nihilo*. Sin embargo, explica este pasaje como una "redacción cristiana o [como una] expresión de fórmula que en una fecha temprana expresaba el carácter distintivo de la visión bíblica de la creación, pero que no señalaba la posterior comprensión cristiana de la *creatio ex nihilo*".[59]

Otros estudiosos como Harry Wolfson,[60] Ronald Williamson,[61] Richard Sorabji,[62] J. C. O'Neill,[63] y James Barr[64] tienen una mentalidad diferente. De hecho, ven a Filón distanciando intencionalmente su pensamiento mosaico del de los pensadores "impíos". Así vemos a Filón abrazando la creación de la nada.

En el libro 2 de su *Sobre la creación del mundo* (que Filón escribió alrededor del 30 d.C.), dice:[65]

> Para algunos hombres, admirando al mundo mismo más que al Creador del mundo [*ton kosmopoion*], lo han representado como algo que existe sin ningún Hacedor, y eterno; y tan impía y falsamente han representado a Dios como algo que existe en un estado de completa inactividad, mientras que hubiera sido correcto, por otro lado, maravillarse ante el poder de Dios como el Creador y Padre de todo, y admirar al mundo en un grado que no excede los límites de la moderación.
>
> Pero Moisés, que había llegado pronto a las cimas mismas de la filosofía, y que había aprendido de los oráculos de Dios los más numerosos e importantes de los principios de la naturaleza, era muy consciente de que es indispensable que en todas las cosas existentes haya una causa activa y un sujeto pasivo; y que la causa activa es el intelecto del universo, completamente no adulterado y completamente no mezclado, superior a la

58 May, *Creatio ex Nihilo*, 10 n. May hace este punto con respecto al uso de *ousia* por parte de Filón, alegando que tomó prestado de los estoicos. Para una refutación, véase O'Neill, "How Early Is the Doctrine of *Creatio ex Nihilo*?" 456–62.

59 Gregory E. Sterling, "Philo and Greek-Speaking Judaism," *The Studia Philonica Annual* 11 (1999): 17–18.

60 H. A. Wolfson, *Philo: Foundations of Religious Philosophy in Judaism, Christianity, and Islam*, 2 vols. (Cambridge: Harvard University Press, 1968).

61 Ronald Williamson, *Philo and the Epistle to the Hebrews* (Leiden: Brill, 1970).

62 Richard Sorabji, *Time, Creation, and the Continuum* (London: Duckworth, 1983).

63 O'Neill, "How Early Is the Doctrine of *Creatio ex Nihilo*?" 456–62.

64 Barr, "Was Everything That God Created Really Good?" 58. En este pasaje, Barr argumenta que Filón toma Génesis 1:1 como algo absoluto en lugar de constructo, lo cual, por supuesto, implica fuertemente la doctrina de la creación de la nada.

65 Esta traducción es de Oliver J. Thatcher, ed., *The Roman World*, vol. 3 de *The Library of Original Sources* (Milwaukee: University Research Extension, 1907) (énfasis añadido). Disponible en línea en www.fordham.edu/halsall/ancient/philo-creation.html.

> virtud y superior a la ciencia, superior incluso al bien abstracto o a la belleza abstracta; mientras que el sujeto pasivo es algo inanimado e incapaz de moverse por cualquier poder intrínseco por sí mismo, pero habiendo sido puesto en movimiento, y moldeado y dotado de vida por el intelecto, se transformó en esa obra más perfecta, este mundo. *Y los que la describen como increada, sin ser conscientes de ella, cortan la más útil y necesaria de todas las cualidades que tienden a producir piedad, es decir, la providencia: porque la razón prueba que el Padre y Creador tiene cuidado de lo que ha sido creado*; porque el padre está ansioso por la vida de sus hijos, y el obrero apunta a la duración de sus obras, y emplea todos los medios imaginables para protegerse de todo lo que es pernicioso o dañino, y está deseoso por todos los medios en su poder de proveer todo lo que es útil o provechoso para ellos. Pero con respecto a lo que no ha sido creado, no hay ningún sentimiento de interés como si fuera suyo en el pecho de quien no lo ha creado.
>
> Es entonces una doctrina perniciosa, y por la cual nadie debe luchar, establecer un sistema en este mundo, tal como la anarquía está en una ciudad, de modo que no tenga superintendente, o regulador, o juez, por quien todo debe ser manejado y gobernado.
>
> Pero el gran Moisés, pensando que una cosa que no ha sido creada es lo más ajena posible a lo que es visible ante nuestros ojos (pues todo lo que es sujeto de nuestros sentidos existe en el nacimiento y en los cambios, y no siempre está en la misma condición), ha atribuido la eternidad a lo que es invisible y discernido sólo por nuestro intelecto como pariente y hermano, mientras que de lo que es objeto de nuestros sentidos externos ha predicado la generación como una descripción apropiada. Puesto que, entonces, este mundo es visible y el objeto de nuestros sentidos externos, se deduce por necesidad que debe haber sido creado [*genetos*]; por lo cual no fue sin un propósito sabio que registró su creación, dando un muy venerable relato de Dios. (2.7–12)

El erudito de Filón David T. Runia traduce el pasaje en cursiva (arriba) de esta manera:

> Aquellos que declaran que el cosmos no es generado no son conscientes de que están eliminando la más útil e indispensable de las contribuciones a la piedad, la (doctrina de) la providencia. La razón exige que el Padre y el Hacedor se preocupen por lo que ha llegado a ser.[66]

En nuestro juicio, Filón repudia la idea de que cualquier cosa aparte de Dios puede ser no generada y eterna. Además, se pone conscientemente bajo la autoridad de Moisés, incluso si esto va en contra de los filósofos.

---

[66] Filón, *On the Creation of the Cosmos* 2.9–10, §48. Las traducciones de este trabajo y de otros pasajes filónicos son de Runia, *Philo of Alexandria*, loc. cit

Continúa hablando de Moisés, quien consideró que lo que no se genera es de un orden completamente diferente de lo que es visible. Lo que es invisible e inteligible se asigna a la "eternidad"; lo que es perceptible por el sentido tiene un comienzo.[67] Parece haber un proceso de creación de dos pasos. El teólogo Colin Gunton ve en Filón una "creación en dos etapas" en la que Dios crea primero el mundo inteligible de las formas y luego el mundo material o sensible.[68]

Esta es ciertamente una interpretación sensata de Filón, quien más tarde escribe que Dios creó cosas invisibles antes de crear lo visible:

> Primero, por lo tanto, el Hacedor hizo un cielo incorpóreo y una tierra invisible y una forma de aire y del vacío. A la primera le asignó el nombre de tinieblas, ya que el aire es negro por naturaleza, a la segunda el nombre de abismo, porque el vacío está realmente lleno de profundidades y apertura.[69]

En efecto, el "abismo", el "vacío" y las "tinieblas" son los "elementos" mencionados en Génesis 1:2. No son elementos eternos, que existen independientemente del Creador. Dios los crea y luego los moldea en un cosmos, ordenándolos, separándolos y embelleciéndolos. Aunque al principio sean invisibles, Dios es claramente el Creador en cada etapa.

Con respecto a la relación del tiempo con la creación, Filón escribe en el principio del libro 7 que el tiempo o bien entró en existencia en el principio (Génesis 1:1) o después de él. Decir que el tiempo es más antiguo que el mundo es totalmente inconsistente con la filosofía.

Al final de *Sobre la creación del mundo*, Filón presenta cinco "lecciones vitales", de las cuales mencionamos tres:[70] La primera es que "la divinidad es y existe". Segundo, "Dios es uno, a causa de los que introducen la opinión politeísta". Tercero, "el cosmos ha llegado a la existencia, a causa de aquellos que piensan que es no generado y eterno, no atribuyendo ninguna superioridad a Dios". Lo que es obvio es el feroz monoteísmo de Filón: que nada puede existir junto al Dios eterno y no generado.

En el último párrafo de su obra, Filón proclama que "Dios es y existe, y que el que verdaderamente existe es uno, y que hizo el cosmos y lo hizo único, ... similar a sí mismo en cuanto a que es uno..."[71] En

[67] Filón, *On the Creation of the Cosmos* 2.12, §49.

[68] Colin E. Gunton, *The Triune Creator: A Historical and Systematic Study* (Grand Rapids: Eerdmans, 1998), 46.

[69] *On the Creation of the Cosmos* 6.29, 53. Así, Filón menciona más tarde que Dios usa el "material disponible"—el cual ha hecho antes—"para la génesis del todo". (25.171, §§92–93).

[70] Ibid., 25.171–72, §§92–93.

[71] Ibid., 25.172, §93.

verdad, parecería extraño declarar una materia eterna y preexistente que existe aparte de la que Dios ha engendrado. Es un dualismo que Filón rechaza, dado su monoteísmo. De hecho, Runia dice que, en algunos lugares, la posición de Filón es "más coherente si se combina con la doctrina de la *creatio ex nihilo*".[72]

Según el filósofo de Harvard Harry Wolfson, sobre la base de las Escrituras, se aleja del platonismo puro cuando dice que "ni antes de la creación había nada con Dios, ni, cuando el mundo había nacido, nada sucede con Él, porque no hay absolutamente nada que Él necesite".[73]

Wolfson señala que Filón estableció tres principios:

1. Sólo Dios es increado, mientras que todos los demás seres son creados por Dios.
2. Nada es coeterno con Dios.
3. Eternidad significa deidad.[74]

Como veremos más adelante, estos "principios filónicos" fueron adoptados por el cristianismo con la condición de que el Logos divino y la Sabiduría de Dios, la segunda persona de la Trinidad, coexistieran con Dios como Dios desde la eternidad.[75] Padres de la Iglesia como Justino, Teófilo, Basilio, Tertuliano, Ireneo y Agustín se aferrarían a ellos uniformemente sin debate. En sus mentes, decir que algo aparte de Dios no es engendrado es idolátrico o blasfemo.[76]

Por lo tanto, en la doctrina de la creación, Filón no se vende a la filosofía griega. Ronald Williamson afirma: "Es probable que Filón pensara en la materia a partir de la cual Dios creó el universo visible como creado *ex nihilo* por Dios".[77] En su obra sobre Filón, Wolfson se esfuerza por mostrar cómo Filón diferencia su propio punto de vista del *Timeo* de Platón al sostener que Dios creó la materia primordial *ex nihilo* antes de darle forma en una creación ordenada.[78] Williamson está de

---

[72] Runia, *Philo of Alexandria*, 159.

[73] Wolfson, *Philo*, 1:172. Véase Harry A. Wolfson, "Plato's Pre-existent Matter in Patristic Philosophy," en *The Classical Tradition*, ed. Luitpold Wallach (Ithaca, N.Y.: Cornell University Press, 1966), 418.

[74] Wolfson, "Plato's Pre-existent Matter," 414.

[75] Ibid., 415. Dentro del cristianismo se aceptaba la idea de que el Hijo fuera "engendrado eternamente" o "generado eternamente". Para un análisis de este tema, véase John S. Feinberg, *No One Like Him: The Doctrine of God* (Wheaton, Ill.: Crossway Books, 2001), 485–92.

[76] Tertuliano afirmó que, debido a que la eternidad es "una propiedad de Dios, pertenecerá sólo a Dios"; y "si otro también compartiera la posesión, habría tantos dioses como poseedores de estas propiedades de Dios". (*Against Hermogenes* 4). San Basilio lo dice muy claramente: "Si la materia no ha sido creada, resulta que ella tiene una dignidad igual a Dios y merece los mismos honores" (*Hexameron* 2.4). Para comentarios similares de los padres de la iglesia, ver abajo.

[77] Williamson, *Philo and the Epistle to the Hebrews*, 375–76.

[78] Véase Wolfson, *Philo*.

acuerdo con Wolfson. Mientras que Filón interpretó Génesis 1 con el *Timeo* de Platón en mente (por ejemplo, la comprensión de Filón de la materia primordial [*hyle*] es la misma que la de Platón), el punto crucial es que reinterpretó el *Timeo* a la luz de la "creencia judía tradicional en una creación *ex nihilo*".[79] De acuerdo con Williamson, "Me parece que Wolfson ha probado su caso".[80]

Aunque nos cuidamos de no ser dogmáticos,[81] tenemos buenas razones para ver una creación *ex nihilo* en Filón. La opinión de David Runia es que "Filón no da una respuesta clara a la pregunta sobre el origen de la materia". Sin embargo, Runia afirma que "este punto de vista no significa que Filón acepte la materia como un principio próximo a Dios", algo que él niega enfáticamente en *Sobre la creación del mundo* 2.7-8.[82] Incluso Gerhard May admite: "Cuando Filón postula la preexistencia de la materia, de ninguna manera la concibe como un principio ontológicamente igual a Dios. No se trata de un dualismo específico".[83]

En la *Jewish Encyclopedia*, Kohler y Hirsch reconocen:

> Filón no es rígidamente consistente. Hay pasajes ... de los cuales se puede suponer una creencia en la creación de la materia de la nada. Habla de la materia como corruptible, y "corruptible" es, en su teoría, un correlato de "creado". ... No era la materia, sino la forma, lo que Dios alababa como bueno, y lo reconocía así como su obra creadora. Sin embargo, Filón protesta que Dios no es "un demiurgo, sino un creador". Lo que antes no era, Él lo hizo.[84]

Además, esta creación de la nada tiene un comienzo temporal. En un buen resumen, Peter Frick argumenta fuertemente a favor de sostener que Filón se aferró al principio temporal del universo; sólo Dios es eterno y no engendrado, y hubo, en opinión de Filón, un tiempo en el que el mundo no era, desde el principio, destructible (aunque Dios providencialmente lo sostiene en el ser).[85]

Parece, entonces, que no podemos descartar a este antiguo autor judío como un testigo irrelevante de la creación de la nada. En la

[79] Williamson, *Philo and the Epistle to the Hebrews*, 374.

[80] Ibid., 373.

[81] Por ejemplo, Thomas H. Tobin discute diversas interpretaciones del concepto de creación de Filón en "Interpretations of the Creation of the World in Philo of Alexandria," en *Creation in the Biblical Traditions*, ed. Richard J. Clifford y John J. Collins, Catholic Biblical Quarterly Monograph Series 24 (Washington, D.C.: Catholic Biblical Association of America, 1992), 108–28.

[82] Runia, *Philo of Alexandria*, 153

[83] May, *Creatio ex Nihilo*, 15.

[84] Para obtener documentación detallada, véase Kohler y Hirsch, "Creation".

[85] Peter Frick, *Divine Providence in Philo of Alexandria* (Tübingen: Mohr Siebeck, 1999), 94–108.

actualidad, Filón no puede ser descartado como otro posible testigo judío de la doctrina de la creación de la nada.[86] De hecho, la afirmación de que Filón sólo asumió la eternidad de la materia es en realidad *socavada* por su creencia de que Dios creó el mundo visible a partir del mundo intangible e invisible de las Formas (presumiblemente en su mente).[87] Ni siquiera se utiliza materia preexistente. A la luz de todo esto, la probabilidad de crear de la nada en Filón es realmente grande.[88]

GAMALIEL II

Un rabino del primer siglo (que enseñó hacia 90-110 d.C.), el rabino Gamaliel II, expresa el concepto de creación en una disputa. Un filósofo le retó a pensar en Dios, que como un pintor tenía materiales preexistentes a su disposición: "Tu Dios fue un gran artista, pero tenía buenos materiales [espacio/vacío no formado, oscuridad, agua, viento y el abismo] para ayudarlo". Gamaliel, deseando que el espíritu de este filósofo estallara (o "abandonara el fantasma"),[89] declaró: "Todos ellos se describen explícitamente como creados por él [y no como preexistentes]".[90]

Después de un intercambio entre Jonathan Goldstein y David Winston, Goldstein (a pesar de algunas rectificaciones y ajustes de su posición) defiende fuertemente su lectura de *creatio ex nihilo* en la declaración de Gamaliel contra Winston.[91] Afirma que "el patriarca Rabban Gamaliel afirmó la doctrina [de la creación *ex nihilo*] sin ambigüedades, pocas décadas después de la destrucción del templo en el año 70 d.C.".[92]

Los argumentos de Winston en contra de ese entendimiento son débiles. En un ensayo posterior sobre el monoteísmo (interactuando con el debate de Winston-Goldstein), Peter Hayman se pone del lado de Winston y, en una extraña distorsión, anuncia que Goldstein "concede la

---

[86] Runia dice que Filón podría mantener una creación *ex nihilo* incluso si esta creación no hubiera ocurrido a tiempo (*Philo of Alexandria*, 156–62).

[87] En *On the Creation of the World* 6, Filón escribe que el modelo arquetípico (e invisible) del mundo viene de la mente o razón de Dios.

[88] O'Neill, "How Early Is the Doctrine of *Creatio ex Nihilo*?" 459–60.

[89] Esta traducción es de Jonathan A. Goldstein en "Creation ex nihilo: Recantations and Restatements," *Journal of Jewish Studies* 38 (otoño 1987): 189.

[90] El espacio/vacío no formado fue formado por Dios (Is. 45:7), así como la oscuridad (Is. 45:7), el agua (Sal. 148:4-5), el viento (Am. 4:13), y las profundidades (Prov. 8:24, 28). Esta traducción es de Jacob Neusner, *Confronting Creation* (Columbia: University of South Carolina Press, 1991), 41–42.

[91] David Winston, "The Book of Wisdom's Theory of Cosmogony," *History of Religions* (1971): 185–202; Jonathan Goldstein, "The Origins of the Doctrine of Creation Ex Nihilo," *Journal of Jewish Studies* 35 (1984): 127–35; David Winston, "*Creation Ex Nihilo* Revisited: A Reply to Jonathan Goldstein," *Journal of Jewish Studies* 37 (1986): 88–92; y Goldstein, "Creation *ex nihilo*," 187–94.

[92] Goldstein, "Creation *ex nihilo*," 187.

debilidad de su posición".[93] Pero esto es engañoso. Entre otros errores,[94] Hayman no aborda la cuestión de Rabban Gamaliel II, ya que Goldstein defiende incondicionalmente su interpretación y ofrece correcciones a algunos de los argumentos "insostenibles" de Winston.

Por ejemplo, en respuesta a la afirmación de Winston de que Gamaliel se opone a la sugerencia del filósofo del politeísmo, no a la materia eterna, Goldstein responde:

> El filósofo compara a Dios con un pintor ... que trabaja con pigmentos.... Los pigmentos entran sólo como material utilizado por el Pintor. Nada en el texto sugiere que los pigmentos tengan voluntad y poder. Winston subraya que el verbo "ayudar" .... es ambiguo y puede referirse tanto a las potencias activas como a los instrumentos inactivos. La ambigüedad del verbo no es importante porque los sustantivos no son ambiguos: se trata de un Pintor y de los pigmentos. El pasaje sólo puede ser una protesta contra la doctrina de la creación de la materia preexistente, no una protesta contra la teoría de que otros poderes activos participaron con Dios en la creación.[95]

No hay ninguna buena razón para negar lo que Goldstein declaró en primer lugar sobre la creencia de Gamaliel en la creación *ex nihilo*—lo que está "inequívocamente" declarado.[96]

Incluso el propio Gerhard May ve en Gamaliel II una referencia a la creación de la nada:

> Gamaliel refuta este esquema [del filósofo] señalando que todas las cosas primitivas disponibles nombradas por el filósofo están descritas en la Biblia expresamente como creadas por Dios. Gamaliel niega así que Génesis 1:2 se refiera a la materia no formada y por lo tanto afirma implícitamente la *creatio ex nihilo*.[97]

Por lo tanto, a pesar de la existencia e influencia del medioplatonismo durante el tiempo de todos estos escritos, debemos resistir la tesis de que las ideas platónicas estaban incrustadas en las mentes de estos judíos de tal manera que veían la Biblia y el platonismo como uno y el mismo. Además, el pensamiento judío estaba preocupado

---

93 Peter Hayman, "Monotheism—A Misused Word in Jewish Studies," *Journal of Jewish Studies* 42 (1991): 3.

94 Richard Bauckham señala que Hayman exagera en su caso (*God Crucified: Monotheism and Christology in the New Testament* [Grand Rapids: Eerdmans, 1998], 18). Véase también idem, "First-Century Jewish Monotheism," *Journal for the Study of the New Testament* 71 (1998): 3–26; e idem, "Jesus, Worship of," en *ABD*, 3:812–19.

95 Véase Goldstein, "Creation ex nihilo," 187, 189. Véase también los comentarios de O'Neill's sobre Winston en "How Early Is the Doctrine of *Creatio ex Nihilo*?" 461.

96 Goldstein, "Origins of the Doctrine of Creation ex Nihilo," 133

97 May, *Creatio ex Nihilo*, 23.

por lo *teológico* más que por lo *filosófico*, por el Dios del cosmos más que por el cosmos mismo, por la *creatio* más que por lo *ex nihilo*.[98] Los escritores del AT veían los fenómenos naturales principalmente como indicadores de Dios, quien los creó y cuya gloria se reveló a través de ellos. Aunque la creencia en *creatio ex nihilo* no se expresara con precisión filosófica, tal creencia no habría sido ajena a la fiel mentalidad hebrea (y a la de los primeros cristianos).[99]

ORACIONES SINAGOGALES HELENÍSTICAS

Según James Charlesworth, las oraciones que se encuentran en la colección de ordenanzas eclesiásticas conocidas como las *Constituciones apostólicas* fueron probablemente compiladas en Siria en el año 380 d.C. Varios estudiosos han reconocido que el libro 7 (y el libro 8) de las *Constituciones* contiene oraciones que se asemejan al libro de oraciones judío usado en el judaísmo de la diáspora, quizás de alrededor de 150 d.C. Estas son conocidas como las "Oraciones sinagogales helénicas".[100]

El libro 7 contiene la típica bendición judía: "Bienaventurado eres, oh Señor, rey de los siglos que lo ha hecho todo".[101] Se presupone una creación en dos etapas en la que Dios ha formado el mundo a partir de "lo que no estaba preparado".[102] En el libro 8, la extensión de la creación—incluyendo los materiales "no preparados"—nace del Dios eterno: el "que es verdaderamente Dios" es "el que está antes de las cosas que se han hecho, ...el único sin origen y sin principio". El "Dios eterno" es aquel por quien "todas las cosas" han sido hechas. Él es "primero por naturaleza y único en su ser".[103] Sólo Dios es eterno; todo lo demás sucede a través de él.

Aunque no debemos presionar demasiado la datación, parece que tenemos alguna base para otro apoyo relevante para una fuente judía que sugiere la creación *ex nihilo*.

---

[98] Por este punto estoy agradecido a D. A. Carson, conversación personal, mayo de 1994.

[99] O'Neill declara que la doctrina de la creación de la nada no fue simplemente implícita, sino que estaba formulada explícitamente en 2 Macabeos 7:28, en Filón y en los Rollos del Mar Muerto ("How Early Is the Doctrine of *Creatio ex Nihilo*?" 463).

[100] Charlesworth, "Hellenistic Synagogal Prayers," en *The Old Testament Pseudepigrapha*, 2:671–97, enumerando (en 671) a los siguientes eruditos que mantuvieron este punto de vista de tomar prestado/adaptarse de la liturgia judía: K. Kohler, W. Bousset, y E. R. Goodenough (cf. 690 n).

[101] *Apostolic Constitutions* 7.34.1. "A través de Cristo" es "claramente" una interpolación posterior: "Rey de los siglos, *que a través de Cristo* hizo todo" (Charlesworth, "Hellenistic Synagogal Prayers," 678 n).

[102] *Apostolic Constitutions* 7.34.1.

[103] *Apostolic Constitutions* 8.12.6, 8. May cree que esta sección es una interpolación cristiana posterior (*Creatio ex Nihilo*, 22 n). Pero el erudito pseudepigráfico James Charlesworth, entre otros, rechaza la idea. Al menos la falta de consenso debería impedir que descartemos apresuradamente la creación *ex nihilo* del texto.

EXÉGETAS JUDÍOS MEDIEVALES

Uno podría pensar que traer a la discusión las ideas de los pensadores judíos medievales es irrelevante para nuestra discusión ya que este período de tiempo ha pasado la era de la formulación de la doctrina de la creación de la nada por los teólogos cristianos. Pero no es raro escuchar a los eruditos llamar a estos exégetas en defensa de la creación *ex materia*, afirmando que estos exégetas no creían en la creación de la nada. Aunque ve *creatio ex nihilo* en Gamaliel II, a veces se invoca a Jonathan Goldstein en este asunto".[104] Everett Fox, quien traduce Génesis 1:1 como una construcción ("Al principio de cuando Dios estaba creando los cielos y de la tierra"), reconoce: "He seguido a varios comentaristas medievales en mi interpretación...".[105]

Sin embargo, cuando vemos la pregunta desde otro ángulo, vemos una imagen diferente. Primero, todos los exégetas judíos medievales (como Rashbam, Ramban, Rambam, et al.) en realidad siguen *uniformemente* a Rashi (Rabí Shlomo Yitzchaki, 1040-1105) al presuponer la creación de la nada. ¿Cómo es eso? Ellos asumen, por ejemplo, que debido a que el agua *ya* existe en Génesis 1:2, esto no podría ser una creación absoluta (es decir, de la nada). Es decir, la creación descrita en 1:1 no es la primera cosa que Dios crea. Rashi observa: "El texto no pretende señalar el orden de los *actos de* la creación: afirmar que éstos (el cielo y la tierra) fueron creados primero".[106] Por lo tanto, uno podría fácilmente entender a Rashi para interpretar la creación divina como que involucra etapas y no sólo una etapa. De hecho, Ramban, un exégeta judío medieval, hizo precisamente eso.

Ramban (Rabí Moshé ben Najman, siglo XIII), comentando Génesis 1:1 (y refiriéndose a la frase específica: "En el principio creó Dios"), declara: "Esta es la raíz de la fe, y quien no cree en ella y piensa que el mundo era eterno niega el principio esencial de la religión [judía] y no tiene ninguna Torá".[107] Ramban parece hablar en nombre de los otros exégetas judíos medievales al sugerir que cualquier dualismo que permita la coexistencia eterna de Dios y la materia primordial es simplemente intolerable para la mente judía.

---

[104] Goldstein, "Origins of the Doctrine of Creation *Ex Nihilo*," 127. Norbert M. Samuelson, *Judaism and the Doctrine of Creation* (Cambridge: Cambridge University Press, 1994), adopta este punto de vista, pero no tiene en cuenta las sutilezas sugeridas por Sailhamer (abajo).

[105] *The Five Books of Moses*, Schocken Bible, vol. 1 (New York: Schocken, 2000), 13.

[106] Rashi [Shlomo Yitzchaki], *The Pentateuch with Targum Onkelos, Haphtaroth, and Rashi's Commentary: Genesis*, trad. M. Rosenbaum y A. M. Silbermann (Jerusalem: A. M. Silbermann, 1929), 2.

[107] Ramban (Nachmanides), *Commentary on the Torah: Genesis*, trad. Charles B. Chavel (New York: Shiloh, 1971), 17.

Rashi fue el primero, hasta donde sabemos, en leer *bere'sîth* ("en el principio") como constructo ("en principio") en lugar de absoluto ("en el principio mismo").[108] En su opinión, la creación absoluta tuvo lugar antes de Génesis 1:1, y en Génesis 1 Dios está trabajando con sus propios materiales creados para crear más. Por lo tanto, no fueron las bases gramaticales las que llevaron a Rashi a formular *bere'sîth* como una construcción, sino más bien el tema en el verso 2 (agua).[109] Ibn Ezra, quien siguió a Rashi en la visión de "construcción" (con algunas variaciones), creyó que Dios había creado previamente el agua, la cual *luego* usó para crear dentro de aspectos selectivos del universo. Pero aun Ibn Ezra declaró que los versículos de Génesis 1:1-2 "deben ser interpretados así porque Moisés no habló del mundo eterno.... Sólo hablaba del mundo transitorio".[110] Ni Rashi ni Ibn Ezra creían que la lectura de construcción fuera superior a la lectura absoluta.[111]

El erudito de Antiguo Testamento John Sailhamer resume:

> Ni Rashi ni Ibn Ezra parecen haber rechazado la visión tradicional [de *bere'sîth* como absoluta] por motivos gramaticales, pensando que la lectura de construcción era la mejor lectura. *Más bien, creían que era la única lectura que resolvería la aparente dificultad de que el "agua" en el v.2 no se contabilizara en el v.1.* De hecho, Ibn Ezra advirtió a sus lectores que no se sorprendieran por la sugerencia de una construcción antes de un verbo, lo que sugiere que él mismo sintió alguna dificultad para leer *bere'sîth* antes de un verbo finito como una construcción y que anticipó la misma reacción en sus lectores.
>
> Tanto Rashi como Ibn Ezra produjeron ejemplos para mostrar que un verbo finito después de un sustantivo de construcción era permisible. Tanto el hecho como la naturaleza de su defensa de su lectura en 1:1 traiciona su propia inquietud con tal lectura.[112]

---

[108] Los comentarios de Rashi sobre Génesis 1:1 están disponibles en *Genesis*, vol. 1 de *The Pentateuch and Rashi's Commentary: A Linear Translation*, trad. Abraham Ben Isaiah y Benjamin Sharfman (Brooklyn: S. S. & R., 1949); véase también Rashi, *Pentateuch with Targum Onkelos, Haphtaroth, and Rashi's Commentary*, 2: "El texto no pretende señalar el orden de los actos de la creación: afirmar que éstos (el cielo y la tierra) fueron creados primero".

[109] Irónicamente, la falta de comprensión de este importante punto ha llevado a algunos exégetas a seguir a Rashi y, por tanto, leer Génesis 1:1 como una construcción. Por ejemplo, véase W. Gunther Plaut, *Genesis: The Torah: A Modern Commentary* (New York: Union of American Hebrew Congregations, 1974), 5 n.

[110] Ibn Ezra, *Commentary on the Pentateuch: Genesis (Bereshit)*, vol. 1, trad. H. Norman Strickman y Arthur M. Silver (New York: Menorah Publishing, 1988), 30–31. Ezra observa que el reino eterno o invisible es el reino en el que habitan los ángeles. En cualquier caso, Ezra se aferra a una comprensión de la creación en dos etapas.

[111] John Sailhamer, "Genesis," en el *Expositor's Bible Commentary*, vol. 2, ed. Frank Gaebelein (Grand Rapids: Zondervan, 1990), 22 (énfasis añadido). Para más información, véase la extensa nota de Sailhamer en 21–23.

[112] Ibid., 22.

Por lo tanto, estos exégetas judíos medievales no creían que Dios creó a partir de material eternamente preexistente. Más bien, de acuerdo a su pensamiento, Dios fue el mismo creador de *cualquier* material finito que pudiera haber usado para crear en Génesis 1.

James Barr corrobora lo que Sailhamer ha señalado, afirmando que la razón por la que algunos han favorecido una lectura de Génesis 1:1 en lugar de una lectura absoluta ha sido que Rashi apoyó tal punto de vista. Barr nota cómo surgió el agua en 1:2 y comenta: "La exégesis de Rashi a este respecto no se basaba en absoluto en las características lingüísticas del texto, sino que era un intento semialegórico de abordar un problema teológico: ¿cuándo y cómo se creó el agua, que más tarde fue dividida en dos por el firmamento?"[113]

Como se ha citado anteriormente, el comentarista medieval Ramban declara que el verbo *bara'*, por sí solo, puede expresar la noción de creación desde la nada absoluta:

> El Santo, bendito sea, creó todas las cosas de la inexistencia absoluta. Ahora no tenemos ninguna expresión en la lengua sagrada para sacar algo de la nada que no sea la palabra *bara'*, (creado).

Él afirma que la creación a partir de la nada absoluta ("nada total y absoluta") tuvo lugar en etapas:

> Etapa 1: *Crear* o producir una "sustancia desprovista de corporeidad pero con un poder de potencia"[114] (la "materia prima" o *hyle* de los griegos).
>
> Etapa 2: Dios "no *creó* nada, sino que *formó* e hizo cosas con [la materia prima = el *hyle*]".[115]

Como comenta Foerster, "En el judaísmo posterior, tanto en los escritos rabí[nicos] como en los pseudoepigr[áficos], se afirma claramente que sólo Dios creó el mundo por Su Palabra, es decir, que lo llamó a la existencia de la nada".[116] Llega a decir que "la idea de una preexistencia de la materia" era "ajena"a la literatura rabínica.[117]

En verdad, es extremadamente difícil imaginar cómo un hebreo no helenizado concluiría del texto bíblico que Dios y alguna materia (o caos) no organizada coexistieron desde la eternidad. Al final vemos una

---

113 Barr, "Was Everything That God Created Really Good?" 58.

114 Ramban, *Commentary on the Torah: Genesis*, 23.

115 Ibid.

116 Foerster, "*ktizo*," 1:1016.

117 Ibid., 1:1017.

notable *continuidad* entre aquellos que escribieron 2 Macabeos, los Rollos del Mar Muerto, la LXX en traducciones judías posteriores, las Tárgum semíticas, y varios comentaristas judíos medievales. Barr está de acuerdo, y argumenta que una interpretación absoluta de Génesis 1:1 es estándar en estos escritos: "Vale la pena notar que ninguna fuente judía antigua—LXX, Tárgum, Jubileos, y (creo) Filón—muestra evidencia" de seguir la lectura de construcción—o incluso de "ser influenciada por ella".[118]

Ahora, nos dirigimos a los padres de la iglesia, cuyo testimonio de la creación de la nada es muy evidente, revelando que ellos fielmente se adhirieron a la tradición bíblica de la creación de la nada.

El testimonio de los Padres de la Iglesia

¿Influencia filosófica o préstamo de términos?

Sería correcto decir que la creencia de la iglesia judía y primitiva en la creación de la nada no fue tan afirmada como asumida.[119] En Hechos 14:4-18, Pablo sostiene que Yahveh hizo el cielo y la tierra y el mar y todo lo que hay en ellos, en contraste con los dioses paganos, que no crearon y no son dignos de adoración.[120] El NT agrega esta nueva característica: que la creación es por Jesucristo (Col. 1:15-20). Para referirnos de nuevo a la cita de Jenson del último capítulo, la iglesia primitiva "simplemente asumió la enseñanza judía". Para ella, la doctrina de la creación fue recibida como una verdad que no necesitaba ser afirmada, sino que funcionaba más bien como una garantía para afirmar otras cosas".[121]

Jenson continúa, sin embargo, hablando de la continuidad de la iglesia posapostólica con las suposiciones del AT y el NT sobre la creación en el contexto de las cosmogonías no bíblicas: "Sólo en el transcurso del segundo siglo la creación se convierte de nuevo en un asunto teológico explícito. Esto ocurre notoriamente en la confrontación de la iglesia con varias negaciones filosóficas o teológicas de que el responsable de este mundo puede ser el Dios bueno y Padre de Jesucristo".[122] Este choque produjo una serie de escritos en los que la doctrina de la creación fue martillada y aclarada. Como Langdon Gilkey

---

[118] Barr, "Was Everything That God Created Really Good?" 58.

[119] Robert W. Jenson, *Systematic Theology: The Works of God,* vol. 2 (New York: Oxford University Press, 2000), 3.

[120] Ibid., 2:4.

[121] Robert W. Jenson, "Aspects of the Doctrine of Creation," en *The Doctrine of Creation*, ed. Colin E. Gunton (Edinburgh: T & T Clark, 1997), 17.

[122] Ibid., 18.

ha observado, "Se necesita un hereje para hacer un teólogo".[123] Pero incluso aquí, no debemos olvidar que lo implícito se estaba haciendo explícito. No se trata de pasar de un texto bíblico *ambiguo* a *una de las muchas interpretaciones posibles* sobre la creación.

Esta sección explora brevemente la cuestión de la influencia filosófica frente al préstamo terminológico. ¿El uso de ciertos tópicos platónicos o frases comunes por los primeros padres de la iglesia revelan una rendición total a la filosofía platónica? Obviamente, el medioplatonismo sirve como un contexto importante para dar sentido a los padres de la iglesia y a su tarea apologética y polémica. Muchos eruditos han malinterpretado la era patrística, afirmando que hasta finales del segundo y principios del tercer siglo, los padres de la iglesia y los primeros apologetas siguieron servilmente el entendimiento medioplatónico de que Dios era el artífice de la materia eternamente preexistente (*creatio ex materia*). Pero la estrategia apologética de los padres habla de algo diferente: tomar prestado terminológicamente en lugar de rendirse filosóficamente.

Jaroslav Pelikan informa que los primeros apologetas cristianos eran conocidos por explorar el *Timeo* de Platón, la *Odisea* de Homero y la *Eneida* de Virgilio para construir puentes con la cultura pagana, para mostrar que la fe cristiana no era una innovación, sino que estaba enraizada en la antigüedad. En algunos momentos se pasaron de la raya y sucumbieron a las influencias helénicas con respecto a la impasibilidad divina (que tendía a reducir a Dios a una entidad estática e impasible) y a la inmortalidad del alma[124] (contrario de lo que dice 1 Corintios 15, que vincula la inmortalidad con la resurrección del cuerpo). Sin embargo, generalizar diciendo que se trata de "una compra al por mayor" del helenismo es simplemente falso.

Con respecto a la creación, el *Timeo* de Platón era bien conocido por pensadores de todas las tendencias. El personaje Timeo afirma que Dios trajo orden a la materia (aparentemente) eternamente preexistente:

> Esto es en el sentido más verdadero el origen de la creación y del mundo.... Por lo tanto, encontrar también toda la esfera visible no en reposo, sino moviéndose de manera irregular y desordenada, fuera del desorden [Dios]

[123] Langdon Gilkey, *Maker of Heaven and Earth* (Garden City, N.J.: Doubleday, 1959), 44.

[124] Jaroslav Pelikan escribe: "Es significativo que los teólogos cristianos establezcan habitualmente la doctrina de la impasibilidad de Dios, sin molestarse en proporcionar mucho apoyo bíblico o pruebas teológicas... El concepto de un Dios totalmente estático, con una realidad eminente, en relación con un mundo totalmente fluido, con una realidad deficiente—[es] un concepto que llegó a la doctrina cristiana desde la filosofía griega" (*The Christian Tradition*, vol. 1 de *The Emergence of the Catholic Tradition* [100–600], [Chicago: University of Chicago Press, 1971], 52–53).

trajo orden, considerando que esto era en todos los sentidos mejor que el otro.[125]

Se alega que los primeros teólogos cristianos simplemente no podían librarse de la profunda influencia de la filosofía griega.

Insistimos, sin embargo, que esta lectura mediaplatónica de la literatura patrística sobre la creación es un error. Antes de examinar textos patrísticos específicos, no podemos ignorar dos hechos fundamentales, pero que a menudo se pasan por alto.

Primero, los escritores patrísticos tenían una inclinación apologética específica en su defensa de la cosmovisión bíblica. Mientras los Padres apostólicos del cristianismo primitivo escribían para guiar y edificar a los cristianos, los apologetas griegos presentaban un cristianismo más filosófico al mundo exterior de la cultura y la ciencia, un mundo de paganismo agresivo. Por lo tanto, su trabajo tiene un carácter netamente apologético. Según el historiador de la iglesia Johannes Quasten, los apologetas del siglo II tenían tres objetivos en mente:

1. Respondieron a la acusación de que los cristianos eran un peligro para el estado, afirmando que los cristianos vivían vidas serias y honorables.
2. Expusieron los "absurdos e inmoralidades" del paganismo y los "mitos de sus divinidades", mostrando que el cristiano tiene una correcta comprensión de Dios (monoteísmo) y del universo.
3. Demostraron que los argumentos de los filósofos sólo tenían una razón humana en la que basarse, al no llegar a la verdad (o a la verdad sin mezclarla con el error). El cristianismo (a través de Cristo, el divino Logos/Razón) es así la filosofía divina.[126]

Quasten continúa diciendo que su esfuerzo *no* fue una *helenización del cristianismo* sino más bien una *cristianización del helenismo*. Si bien es posible que hayan utilizado un lenguaje conocido dentro de su cultura, el *contenido* de la teología de los apologetas "ha sido mucho menos influenciada por la filosofía pagana de lo que a veces se afirma".[127]

Segundo, estos escritores frecuentemente tomaban prestado lenguaje específico, expresiones e imágenes de la literatura pagana para mostrar que el cristianismo no era una religión nueva, sino que estaba arraigada en la antigüedad. Jaroslav Pelikan ha demostrado cómo estos teólogos

[125] Platón, *Timaeus* 30a, en Edith Hamilton y Huntington Cairns, eds., *Plato: The Collected Dialogues*, Bollingen Series 71 (Princeton: Princeton University Press, 1989), 1162.
[126] Johannes Quasten, *Patrology*, vol. 1 (Westminster, Md.: Christian Classics, 1986), 186–87.
[127] Ibid., 1:187.

primitivos extrajeron la literatura grecorromana para encontrar imágenes de Cristo y un lenguaje que pudieran ser *discriminadamente* adaptados a una cosmovisión cristiana, *mutatis mutandis*.

En cuanto a la creación, veremos, como explica Edwin Hatch, que los primeros teólogos cristianos tomaron prestado el lenguaje griego platónico, que ayudó a dar "forma filosófica" a la doctrina cristiana desarrollada de la creación. Articularon la creencia de que Dios era "no sólo el Arquitecto del universo, sino su Fuente"; esta creencia había sido "probablemente durante mucho tiempo la creencia no razonada del monoteísmo hebreo".[128]

Sería prudente llevar un estudio de caso del capítulo 20 de la *Primera Epístola* de Clemente de Roma a los Corintios (ca. 96 d.C.).[129] Los eruditos en el pasado han afirmado que se basa en gran medida en la filosofía estoica, lo que resulta en la afirmación de que Clemente (m. 110) había sido totalmente helenizado. Adolf von Harnack afirmó que el marco de la carta es "helenístico"; otro erudito lo declara "totalmente no judío [*ganz unjüdisch*]" y "absolutamente no oriental [*überhaupt unorientalisch*]".[130] ¿Pero es esto realmente así?

Las enseñanzas de raíz *Stoa* arraigan los fenómenos ordenados de este mundo en el Dios panteísta. A través del orden de la naturaleza, los seres humanos pueden inferir que hay un poder organizador detrás de ella. Pero mientras que el texto de Clemente ciertamente hace mucha referencia al orden y la armonía, sería un grave error llamar estoico a Clemente. De hecho, hay *diferencias* notables entre Clemente y los estoicos. Clemente ve el orden como establecido por la *voluntad* de Dios (cf. Salmo 33:9), el cual ¡no es un concepto panteísta! Clemente tiene en mente a un Creador *personal*. En el pasaje de abajo, nota cómo el énfasis de Clemente no está en la bondad del orden y la armonía, sino en cómo éstos ¡son el resultado de la voluntad de Dios, que es *ganz jüdisch* y *orientalisch*![131]

> [1]Los cielos, puestos en movimiento por Su *designio*, están sujetos a él en paz; [2]de noche y de día cumplen el curso *ordenado por* Él, sin que nada se

[128] Edwin Hatch, *The Influence of Greek Ideas and Usages upon the Christian Church* (London: Williams & Norgate, 1891), 197. En general, Hatch sobrepone la influencia del pensamiento griego en la doctrina bíblica y pasa por alto la profunda influencia hebrea/AT en varios textos del NT y doctrinas cristianas.

[129] En estos comentarios sobre la supuesta dependencia de la 1ra Carta de Clemente de la filosofía estoica, me baso en W. C. van Unnik, "Is 1 Clement 20 Purely Stoic?" *Vigiliae Christianae* 4 (1950): 181–89. La conexión estoica parece estar exagerada (aunque matizada) en Gregory E. Sterling, "Prepositional Metaphysics in Jewish Wisdom Speculation and Early Christian Liturgical Texts," *The Studia Philonica Annual* 9 (1997): 219–38.

[130] Tanto Harnack como Knopf son citados en van Unnik, "Is 1 Clement 20 Purely Stoic?" 183.

[131] "Absolutamento judío y oriental". ***N. del T.***

> interponga entre el uno y el otro. [3]El sol y la luna y las danzas de las estrellas *de acuerdo* a Su *designio*, en armonía y sin ninguna violación del orden, andan por los cursos *que les han sido asignados*. [4]La tierra fecunda produce a su debido tiempo, *según Su voluntad*, alimento abundante para los hombres y las bestias; nada de dudar, ni de cambiar en las cosas que son *decretadas por Él*. [5]Las cosas inescrutables del abismo, y las ordenanzas secretas de las partes más bajas de la tierra, son mantenidas juntas *por el mismo mandamiento*. [6]El hueco del vasto mar, reunido *por Su mano* en sus reservas, no traspasa los límites que le rodean; sino que, así como *Él lo ha designado*, así sucede; [7]pues Él dijo: "Hasta aquí llegarás, y tus olas se romperán dentro de ti". [8]El océano, intransitable para los hombres, y los mundos que están más allá de él, están gobernados *por los mismos mandamientos de su Maestro*. [9]Las estaciones de primavera y verano, otoño e invierno, en paz, se suceden unas a otras. [10]Las estaciones fijas de los vientos, cada una en su debido tiempo, realizan *sus servicios* sin ofensa. Las fuentes siempre fluyentes, hechas para el disfrute y la salud, ofrecen sus pechos sin dejar de sostener la vida de los hombres. Incluso los animales más pequeños se reúnen en paz y armonía. [11]Todas estas cosas *el gran Creador y Maestro de todas las cosas ha designado para estar en paz y armonía*, haciendo el bien a todas las cosas, pero más especialmente a nosotros, que hemos huido para refugiarnos en sus misericordias, por medio de nuestro Señor Jesucristo, a quien sea gloria y majestad por los siglos de los siglos. Amén. (Clemente de Roma, *Primera Epístola a los Corintios* 20)

Curiosamente, los eruditos que acusan a Clemente de sucumbir a la filosofía griega ignorando muchas fuentes *palestino-judías* que utilizan este mismo lenguaje e idea de orden (*taxis*). Por ejemplo, en *1 Enoc* 41:6-8, leemos del camino del sol que se mueve "según el mandamiento del Señor de los Espíritus". En los *Testamentos de los Patriarcas* (siglo II a.C.) se utiliza el mismo lenguaje. El sol, la luna y las estrellas no cambian su "orden". Del mismo modo, se exhorta a los lectores: "Así no cambiáis la ley de Dios en el desorden de vuestras acciones".[132] En la *Asunción de Moisés* (probablemente en el siglo I d.C.), las "luces del cielo" están bajo la dirección de Dios; por lo tanto, los que obedecen "los mandamientos de Dios" prosperarán (12:9-10). Un último ejemplo viene de los *Salmos de Salomón* 18:12-14 (ca. 50 a.C.): Dios establece la luz del cielo para determinar sus estaciones año tras año, y no se apartan "del camino que les ha designado".

Van Unnik observa:

> Todas [estas fuentes judías] muestran las mismas ideas; el orden en la naturaleza ha sido establecido por el mandamiento de Dios el Creador; el

---

[132] *Testament of Naphtali* 3.

> universo ha sido obediente y no ha cambiado las reglas...; por lo tanto, no hay maldición en la creación, y el orden universal puede ser un ejemplo para los hombres.[133]

A continuación, llega a esta doble conclusión. En primer lugar, "la ley en la naturaleza como ejemplo para los hombres se encuentra tanto en la literatura estoica como en la judía. La influencia de un lado u otro parece muy improbable". En segundo lugar, con respecto a 1 Clemente 20, "el tinte del lenguaje estoico es inconfundible, pero esta concepción del universo está sometida a otra, la idea bíblica de Dios...; la misma concepción y perspectiva se encuentra entre los judíos".[134]

Con respecto al supuesto estoicismo de Romanos 11:36, citamos a Schreiner, cuyas palabras encajan perfectamente aquí: "Los paralelismos son superficiales ya que tales formulaciones deben ser interpretadas en términos de la cosmovisión del autor, y el estoicismo y el pensamiento bíblico son obviamente diferentes".[135] Esta atribución de la influencia pagana en los padres de la iglesia es hecha repetidamente por los eruditos, pero ellos no aprecian las notables diferencias en la cosmovisión de los respectivos autores a pesar de las similitudes en el vocabulario. Así que antes de abordar el tema de la creación de la nada en la literatura patrística/apologética, nos parece importante señalar estas consideraciones de la cosmovisión.

La increación de Dios y una Creación **ex nihilo** *en dos etapas en los escritos patrísticos*

Los eruditos coinciden en que con Ireneo (que escribió en la última parte del siglo II), la doctrina de la *creatio ex nihilo* estaba bien establecida. Al exponer esta creencia, Ireneo (ca. 130-200 d.C.) argumentó que el mundo no era coeterno con Dios:

> Pero las cosas establecidas son distintas de Aquel que las ha establecido, y las que [las cosas] han sido hechas de Aquel que las ha hecho. Porque Él mismo es increado, sin principio ni fin, y sin nada que le falte. Él mismo es suficiente para esto mismo, la existencia; pero las cosas que han sido hechas por Él han recibido un principio.... Aquel que hizo todas las cosas puede ser llamado Dios y Señor, junto con Su Palabra; pero las cosas que han sido hechas no pueden tener este término aplicado a ellas, ni tampoco deben asumir justamente esa denominación que pertenece al Creador.[136]

[133] Van Unnik, "Is 1 Clement 20 Purely Stoic?" 188.
[134] Ibid., 189.
[135] Thomas R. Schreiner, *Romans*, BECNT (Grand Rapids: Baker, 1998), 637.
[136] Ireneo, *Against Heresies* 3.20.3; cf. 2.10.4.

El testimonio de Ireneo es simplemente la elaboración completa de las suposiciones completamente bíblicas de los padres de la iglesia que lo precedieron. Desde el final del primer siglo en adelante, no vemos ninguna desviación con respecto a la increación de Dios: Sólo Dios es no originado, no engendrado, incorruptible; todo lo demás es originado, engendrado y corruptible.

Los primeros teólogos posbíblicos fueron notablemente consistentes en afirmar las siguientes dos creencias: *Primero*, Dios y la materia no son coeternos. Dios, por su propia naturaleza, es ontológicamente distinto de la materia. Dios no es engendrado (*agennetos*) e increado (*agenetos*) mientras que todo lo demás es engendrado y creado—incluyendo la materia. Además, Dios es autosuficiente o "no tiene necesidad de nada" (*adeetos*).[137] Es decir, contrariamente al pensamiento medioplatónico, no hay dualismo entre Dios y la materia, y Dios no necesita entidades intermediarias para crear. Esto, por supuesto, refleja el énfasis de la Biblia en la eternidad y permanencia de Dios y la naturaleza transitoria de todo lo demás, el orden creado, que requiere el poder de Dios para sostenerlo en la existencia.

Segundo, Dios produjo el universo a través de una creación de dos etapas, primero creando el substrato mismo y luego dándole forma y ordenándolo en un cosmos. Esta creación en dos etapas se abre camino a través de los primeros teólogos patrísticos, hasta principios de Agustín.[138] Aunque la creación *ex nihilo* es *asumida* por los Padres prenicenos, se hace más explícita a finales del siglo II. Hay un claro edificio de un Padre sobre otro hasta llegar a Ireneo, Tertuliano y Agustín, que reflexionan y aprueban los puntos de vista de sus predecesores.[139]

Cuando los padres de la iglesia se encontraron con el paganismo, se basaron en el lenguaje de Platón para propósitos apologéticos. Pero como vimos con el uso de Clemente del lenguaje del AT dentro de una cosmovisión bíblica que se asemejaba al énfasis estoico en el orden, esto no era una "helenización del cristianismo" sino más bien una "cristianización del helenismo". Aunque estos teólogos pueden haber usado el lenguaje de Platón con fines apologéticos, ellos mismos revelan que están pensando independientemente de él.[140]

---

[137] Cf. Hch. 17:24.

[138] N. Joseph Torchia, "Theories of Creation in the Second Century Apologists and Their Middle Platonic Background," *Studia Patristica* 26 (1993): 191–99. Para una discusión completa de esto, ver N. Joseph Torchia, *Creatio ex Nihilo and the Theology of St. Augustine: The Anti-Manichaean Polemic and Beyond*, series 7, no. 205 (New York: Peter Lang, 1999).

[139] Sobre esto, véase Harry A. Wolfson, "Patristic Arguments against the Eternity of the World," *Harvard Theological Review* 59 (1966): 351–67.

[140] Torchia, "Theories of Creation," 197.

El erudito en patrística Joseph Torchia observa con razón que la doctrina explícita de *creatio ex nihilo* surgió gradualmente en el encuentro de la iglesia con el paganismo. Ciertas suposiciones y presunciones sobre la creación divina llegaron a ser más finamente afinadas y ampliadas,[141] pero para un hombre, ellos estaban convencidos de que el universo dependía enteramente de Dios para su existencia y su orden y de que sólo Dios era eterno y no había sido engendrado. Por otro lado, no era así con la materia. Como escribe el erudito clásico de Harvard Harry A. Wolfson: "Cualquier cosa que los Padres de la Iglesia hayan creído con respecto a la concepción de Platón de su materia preexistente, todos ellos rechazan la creación del mundo a partir de materia preexistente no creada, aunque algunos de ellos... admiten su creación a partir de una materia preexistente creada".[142]

Se debe hacer mucho más con respecto al desarrollo de la doctrina de la creación de la nada, y proponemos un camino a seguir que evite la visión de "emergencia repentina" de la doctrina. Lo que presentamos a continuación es una lectura orgánica y más natural de los padres de la iglesia, reconociendo el contexto del desarrollo de la doctrina de la creación de la nada. Los teólogos cristianos posteriores, que hacen todo lo posible para defender explícitamente la creación de la nada, están simplemente sacando y extendiendo lo que está implícito en el texto bíblico y en los Padres anteriores: la suposición subyacente de la creación.

Escritos patrísticos y otros escritos cristianos antiguos

LAS ODAS DE SALOMÓN

Las *Odas de Salomón* fueron compuestas en un tiempo que rodeaba el cambio de siglo I d.C. (ca. 70-125); algunos creen que estas odas son un himnario cristiano temprano. No son judíos, sino judíos cristianos, mostrando similitudes tanto con los Rollos del Mar Muerto como con el Evangelio de Juan.[143] Probablemente fueron escritos originalmente en siríaco,[144] aunque otros afirman que fueron los primeros en griego.[145] Estas odas también fueron probablemente influenciadas por *1 Enoc*.[146]

---

[141] Torchia, *Creatio ex Nihilo and the Theology of St. Augustine*, 1, 4.

[142] Wolfson, "Plato's Pre-existent Matter," 414.

[143] Charlesworth, *Pseudepigrapha and Modern Research*, 189–90.

[144] James Charlesworth, "Odes of Solomon," en *The Old Testament Pseudepigrapha* (ed. Charlesworth), 2:726–27.

[145] W. Bauer afirma esto en "The Odes of Solomon," en *New Testament Apocrypha*, vol. 2, ed. Wilhelm Schneemelcher, trad. R. M. Wilson (Philadelphia: Westminster, 1964), 809.

[146] Charlesworth, "Odes of Solomon," 732.

Una vez más, tenemos indicaciones de la creación de la nada, evidenciadas por la amplitud de lo que Dios crea. Dios es el Creador de toda realidad fuera de sí mismo:

> Porque todo te fue manifestado como Dios,
> y fue puesto en orden desde el principio antes que tú.
> Y tú, Señor, lo has hecho todo. Aleluya. (4:14–15)

De nuevo:

> Porque él destruye todo lo que es extranjero,
> y todo es del Señor.
> Porque así ha sido desde el principio,
> y (será) hasta el final.
> Para que nada sea contrario,
> y nada se levantará contra él. (6:3–5)
>
> Vemos un lenguaje similar en 16:18–19:
>
> Y no hay nada fuera del Señor,
> porque él era antes de que todo existiera.
> Y los mundos son por su palabra,
> Y por el pensamiento de su corazón.

Líneas como "todo es del Señor" y "no hay nada fuera del Señor" sugieren fuertemente la oposición a cualquier dualismo eterno. De hecho, cualquier supuesto dualismo entre el bien (Dios) y el mal en las *Odas* es sólo aparente, ya que el buen espíritu vence al mal y trae la salvación al individuo fiel.[147] En las *Odas*, sólo Dios es "incorruptible" (7:11; 9:4).

CLEMENTE DE ROMA

Como vimos, la *Primera Epístola a los Corintios* de Clemente (96 d.C.) afirmaba que Dios, por mandato suyo, ordenó y orquestó el universo. Sin Dios, no habría armonía en absoluto. Aunque Clemente no habla de la creación de la nada, se refiere a la creación en el lenguaje totalista del Antiguo y Nuevo Testamento: "Todas estas cosas el gran Creador y Maestro de todas las cosas ha ordenado que estén en paz y armonía, haciendo el bien a todas las cosas, pero más especialmente a nosotros, que hemos huido para refugiarnos en sus misericordias, por medio de nuestro Señor Jesucristo". (20.11).

---

[147] Ibid., 730.

Él toma prestado un término de Platón cuando habla de Dios como "el Gran Demiurgo [*ho megas demiourgos*]" que ordena el cosmos. Esta idea de Dios arreglando el universo es consistente con la afirmación bíblica, y no debemos asumir que Clemente no pudo resistir la atracción del platonismo. Al igual que con las similitudes con el estoicismo, utiliza el lenguaje platónico para reforzar su énfasis, y al hacerlo es completamente bíblico.

EL PASTOR DE HERMAS

En el *Pastor de Hermas* (ca. 150 d.C.), el primer mandamiento es creer que

> Dios es uno, que hizo todas las cosas y las perfeccionó [*ho ta panta ktisas kai katartisas*], e hizo todas las cosas de lo que no era [*kai poiesas ek tou me ontos eis to einai ta panta*], y contiene todas las cosas y es él mismo único e incontenible [*kai panta choron, monos de acheretos on*].[148]

Anteriormente en este trabajo, un pasaje dice: "Dios, que habitas en los cielos, y creaste de la nada las cosas que son [*ktisas ek tou me ontos ta onta*]" (Visión 1.1.6). Luego, más adelante en el capítulo, se hace esta majestuosa y arrolladora declaración:

> He aquí, el Dios de los ejércitos, que por su gran e invisible poder y por su gran sabiduría creó el mundo, y por su glorioso propósito vistió su creación de hermosura, y por su palabra fuerte fijó el cielo y fundó la tierra sobre las aguas.[149]

Luego leemos otra declaración arrolladora de que Dios "creó todas las cosas, las puso en orden y las dotó de poder".[150] Con referencia al Hijo de Dios, observamos la ausencia de todo dualismo: que él es antes de todas las cosas y más antiguo que su creación: "El Hijo de Dios es más antiguo que toda su creación, de modo que se convirtió en el consejero del Padre en su creación. Por lo tanto, también Él es antiguo".[151] Además, el *Pastor* afirma que el "Espíritu Santo preexistente.... creó toda la creación".[152] Esto parece muy opuesto a cualquier materia preexistente que exista junto al Espíritu Santo.

---

[148] *Pastor de Hermas*, Mandato 1.1.1.
[149] *Pastor*, Visión 1.1.6.
[150] *Pastor*, Parábola 5.5.2.
[151] *Pastor*, Parábola 9.12.2.
[152] *Pastor*, Parábola 5.6.5.

La comentarista Carolyn Osiek afirma que el Mandato 1 comienza con una "introducción muy breve pero muy significativa que afirma la centralidad de la fe monoteísta", citando Efesios 3:9, donde Dios es el "creador de todo", y 2 Macabeos 7:28, donde Dios crea "de la nada".[153]

Aquí vemos los dos énfasis reconocidos anteriormente. En primer lugar, *Dios y la materia no son coeternos* (sólo Dios no es engendrado y todo lo demás lo es): "Dios.... contiene todas las cosas y es Él mismo único e incontenible".[154] Ciertamente esto no se podría decir si existe junto a Dios algún caos primordial. En segundo lugar (y esto es más sugestivo que definitivo), *Dios trajo el universo a través de una creación en dos etapas* (creando el substrato mismo y ordenándolo luego en un cosmos): "Dios... hizo todas las cosas y las perfeccionó". Tal vez haya un orden de primero traer todo a la existencia y luego ordenarlos.

No servirá (como hace Gerhard May)[155] instar a que el *Pastor* afirme nada más que el medioplatonismo al decir que Dios "hizo todas las cosas de lo que no era".[156] De hecho, a la luz de esta referencia, Denis Carroll comenta que ésta es la primera alusión a la *creatio ex nihilo* en la literatura cristiana.[157] El erudito en patrística Eric Osborn afirma que la creación *ex nihilo* es una consecuencia del monoteísmo, y que es "más clara en este pasaje", haciéndola "fundamental para la creencia cristiana".[158]

DIDACHÉ

Aunque la *Didaché* (a principios del siglo II d.C.) no habla de la creación de la nada, somos testigos en ella del totalismo y la amplitud de la creación divina característica de los escritores bíblicos: "Tú, Todopoderoso Maestro [*despota pantokrator*], creaste todas las cosas por causa de Tu nombre" (10.3). Este pasaje suena sorprendentemente similar al pasaje citado anteriormente de 3 Macabeos 2:2-3: "Señor, Señor, Rey del cielo y Gobernante de toda la creación [*despota pases ktiseos*].... Tú que creaste todas las cosas y gobiernas el mundo entero".

---

153 Carolyn Osiek, *Shepherd of Hermas* (Minneapolis: Fortress, 1999), 103.

154 *Pastor de Hermas*, Mandato 1.1.1.

155 May, *Creatio ex Nihilo*, 27.

156 *Pastor*, Mandato 1.1.1: *poiesas ek tou me ontos eis to einai ta panta.*

157 Denis Carroll, "Creation," en *The New Dictionary of Theology*, ed. Joseph Komanchak et al. (Wilmington, Del.: Michael Glazier, 1987), 249.

158 Eric Osborn, *The Emergence of Christian Theology* (Cambridge: Cambridge University Press, 1993), 122, 19.

POLICARPO

En su martirio, el obispo de Esmirna, Policarpo (69-155/6 d.C.), reza según se dice:

> Oh Señor Dios Todopoderoso, Padre de tu amado y bendito Hijo Jesucristo, por quien hemos recibido el conocimiento de Ti, Dios de los ángeles y de las potestades, y de toda la creación [*pases ktiseos*], y de toda la raza de los justos delante de ti, te doy gracias porque me has considerado digno de este día y de esta hora, para que yo tenga una parte en el número de Tus mártires.[159]

Policarpo articula un totalismo arrollador y aparentemente presupone que lo que no es criatura debe ser Creador. Este lenguaje de Dios creando todo (*pases ktiseos*) es ciertamente consistente con el lenguaje del NT así como con el de los padres de la iglesia. De hecho, Policarpo comienza su *Epístola a los Filipenses* (ca. 130 d.C.) describiendo a Dios como el Pantocrátor (*pantokrator*), el Todopoderoso.[160]

ARÍSTIDES

Arístides, cuyo escrito se remonta quizás al año 125 d.C. (durante la época de Adriano), fue un apologeta cristiano primitivo que vivió en Atenas. De hecho, su obra es la más antigua de los apologetas cristianos, y el texto griego nos llega en la historia de Barlaam y Joasaf (probablemente escrita por Juan de Damasco). También tenemos un texto sirio, que presenta ciertas diferencias.[161]

Lo que es significativo es que parece que se aferra implícitamente a la *creatio ex nihilo*. Tal creencia está arraigada en su entendimiento de la naturaleza de Dios:

> Ahora bien, cuando digo que [Dios] es "perfecto", esto significa que no hay en él ningún defecto, y que no tiene necesidad de nada, sino que todas las cosas tienen necesidad de él. Y cuando digo que él es "sin principio", esto significa que todo lo que tiene un principio tiene también un fin, y lo que tiene un fin puede ser llevado a su fin. No tiene nombre, porque todo lo que tiene nombre es semejante a las cosas creadas. No tiene forma, ni unión de miembros; porque todo lo que posee, es semejante a lo que está hecho. No es ni hombre ni mujer. Los cielos no lo limitan, pero los cielos y todas las cosas, visibles e invisibles, reciben sus límites de él. Adversario no tiene ninguno, porque no existe nadie más fuerte que él.[162]

---

159 *The Martyrdom of Polycarp* 14.
160 Policarpo, *Epístola a los Filipenses*, saludos de apertura.
161 Véase May, *Creatio ex Nihilo*, 118–19.
162 Arístides, *Apology* 2 (sirio).

Arístides critica la idolatría de los caldeos (o babilonios), que "adoran más a la creación que a su Creador".[163] Arístides reconoce dos categorías: Creador y creado. En su *Apología*, no hay nada en el medio. Incluso las aguas mismas son una creación de Dios, usada para el beneficio de la humanidad.[164] Los mismos "elementos [*ta stoicheia*]" son "susceptibles de arruinar y cambiar [*phtharta kai alloioumena*]", y fueron "sacados de la nada [*ek tou me ontos*] a través del mandamiento del Dios verdadero".[165] Dios habla, y las cosas existen. A diferencia de estos elementos, Dios es "increado e imperecedero".[166] Sin embargo, May advierte innecesariamente que no debemos leer demasiado en tal interpretación: "Arístides quiere decir que los elementos son creados por Dios; pero no parece que en su libro se haya distanciado conscientemente del modelo filosófico de la formación y creación del mundo".[167]

Sin embargo, Arístides hace una declaración radical sobre la amplitud de la creación de Dios: no se excluye nada. En la versión siria, leemos: "Porque [los cristianos] conocen y confían en Dios, el Creador del cielo y de la tierra, en quien y de quien son todas las cosas".[168] La interpretación griega de este pasaje distingue entre *crear* y simplemente *formar*. Dios es "el Creador y Fabricante de todas las cosas".

Al criticar a los ídolos artificiales, Arístides escribe:

> Si entonces nos conviene admirar a un dios que se ve y no se ve, ¿cuánto más loable es que uno crea en una naturaleza que es invisible y que todo lo ve? Y si además es apropiado que uno apruebe las obras de un artesano, ¿cuánto más es apropiado que uno glorifique al Creador del artesano?[169]

Arístides afirma que Dios no es simplemente un artífice—una categoría en la que los humanos encajarían—sino el Creador. Al igual que con Justino Mártir y los que le siguen, Arístides sostiene que (1) hay una distinción ontológica entre el Creador y la criatura: la primera es imperecedera, la segunda es corruptible; y (2) Dios creó en etapas, primero dando vida a los elementos y luego formándolos en un cosmos.

JUSTINO MÁRTIR

Muchos asumen sin lugar a dudas que Justino (100-165 d.C.) abrazó plenamente una cosmogonía medioplatónica en la que Dios crea a partir

---

[163] Arístides, *Apol.* 3 (griego).
[164] Arístides, *Apol.* 5 (sirio): "Las aguas fueron creadas para el uso del hombre".
[165] Arístides, *Apol.* 4 (griego).
[166] Arístides, *Apology* 7 (sirio).
[167] May, *Creatio ex Nihilo*, 119–20.
[168] Arístides, *Apology* 15 (sirio).
[169] Arístides, *Apology* 14 (sirio).

de cosas eternamente preexistentes. La famosa afirmación de Justino en la *Primera Apología* es que Platón (en el *Timeo*) le pidió prestado a Moisés: "Dios por su Palabra creó el mundo entero de la materia, de la cual Moisés ya había hablado".[170] En el mismo pasaje, escribe que "Dios cambió la materia amorfa y creó el mundo [*hylen amorphon ousan strepsanta ton theon kosmon poiesai*]".[171] La palabra *strepsanta* parece tomar prestado el lenguaje del *Timeo*, donde el Demiurgo crea el cosmos colocando el alma del mundo en "rotación [*strepsanta*]".[172]

Anteriormente en la *Primera Apología* de Justino, escribe: "Dios, en el principio, en Su bondad hizo [*demiourgesai*] todo de materia sin forma [*ex amorphou hyles*] por el bien de los hombres".[173] Justino declara que según Moisés y Platón, "todo el cosmos surgió de los sustratos [*ek ten hypokeimenon*]", que fue "establecido por primera vez por Moisés y Platón".[174] ¿Nos atrevemos incluso a cuestionar que el punto de vista de Justino estaba empapado en platonismo?

Nuevamente, recuerda la estrategia apologética que Justino y otros padres de la iglesia utilizaron para mostrar la antigüedad de la fe cristiana; no fue una innovación. Platón está, de hecho, tomando prestado de Moisés, revelando así la superioridad de la antigua fe cristiana. Después de todo, en su *Primera Apología* (ca. 155), Justino también afirma que Platón toma prestado de Moisés (el relato de la serpiente de bronce) con respecto a ¡la crucifixión venidera del Hijo de Dios! "La discusión fisiológica sobre el Hijo de Dios en el *Timeo* de Platón, donde dice: 'Lo colocó transversalmente en el universo', tomó prestado de la misma manera de Moisés".[175] Además, Justino declara que Platón está en deuda con los profetas hebreos: "Y que nadie se pregunte si Platón le creerá a Moisés con respecto a la eternidad de Dios".[176]

La estrategia de Justino es como la de Pablo citando a los paganos en Hechos 17 ("vivimos, nos movemos y tenemos nuestro ser" en Dios y somos los "vástagos" de Dios), pero con una teología completamente judía veterotestamentaria. ¿Por qué debemos pensar que el uso de tópicos platónicos por parte de Justino compromete la cosmovisión bíblica?

Justino no sólo tiene una meta y estrategia apologética; también utiliza conceptos bíblicos en oposición a los platónicos. La distinción entre *conceptos* y *palabras* o *fórmulas* es desiciva. Osborn observa esto con respecto al punto de vista de Justino sobre la creación: "El concepto

---

[170] Justino, *First Apology* [*Apologia I pro Christianis*] 59.
[171] Justino, *First Apol*. 59.
[172] Platón, *Timaeus* 34A, B, 36E.
[173] Justino, *First Apol*. 10.
[174] Justino, *First Apol*. 59.
[175] Justino, *First Apol*. 60.
[176] Justino, *Dialogue with Trypho* [*Dialogus cum Tryphone Judaeo*] 26.

de creación de la nada se puede encontrar sin la fórmula [o las palabras], y la fórmula se puede encontrar sin el concepto".[177] Los relatos de la creación, exhorta, deben ser entendidos en el contexto de su argumento total, una manera "conceptual" más que "culinaria". Osborn, quien ha escrito una monografía sobre Justino,[178] afirma que no podemos aislar el relato de Justino sobre la materia del resto de su punto de vista, que incluye a Dios como el único No-originado.[179] Es particularmente notable que Justino está preocupado por destruir la herejía dualista de Marción. Así que no es de extrañar que Justino rechace a cualquier competidor no engendrado de Dios, que es el único *agennetos* (no engendrado). Osborn desafía el manejo de Gerhard May de Justino, acusándolo de una "confusión fatal de conceptos con palabras".[180]

Al examinarlo más de cerca, la visión del mundo de Justino es bastante bíblica, no platónica:

> Confieso que me jacto y con todas mis fuerzas me esfuerzo por ser encontrado cristiano; no porque las enseñanzas de Platón sean diferentes de las de Cristo, sino porque no son en todos los aspectos similares, como tampoco lo son las de los demás, estoicos, poetas e historiadores. Porque cada hombre hablaba bien en proporción a la parte que tenía de la palabra espermática... Cualquier cosa que se haya dicho correctamente entre todos los hombres, es propiedad de los cristianos.[181]

De hecho, Justino se distancia de los platonistas en lo que respecta a la creación. A diferencia de la cosmovisión medioplatónica tradicional, Justino sostiene que Dios y la materia no formada no son coeternos. En otra parte, afirma que "sólo Dios es el único no nacido [*agennetos*]" e

---

[177] Eric Osborn, *Irenaeus of Lyons* (Cambridge: Cambridge University Press, 2001), 66.

[178] Eric Osborn, *Justin Martyr* (Tübingen: Mohr/Siebeck, 1973).

[179] Vea la discusión de Osborn sobre Dios como el único Ser no engendrado, en *Justin Martyr*, 46–49; véase también 17–27. La materia, para Justino, es "nunca una segunda entidad no engendrada al lado del padre. Es hecha por Dios" (48). Véase también Eric Osborn, *The Beginning of Christian Philosophy* (Cambridge: Cambridge University Press, 1981), 56–63, 124–29; Osborn, *Emergence of Christian Theology*, 19, 116–24, 154.

[180] Osborn, *Irenaeus of Lyons*, 67 n. Osborn (66–67) cita a May sobre Justino: "En sus declaraciones explícitas sobre la materia *parece* considerarla un sustrato eterno e increado del cosmos. *Uno tiene la impresión* de que para Justino la idea de que la creación del mundo debe haber resultado de la materia dada de antemano era tan evidente que no veía ningún problema en ello". (May, *Creatio ex Nihilo*, 124, énfasis de Osborn). Y otra vez: "Así que cuando Justino *presupone* un material *eterno* como la materia de la creación, esta concepción simplemente tiene la función de cómo fue posible la creación del mundo; Justino obviamente no puede sino representarlo como sólo la formación de un sustrato material. Más allá de eso, la doctrina de la materia increada no tiene nada que ver con su pensamiento". (May, *Creatio ex Nihilo*, 125, énfasis de Osborn). Osborn muestra cómo May se desliza de "parece" y "da la impresión" a "presupone". Y añade: "May muestra una gran integridad al dejar suficientes pistas para desafiar su argumento y mostrar la vitalidad del problema". (Osborn, *Irenaeus of Lyons*, 67 n).

[181] Justino, *Second Apology* [*Apologia II pro Christianis*] 13.

"incorruptible [*aphthartos*]", pero "todas las cosas después de Él son creadas".[182]

> Porque lo que no ha sido engendrado [*agenneton*] es similar a, igual a, y lo mismo con lo que no ha sido engendrado; y ni en poder ni en honor se debe preferir lo uno a lo otro, y por lo tanto no hay muchas cosas que no han sido engendradas: pues si hubiera alguna diferencia entre ellos, no descubrirías la causa de la diferencia, aunque la buscaras; sino que después de dejar que la mente deambulara hasta el infinito, te cansarías por largo tiempo, tomarías posición sobre un No-engendrado [*epi henos stese agennetou kamon*], y dirías que ésta es la Causa de todo.[183]

No hay dos entidades no engendradas (Dios y la materia), sino un solo Dios. Justino le dice a Trifón (135 d.C.): "No habrá otro Dios, oh Trifón, ni existió desde la eternidad [*en ap' aionos*] ningún otro... sino Aquel que hizo y dispuso todo este universo".[184] A diferencia del Demiurgo de Platón (que modela desde cualquier *hyle* eterno [materia primordial] disponible), el verdadero Creador es diferente. En su *Segunda Apología*, Justino escribe de Dios, "el Padre de todos, que no ha sido engendrado".[185] Él es "el Dios no engendrado e inefable".[186]

A la luz de esta comprensión *ex nihilo* muy plausible de Justino,[187] vemos que en realidad está corrigiendo a Platón a la luz de las Escrituras (como lo hace en otros asuntos). Torchia escribe: "Desde este punto de vista, ni siquiera un compromiso con la idea de la materia preexistente descarta una doctrina de la creación *ex nihilo*. En efecto, Dios pudo haber creado la materia antes de su formación u ordenamiento".[188]

Una vez más tenemos una creencia implícita en la creación de la nada. El monoteísmo lo exige.

ATENÁGORAS

Gerhard May acusa a Atenágoras (m. 180 d.C., escrito en los años 170) de "mostrarse más dependiente en su cosmología del esquema

---

[182] Justino, *Dialogue* 5.
[183] Ibid.
[184] Ibid., 11.
[185] Justino, *2 Apol.* 6. No vamos a tratar aquí la cuestión de la procesión de la Palabra del Padre; Justino se refiere al Logos como "engendrado" antes de la creación del mundo (*2 Apol.* 6). Más adelante en este trabajo, Justino aclara: "Porque junto a Dios, adoramos y amamos a la Palabra que es del Dios no engendrado e inefable, puesto que también se hizo hombre por nosotros, para que, participando de nuestros sufrimientos, nos traiga también la curación". (*2 Apol.* 13).
[186] Justino, *2 Apol.* 13.
[187] A la luz de la investigación adicional, esta nueva posición rechaza el punto de vista anterior adoptado sobre Justino sobre la materia preexistente (Copan, "Is *Creatio ex Nihilo* a Post-Biblical Invention?" 82–83); una creación en dos etapas es la visión más plausible.
[188] Torchia, "Theories of Creation," 194.

platónico contemporáneo de conceptos que Justino".[189] May alega que "Atenágoras entiende la creación del mundo sin ambigüedades como la mera formación de la materia no originada", usando la analogía de la arcilla modeladora de un alfarero.[190]

Una vez más, no estamos de acuerdo. De hecho, presentamos una visión más plausible y orgánica. En el comienzo de su *Plegaria por los cristianos*, Atenágoras se dirige a "los emperadores Marco Aurelio Antonino y Lucio Aurelio Commodo, conquistadores de Armenia y Sarmacia, y más que todos, filósofos". Atenágoras intenta defender a los cristianos contra las injusticias y las falsas acusaciones de ateísmo, apelando en el proceso a varios filósofos y poetas y figuras clásicas.

Aunque Atenágoras habla de Dios como el Formador del universo (como un alfarero que forma arcilla), esto de ninguna manera excluye a Dios como el Creador de ese sustrato. En la misma sección, Atenágoras deja claro que sólo Dios es eterno—en contraste con todo lo demás: "De modo que, si consideráramos las diversas formas de materia como dioses, parecería que no tuviéramos ningún sentido del verdadero Dios, porque deberíamos poner las cosas que son disolubles y perecederas [*ta lyta kai phtharta*] a la altura de lo que es eterno [to *aïdio*]".[191]

La eternidad de Dios se opone a la no eternidad de la materia, como afirma Atenágoras en su *Plegaria*:

> Pero para nosotros, que distinguimos a Dios de la materia [*tes hyles*], y enseñamos que la materia es una cosa y Dios otra, y que están separados por un amplio intervalo (porque la Deidad es increada [*agenneton*] y eterna [*aïdion*], para ser observada sólo por el entendimiento y la razón, mientras que la materia es creada y perecedera [*geneten kai phtharten*]), ¿no es absurdo aplicar el nombre de ateísmo?... Pero, puesto que nuestra doctrina reconoce a un solo Dios, el Hacedor de este universo [*tou pantos poieten*], que es el Mismo increado (pues lo que no llega a ser [*ginetai*], sino lo que no es [*to me on*]), sino que ha hecho todas las cosas por el Logos que viene de Él, somos tratados irrazonablemente en ambos aspectos, en el sentido de que somos difamados y perseguidos a la vez.[192]

Incuestionablemente, la materia es creada y perecedera; Dios no lo es.

En su *Plegaria*, Atenágoras hace distinciones ontológicas entre la materia y Dios, lo creado y lo no creado, así como lo que es y (en el contexto de los ídolos hechos por los humanos) lo que no es:

---

[189] May, *Creatio ex Nihilo*, 137.

[190] Cf. Atenágoras, *A Plea for the Christians* [*Legatio pro Christianis*] 15.

[191] Ibid.

[192] Ibid., 4.

> Porque la multitud, que no puede distinguir entre la materia [*hyle*] y Dios, o ver cuán grande es el intervalo que hay entre ellos, ora a los ídolos hechos de materia, somos nosotros, por lo tanto, los que distinguimos y separamos a los increados y a los creados [*a ageneton kai a geneton*], lo que es [*to on*] y lo que no es [*to ouk on*].[193]

En su otra obra, *Sobre la resurrección de los muertos*, Atenágoras conecta la creación y la resurrección, declarando que el "poder de Dios es suficiente para la resurrección de los cadáveres", lo cual se demuestra por medio de

> la creación de estos mismos órganos. Porque si, cuando no existían, hizo en su primera formación los cuerpos de los hombres y sus elementos originales, cuando se disuelven, de la manera que sea, los resucitará con la misma facilidad; pues esto también es posible para Él.[194]

Parece que Dios más tarde da forma a lo que ha producido; hace no sólo los cuerpos humanos, sino también "sus elementos originales". Aquí tenemos indicios de una creación en dos etapas.

Joseph Torchia observa correctamente lo que Justino Mártir y Atenágoras están explicando: "Tales enseñanzas desafían claramente cualquier afirmación de que estos escritores aceptaron la noción de un sustrato material que coexiste eternamente con Dios".[195]

Así que de nuevo vemos que el doble patrón continuó en Atenágoras: (1) Dios y la materia no son coeternos (aparte de Dios, todo es corruptible); (2) Dios creó el universo en dos etapas (puesto que sólo Dios es incorruptible, la materia no podría haber sido eternamente preexistente; por lo tanto, Dios debe haber creado primero la materia corruptible y luego darle forma en consecuencia, y esto fácilmente explica la referencia de Atenágoras a la arcilla en las manos del Alfarero divino).

TACIANO

Taciano, que escribió a mediados del siglo II (alrededor del año 160 d.C.), fue alumno de Justino. Rápidamente se hace evidente que la manzana no cae lejos del árbol. May afirma que "Taciano es el primer teólogo cristiano que conocemos y que ha avanzado expresamente la

---

193 Ibid., 15.

194 Atenágoras, *On the Resurrection of the Dead* 3. En el capítulo 11, Atenágoras escribe: "Si, pues, por medio de lo que es primero por naturaleza y de lo que de él se deriva, se ha comprobado cada uno de los puntos investigados, es muy evidente que la resurrección de los cuerpos disueltos es una obra que el Creador puede ejecutar, y puede realizar, y puede hacer, y que es digna de Él".

195 Torchia, "Theories of Creation," 194.

proposición de que la materia fue producida por Dios".[196] Desafortunadamente, May asume que Taciano da un salto teológico, rompiendo con sus predecesores cristianos. Hubler hace lo mismo, declarando que "no fue hasta el último cuarto del siglo II que el discípulo de Justino, Taciano, formuló una enseñanza de *creatio ex nihilo*".[197]

Hay una táctica más simple y más plausible, reconociendo la continuidad en lugar de la discontinuidad entre Taciano y su maestro. Al igual que Justino, Taciano utiliza el lenguaje platónico, pero articula una visión muy diferente a la de Platón. Por ejemplo, Taciano, que se aferra claramente a la creación de la nada, declara que Dios es "el Demiurgo/Enmarcador de todo [*tou panton demiourgou*]". Tenemos aquí el lenguaje platónico, pero sin platonismo. Después de todo, Taciano, haciendo eco de las palabras de Justino, declara que la materia fue "generada [*gennete*]" y "no generada por nadie más" excepto por Dios. Taciano afirma que Dios es "sin causa [*anarchos*]", y es distinto a la "materia [*he hyle*]".[198]

Aunque es difícil ser sistemático en el tratamiento de la enseñanza de Taciano, su *Discurso a los griegos* (*Oratio ad Graecos*) también habla de dos fases de la creación. El primero fue el engendramiento de la materia a través de la agencia del Logos (que es el principio y el engendrador del mundo), quien "primero creó para sí mismo la materia necesaria".[199] De hecho, incluso las cosas invisibles fueron creadas por Dios.

> Nuestro Dios no comenzó a estar en el tiempo: Sólo Él no tiene principio, y Él mismo es el principio de todas las cosas. Dios es un Espíritu, que no impregna la materia, sino el Creador de espíritus materiales y de las formas que están en la materia; es invisible, impalpable, siendo Él mismo el Padre de las cosas sensibles e invisibles. A Él lo conocemos desde Su creación, y aprehendemos Su poder invisible por Sus obras.[200]

---

[196] May, *Creatio ex Nihilo*, 150.

[197] James Noel Hubler, "Creatio ex Nihilo: Matter, Creation, and the Body in Classical and Christian Philosophy through Aquinas" (Ph.D. dis., University of Pennsylvania, 1995), 114. Incluso David Winston se esfuerza cuando ve en *Discourse to the Greeks* [*Oratio ad Graecos*] 6 que Taciano describe el período anterior a su nacimiento como "un estado anterior de nada [*ho me palai*]", que Winston interpreta como "una gota de semen" y por lo tanto "nada relativa" en lugar de absoluta ("Creation *ex Nihilo* Revisited," 89). Pero más tarde, el mismo Taciano dice: "Tu asamblea de muchos dioses no es nada [*ouden esti*]" (*Orat.* 27), lo que suena como *totalmente noexistente*. Así que el contexto debe determinar si "nada" se usa literalmente (como en la segunda cita de Taciano) o más libremente (como en la primera). Como podemos ver en nuestro análisis, dado el contexto en el que Taciano está hablando, él distingue entre Dios (como no engendrado) y todo lo demás (como engendrado).

[198] Estas citaciones son del *Discourse to the Greeks* de Taciano [*Oratio ad Graecos*] 5–6.

[199] Taciano, *Discourse* 4; cf. 5.

[200] Ibid., 4.

Si la materia no fuera creada *ex nihilo* por Dios, entonces habría algo sobre lo que carecería de poder, lo que contradice su omnipotencia. Dios existía solo y sin ninguna materia eterna. Taciano escribe:

> Dios estaba en el principio [*en arche*]; pero el principio, nos han enseñado, es el poder del Logos. Para el Señor del universo [*despotes*], que es Él mismo la base necesaria de todo ser, ya que ninguna criatura estaba todavía en existencia, estaba solo [*monos*]; pero ya que Él era todo poder, Él mismo la base necesaria de las cosas visibles e invisibles [*oraton te kai aoraton*], con Él estaban todas las cosas.[201]

El Logos, que estaba involucrado en la creación, hizo surgir el mundo, "habiendo creado primero para sí mismo la materia necesaria".[202] La materia debe ser ordenada. Así, aunque Taciano usa lenguaje platónico, él distingue entre la materia que es *engendrada* y la materia que luego es *ordenada*. La materia que Dios crea primero es "materia confusa", que debe ser puesta en "orden".[203] Por lo tanto, Taciano rechaza el dualismo en términos inequívocos: sólo Dios es eterno y sin principio. "Porque la materia no es como Dios, sin principio, ni tiene el mismo poder que Dios, sino que es engendrada, y no producida por ningún otro ser, sino que es creada por el Enmarcador de todas las cosas solamente".[204]

En su discusión sobre la creación, Taciano articula lo que está en consonancia con sus predecesores: (1) Sólo Dios es eterno y no engendrado y "sin principio", lo que no es cierto en el caso de la materia. (2) A través del Logos, Dios "primero creó para sí mismo la materia necesaria"—la primera etapa—y luego la ordenó en un cosmos. Esta creación de dos pasos se resume muy bien en el capítulo 12 de su *Discurso a los griegos*:

> El caso es el siguiente: podemos ver que toda la estructura del mundo, y toda la creación, ha sido producida a partir de la materia, y la materia misma ha sido traída a la existencia por Dios; de tal manera que, por un lado, puede ser considerada como ordinaria y sin forma antes de ser separada en partes y, por otro lado, como ordenada en belleza y orden después de que la separación fue hecha.

TEÓFILO DE ANTIOQUÍA

Teófilo, escribiendo alrededor de 180 (poco después de Taciano) a su amigo pagano Autólicus, revela que su primera lealtad es a las Escrituras,

---

[201] Ibid., 5.
[202] Ibid.
[203] Ibid.
[204] Ibid.

incluso si entra en conflicto con Platón y los de su escuela. Por ejemplo, Teófilo cita Génesis 1:1, basándose en la interpretación absoluta de la LXX: "En el principio Dios creó el cielo [*En arche epoiesen ho theos ouranon*]". Teófilo critica a Platón y a sus seguidores por sostener que Dios es el "Padre y Creador" increado del universo, mientras que aún se aferra a la eternidad del universo.

Teófilo observa en primer lugar que algunos "filósofos del Pórtico", como Epicuro y Criplo, dicen que "no hay Dios en absoluto". Otros dicen que la naturaleza es eterna, que "todas las cosas son producidas sin agencia externa, y que el mundo es increado [*ton kosmon ageneton*]", eliminando así la "providencia de Dios". Otros sostienen que Dios impregna todas las cosas.[205]

> Pero Platón y los de su escuela reconocen ciertamente que Dios es increado [*ageneton*], y el Padre y Hacedor [*patera kai poieten*] de todas las cosas; pero entonces mantienen que la materia [*hylen*] así como Dios es increada [*ageneton*], y dicen que es coeterna con Dios [*isotheos*]. Pero si Dios es increado y la materia increada, Dios ya no es, según los platonistas, el Creador de todas las cosas, ni, según sus opiniones, la monarquía (*monarchia*) de Dios establecida. Y, además, como Dios, debido a que Él es increado [*agenetos*], es también inalterable; así que si la materia, también, fuera increada [*agenetos*], también sería inalterable, e igual a Dios; porque lo que es creado es mutable y alterable, pero lo que es increado es inmutable e inalterable.[206]

Por lo tanto, contrario a Platón, no hay dualismo entre Dios y la materia. No son coeternos. Hay una distinción ontológica entre el Dios increado y la materia creada; el primero es incorruptible, la segunda es corruptible. El platonismo finalmente niega la monarquía de Dios.

Aunque su punto es lo suficientemente claro, Teófilo impulsa aún más su punto: Crear un mundo a partir de un material preexistente es relativamente trivial. Los humanos hacen cosas de materiales preexistentes todo el tiempo. El poder de Dios se manifiesta en crear de la nada.

> ¿Y qué gran cosa es si Dios hizo el mundo de los materiales existentes [*hyopkeimenes hyles hyles*]? Para un artista humano [*technites*], cuando obtiene material de alguien, hace de él lo que quiere. Pero el poder de Dios se manifiesta [*phaneroutai*] en esto, que de las cosas que no son [*ex ouk onton*] Él hace lo que quiere; así como el otorgamiento de la vida y el movimiento no es la prerrogativa de otra cosa que no sea Dios solamente.

[205] Las citas en este párrafo son de Teófilo, *To Autolycus* [*Ad Autolycum*] 2.4.
[206] Teófilo, *Auto*. 2.4.

> Porque aun el hombre hace en verdad una imagen, pero la razón y el aliento, o el sentimiento, no puede dar a lo que ha hecho. Pero Dios tiene esta propiedad en exceso de lo que el hombre puede hacer, en el sentido de que hace una obra, dotada de razón, vida, sensación. Por lo tanto, así como en todos estos aspectos Dios es más poderoso que el hombre, así también en esto; que de las cosas que no son [*ex ouk onton*] Él crea y ha creado cosas que son, y todo lo que Él quiere, como Él quiere.[207]

Anteriormente, Teófilo declaró que Dios está en una categoría por sí mismo "sin principio [*anarchos*], porque Él no es engendrado".[208] Esto lo aparta de la materia creada. En este párrafo, Teófilo habla en términos amplios para enfatizar el carácter distintivo ontológico de Dios. Dios es "antes de todas las cosas". En efecto, "todas las cosas que Dios ha hecho de las cosas que no eran en las cosas que son [*ta panta ho theos epoiesen ex ouk onton eis to einai*]".[209] Una vez más, "el poder de Dios se muestra en esto, que, en primer lugar, Él crea de la nada [*ex ouk onton*], de acuerdo con Su voluntad, las cosas que están hechas".[210]

Más adelante en este texto, Teófilo deja claro que su confianza se basa en primer lugar en la "Sagrada Escritura", específicamente en Génesis 1, que "al principio" enseña que "la materia [*hyle*], a partir de la cual Dios creó y formó [*pepoieke kai dedemiourgeken*] el mundo, fue de alguna manera creada, siendo producida por Dios".[211] De hecho, Teófilo hace mención específica del AT y pide apoyo tanto a "Moisés" (citando a Génesis 1:2) como a Salomón (citando a Prov. 8:28-30).

Así que el doble patrón emerge una vez más: (1) A diferencia de la materia, sólo Dios es increado; y (2) Dios creó en un proceso de dos pasos creando primero las materias primas y luego dándoles forma de cosmos.

IRENEO, HIPÓLITO, PSEUDO JUSTINO, ATANASIO Y AGUSTÍN

Como se ha señalado, existe un amplio acuerdo en que con Ireneo (ca. 130-ca. 200 d. C.) la doctrina de la *creatio ex nihilo* estaba bien establecida. Al igual que sus predecesores, el propio Ireneo argumentó que el mundo no era coeterno con Dios:

> Pero las cosas establecidas son distintas de Aquel que las ha establecido, y las que [las cosas] han sido hechas de Aquel que las ha hecho. Porque Él mismo es increado, sin principio ni fin, y sin nada que le falte. Él mismo es

[207] Ibid.
[208] Ibid., 1.4.
[209] Ibid.
[210] Ibid., 2.13.
[211] Ibid., 2.10.

> suficiente para esto mismo, la existencia; pero las cosas que han sido hechas por Él han recibido un principio.... Aquel que hizo todas las cosas puede ser llamado Dios y Señor, junto con Su Palabra; pero las cosas que han sido hechas no pueden tener este término aplicado a ellas, ni tampoco deben asumir justamente esa denominación que pertenece al Creador.[212]

A diferencia de Teófilo (que dividió la creación de la materia y luego su formación), Ireneo sostenía que la creación de la materia y la formación del mundo son *dos aspectos* de un mismo acto de Dios, el Rey y Arquitecto del universo.[213]

Otra figura importante a considerar es Hipólito (m. ca. 236 d. C.), quien probablemente fue discípulo de Ireneo. Este padre de la iglesia—una vez más—sigue el doble patrón común de los padres prenicenos: (1) sólo Dios es increado y eterno, siendo toda otra realidad perecedera y corruptible; (2) Dios crea toda la materia de la nada en la primera etapa y luego la moldea en la segunda.

En cuanto al primer punto de la única increación de Dios, Hipólito rechaza la idea platónica de que la materia es "un principio originario, y contemporánea con la Deidad, y que en este sentido el mundo es increado".[214] La materia no está caracterizada por la "imperecederabilidad" que "necesariamente pertenece a [literalmente, "sigue"] aquello que es increado".[215] Hipólito no sólo rechaza la creencia platónica en la coeternidad de la materia como no-*cristiana.* Dice que tampoco es *judía.* Hipólito afirma que "todos los judíos" afirman

> que hay un solo Dios, y que Él es Creador y Señor del universo: que Él ha formado todas estas obras gloriosas que no tenían existencia previa; y esto, también, no fuera de cualquier sustancia contemporánea que estuviera lista, sino de Su Voluntad—la causa eficiente—fue *crear*, y Él creó.[216]

Según Hipólito, el "primer y único" Dios, que es el "Creador y Señor de todo", no tenía nada "contemporáneo" consigo mismo: "ni el caos infinito, ni el agua inconmensurable, ni la tierra sólida, ni el aire denso, ni el fuego caliente, ni el espíritu refinado, ni el dosel celeste del estupendo firmamento".[217] Dios era "Uno, solo en Sí mismo". A través

[212] Ireneo, *Against Heresies* 3.10.3; cf. 2.10.4.
[213] Osborn, *Irenaeus of Lyons*, 69–70.
[214] *Refutation of All Heresies* [*Refutatio Omnium Haeresium*] 8.10
[215] Ibid.
[216] Ibid., 9.25.
[217] Ibid., 10.28.

del simple "ejercicio de su voluntad", creó todo, "cosas que antes no tenía existencia, excepto que Él quiso hacerlas".[218]

A propósito de la creación en dos etapas de Dios (en última instancia, de la nada), Hipólito comenta sobre Génesis 1:6-7, "El primer día Dios hizo de la nada lo que hizo de la nada. Pero en los otros días no hizo de la nada, sino de lo que había hecho el primer día, moldeándolo según su voluntad".[219] Lo que Dios creó "de la nada" en esta primera etapa es considerado (como lo dice la LXX de Génesis 1:2) "invisible" y "sin forma". Pero luego, en la segunda etapa, "el Señor de todo lo diseñado hizo visible lo invisible". Incluso las cosas invisibles que Dios crea están hechas de materiales no preexistentes. En otra obra, *La refutación de todas las herejías*, Hipólito declara que Dios trajo a la existencia los *elementos* de "fuego y espíritu, agua y tierra, de los cuales procedió a formar su propia creación".[220]

Así, el doble patrón continúa en los escritos de Hipólito, que cuestiona ciertas ideas clave de Platón (y de otros antiguos filósofos y pensadores gnósticos); Hipólito se opone a ellas en estas áreas precisamente porque *no* ha sucumbido a las influencias griegas en este tema.

Pseudo Justino (220-300 d.C.)[221] ofrece una crítica de la visión de Platón sobre la creación en su *Discurso contra los griegos*. Al hacerlo, "Justino" enfatiza que (1) sólo Dios es increado (descartando la materia eterna) y (2) Dios crea de la nada en dos etapas.

> Estas expresiones declaran a aquellos que pueden entender correctamente la muerte y destrucción de los dioses que han sido traídos a la existencia. Y creo que es necesario atender a esto también, que Platón nunca lo nombra el creador [*poieten*], sino el diseñador [*demiourgon*] de los dioses, aunque, en opinión de Platón, hay una diferencia considerable entre estos dos. Porque el creador [*poietes*] crea la criatura por su propia capacidad y poder, no necesitando nada más; pero el diseñador [*demiourgos*] enmarca su producción cuando ha recibido de la materia [*ek tes hyles*] la capacidad para su trabajo.[222]

---

[218] Ibid.
[219] *Exegetical Fragments from Various Books in Scripture* (sobre Gen. 1:6–7).
[220] *Refutation* 10.28.
[221] David T. Runia, "References to Philo from Josephus up to 1000 AD," *Studia Philonica* 6 (1994): 114.
[222] "Justino", *Hortatory Address to the Greeks* [*Cohortatio ad Graecos*] 22. Quasten, *Patrology*, 1:205, juzga esta obra como "pseudojustiniana".

"Justino" indica que todo lo que no sea Dios es intrínsecamente corruptible, apelando a Éxodo 3:14, donde Dios le dice a Moisés: "YO SOY EL QUE SOY" (RVR1960):

> Porque las cosas que existen según Dios, o existirán en cualquier tiempo, tienen la naturaleza de decadencia, y son tales que pueden ser borradas y dejar de existir; porque sólo Dios es no engendrado e incorruptible, y por lo tanto Él es Dios, pero todas las demás cosas después de Él son creadas y corruptibles.... Él que no no es creado [*agenneton*] es eterno, pero los que han nacido [*gennetous*] y han sido hechos [*demiourgetos*] son generados y perecen [*ginomenous kai apollymenous*].[223]

Aquí "Justino" está dispuesto a expresar su desacuerdo con Platón e incluso a acusarlo de contradicción. Es "la opinión de Platón"—un error— que la materia es "increada, contemporánea y coexistente con el Creador".[224] Todo lo que no es Dios está, por lo tanto, sujeto a la corrupción y a la aniquilación. Así, según Torchia, "['Justino'] descarta claramente cualquier posibilidad de que la materia pudiera haber existido desde la eternidad: puesto que sólo Dios es increado e incorruptible, la materia tuvo que ser engendrada para servir de base a la creación".[225]

Además, una visión de doble creación es evidente en "Justino", el patrón ya mencionado entre muchos escritores patrísticos. Además de que Dios y la materia no son coeternos (todo excepto Dios es engendrado y sujeto a la corrupción), Dios también creó el universo en dos etapas (puesto que sólo Dios es incorruptible, la materia no podría haber sido eternamente preexistente. Por lo tanto, Dios debe haber creado primero la materia corruptible y luego darle forma en consecuencia). Al referirse a Génesis 1:1 en su *Discurso contra los griegos* (sobre "el comienzo de la creación del mundo"), "Justino" sigue la interpretación absoluta (más que de constructo) de la LXX: "Porque así escribió Moisés: 'En el principio Dios creó el cielo y la tierra (*En arche epoiesen ho theos ouranon kai ten gen*),' luego el sol, la luna y las estrellas".[226]

Para mostrar continuidad, podemos ir más allá de Ireneo y saltar a Atanasio (296-373 d.C.). Él utiliza el típico lenguaje platónico cuando habla del Creador del mundo como "Hacedor/Artífice [*demiourgos*]" o cuando habla de "materia (no formada) [*hyle*]". Por ejemplo, escribe

---

[223] "Justino", *Hortatory Address* 22.

[224] Ibid., 23, también declarando: "Por haber declarado anteriormente que decía que todo lo que se produce es perecedero, [Platón] le presenta ahora diciendo lo contrario; y no ve que le es absolutamente imposible escapar de la acusación de falsedad".

[225] Torchia, *Creatio ex Nihilo and the Theology of St. Augustine*, 7.

[226] "Justino", *Hortatory Address* 28.

sobre "la creación del universo y de Dios su Artífice".[227] Pero, de nuevo, el vocabulario similar al platonismo apenas implica una capitulación ante los griegos. En cambio, Atanasio muestra que la cosmovisión platónica, para ser adecuada, debe ser complementada con la idea de un Creador que es más que un Artífice, y con el entendimiento de que la materia no es eterna:

> Otros opinan como Platón, ese gigante entre los griegos. Dijo que Dios había hecho todas las cosas de materia preexistente e increada [*ek prohypokeimenes kai agenetou hyles*].... ¿Cómo podría Dios ser llamado Hacedor y Artífice [*poietes kai demiourgos*] si Su habilidad dependiera de alguna otra causa, a saber, de la materia misma? Si Él sólo trabajara en la materia existente y no trajera la materia a la existencia, Él no sería el Creador [*ktises*] sino sólo un artesano. [*technites*].[228]

Avanzamos aún más, hasta llegar a Agustín (354-430 d.C.), quien cree firmemente en la doctrina de la creación de la nada.[229] Él capta bien la doctrina cristiana cuando argumenta que, puesto que sólo Dios es el Ser, él quiso que existiera lo que antes no existía o no tenía ser. De hecho, Dios no es un mero Formador de materia primordial sin forma y eterna. Y añade: "No trabajaste como un artesano humano, haciendo una cosa de otra según su mente lo ordena.... Sólo tu Palabra creó [el cielo y la tierra]".[230] Sin embargo, Agustín declara que Dios dio forma a la materia que había creado de la nada y la transformó en un cosmos ordenado:

> Verdaderamente esta tierra era invisible y no estaba formada y había un abismo inexpresablemente profundo sobre el cual no había luz, puesto que no tenía forma. Tú le ordenaste que se escribiera que "las tinieblas estaban sobre la faz de las profundidades". ¿Qué más es la oscuridad que la ausencia de luz? Porque si hubiera habido luz, ¿dónde habría estado si no fuera por encima de todo, mostrándose en lo alto y dando luz? Por lo tanto, donde todavía no había luz, ¿por qué había tinieblas presentes, a menos que fuera porque la luz estaba ausente? Las tinieblas, pues, pesaban sobre ella, porque la luz de lo alto estaba ausente; así como hay silencio donde no hay sonido. Por lo tanto, ¿por qué no puedo considerar la falta de forma de la materia—que Tú creaste sin forma, a partir de la cual haces este mundo bien formado—como convenientemente indicado a los hombres por la frase "la tierra invisible y sin forma"?[231]

---

[227] Atanasio, *On the Incarnation of the Word* 1.4.
[228] Ibid., 2.3–4.
[229] Véase Torchia, *Creatio ex Nihilo and the Theology of St. Augustine*.
[230] Agustín, *Confessions* 11.5.7.
[231] Ibid., 12.3–4.

Este doble énfasis que hemos presenciado repetidamente como un tema en los primeros padres de la iglesia, es evidente en la obra de Agustín, y esto mucho después de que la doctrina de la creación de la nada fue firmemente establecida. Agustín enfatiza que (1) sólo Dios es eterno; necesariamente, nada más puede serlo. También sostiene que (2) hay un proceso creativo de dos etapas en el que Dios crea la materia *ex nihilo* ("que Tú creaste sin forma") y luego la transforma en un cosmos bien ordenado ("desde el cual haces este mundo bien formado"). Una vez más, tenemos una notable continuidad entre Agustín y sus predecesores, sobre los que construye.

Conclusión

Joseph Torchia, discutiendo los puntos de vista de los primeros de estos escritores, observa que en ellos "encontramos una distinción ontológica bien definida entre Dios y la materia", y que para cada uno de ellos "Dios es el principio causal no engendrado y último para todo lo que existe".[232] Por lo tanto, en un aspecto muy importante, incluso los padres de la iglesia que estaban empapados de helenismo rechazaron la creencia común de que la materia ha existido eternamente; en vez de eso, es ontológicamente distinta de, pero dependiente de, Dios. Sólo Dios es eterno. La materia no puede serlo. Dios es libre y soberano y no se limita a los materiales preexistentes y a las leyes físicas de su creación. El universo está limitado en duración.

La formulación de la doctrina de los padres de la iglesia está simplemente en consonancia con la concepción bíblica de Dios. Sólo una doctrina de creación de la nada tiene sentido, dada la afirmación bíblica de la soberanía, libertad, eternidad y necesidad de Dios. La materia eterna comprometería la *soberanía* o el poder divino puesto que habría existido desde la eternidad, y Dios no habría tenido control sobre su existencia. La materia preexistente habría comprometido la *libertad* divina, no permitiéndole otra opción con respecto al material que iba a usar. El medioplatonismo insiste en que la única alternativa de Dios era crear con materia prima. (Incluso aquí, uno podría ofrecer la sugerencia de que puesto que los seres angélicos y también las almas humanas son intrínsecamente diferentes de la materia—que está espacialmente extendida, tiene masa, y así sucesivamente—y son esencialmente *inmateriales*, entonces al menos estas entidades tendrían que ser creadas *ex nihilo*: sin el uso de materia eternamente preexistente).

---

[232] Torchia, "Theories of Creation," 192.

Eusebio, mientras escribía después del año 314 d.C., desafió a aquellos que creían que la materia era eternamente preexistente:

> [Diga] si de su argumento no se deduce que Dios por casualidad encontró la sustancia no originaria, sin la cual, si no le hubiera sido suministrada por su carácter no originario, no habría podido producir ninguna obra, sino que habría continuado sin ser un Creador.[233]

El caos primordial también implicaría que algo aparte de Dios tiene existencia inherente o necesaria, dejándonos con un dualismo, ajeno a la cosmovisión bíblica. De hecho, como afirma el erudito clásico de Harvard Harry A. Wolfson, aparte de la influencia de Platón y otros pensadores griegos clásicos, no hay nada en las Escrituras que hubiera impulsado a los primeros teólogos cristianos a contemplar la noción de materia preexistente.[234] Pero a medida que la iglesia se enfrentaba al gnosticismo y al platonismo, la situación cambió.[235] Se hizo necesaria una declaración explícita, una aseveración fuerte y una defensa rigurosa de la doctrina bíblica.

Lo que estaba implícito, asumido e incrustado en la cosmovisión de los escritores bíblicos era que Dios era el autor de todo, y que absolutamente nada aparte de él podía existir, excepto lo que él trajo a la existencia. Si se les hubiera preguntado, los escritores bíblicos habrían encontrado totalmente intolerable la coexistencia eterna de Dios y la materia prima. Como hemos visto, esto era cierto de los padres de la iglesia primitiva y de otros testigos antiguos.

Además, en sus batallas doctrinales con el pensamiento gnóstico y medioplatónico, los padres de la iglesia, como algunos argumentan, no usaron a su favor una ambigüedad bíblica y luego siguieron adelante con una de varias posibles interpretaciones de los datos bíblicos. En cambio, hicieron explícito lo implícito. Hace un tiempo finito Dios creó el universo de la nada. Aunque, en sus palabras, tanto los escritores judíos como los cristianos durante los dos últimos siglos a.C. y los dos primeros siglos d.C. no usaron las *palabras* precisas "creación de la nada", es innegable que el concepto está en su cosmovisión y en sus escritos.[236]

---

[233] Eusebio, *Preparation for the Gospel* [*Praeparatio Evangelica*] 7.20.

[234] Wolfson, "Plato's Preexistent Matter," 411. Véase también Wolfson, "Patristic Arguments against the Eternity of the World," 351–67.

[235] Jenson, *Systematic Theology*, 2:4.

[236] Gracias a Carl Mosser y Paul Owen por algunas referencias muy útiles.

IV

Entendiendo el concepto *Creatio ex nihilo*

“En el principio creó Dios los cielos y la tierra” (Génesis 1:1 RVR1960/LBLA/NTV/ NBLH y NVI/BTX con una pequeña variación en el orden de las palabras). Con majestuosa sencillez, el autor del capítulo inicial del Génesis diferencia así su punto de vista, no sólo de los antiguos mitos de la creación de los vecinos de Israel, sino también del panteísmo (tal como se encuentra en religiones como el hinduismo vedanta y el taoísmo), del panenteísmo (ya sea de la época clásica neoplatónica o la teología de procesos del siglo XX) y del politeísmo (que va desde el paganismo antiguo hasta el mormonismo contemporáneo). Hemos visto que los escritores bíblicos nos dan a entender que el universo tuvo un origen temporal, y por lo tanto implican *creatio ex nihilo* en el sentido temporal de que Dios trajo el universo a la existencia sin ningún sustrato o causa material en algún momento en el pasado finito.

Además, hemos visto que los padres de la iglesia, aunque fuertemente influenciados por el pensamiento griego, insistieron firmemente en la creación temporal del universo *ex nihilo* en oposición a la doctrina helenística prevaleciente de la eternidad de la materia. Una tradición de robusta argumentación en contra de la eternidad pasada del mundo y a favor de la *creatio ex nihilo*, emanada del teólogo cristiano alejandrino Juan Filópono (m. ¿580?), continuó durante siglos en el pensamiento islámico, judío y cristiano.

En 1215, la iglesia católica promulgó la *creatio ex nihilo* temporal como doctrina oficial de la iglesia en el IV Concilio Lateranense, declarando a Dios “Creador de todas las cosas, visibles e invisibles, ... que, por su gran poder, desde el principio de los tiempos ha creado ambas órdenes de la misma manera y de la nada".[1] Esta notable declaración no sólo afirma que Dios creó todo fuera de sí mismo sin recurrir a ninguna causa material, sino que incluso en ese tiempo tuvo un comienzo. La doctrina de la creación está, pues, intrínsecamente ligada a consideraciones temporales e implica que Dios trajo el universo a la existencia en algún momento en el pasado sin ninguna causa material previa o contemporánea.

Al mismo tiempo, las Escrituras cristianas también sugieren que Dios está comprometido en una especie de creación continua, sosteniendo al universo en el ser. Cristo "l resplandor de su gloria y la expresión exacta de su naturaleza, y sostiene todas las cosas por la palabra de su poder" (Heb. 1:3 LBLA). Aunque la Escritura da testimonio con relativamente poca frecuencia en comparación con las abundantes referencias al acto original de la creación de Dios, la idea de creación continua también llegó a constituir un aspecto importante de la doctrina de la creación.

De hecho, para Tomás de Aquino este aspecto se convierte en la doctrina central de la creación. La cuestión de si la recepción del mundo del ser por parte de Dios tuvo un comienzo temporal tiene para Aquino sólo una importancia secundaria.[2] Para Aquino, la creación es el otorgamiento inmediato del ser y como tal pertenece sólo a Dios, el principio universal del ser; por lo tanto, la creación es *ex nihilo* en el sentido de que Dios está causando que una criatura exista sin ningún intermediario. Aunque esa criatura haya existido desde la eternidad, es creada *ex nihilo* en el sentido metafísico de que recibe su ser inmediatamente de Dios.

Creatio originans y *Creatio continuans*

Así, Dios es concebido en la teología cristiana a ser la causa del mundo tanto en su acto inicial de traer el universo a la existencia como en su conservación continua del mundo en el ser. Estas dos acciones han sido tradicionalmente clasificadas como especies de *creatio ex nihilo*: *creatio originans* y *creatio continuans*. Aunque estos títulos son muy

---

[1] Dios es declarado "*creator omnium invisibilium et visibilium, spiritualium et corporalium, qui sua omnipotenti virtute simul ab initio temporis, utramque de nihilo conditit creaturam, spiritualem et corporalem*" (Concilium Lateranense IV, *Constitutiones 1. De fide catholica*).

[2] Así pues, Aquino, en su segunda y tercera manera de probar la existencia de Dios, argumenta a favor de Dios como la primera causa de todas las cosas, aun cuando presupone por el bien del argumento la pasada eternidad del mundo (*Summa theologica* 1a.2.3). O de nuevo, afirma que se puede demostrar *creatio ex nihilo*, admitiendo al mismo tiempo que no se puede demostrar la finitud temporal pasada del mundo, una posición que sólo es defendible porque él ha "destemporalizado" la doctrina tradicional de la *creatio ex nihilo* (*Summa contra gentiles* 2.16, 32–38; cf. idem, *Summa theologica* 1a.45.1; 1a.4b.2). Aunque Aquino habla de la conservación divina, no la diferencia de la creación (*Summa contra gentiles* 3.65; *Summa theologica* 1a.104.1).

útiles, desafortunadamente se vuelven rápidamente problemáticos si se les presiona con precisión técnica, como Philip Quinn, uno de los analistas contemporáneos más importantes que trabajan en este tema, ha señalado. En línea con el entendimiento tradicional de que la creación implica una originación temporal, Quinn inicialmente abordó las siguientes definiciones,[3] donde *x* es cualquier cosa contingente y *t* cualquier instante de tiempo (def. = definición):

D_1. En *t* Dios conserva *x* = def. *x* existe en *t* si y sólo si Dios en *t* lo produce que *x* exista en *t*

D_2. En *t* Dios crea *x* = def. Dios en *t* hace que *x* exista en *t* y no hay *t'* tal que *t'* sea anterior a *t* y *x* exista en *t'*

D_3. Dios continuamente crea *x* = def. para todo *t*, *x* existe en *t* si y sólo si en *t* Dios crea *x*

Quinn señala, sin embargo, que estas definiciones implican una forma extraña de la doctrina filosófica llamada ocasionalismo, según la cual no existen cosas persistentes. Porque si la creación continua implica a Dios creando *x* en *t*, y si el ser creado de *x* en *t* implica que *x* no existió en un momento anterior a *t*, entonces *t* es el único momento de tiempo que existe, o bien *x* no perdura de un momento de tiempo a otro. En cambio, en cada instante sucesivo de tiempo, Dios crea una nueva cosa individual que, aunque parezca a *x*, es de hecho numéricamente distinta de su predecesor cronológico, de modo que la identidad personal con el tiempo y la agencia personal quedan excluidos. Así que, si equiparamos la conservación con la creación continua, nos encontramos en el ocasionalismo.

Se puede responder a esta dificultad de una de dos maneras: (1) eliminando del concepto de creación cualquier referencia a un comienzo temporal de la existencia, o bien (2) negando que la conservación es propiamente una especie de creación. Quinn eligió inicialmente la primera solución, "destemporalizar" la creación, de modo que no implica ningún comienzo de existencia:

D_4. En *t* Dios crea *x* = def. Dios en *t* hace que *x* exista en *t*

[3] Philip L. Quinn, "Divine Conservation, Continuous Creation, and Human Action", en *The Existence and Nature of God*, ed. Alfred J. Freddoso (Notre Dame, Ind.: University of Notre Dame Press, 1983), 55–79.

En la definición D_4, la creación se vuelve indistinguible de la conservación: "En *t* Dios conserva *x*" significa lo mismo que "En *t* Dios crea *x*". Ahora podemos hablar coherentemente de *creatio continuans*:

D_5. Dios continuamente crea x = def. x es una cosa persistente, y, para todo t, si x existe en t, entonces en t Dios crea x

La definición de creación continua se vuelve así indistinguible de la noción de conservación continua.

Esta primera manera de resolver el problema está de acuerdo con el análisis tomista. También se adapta a las sensibilidades modernas, que se inquietan ante la perspectiva de hacer predicciones empíricas sobre la base de la teología. Sin duda, la popularidad de esta solución entre los teólogos contemporáneos se ha debido en gran medida al temor de estos teólogos a un conflicto con la ciencia. Si la doctrina de la creación implicaba una referencia inherente a un principio del mundo, entonces los teólogos se arriesgarían a la vergüenza de otro caso de tipo galileo al hacer predicciones comprobables sobre el origen del universo. Al despojar la creación de cualquier referencia temporal, esta primera solución permite a los teólogos evitar la posibilidad de tal vergüenza al circunscribir los límites de su disciplina al puerto seguro de la metafísica, alejada de las realidades del mundo físico, espaciotemporal.[4]

Desde el surgimiento de la teología moderna con Friedrich Schleiermacher (1768-1834), se ha permitido que la doctrina de *creatio originans* se atrofie, mientras que la doctrina *creatio continuans* ha asumido la supremacía.[5] En el análisis de Schleiermacher, la iglesia ha dividido tradicionalmente la relación fundamental del mundo con Dios, la referente a la dependencia absoluta, en dos proposiciones: que el mundo fue creado y que el mundo es sostenido. Pero no hay razón, afirma él, para mantener esta distinción, ya que está ligada al relato mosaico de la creación, producto de una época mitológica. La cuestión

---

[4] Buenos ejemplos de estos teólogos temerosos incluyen Langdon Gilkey, *Maker of Heaven and Earth* (Garden City, N.Y.: Doubleday, 1959), 310–15; Ian Barbour, *Issues in Science and Religion* (New York: Harper & Row, 1966), 383–85; y Arthur Peacocke, *Creation and the World of Science* (Oxford: Clarendon, 1979), 78–79. A modo de contraste, véase Wolfhart Pannenberg, "Theological Questions to Scientists," en *The Sciences and Theology in the Twentieth Century*, ed. A. R. Peacocke, Oxford International Symposia (Stocksfield, U.K.: Oriel Press, 1981), 12; Ted Peters, "On Creating the Cosmos," en *Physics, Philosophy, and Theology: A Common Quest for Understanding*, ed. R. Russell, W. Stoeger, y G. Coyne (Vatican City: Vatican Observatory, 1988), 291; y Robert J. Russell, "Finite Creation without a Beginning: The Doctrine of Creation in Relation to Big Bang and Quantum Cosmologies," en *Quantum Cosmology and the Laws of Nature*, ed. R. J. Russell, N. Murphey, y C. J. Isham (Vatican City: Vatican Observatory, 1993), 303–10.

[5] F. D. E. Schleiermacher, *The Christian Faith*, 2d ed., ed. H. R. MacIntosh y J. S. Stewart (Edinburgh: T & T Clark, 1928), 142–43, §36.1–2; 155, §41.

de si es posible o necesario concebir a Dios como existente aparte de las cosas creadas es una cuestión de indiferencia, ya que no tiene nada que ver con el sentimiento de dependencia absoluta de Dios. Por lo tanto, la doctrina de la *creatio originans* se convierte en una irrelevancia. Todo lo que importa es que Dios continuamente sostiene al mundo en su ser.

Por otro lado, esta primera solución tiende a comprometer la enseñanza de la Escritura y de la Iglesia de que un comienzo temporal es, en efecto, un elemento vital de la doctrina de la creación. Está claro que la noción de creación de los autores bíblicos no es una doctrina metafísica recóndita de la dependencia ontológica, sino que implica la idea de un origen temporal de la cosa que se crea. Las abundantes referencias a la creación como pasada y completada, sin excluir la creación futura del mundo venidero por parte de Dios ni actos creativos específicos en la historia, son suficientes por sí solas para establecer el punto. Además, la iglesia ha entendido así la creación. Por el contrario, la primera solución suprime el aspecto temporal de la creación, lo que conduce a una devaluación de la *creatio ex nihilo* temporal. Uno ve este menoscabo en el propio tratamiento de Quinn:

> Que Dios cree o conserve a un individuo en un instante es meramente para él en ese instante el producir la existencia del individuo en ese instante.... Desde este punto de vista, la cuestión de si el cosmos de las cosas contingentes se introdujo en la existencia *ex nihilo* después de un período de tiempo en el que no existía nada contingente se vuelve relativamente sin importancia para la ortodoxia teísta.[6]

Esta conclusión puede ser agradable para los teólogos modernos. Sin embargo, el modus operandi moderno de aislar herméticamente la teología de la ciencia ha tendido a hacer que la teología misma sea algo irrelevante. Esto es tanto más trágico cuanto que la cosmología moderna, que estudia la estructura y el origen a gran escala del universo, ha sido fuertemente confirmatoria de una doctrina de la *creatio originans*. Además, puesto que Quinn nos ofrece definiciones, no meras explicaciones, de la creación divina, deben estar de acuerdo con nuestras intuiciones y lenguaje pre-filosóficos.[7]

---

[6] Quinn, "Continuous Creation," 70, 74. Por supuesto, no es parte de la doctrina de la creación que el cosmos fuera creado *en* el tiempo y no *con* el tiempo. Pero Quinn quiere minimizar la importancia de cualquier tipo de introducción divina del cosmos en la existencia *ex nihilo*.

[7] Sobre definiciones y explicaciones, véase Samuel Gorowitz et al., *Philosophical Analysis*, 3ra ed. (New York: Random House, 1979), 135–40. Las definiciones nos ofrecen significados de términos, mientras que las explicaciones buscan simplemente analizar un concepto.

Sin embargo, parece existir una distinción intuitiva y conceptual entre creación y conservación, que se oscurece al tratar a esta última como una especie de creación. Como observó John Duns Scoto,

> Hablando con propiedad, ... sólo es cierto que una criatura es creada en el primer momento (de su existencia) y sólo después de ese momento es conservada, porque sólo entonces su ser tiene este orden para sí mismo como algo que estaba, por así decirlo, allí antes. Debido a estas diferentes relaciones conceptuales implicadas por las palabras "crear" y "conservar", se deduce que una no se aplica a una cosa cuando la otra lo hace.[8]

En lugar de reinterpretar la creación de tal manera que no implique un momento en el que una cosa empieza a existir por primera vez, deberíamos tratar la *creatio continuans* como una mera forma de hablar y tratar de distinguir entre creación y conservación.

Creación y conservación

En su trabajo más reciente Quinn persigue esta segunda solución e intenta diferenciar entre creación y conservación.[9] Él ofrece el siguiente postulado y definiciones:

A. Necesariamente, para todo *x* y *t*, si *x* existe en *t*, si Dios quiere que *x* exista en *t*, produce *x* existiendo en *t*.

D_6. Dios crea *x* en *t* = def. si Dios quiere que *x* exista en *t* produce *x* existiendo en *t*, y no hay *t'* antes de *t* de tal modo que *x* existe en *t'*

D_7. Dios conserva *x* en *t* = def. si Dios quiere que *x* exista en *t* produce *x* existiendo en *t*, y hay algo de *t'* antes de *t* de tal modo que x existe en *t'*

Lamentablemente, tanto el postulado como las definiciones siguen siendo problemáticos. *Primero*, en contraste con las definiciones originales de Quinn, ellos interpretan la causalidad divina como una especie de causalidad estado-estado más que como causalidad de agente. Es decir, se dice que la relación causal se produce entre dos estados de cosas y no entre Dios como agente y sus efectos. En el análisis de Quinn,

---

[8] John Duns Scoto, *God and Creatures*, trad. E. Alluntis y A. Wolter (Princeton: Princeton University Press, 1975), 276.

[9] Véase Philip Quinn, "Creation, Conservation, and the Big Bang," en *Philosophical Problems of the Internal and External Worlds*, ed. John Earman, Allen I. Janis, Gerald J. Massey, y Nicholas Rescher (Pittsburgh: University of Pittsburgh Press, 1993), 589–612; cf. idem, "Divine Conservation, Secondary Causes, and Occasionalism," en *Divine and Human Action*, ed. Thomas V. Morris (Ithaca, N.Y.: Cornell University Press, 1988), 50–73.

se dice que la relación que *produce* es una relación especial de causalidad metafísica que se mantiene entre el estado de las cosas *Dios queriendo que x exista en t* y *x existiendo en t*.[10] Así, dice Quinn, "Mi relato de la creación y la conservación se basa en el... supuesto de que hay una relación especial de dos lugares de lo divino que se produce definida en pares ordenados de estados de cosas".[11] En el relato de Quinn, hay, por lo tanto, estados de cosas contingentes como *x existiendo en t* que no se producen o son metafísicamente causados por Dios—lo cual es incompatible con una doctrina adecuada de la creación.[12]

En segundo lugar, incluso si volvemos a la causalidad del agente presupuesta en D_2, las nuevas definiciones de Quinn siguen sin captar la esencia de la creación y la conservación. La creación y la conservación se distinguen en su relato sólo en virtud del hecho accidental de que *x* existe o no en un momento anterior al momento en que Dios hace que *x* exista. Quinn incluso toma como virtud de su relato que la creación y la conservación son intrínsecamente lo mismo: aquellos que diferencian la creación y la conservación "parecen suponer que el tipo de poder requerido para crear algo *ex nihilo* es diferente del tipo de poder necesario simplemente para evitar que vuelva a caer en el olvido una vez que ha sido creado".[13] "Pero", según Quinn, "el poder y la acción involucrados en su realización son los mismos en ambos casos".[14] Por consiguiente, todo lo que distingue a la creación de *x* de la conservación de *x* es el hecho accidental de la existencia previa de *x*.[15]

Sin embargo, los teólogos que diferencian la creación de la conservación no necesitan, como lo implica Quinn, encontrar la diferencia intrínseca entre ellos en el poder y la acción divinos. Más bien,

---

[10] Quinn, "Secondary Causes," 52.

[11] Quinn, "Big Bang," 596–97.

[12] Por lo tanto, es difícil entender lo que Quinn quiere decir cuando afirma: "Según este relato, entonces, la voluntad divina produce la existencia de cada individuo contingente en cada instante en que existe" (ibíd., 597); esto es precisamente lo que su relato *no* afirma. Si permite que la voluntad de Dios traiga consigo la existencia de individuos, entonces ¿por qué definir la creación y la conservación en términos de la superflua causalidad estado-estado prevista por Quinn?

[13] Quinn, "Secondary Causes," 54.

[14] Ibid., 55.

[15] Este es un fallo común. Véanse afirmaciones similares de Kvanvig y McCann: Desde el punto de vista del acto creador, "ni siquiera es posible distinguir las cosas que Dios trae a la existencia de las que sostiene en su existencia". (Jonathan L. Kvanvig y Hugh J. McCann, "Divine Conservation and the Persistence of the World," en *Divine and Human Action* (ed. Morris), 49; Dios "creando y conservando el mundo es, desde el punto de vista del acto mismo, indistinguible, un esfuerzo sin fisuras consistente con la divina simplicidad ... y responsable de cada instante de la existencia del mundo". (Hugh J. McCann, "Creation and Conservation," en *A Companion to Philosophy of Religion*, Blackwell Companions to Philosophy 8, ed. Philip L. Quinn y Charles Taliaferro [Oxford: Blackwell, 1997], 308). Una tendencia similar es evidente en James F. Ross, "Creation," Journal of Philosophy 77 (1980): 614–19; y idem, "Creation II," en *Existence and Nature of God* (ed. Freddoso).

pueden encontrar la diferencia intrínseca entre creación y conservación en el término de esa acción. Intuitivamente, la creación involucra a Dios trayendo algo a la existencia, mientras que la conservación involucra a Dios preservando algo en el ser. Esta distinción, que explicaremos más adelante, está oscurecida por el relato de Quinn, ya que interpreta la conservación como la recreación por parte de Dios de alguna entidad *x* en cada instante sucesivo de su existencia.

Tercero, analizar la conservación de Dios de *x*, según las líneas de Quinn, como la recreación de Dios de *x* de nuevo en cada instante de la existencia de *x*, corre el riesgo de caer en el ocasionalismo radical de ciertos teólogos islámicos medievales. Por su deseo de hacer de Dios no sólo el Creador del mundo sino también su base de ser, negaron que los átomos constituyentes de las cosas perduraran de un instante a otro, sosteniendo en cambio que en cada instante sucesivo Dios los crea en nuevos estados de ser.[16] Por lo tanto, el *mutakallimun* islámico negó la realidad de la causalidad secundaria, dejando a Dios como la única causa del cambio.[17]

---

[16] Véase Majid Fakhry, *Islamic Occasionalism and Its Critique by Averroës and Aquinas* (London: George Allen & Unwin, 1958), 30.

[17] Es muy interesante comparar el desarrollo de Kvanvig y McCann en este aspecto con el de Quinn. Quinn afirma, "Debido a que Dios puede crear repetidamente un solo individuo a cada instante en un intervalo finito durante el cual persiste, Dios puede crear repetidamente, o recrear, a uno y al mismo individuo". (Quinn, "Continuous Creation," 76). Pero Kvanvig y McCann niegan "que cada una de las cosas que Dios crea de alguna manera comienza a existir *de nuevo* en cada momento de su duración.... Más bien, lo que se pretende es una visión según la cual cada instante de la existencia de cualquiera de las criaturas de Dios es tan radicalmente contingente como cualquier otra". (Kvanvig y McCann, "Divine Conservation," 15). Piensan que están reafirmando la posición de Quinn, pero su visión es mucho más radical que la afirmación común de que cada instante de la existencia de una criatura es igualmente contingente; esto es evidente a partir de su afirmación de que la conservación de Dios del mismo individuo podría ser discontinua. Para Quinn, un individuo es recreado de nuevo en cada instante en que existe. McCann no discute que tal recreación continua impediría la identidad a lo largo del tiempo; en cambio, intenta bloquear la inferencia de la conservación a la recreación continua negando que el mundo está "en cualquier proceso de continuo fallecimiento y recreación", con énfasis en el *proceso*: "No puede haber un proceso de muerte del mundo, así como no puede haber nada de su venida a la existencia" (McCann, "Creation and Conservation," 307). Pero no es parte del ocasionalismo islámico que dejar de existir y ser creado sean procesos, sino todo lo contrario. En cada instante sucesivo Dios crea *e* de nuevo, en lugar de actuar sobre *e* para preservarlo de instante en instante. Por lo tanto, la ausencia de proceso es irrelevante para determinar si la creación continua impide la identidad a lo largo del tiempo. Kvanvig y McCann también afirman en sus primeros trabajos que las causas secundarias son de naturaleza operativa para producir cambios en las cosas. (Kvanvig y McCann, "Divine Conservation," 16), pero en su artículo posterior argumentan que de hecho no hay conexiones causales entre las cosas y los eventos en el mundo porque la causalidad tanto en el tiempo como en un momento dado es imposible (Jonathan L. Kvanvig y Hugh J. McCann, "The Occasionalist Proselytizer: A Modified Catechism," en *Philosophy of Religion*, vol. 5 de *Philosophical Perspectives*, ed. James E. Tomberlin [Atascadero, Calif.: Ridgeway Publishing, 1991], 598–609). Tal vez sólo quieren reafirmar su posición anterior de que las causas secundarias sólo producen cambios en las cosas, no en su existencia; pero sus argumentos, si tienen éxito, parecen derribar cualquier relación causal entre las criaturas. Afirman que no defienden la opinión de que no hay interacciones genuinas entre las criaturas; pero es difícil ver qué espacio les queda en su cuenta para ello. Cuando se habla de la colisión y aceleración de las

En realidad, hay dos formas de ocasionalismo cortejadas por Quinn: (1) el ocasionalismo que implica *creatio continuans* tal como se definió originalmente, según el cual se crean cosas individuales similares, pero numéricamente distintas en cada instante sucesivo; y (2) el ocasionalismo que afirma la identidad individual a lo largo del tiempo, pero niega la realidad de las relaciones causales entre las cosas creadas. Quinn insiste en que su relato de *creatio continuans* evita la primera forma porque sus definiciones presuponen que *x* es algo persistente. Pero, ¿es coherente afirmar que Dios crea una entidad persistente a cada instante? Si en cada momento *t* Dios crea *ex nihilo*, ¿es realmente *x* lo que existe en instantes sucesivos en lugar de una serie de cosas distintas, pero de aspecto similar? Puesto que no hay ningún paciente u objeto sobre el que Dios actúe en la creación,[18] ¿por qué deberíamos decir que el objeto idéntico es recreado a cada instante a partir de la nada en lugar de una serie de objetos numéricamente distintos, pero similares?

Esta dificultad puede ser agudizada observando que la definición D_7 de Quinn permite que pueda haber intervalos temporales que separen los instantes en los que *x* existe. Esta característica de D_7 no sólo la convierte en una definición inadecuada de conservación (ya que intuitivamente cada nuevo comienzo de la existencia de *x* representa creación, no conservación), sino que también exacerba las dudas sobre la identidad de *x* con el tiempo en el relato de Quinn sobre la conservación. Quinn rechaza la objeción de que Dios no puede crear a un mismo individuo más de una vez y apela a la doctrina de la resurrección escatológica como apoyo positivo de su posición.[19] Pero tradicionalmente la identidad de las personas resucitadas estaba avalada por la doctrina del estado intermedio del alma entre la muerte y la resurrección corporales, o por el hecho de que Dios usara los restos o las mismas partículas materiales que constituían el cuerpo mortal. Aparte de estas doctrinas es bastante difícil ver por qué un cuerpo creado de nuevo en el tiempo final es la misma persona o cuerpo que vivió y dejó de existir mucho antes.[20]

Quinn también niega que su relato sobre la conservación implique ocasionalismo de tipo 2. Dice que esto se debe a que su causalidad estado-estado no dice nada acerca de si o cómo se producen los eventos. Por lo que sabemos de su relato, eventos como *x* siendo *F* en *t* (donde *F*

---

bolas de billar, "se trata simplemente de que las cosas que Dios crea son lo que son y no otra cosa" (ibíd., 611-12), esto suena muy parecido al ocasionalismo islámico. Dios crea cosas de nuevo en diferentes estados del ser en cada instante sucesivo, y las relaciones causales secundarias se convierten en relaciones de mera conjunción y contigüidad.

[18] Sobre la noción de paciente, véase la nota 24 más adelante.

[19] Quinn, "Continuous Creation," 76.

[20] Para más información, véase Stephen T. Davis, *Risen Indeed* (Grand Rapids: Eerdmans, 1993), cap. 7.

designa alguna propiedad) tienen causas sólo en el sentido de estar constantemente unidos y contiguos con ciertos otros eventos, no en el sentido de ser producidos por Dios. De hecho, Quinn confiesa que el empirista que hay en él lo inclina hacia esa posición.[21]

Sin embargo, tal posición parece inverosímil y teológicamente inaceptable. Por ejemplo, si el fuego que se acerca a una bola de algodón no ennegrece el algodón, sino que es simplemente parte de un evento regularmente unido y contiguo con el evento de que el algodón se vuelva negro, entonces el fuego que se acerca al algodón es meramente la ocasión en que el algodón se vuelve negro. Así que si Dios, entonces, no vuelve el algodón negro en tales ocasiones, como creían los ocasionalistas islámicos, entonces el algodón volviéndose negro parece ser completamente misterioso y mágico. Esto no sólo es increíble, sino que también impugna la providencia de Dios.

Además, si Dios conserva *x* en *t*, como Quinn está de acuerdo, entonces no sólo debe conservar *x* en abstracción, sino *x* en su particularidad concreta con todas sus propiedades.[22] Dios no conserva simplemente el trozo de algodón en *t*, sino el trozo de algodón ennegrecido y en llamas en *t*. Para que el algodón exista en toda su particularidad en *t*, Dios debe hacer que exista con sus propiedades. Por lo tanto, la conservación requiere que Dios sea una causa de que *x* sea *F* en *t*. Si, entonces, las causas naturales deben ser analizadas meramente en términos de constante conjunción y contigüidad de ciertos eventos, el ocasionalismo se sigue, y Dios es la única causa real.

Quinn entretiene también un relato de causalidad según el cual las causas naturales actúan para producir sus efectos, así como Dios lo hace. Pero insiste en que tal relato es compatible con su doctrina de la conservación porque esa doctrina no implica que Dios queriendo *x* es *F* en *t* produzca *x* siendo *F* en *t*. Su relato sólo requiere que Dios queriendo *x* en *t* produzca *x* existiendo en *t*. Pero el relato atenuado de Quinn sobre la conservación es incompatible con una doctrina robusta de la providencia divina. Porque o bien Dios quiere que *x* sea *F* en *t* o no. Si no, entonces Dios es totalmente indiferente a lo que sucede en el mundo, conservándolo en su ser, pero sin importarle lo que suceda en él—lo cual niega la providencia de Dios.

Supongamos, entonces, que Dios si quiere que *x* sea *F* en *t*. Entonces su voluntad es directiva o permisiva. Si su voluntad es directiva, entonces Dios es impotente, ya que en la cuenta de Quinn *x* siendo *F* en *t* no es

[21] Quinn, "Secondary Causes," 60.

[22] Sobre este punto, ver la pieza muy interesante de Alfred J. Freddoso, "God's General Concurrence with Secondary Causes: Why Conservation Is Not Enough," en *Philosophy of Religion* (ed. Tomberlin), 553–85.

producido por Dios si Dios quiere que a *x* siendo *F* en *t*. Pero si la voluntad de Dios es meramente permisiva, entonces la providencia divina es nuevamente negada, ya que Dios no quiere que nada suceda directamente.

Lo mismo se puede decir de otra manera. Supongamos que *x* siendo *F* en *t* produce *y* siendo *G* en *t**. Esta última situación implica que *y* exista en *t**, una situación que, por cuenta de Quinn, es provocada por Dios si Dios quiere que *y* exista en *t**. Tal circunstancia parece impedir la libre elección de Dios de no querer que exista *y* en *t**. Es cierto que *x* siendo *F* en *t* no produce que Dios quiera que exista *y* en *t**.[23] Sin embargo, dada la eficacia de las causas naturales, Dios parece no tener otra opción de querer que *y* exista en *t**. Quinn, sin embargo, interpreta esta vinculación en términos de la concurrencia divina: *x* siendo *F* en *t* no puede producir su efecto a menos que la volición divina activamente concuerde en producir su efecto en ese momento. Pero Quinn no puede estar diciendo que *y* siendo *G* en *t** es causado tanto por *x* siendo *F* en *t* como por l Dios queriendo que *y* sea *G* en *t** (que es lo que la concurrencia divina sostiene) porque su relato excluye esto. En vez de eso, debe querer decir que Dios quiere que exista *y* en *t** porque sabe lo que *x* siendo *F* en *t* producirá, y quiere que se produzca su efecto. En otras palabras, él quiere que *y* sea *G* en *t**. Lo mismo ocurre con *x* siendo *F* en *t*; de lo contrario, no habría querido que *x* existiera en *t*.

A causa de la concurrencia de Quinn, entonces, Dios hace activamente los efectos de las causas naturales, pero su voluntad es impotente, y no produce nada al respecto. No sólo esto impugna la omnipotencia divina, sino que permanece misterioso por qué la voluntad de Dios de que *y* exista en *t** debería ser causalmente eficaz y, sin embargo, su voluntad de que *y* sea G en *t** no lo es. Además, el mismo problema discutido anteriormente reaparece en este relato: para hacer que *y* exista en *t**, Dios debe hacer que exista *y* con todas sus propiedades en *t**, de modo que la conservación implique la genuina concurrencia divina: Dios está haciendo que *y* sea *G* en *t**.

Por lo tanto, parece que Quinn aún no ha captado con éxito las nociones de creación y conservación. ¿Podemos mejorar su propuesta?

---

[23] Esto se debe a que *producir* no se cierra con la vinculación: uno puede no ser capaz de producir cosas que están relacionadas con cosas que uno puede producir. Por ejemplo, podemos hacer que un cohete esté pintado de rojo. El hecho de que el cohete esté pintado de rojo implica que el cohete existe. Pero al no ser ni ingenieros ni ricos, no tenemos el poder de hacer que el cohete exista.

Explicando creación y conservación

Hemos insinuado anteriormente que la diferencia intrínseca entre la creación y la conservación no se encuentra en el poder y la acción divinos, sino en el final de esa acción. La creación, sugerimos, intuitivamente implica que Dios traiga algo a la existencia. Así, si Dios crea alguna entidad *e* (ya sea un individuo o un evento) en un momento *t* (ya sea un instante o un intervalo finito), entonces *e* viene a existir en *t*. Podemos explicar esta última noción de la siguiente manera:

E_1. *e* viene a existir en *t* si y sólo si (1) *e* existe en *t*, (2) *t* es la primera vez que *e* existe, y (3) *e* existiendo en *t* es un hecho temporal.

En consecuencia,

E_2. Dios crea *e* en *t* si y sólo si Dios lo produce, que *e* venga a la existencia en *t*.

La creación de Dios de *e* involucra la venida de *e* a la existencia, que es un principio absoluto de existencia, no una transición de *e* del no-ser al ser. En la creación no existe una entidad paciente sobre la que el agente actúe para producir su efecto.[24] De ello se deduce que la creación no es un tipo de cambio, ya que no existe un objeto perdurable que persista de un estado a otro.[25] Precisamente por esta razón, la conservación no puede ser considerada como esencialmente lo mismo que la creación. Porque la conservación presupone un objeto que se hace para continuar de un estado a otro. En la creación Dios no actúa sobre un objeto, sino que constituye el objeto por su acción. Por el contrario, en la conservación Dios actúa sobre un objeto existente para perpetuar su existencia. Esta es la importancia de la observación de Escoto de que sólo en la conservación una criatura "tiene este orden para sí misma como algo que estaba, por así decirlo, allí antes". En la conservación existe una entidad paciente sobre la cual el agente actúa para producir su efecto.

La doctrina de la creación también implica una característica metafísica importante que rara vez se aprecia (y que las definiciones atemporales de Quinn no tienen en cuenta): Como la cláusula 3 de E_1 implica, la doctrina nos compromete a una terminología temporal o, en la

[24] Como ha señalado Alfred J. Freddoso, "Medieval Aristotelianism and the Case against Secondary Causation in Nature," en *Divine and Human Action* (ed. Morris), 79. Para los escolásticos, la causalidad es una relación entre sustancias (agentes) que actúan sobre otras sustancias (pacientes) para producir estados de cosas (efectos). *Creatio ex nihilo* es atípica porque en ese caso no se actúa sobre ningún paciente.

[25] Aquino, *Summa contra gentiles* 2.17.

terminología conveniente de J. E. McTaggart, a una teoría A del tiempo.[26] La noción clave a ser entendida aquí es la idea de un "hecho temporal".

Primero, digamos una palabra sobre lo que se entiende por "hecho". Un hecho puede definirse como el estado de cosas descrito por una verdadera frase declarativa. Así, por ejemplo, mientras "La nieve es blanca" y "Der Schnee ist weiß" son dos frases diferentes, ambas describen el mismo hecho: la nieve siendo blanca. Los hechos son características de la realidad, de las formas en que el mundo es.

En segundo lugar, expliquemos lo que queremos decir con un "hecho temporal". Todos estamos familiarizados con la temporalidad, ya que juega un papel en el lenguaje. En español normalmente expresamos la temporalidad mediante la inflexión del verbo de una oración para expresar el tiempo pasado, presente o futuro, o mediante la combinación de verbos para expresar tiempos más complejos como el pasado perfecto o el futuro perfecto. Aunque la mayor parte de nuestro lenguaje ordinario está lleno de expresiones de tiempo, hay ocasiones en las que empleamos frases que están gramaticalmente en tiempo presente para expresar lo que son verdades realmente atemporales.

Por ejemplo, decimos "Lady Macbeth se suicida en el Acto V. escena v", "El cristal se rompe fácilmente", "El área de un círculo es πr^2", y "Los centauros tienen el cuerpo de un caballo y el torso de un hombre". Es evidente que los verbos en estas oraciones son realmente atemporales porque sería erróneo reemplazarlos por el equivalente en tiempo presente de "es + (participio presente)", por ejemplo, "está cometiendo", "está rompiendo", y así sucesivamente. Tal sustitución haría que algunas de estas frases fueran claramente falsas en lugar de verdaderas.

La función de la temporalidad es localizar algo en relación con el presente. Esto puede hacerse no sólo por medio de verbos, sino también por medio de expresiones temporales indexadas. Las expresiones temporales indexadas incluyen frases adverbiales (como "hoy", "ahora", "hace tres días"), adjetivos (como "pasado", "presente" y "futuro"), frases preposicionales (como "para el próximo sábado", "en el presente", "dentro de dos días"), e incluso sustantivos (como en "Hoy es miércoles").

Tales expresiones temporales difieren radicalmente de las expresiones que utilizan tiempos o fechas de reloj, que son inestables. El

[26] J. Ellis McTaggart, "The Unreality of Time," Mind 17 (1908): 457–74; idem, *The Nature of Existence*, 2 vols., ed. C. D. Broad (Cambridge: Cambridge University Press, 1927), cap. 33. Sobre la teoría A versus la teoría B del tiempo, véase Richard Gale, "The Static versus the Dynamic Temporal: Introduction," en *The Philosophy of Time*, ed. Richard M. Gale (New Jersey: Humanities Press, 1968), 65–85.

"3 de enero de 1812" invariablemente se refiere al mismo día, ya sea pasado, presente o futuro; mientras que las expresiones temporales indexadas como "ayer", "hoy" o "mañana" dependen del contexto de su pronunciación para determinar qué día se quiere decir. Por lo tanto, las fechas pueden emplearse junto con verbos atemporales para localizar las cosas atemporalmente en el tiempo.

Por ejemplo, podemos afirmar, "En 1960 John Kennedy *promete* enviar a un hombre a la luna antes del final de la década" (la cursiva es una convención estilística para mostrar que el verbo es atemporal). Esta frase expresa un hecho inamovible y, por lo tanto, siempre es cierta. Nota que incluso si uno supiera esta verdad, uno no sabría si Kennedy ha hecho su promesa a menos que uno también supiera si 1960 fue pasado o futuro. Por el contrario, si sustituyéramos el verbo atemporal por el verbo pasado "prometió", entonces sabríamos que el evento al que se hace referencia ha ocurrido. Sin embargo, esta frase temporal no siempre sería cierta: antes de 1960 sería falsa. Antes de 1960 el verbo temporal tendría que estar en tiempo futuro, "prometerá", si la oración ha de ser verdadera. En contraste con las frases atemporales, las frases temporales sirven para ubicar las cosas en el tiempo en relación con el presente y, por lo tanto, su valor de verdad puede cambiar de acuerdo con la fecha actual.

El punto sobresaliente de todo esto es que además de los hechos atemporales, también parece haber hechos tensos. La información transmitida por una frase temporal se refiere no sólo a hechos atemporales, sino también a hechos temporales, a hechos sobre cómo se relaciona algo con el presente. Así, lo que es un hecho en un momento puede no ser un hecho en otro momento. Mientras escribo esta frase es un hecho que Estados Unidos todavía no ha invadido Irak; para cuando este libro llegue a la imprenta, puede que eso ya no sea un hecho. Por lo tanto, el conjunto de hechos temporales está cambiando constantemente.

Ahora bien, si hay hechos temporales, entonces el tiempo mismo es temporal: los momentos del tiempo son realmente pasados, presentes o futuros, independientemente de nuestra experiencia subjetiva del tiempo. El tiempo no es sólo un rasgo del lenguaje y la experiencia humana, sino también un rasgo objetivo de la realidad. Es un hecho objetivo, por ejemplo, que el viaje de Colón en 1492 ha terminado; ha pasado. Por lo tanto, 1492 es en sí mismo pasado, ya que el viaje se localizó en ese momento. La realidad de los hechos temporales implica, por lo tanto, una teoría temporal o tensa del tiempo, usualmente llamada Teoría A del tiempo en la literatura filosófica.

Una de las implicaciones de una teoría A del tiempo es la realidad objetiva del devenir temporal. Como mostró McTaggart, un teórico A debe, bajo pena de contradicción, ser también un presentista, es decir, debe aferrarse a la primacía metafísica del presente. El pasado y el futuro no existen; sólo el presente es real. Las cosas llegan a la existencia y desaparecen. Las cosas que son reales existen totalmente en el presente y perduran a través del tiempo de un momento presente al siguiente. Así, en una teoría A del tiempo hay un dinamismo sobre la realidad, un constante devenir de la realidad en el tiempo.

Por el contrario, en una teoría del tiempo atemporal o Teoría B, como la llamó McTaggart, realmente no hay hechos temporales. El contenido fáctico de las frases que contienen verbos e índices temporales incluye sólo las ubicaciones atemporales (fechas, horas de reloj) y las relaciones atemporales (anteriores, simultáneas y posteriores) de los eventos. El tiempo lingüístico es una característica egocéntrica de los usuarios del lenguaje. Sólo sirve para expresar la perspectiva subjetiva del usuario. Por lo tanto, no hay una verdad objetiva sobre lo que está sucediendo ahora, porque "ahora" sirve meramente para designar la perspectiva de la persona que hace el juicio temporal. Cada persona en cada momento en el universo espaciotemporal cuatridimensional considera su tiempo como "ahora" y otros como "pasado" o "futuro". Pero en la realidad objetiva no hay "ahora" en el mundo. Todo existe atemporalmente.

Por lo tanto, de acuerdo con la teoría B del tiempo, todas las cosas y eventos en el tiempo son igualmente existentes. Si no hubiera mentes, no habría pasado, presente o futuro. Sólo existiría el universo espaciotemporal cuatridimensional *en bloc*. Por lo tanto, no existe un devenir temporal. El devenir temporal es una ilusión de la conciencia humana. Nada en el bloque espaciotemporal nace o desaparece, ni el bloque espaciotemporal en su totalidad nace o desaparece. El universo bloque espaciotemporal es *intrínsecamente* temporal: tiene una dimensión interna que, en virtud de sus relaciones ordenadas (anteriores o posteriores), es el tiempo. Pero todo el universo bloque es extrínsecamente atemporal en el sentido de que no está incrustado en alguna dimensión superior (un hiperespaciotemporal). Desde un punto de vista teísta, coexiste atemporalmente con Dios.[27]

Es evidente por qué decimos que *creatio ex nihilo* implica una teoría A del tiempo. Una doctrina robusta de la creación implica las afirmaciones duales de que Dios trajo el universo a la existencia de la nada en algún momento en el pasado finito y la afirmación de que después lo sostiene en el ser momento a momento. Pero el teórico B no puede hacer la primera afirmación seriamente. En una teoría B del

[27] Para una evaluación de estas teorías rivales del tiempo, véase William Lane Craig, *Tiempo y eternidad*, trad. Jorge Ostos (Salem: Publicaciones Kerigma, 2019).

tiempo, Dios es el Creador del universo en el sentido de que todo el universo de bloque y todo lo que hay en él depende de Dios para su existencia. Dios por un solo acto atemporal lo hace existir. Por el mismo acto él hace que todos los eventos sucedan y que las cosas existan en sus tenues ubicaciones atemporales.

La afirmación del teórico B de que Dios trajo el universo de la nada en algún momento del pasado finito puede significar, en el mejor de los casos, que Dios sostiene atemporalmente el universo en el ser y que hay (atemporalmente) un momento que está separado de cualquier otro momento del tiempo por un intervalo de tiempo finito y antes del cual no existe ningún momento de duración comparable. Todo lo que esto añade a la doctrina de Schleiermacher de la dependencia absoluta es que el universo de bloque que existe atemporalmente tiene un borde frontal. Tiene un comienzo sólo en el sentido de que una vara de medir tiene un comienzo. No existe en el mundo real ningún estado de cosas de Dios que exista solo y sin el universo espaciotemporal. Dios nunca da vida al universo; como un todo coexiste atemporalmente con él.

Brian Leftow, cuya teoría de la eternidad divina implica una teoría B del tiempo, lo admite:

> Así que, si Dios es atemporal y el mundo o el tiempo existe, no hay fase de Su vida durante la cual Él esté sin un mundo o un tiempo o aún no haya decidido crearlos, aún si el mundo o el tiempo tuviera un comienzo.
>
> . . . Dios no necesita *empezar* a hacer nada, entonces, para crear un mundo con un principio. Esa acción que desde las perspectivas temporales es el tiempo inicial de Dios y el universo, es en la eternidad sólo la obtención atemporal de una dependencia causal o relación sustentadora entre Dios y un mundo cuyo tiempo tiene un primer momento.
>
> . . . Él coexiste atemporalmente con Sus criaturas.[28]

Leftow nunca aborda la objeción teológica de que una doctrina tan castrada de *creatio ex nihilo* no hace justicia a los datos bíblicos. Las Escrituras nos dan a entender claramente que Dios y el universo no coexisten atemporalmente, sino que el mundo actual incluye un estado de cosas que es Dios existiendo solo, sin el universo.[29]

---

[28] Brian Leftow, *Time and Eternity*, Cornell Studies in Philosophy of Religion (Ithaca, N.Y.: Cornell University Press, 1991), 290–91, 310; cf. 322, donde afirma que Dios está eternamente encarnado en Cristo. Cf. también 239, donde afirma que en la eternidad los acontecimientos están "congelados" en una serie de posiciones de serie B. Véase también el capítulo de Yates sobre la creación atemporal en John C. Yates, *The Timelessness of God* (Lanham, Md.: University Press of America, 1990), 131–63.

[29] Otro problema teológico al que se enfrenta la teoría B se refiere al problema del mal. En la teoría B del tiempo, el mal nunca es realmente vencido en el mundo: Existe tan sólidamente como siempre en sus diversas localizaciones en el espaciotemporal, incluso si todas ellas son anteriores a algún

Por lo tanto, la cláusula 3 en E_1 representa una característica necesaria de la doctrina de la creación. En ausencia de la cláusula 3, la creación de Dios del universo *ex nihilo* podría ser interpretada a lo largo de líneas atemporales para requerir meramente la finitud del tiempo en la dirección *anterior*. Tal doctrina sería una sombra pálida de la doctrina bíblica de la creación.

Habiendo explicado la noción de creación, volvamos a un relato de la conservación divina. La diferencia fundamental entre creación y conservación, como hemos visto, radica en el hecho de que en la conservación, a diferencia de la creación, se presupone una entidad paciente sobre la que Dios actúa. Intuitivamente, la conservación implica la preservación de Dios de esa entidad en el tiempo. Un defecto fundamental en las definiciones de conservación de Quinn es que las interpreta como instantáneas. Esto no sólo subvierte el significado de "conservación", sino que también produce resultados contradictorios.

Por ejemplo, en la D_7 de Quinn una cosa individual que existe sólo por un instante no se conserva porque no existe en un momento *anterior*; pero intuitivamente, deberíamos decir que la razón por la que no se conserva es porque no persiste hasta un momento *posterior*. O de nuevo, una cosa individual que existe sólo por un instante se conserva, en la D_7, mientras que también existió en un solo instante, remoto, anterior, un escenario que intuitivamente no tiene nada que ver con la conservación. O de nuevo, una cosa individual que existe sólo por un tiempo finito pero que carece de un primer instante de existencia es, por cuenta de Quinn, conservada, pero nunca creada. Por mera definición eso descartaría que el universo haya existido sólo por un tiempo finito, pero sin un primer instante de existencia, como sucede en ciertos modelos cosmológicos, a menos que uno esté dispuesto a abandonar la doctrina de que el universo ha sido creado.

Todo esto sirve para subrayar el hecho de que la conservación debe ser entendida en términos de que Dios preserva alguna entidad de un momento de su existencia a otro. Una visión crucial de la conservación es que, a diferencia de la creación, implica una transición y, por lo tanto,

---

punto del tiempo cósmico (por ejemplo, el día del juicio). Desde este punto de vista, la creación nunca es realmente purgada del mal; a lo sumo se puede decir que el mal sólo infecta aquellas partes de la creación que son más tempranas que ciertos otros eventos. Pero la mancha es indeleble. Lo que esto implica para eventos como la crucifixión y resurrección de Cristo es muy preocupante. En cierto sentido, Cristo cuelga permanentemente de la cruz, porque los terribles acontecimientos del 30 d.C. nunca se desvanecen ni transpiran. La victoria de la resurrección se convierte en un triunfo hueco, porque las partes espaciotemporales de Jesús que fueron crucificadas y enterradas permanecen muriendo y muertas y nunca son levantadas a una nueva vida. No está claro cómo podemos decir con Pablo: "Devorada ha sido la muerte en victoria" (1 Cor. 15:54 LBLA), cuando la muerte nunca se acaba realmente en una teoría B del tiempo.

no puede ocurrir en un instante. Por lo tanto, podemos proporcionar la siguiente explicación de la conservación divina:

> E_3. Dios conserva *e* si y sólo si Dios actúa sobre *e* para hacer que *e* permanezca desde *t* hasta cierto $t^* > t$ a través de cada subintervalo del intervalo $t \rightarrow t^*$

Desde este punto de vista, la afirmación de que la creación y la conservación del mundo son indistinguibles con respecto al acto mismo es engañosa. Porque la creación y la conservación no pueden analizarse adecuadamente con respecto al acto en sí, sino que implican relaciones con el objeto del acto. El acto mismo (la causa de la existencia) puede ser el mismo en ambos casos, pero en un caso puede ser instantáneo y no presupone un objeto anterior, mientras que en el otro caso ocurre en un intervalo y no implica un objeto anterior.

Hemos visto que el concepto de creación es un concepto inherentemente temporal. ¿Qué pasa con la conservación? A primera vista, esta noción parecería ser mucho más adecuada para una interpretación de la teoría B y atemporal. Dios puede ser concebido para actuar atemporalmente sobre *e* para sostenerlo de t_1 a t_2. Pero un momento de reflexión revela que esta interpretación es problemática. ¿Y si *e* existe sólo en *t*? ¿O si *e* es todo el bloque espaciotemporal cuatridimensional? En ningún caso se puede decir que Dios conserve *e*, según nuestra definición, pues en ningún caso persiste de un momento a otro. Sin embargo, en una visión temporal del tiempo, Dios es la fuente del ser para tales entidades y, por lo tanto, en cierto sentido las sostiene.

Aún más fundamental, la necesidad de una causa conservadora de *e* para permitir que *e* persista de *t* a t^* presupone una teoría A del tiempo. Porque el relato de la persistencia temporal dado por la teoría B del tiempo no implica la noción de que la *e* permanezca de un momento a otro en absoluto. Los teóricos B típicamente afirman que los objetos que nos aparecen tridimensionales son en realidad objetos de cuatro dimensiones, extendidos tanto en el tiempo como en el espacio. El objeto tridimensional que vemos es sólo una rebanada o parte de un objeto cuatridimensional mayor. Por lo tanto, las cosas tienen partes tridimensionales espaciotemporales. Por ejemplo, el Jimmy Carter que vemos es realmente sólo una parte del Jimmy Carter cuatridimensional. Jimmy Carter hoy no es el mismo hombre que una vez fue presidente. Ambos son partes del Carter cuatridimensional, y obviamente no son la misma parte.

Así, las partes espaciotemporales de un objeto cuatridimensional no son idénticas, ya que son partes diferentes y tienen propiedades diferentes. Por lo tanto, ni los objetos de cuatro dimensiones ni sus partes perduran en el tiempo, ya que el tiempo es una de las dimensiones internas de dichos objetos. Para caracterizar la forma en que los objetos cuatridimensionales se extienden en el tiempo, los filósofos han dicho que tales objetos "perduran" en lugar de permanecer. Debido a que los objetos de la teoría B del tiempo no permanecen en el tiempo, sino que están fijados en sus lugares temporales atemporales, es imposible que se conserven en el tiempo. Sin embargo, en cierto sentido dependen de Dios para su existencia atemporal.

De manera similar, si aceptamos objetos abstractos y atemporales como números, conjuntos y universales en nuestra ontología, entonces Dios también debe ser la fuente de su ser. En su caso no hay propiamente ninguna conservación, ninguna preservación de la existencia de un momento a otro, ya que algunos de ellos, al menos, existen atemporalmente. La existencia de tales entidades temporales parecería requerir una tercera categoría de creación no contemplada por los teólogos clásicos, ya que no admitían entidades eternas aparte de Dios.

Por lo tanto, proponemos, para acomodar a los teóricos B y platonistas potenciales, un tercer tipo de relación de dependencia en la que las criaturas se parezcan a Dios, lo que podríamos, según el modelo de *creatio originans* y *creatio continuans*, llamar, como *façon de parler* (manera de hablar), *creatio stans*, una especie de creación estática. *Creatio stans* sería la relación apropiada para una teoría B del tiempo. Podemos usar "sustento" como término técnico para tal acción divina y explicarlo de la siguiente manera:

> E_4. Dios sostiene *e* si y sólo si *e* existe atemporalmente en *t* o *e* existe atemporalmente, y Dios hace que *e* exista.

Por supuesto, si somos teóricos A y no platonistas, entonces, al igual que los teólogos clásicos, no tendremos necesidad de una doctrina del sustento así definida.[30]

Al igual que la creación, la idea misma de conservación en el ser implica, por tanto, una teoría A del tiempo, según la cual el devenir temporal es real y los momentos de tiempo transcurren. La conservación de una entidad es necesaria si esa entidad, a diferencia del momento en que existe, no ha de caer en el noser. En una teoría B del tiempo, no ocurre tal lapso y ninguna entidad perdura de un momento a otro, de modo que la conservación es innecesaria, de hecho, excluida. En cambio,

[30] Sin embargo, tal relación podría ser empleada por los teólogos que desean afirmar el engendramiento eterno del Hijo del Padre.

en tal teoría Dios está comprometido en sostener el universo cuatridimensional como un todo y cada entidad en su ser, ya sea que esa entidad tenga una extensión temporal o que exista meramente en un instante. Por lo tanto, incluso la conservación requiere una teoría A del tiempo.

Conclusión

Las Escrituras y la tradición conciben a Dios como el Creador y el Conservador del mundo, el primero con referencia a su acto inicial de traer el universo a la existencia de la nada, y el segundo con referencia a su preservación del mundo en el ser de un momento a otro. La tendencia generalizada entre los eruditos de mezclar estas dos acciones por parte de Dios desobedece el testimonio de la Escritura y de la Iglesia, ha aumentado el sentido de la irrelevancia de la teología en el mundo real, y hace caso omiso a importantes diferencias filosóficas entre las dos. La creación se distingue de la conservación en que la creación no presupone una entidad paciente, sino que implica que Dios traiga algo a la existencia; la conservación presupone una entidad paciente e implica que Dios actúe sobre ella para preservarla de un momento a otro. Ambas nociones implican una teoría A del tiempo y una metafísica del devenir temporal objetivo.

V

Creatio ex nihilo y los objetos abstractos

En el prólogo del Evangelio de Juan, el evangelista presenta una visión del Cristo cósmico, el Creador de todas las cosas: "En el principio la Palabra ya existía [era]. La Palabra estaba con Dios, y la Palabra era Dios. El que es la Palabra existía en el principio con Dios. Dios creó todas las cosas por medio de él, y nada fue creado sin él" (Juan 1:1-3, NTV). El evangelista nos da a entender que Dios, a través de su Palabra, es responsable de la existencia de literalmente todo lo que no sea, o externo a, Dios mismo. Aparte de Dios, todo lo existente pertenece al reino de las criaturas, la clase de cosas que han surgido (*geneta*), y así debe su existencia a la Palabra o Razón (*logos*) creadora de Dios, que más tarde es identificada como Cristo (Juan 1:14-18).

Tal doctrina de la creación divina puede ser aplicada directamente a las entidades espaciotemporales, y más adelante veremos que hay, de hecho, bastante buena evidencia empírica para la creación de todas esas entidades *ex nihilo*. Si Dios en algún momento en el pasado finito trajo el espacio y el tiempo (o al menos el espacio) a la existencia, entonces todo lo que existe totalmente en el espacio o el tiempo también ha llegado a ser. Filosóficamente, no parece haber dificultad conceptual en sostener que cada entidad espaciotemporal ha nacido y fue creada por Dios en el sentido que se ha explicado en el capítulo 4.

Pero desde Platón, los filósofos y, posteriormente, los teólogos han luchado por relacionar la doctrina de la creación con una clase muy diferente de entidades, conocidas en el lenguaje contemporáneo como *objetos abstractos*. Usualmente contrastadas con objetos concretos, tales entidades abstractas incluyen cosas como números, conjuntos y otras entidades matemáticas, proposiciones y propiedades. Las personas que creen que tales entidades realmente existen son usualmente llamadas platonistas o realistas; las personas que niegan la existencia de tales entidades son conocidas como antiplatonistas, antirealistas, o nominalistas.[1]

Es notoriamente difícil explicar lo que es un objeto abstracto. ¿En qué se diferencia de un objeto concreto? Los filósofos contemporáneos están tentados a tomar los objetos concretos como coextensivos con los materiales, pero esa inclinación es el resultado de su naturalismo o fisicalismo, y no una necesidad conceptual con respecto a los objetos concretos. Si las almas o los ángeles existen, caen en la clase de objetos concretos, no de objetos abstractos, aunque sean entidades inmateriales. Con frecuencia se afirma que los objetos concretos son objetos espaciotemporales y que, por lo tanto, cualquier entidad existente que no sea espaciotemporal es un objeto abstracto. Pero de nuevo, esto no puede ser correcto, porque Dios, si existe, es usualmente llevado a trascender el espacio y el tiempo y, sin embargo, es un paradigma de un objeto concreto, siendo un agente personal que efectúa las cosas en el mundo.

Entonces, ¿qué diferencia un objeto abstracto de uno concreto? Hemos visto que Dios, aunque inmaterial y no espaciotemporal, sería clasificado por todos como un objeto concreto en vista de que es un agente causal personal. Tal vez eso proporcione una pista para distinguir entre entidades concretas y abstractas. Está aceptado prácticamente de manera universal que los objetos abstractos, si existen, son causalmente impotentes: no se encuentran en las relaciones causales. Los números, por ejemplo, no afectan nada. Más que eso, su impotencia causal parece ser una característica esencial de los objetos abstractos. Así pues, no es casualidad que el número siete carezca de toda ls relación causal; no hay mundo posible en el que el siete pueda afectar algo. Esta impotencia causal esencial sirve para distinguir los objetos abstractos de las entidades que, por casualidad, están aisladas causalmente en nuestro mundo, pero que podrían haber tenido efectos, y de Dios, que podría haberse abstenido de crear y, por lo tanto, no ha estado en ninguna relación causal.[2]

---

[1] Esta nomenclatura puede ser engañosa: hay versiones del antiplatonismo que son realistas por naturaleza, identificando entidades matemáticas, por ejemplo, con marcas en un papel u objetos concretos. Para obtener buenos estudios de las opciones, véase Stewart Shapiro, *Thinking about Mathematics: The Philosophy of Mathematics* (Oxford: Oxford University Press, 2000); y Hugh Lehman, *Introduction to the Philosophy of Mathematics*, APQ Library of Philosophy (Totowa, N.J.: Rowman & Littlefield, 1979). Sobre las propiedades, véase D. M. Armstrong, *Universals and Scientific Realism*, 2 vols. (Cambridge: Cambridge University Press, 1978); y James Porter Moreland, *Universals*, Central Problems of Philosophy (Chesham, Bucks, U.K.: Acumen, 2001).

[2] Incluso en el relato tomista de Dios, según el cual Dios, como entidad absolutamente simple, no tiene relaciones reales con las criaturas, el que las criaturas tengan relaciones reales con Dios y por lo tanto son afectadas por él sigue siendo el caso, lo que sería imposible si Dios fuera un objeto abstracto.

La impotencia causal esencial de los objetos abstractos implica que no tienen ningún poder causal en absoluto. Son completamente efímeros. Este hecho implica que son inextendidos e inmateriales, para que no entren en contacto con otros objetos y los afecten. No está tan claro que no deban ser espaciotemporales y, por lo tanto, inmutables. Los números ciertamente parecen no ser espaciotemporales e inmutables, pero para el caso de las proposiciones la historia podría ser muy diferente.

Una proposición es el contenido de la información expresado por una oración declarativa. Las proposiciones tienen propiedades contingentes, como *ser verdaderas* o *ser falsas*. Muchos filósofos dirían que las proposiciones, a diferencia de las frases, no tienen tiempo y por lo tanto sus valores de verdad son inmutables, aunque sean contingentes. Las proposiciones existen, pues, más allá del espacio y del tiempo. Pero otros filósofos no están de acuerdo, argumentando que las proposiciones expresadas con oraciones temporales pueden cambiar su valor de verdad. Por ejemplo, la propuesta expresada por la frase "George W. Bush es el presidente de los Estados Unidos" era falsa durante la presidencia de Clinton, pero se hizo realidad en 2001 en la toma de posesión de Bush. Por lo tanto, tales proposiciones no son inmutables y deben existir en el tiempo, si no en el espacio.

O de nuevo, la historia de las propiedades también parece diferente de la de los números. Las propiedades plantean la antigua disputa sobre lo que los pensadores medievales llamaban universales. A diferencia de los particulares, las propiedades no parecen estar confinadas a un lugar específico. Por ejemplo, si tenemos dos bolas que existen al mismo tiempo, cada una ocupa una ubicación espacial distinta. Si ocuparan exactamente los mismos puntos espaciotemporales, entonces no deberíamos tener dos bolas, sino una bola. Pero las propiedades a menudo se interpretan como diferentes. Supongamos que las dos bolas tienen la misma forma. En ese caso, cada una de ellas tiene la misma propiedad, *ser esféricas*. No puede decirse que tengan propiedades diferentes a este respecto, o que tendrían una forma diferente, lo que, *ex hypothesi*, no es así. Por lo tanto, la misma propiedad existe al mismo tiempo en dos ubicaciones espaciales distintas.

Además, la propiedad existe en su totalidad en esos dos lugares simultáneamente. Es precisamente por eso que las propiedades son llamadas universales. Si realmente existen, tienen, al menos por el motivo habitual, la extraña propiedad de existir enteramente en dos lugares distintos al mismo tiempo. Pero en ese caso, las propiedades parecen existir en el espacio y el tiempo. Incluso si tratamos de evitar esta conclusión diciendo que las propiedades en sí mismas no son espaciotemporales, sino que sus instanciaciones o instancias están en el espacio y en el tiempo, todavía nos parece que nos queda mucho por hacer para decir que las propiedades pueden adquirir y perder la propiedad de *ser ejemplificadas*. En otras palabras, son mutables con respecto a la ejemplificación, así como lo son las proposiciones con respecto a la verdad-valor. Por lo tanto, las propiedades también parecen ser entidades temporales.

Mientras que todos los objetos abstractos son causalmente impotentes e inmateriales, algunos de ellos tienen potencialidades y son discutiblemente incluso mutables y temporales en su ser. Tales objetos, si es que existen, son entidades extremadamente raras, y es muy posible que todavía no tengamos claro lo que realmente son.

Una última característica de los objetos abstractos que requiere mención es su necesaria existencia. Este no es un rasgo distintivo de los objetos abstractos, porque Dios es tradicionalmente concebido como poseyendo la existencia necesaria, y sin embargo es una entidad concreta. Pero a diferencia de todos los objetos concretos no divinos, los objetos abstractos son usualmente tomados como existiendo en todos los mundos posibles.[3] Por ejemplo, incluso si no hubiera un universo en absoluto, seguiría siendo el caso que existen tres personas en la Divinidad y que hay un solo Dios. Pero si esos números existen, entonces parece que todos los demás números también deben existir. Porque esos números son lo que son en virtud de los lugares que ocupan en la estructura matemática que constituye la serie natural de números. Por lo tanto, seguiría siendo el caso que $3 - 1 = 2$; $3 + 1 = 4$; $3 + 2 = 5$, y así sucesivamente.

En cuanto a las proposiciones, si no existiera ningún mundo, las mismas proposiciones seguirían existiendo, pero en muchos casos con diferentes valores de verdad. Por ejemplo, las proposiciones que implican la existencia de cualquier objeto concreto que no sea Dios serían todas

[3] Sin embargo, el panorama no está del todo claro. Porque, ¿qué ocurre con los conjuntos, que normalmente se consideran ejemplos paradigmáticos de objetos abstractos? Si no hubiera un universo, ¿seguiría existiendo el conjunto de presidentes de Estados Unidos? Alguien podría decir que sí, pero que sería un conjunto vacío. Pero tal respuesta se basa en un malentendido. Los matemáticos toman los conjuntos para tener a sus miembros esencialmente. Por lo tanto, los conjuntos que tienen diferentes barras son conjuntos diferentes. Los conjuntos se definen para tener sus miembros esencialmente y en este sentido difieren de las meras colecciones o grupos. Así que el conjunto de presidentes de Estados Unidos no puede tener, digamos, cuarenta y tres miembros en el mundo actual y ningún miembro en otro mundo. Pero entonces el conjunto de presidentes de Estados Unidos no parece tener existencia necesaria. En los mundos en los que no hay presidentes de Estados Unidos, ese conjunto de objetos no existe. De hecho, no está claro qué es lo que se designa incluso por "el conjunto de presidentes de Estados Unidos" en este contexto, ya que en diferentes mundos hay diferentes conjuntos de presidentes de Estados Unidos. Sólo en los mundos en los que existen los mismos presidentes de Estados Unidos existiría el mismo conjunto de presidentes de Estados Unidos. Por lo tanto, los conjuntos, si existen, parecerían ser una excepción a la regla de que los objetos abstractos tienen existencia necesaria.

falsas. Las proposiciones lógicamente necesarias seguirían siendo verdaderas; por ejemplo, "Todo lo que tiene una forma tiene un tamaño". Finalmente, las propiedades, concebidas platónicamente, no dependen de su ejemplificación. Si no hubiera objetos de color naranja en el mundo o figuras hexagonales, por ejemplo, las propiedades de *ser naranja* o *ser hexagonal* seguirían existiendo y podrían ser ejemplificadas. Por lo tanto, si no existiera ningún universo, el ser de estas propiedades abstractas parecería no estar afectado. Por lo tanto, si existen objetos abstractos, parecen ser seres metafísicamente necesarios.

¿Existen, entonces, objetos abstractos, como afirma el platonismo? En la escena contemporánea, hay principalmente dos argumentos contra el platonismo y uno a su favor. Las dos objeciones que se suelen plantear contra el platonismo son (1) la objeción epistemológica y (2) la objeción de la unicidad.[4] La mayor consideración que pesa sobre el platonismo es el argumento de la indispensabilidad.[5]

La objeción epistemológica surge del aislamiento causal de los objetos abstractos. Si tales objetos existen, no tienen relación causal con objetos concretos como nosotros. De hecho, algunos de ellos, al menos, ni siquiera existen en el espacio y el tiempo. Pero entonces, tales objetos parecen ser epistémicamente inaccesibles para nosotros, porque ninguna información sobre ellos puede pasar de ellos a nosotros. Por lo tanto, si el platonismo estuviera en lo correcto, los seres humanos no podrían tener conocimiento matemático. Puesto que, de hecho, tenemos tal conocimiento, el platonismo debe ser falso.

La objeción de unicidad se basa en la idea de que las únicas propiedades matemáticamente relevantes de los números naturales son sus propiedades estructurales: propiedades que tienen que ver con las posiciones que ocupan en una cierta estructura ordinal (una estructura cuyos elementos están ordenados primero, segundo, tercero, etc.). Las propiedades internas de los números son irrelevantes para las matemáticas; sólo importan sus propiedades relacionales enraizadas en esa estructura ordinal. Por lo tanto, cualquier serie de objetos abstractos que exhiben esa estructura ordinal satisface los axiomas básicos de la aritmética. No parece que haya nada metafísicamente especial en ninguna de estas secuencias de objetos abstractos que pueda distinguir a uno de ellos como *la* única serie de números naturales. Pero si el

---

[4] Paul Benacerraf en dos documentos fundamentales inició la discusión de estos dos temas. Véase Paul Benacerraf, "What Numbers Could Not Be," *Philosophical Review* 74 (1965): 47–73; y idem, "Mathematical Truth," *Journal of Philosophy* 70 (1973): 661–79.

[5] Los documentos fundamentales aquí son W. V. O. Quine, "On What There Is," en W. V. O. Quine, *From a Logical Point of View* (Cambridge: Harvard University Press, 1980), 1–19; y Hilary Putnam, "The Philosophy of Logic," en Hilary Putnam, *Mathematics, Matter, and Method* (New York: Cambridge University Press, 1975), 323–57.

platonismo es verdadero, hay una secuencia única de objetos abstractos que son los números naturales. Por lo tanto, el platonismo es falso.

La única consideración importante a favor del platonismo se basa en un hecho aparentemente fundamental sobre los objetos abstractos: Son indispensables. Por esta razón, incluso los naturalistas, cuya ontología física no acomoda de manera cómoda a entidades no naturales como los objetos abstractos,[6] a menudo abrazarán su realidad a regañadientes. El platonismo está implícito en la verdad de las matemáticas, por ejemplo. Para que nadie afirme que tal vez nuestras teorías matemáticas no sean realmente ciertas, se señala que estas teorías son indispensables para nuestro conocimiento científico del mundo. Por lo tanto, negar la verdad del platonismo es negar la ciencia y aterrizarnos finalmente en el escepticismo.

Si los platonistas pueden derrotar con éxito las dos objeciones principales presentadas en contra de su punto de vista, podría seguir siendo una cuestión discutible aquí. En cambio, nuestra preocupación es una que apenas se menciona en la literatura: que el platonismo es teológicamente insostenible. Si esta objeción es correcta, entonces derrotará todas las formas de platonismo, incluso las versiones hechas para evitar las objeciones epistemológicas y de singularidad.

En la discusión contemporánea, la cuestión de la aceptabilidad teológica del platonismo ha sido planteada por Alvin Plantinga en su Conferencia de Aquino de 1980 "¿Tiene Dios una naturaleza?" en la Universidad de Marquette.[7] Sin embargo, críticos agudos han observado que Plantinga malinterpretó el desafío teológico al teísmo tradicional planteado por el platonismo.[8] Plantinga argumentó que la principal dificultad que presenta el platonismo para el teísmo tradicional es el desafío que plantea a la soberanía divina: si el platonismo es verdadero, los objetos abstractos están fuera del control de Dios. Por lo tanto, Plantinga descarta el nominalismo como irrelevante para la discusión, ya que incluso si no hay cosas tales como las propiedades de *ser rojo* y *ser de color*, por ejemplo, sin embargo, sigue siendo necesariamente cierto que lo que es rojo es de color, y Dios no puede hacer nada para hacerlo de otra manera.

---

[6] Véase J. P. Moreland, "Naturalism and the Ontological Status of Properties," en *Naturalism: A Critical Analysis*, ed. William Lane Craig y J. P. Moreland, Routledge Studies in Twentieth-Century Philosophy 5 (London: Routledge, 2000), 67–109.

[7] Alvin Plantinga, *Does God Have a Nature?* (Milwaukee: Marquette University Press, 1980).

[8] Véase, e.g., Alfred J. Freddoso, reseña crítica de *Does God Have a Nature?* por Alvin Plantinga, *Christian Scholar's Review* 12 (1983): 78–82. Cf. Christopher Menzel, "Theism, Platonism, and the Metaphysics of Mathematics," en *Christian Theism and the Problems of Philosophy*, Library of Religious Philosophy 5 (Notre Dame, Ind.: University of Notre Dame Press, 1990), 209.

Planting comienza, por lo tanto, a irse por la tangente (¡pero una tangente muy interesante e importante!) por la senda del posibilismo universal, la doctrina de que no hay verdades necesarias. Al final opta por una concepción de la soberanía divina que no requiere que todo esté bajo el control de Dios. Deja sin respuesta la pregunta de si la existencia de objetos abstractos depende de, o puede ser explicada por, la naturaleza o actividad de Dios—que es seguramente la pregunta central.

Podemos—y debemos—hacer un análisis de la omnipotencia que no implique posibilidades universales,[9] pero el problema teológico central que plantea el platonismo sigue sin resolverse. El principal defecto teológico del platonismo, y por lo tanto la razón por la que es inaceptable para los teístas ortodoxos, es que el platonismo es incompatible con la doctrina de la *creatio ex nihilo* y así compromete fundamentalmente la aseidad divina. Porque el platonismo postula realidades infinitas del ser que son metafísicamente necesarias e increadas por Dios. El universo físico, que ha sido creado por Dios, es una trivialidad infinitesimal totalmente eclipsada por la indecible cantidad de seres increados. Para apreciar en alguna medida la vastedad de los reinos o realidades de lo increado postulados por el platonismo, considera solamente la jerarquía teórica establecida, como se muestra en la figura 1.

Por supuesto, la existencia de cualquier entidad independiente de Dios es incompatible con la *creatio ex nihilo*, pero la gran extravagancia del platonismo a este respecto nos deja sin aliento. Además, el pluralismo metafísico que implica la negación platónica de la *creatio ex nihilo* priva a Dios de su aseidad. El atributo divino de existir *a se* (de sí mismo) es tradicionalmente entendido como una perfección única de Dios, la *ens realissimum* (realidad última). Sólo Dios existe de manera autosuficiente e independiente de todas las cosas. Todos los demás seres existen *ab alio* (de otro) y son contingentes en su ser. Por el contrario, el platonismo postula un sinfín de infinidades de infinidades de seres, cada uno de los cuales existe *a se*, no *ab alio*. Dios mismo está reducido a un solo ser entre muchos.

Un consistente teísta cristiano, entonces, no puede ser platonista. Pero eso implica que debe responder al argumento de indispensabilidad del platonista si quiere rechazar racionalmente el platonismo. Cuando el desafío planteado por el platonismo es así correctamente entendido, vemos que el nominalismo, lejos de ser irrelevante, se encuentra en el centro mismo del debate, mientras que las doctrinas de la simplicidad divina y el posibilismo universal, que preocupan a Plantinga, se vuelven

[9] Véase Thomas Flint y Alfred Freddoso, "Maximal Power," en *The Existence and Nature of God*, ed. Alfred J. Freddoso (Notre Dame, Ind.: Notre Dame University Press, 1983), 81–113.

de importancia secundaria. Pero el nominalismo no es la única alternativa disponible para los antiplatonistas. A continuación, consideraremos brevemente tres opciones principales que han sido defendidas por los antiplatonistas en el debate actual.

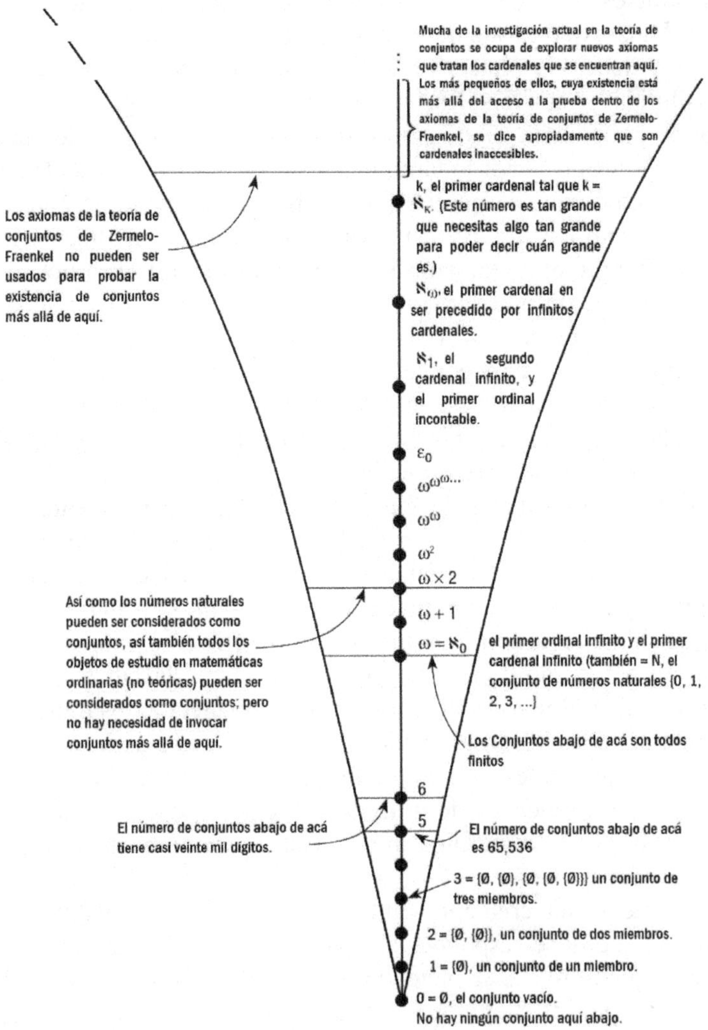

FIGURA 1

La jerarquía teórica establecida, comenzando por cero y subiendo por los números naturales hasta los números transfinitos. (Adaptado de A. W. Moore, *The Infinite* [London: Routledge, 1990], 157.)

Creacionismo absoluto

La alternativa que requiere el menor ajuste a la ontología del platonismo es el creacionismo absoluto, como sugieren ciertas observaciones de Thomas Morris y Christopher Menzel.[10] Este punto de vista es un platonismo modificado, similar a la posición del antiguo filósofo judío Filón, que acepta el panteón completo de objetos abstractos pero los considera, como objetos concretos, como seres creados. Puesto que ellos, como objetos concretos, dependen de Dios para su existencia, la aseidad de Dios se preserva y la *creatio ex nihilo* permanece sin compromisos.

Este punto de vista requiere dos advertencias. Primero, la creación de tales objetos abstractos es eterna. Dios no crea en ningún momento el reino de los objetos abstractos. En cambio, son coeternos con Dios, existiendo en una relación de absoluta dependencia ontológica con él. Segundo, la creación por parte de Dios de objetos abstractos se considera muy plausiblemente necesaria. El creacionista absoluto no tiene que cargar con las absurdas consecuencias del posibilismo universal. La libertad de Dios con respecto a la creación concierne al reino de los objetos concretos, que podría haberse abstenido de crear. Pero el reino de los objetos abstractos fluye no voluntariamente de la naturaleza o del ser de Dios mismo.

Dos dificultades principales surgen para el creacionismo absoluto, la primera es problemática y la segunda verdaderamente grave. *Primero*, el platonismo modificado malinterpreta el alcance o la naturaleza de la creación. Si pensamos en los objetos abstractos como parte del orden de los seres dependientes que existen fuera de Dios, entonces el alcance de la *creatio ex nihilo* se vuelve insignificante. Porque como hemos argumentado, una doctrina bíblicamente robusta de la creación implica que Dios traiga a la existencia los objetos de su actividad creadora y por lo tanto implica un comienzo temporal de la existencia de las cosas

[10] Thomas V. Morris y Christopher Menzel, "Absolute Creation," en Thomas V. Morris, *Anselmian Explorations* (Notre Dame, Ind.: University of Notre Dame Press, 1987), 161–78. Para ser justos, hay que decir que Morris y Menzel presentan su visión como una versión actualizada de la teoría agustiniana de las ideas divinas y, por lo tanto, como una versión de lo que (abajo) llamamos conceptualismo. Sin embargo, aunque esa es su intención, siguen hablando de los productos de la actividad intelectual de Dios como entidades abstractas, lo que sugiere la interpretación de que los objetos abstractos son cosas creadas externas a Dios y causadas por la actividad intelectual divina. Cf. las observaciones de Christopher Menzel en su obra "God and Mathematical Objects," en *Mathematics in a Postmodern Age*, ed. Russell W. Howell y W. James Bradley (Grand Rapids: Eerdmans, 2001), 71, 73: "Podemos ver los objetos abstractos como creados precisamente en el mismo sentido en el que se crean las cosas concretas y contingentes.... La actividad [intelectual] divina es, pues, causalmente eficaz: los objetos abstractos que existen en un momento dado, como productos de la vida mental de Dios, existen *porque* Dios los está pensando; es decir, lo que es simplemente decir que Dios los crea".

creadas. Pero en la visión propuesta, el reino de los seres dependientes, con la excepción de los objetos concretos, existe coeternamente con Dios. Por lo tanto, casi nada, relativamente hablando, es creado *ex nihilo* por Dios. La abrumadora mayoría de las cosas es simplemente sostenida en el ser, pero no, propiamente hablando, creada por Dios.

Si, para evitar esta dificultad, ampliamos el significado de la creación de manera que cualquier ser dependiente sea objeto de la creación de Dios, entonces hemos subvertido radicalmente la libertad de Dios con respecto a la creación. En el pensamiento cristiano ortodoxo la creación es vista como el acto libre de Dios. Él no crea por necesidad de la naturaleza, y hay mundos posibles en los que Dios se abstiene de la creación y así existe solo. Pero el creacionismo absoluto le roba a Dios su libertad con respecto a la creación. Su libertad se limita a la creación del diminuto reino de los objetos concretos. La gran mayoría del ser fluye de él con una necesidad inexorable, independiente de su voluntad. Así, la ontología del platonismo modificado es incompatible con la doctrina de la *creatio ex nihilo*, atenuando la libertad de Dios o el ámbito de la creación.

Segundo, el problema más grave del creacionismo absoluto es que parece ser lógicamente incoherente. En esta perspectiva todos los objetos abstractos, incluyendo las propiedades, son creados por Dios. Pero entonces, ¿qué pasa con las propiedades de Dios? ¿Crea Dios sus propias propiedades? Negar que lo hace introduce una selectividad ad hoc en cuanto a qué propiedades son o no creadas por Dios (especialmente evidente con respecto a las propiedades compartidas por seres contingentes) y es en todo caso inconsistente con el creacionismo absoluto. Pero sostener que Dios crea sus propias propiedades nos lleva a un círculo vicioso: para crear varias propiedades, Dios debe poseer ya esas propiedades. Por ejemplo, para crear la propiedad *ser poderoso*, Dios ya debe poseer la propiedad de *ser poderoso*. El "ya" aquí se refiere obviamente a una prioridad lógica o explicativa, no a una prioridad cronológica, ya que se dice que la creación de las propiedades de Dios es eterna. Uno queda atrapado en un círculo explicativo vicioso.

¿Tiene el creacionista absoluto alguna forma de escapar de esta circularidad viciosa? Morris y Menzel más o menos muerden el anzuelo en este punto, simplemente insistiendo sin argumento en que la circularidad no es viciosa. Dan la analogía de una máquina de materialización que es capaz de crear cosas *ex nihilo* y así crea nuevas piezas para sí misma a medida que las piezas viejas se desgastan. Pero esta analogía no capta la circularidad del creacionismo absoluto. Porque las nuevas piezas de la máquina no son de manera explicativa anteriores a sí mismas; anterior a la creación de nuevas piezas por parte de la máquina, es su posesión de piezas anteriores.

Una mejor analogía de la circularidad involucrada en la creación de las propias propiedades de Dios es el caso del viajero del tiempo que viaja en el tiempo para entregarse a sí mismo los planes para construir una máquina del tiempo a una edad más temprana. Al llegar a la edad adulta, utiliza los planos que recibió para construir la máquina del tiempo y luego retrocede en el tiempo para entregarse los planos a sí mismo, ¡una circularidad que es verdaderamente viciosa! Morris y Menzel no dicen nada para derrotar la carga que explicativamente antes de crear ciertas propiedades, Dios ya debe tener esas mismas propiedades para crearlas, lo cual es incoherente.[11]

Algunos teístas han tratado de evitar la circularidad viciosa que amenaza al platonismo modificado abrazando la doctrina de la simplicidad divina. Según esa doctrina, Dios no está de ninguna manera compuesto. En particular, trasciende la distinción entre una cosa y sus propiedades. Más bien, Dios es idéntico a sus propiedades, y todas sus propiedades son idénticas entre sí. Así, debemos afirmar con respecto a Dios que omnisciencia = omnipotencia = santidad = omnipresencia = eternidad = Dios. Se dice que la doctrina de la simplicidad divina evita la circularidad viciosa que acompaña al creacionismo absoluto, porque Dios no crea sus propias propiedades, sino que él es simplemente sus propias propiedades. Por lo tanto, no hay un estado de cosas explicativamente anterior a Dios siendo omnisciente, omnipotente, y así sucesivamente. Dios sólo existe necesariamente como un ser simple idéntico a su propia naturaleza.[12]

---

[11] En su última obra "God and Mathematical Objects," 70–71, Menzel parece totalmente ajeno a la dificultad, al considerar el "problema de la coherencia" como la mera incompatibilidad de la existencia eterna de los objetos abstractos y de la creación que implica un comienzo temporal, un problema que él resuelve redefiniendo la creación para que signifique que Dios sostiene algo en el ser.

[12] Véase Eleonore Stump, reseña crítica de *Does God Have a Nature?* de Alvin Plantinga, *Thomist* 47 (1983): 622; Brian Leftow, "Is God an Abstract Object?" *Noûs* 24 (1990): 581–98; Richard Brian Davis, *The Metaphysics of Theism and Modality*, American University Studies, series V, vol. 189 (New York: Peter Lang, 2001), cap. 4. Leftow argumenta que los teístas ortodoxos no tienen otra opción que adoptar la doctrina de que Dios es idéntico a su esencia. Porque, necesariamente, Dios crea y mantiene en la existencia lo que no es idéntico a sí mismo. Por lo tanto, si hay alguna propiedad esencial para la naturaleza de Dios, tales propiedades deben ser idénticas a Dios mismo, ya que Dios no puede crear su propia naturaleza. Leftow piensa que sería intolerable negar que hay algunas propiedades esenciales para la naturaleza de Dios. Porque, mínimamente, Dios tiene la propiedad esencial de *crear y mantener en existencia lo que no es idéntico a sí mismo*. Si negamos eso, entonces la naturaleza de Dios existe independiente de Dios y Dios depende de ella para las propiedades que son esenciales para ser Dios.

Sin embargo, al argumentar así, Leftow comete una petición de principio contra sus colegas antiplatonistas. Porque Leftow sólo asume que si Dios crea y mantiene en existencia todo lo que no es idéntico a sí mismo, entonces hay, es decir, existe, una propiedad que *crea y mantiene*, etc.

El problema con el recurso de usar la simplicidad divina para rescatar el creacionismo absoluto es que la doctrina de la simplicidad divina es tan difícil de mantener como el platonismo modificado. Por ejemplo, decir que Dios no tiene propiedades distintas parece evidentemente falso: la omnipotencia no es la misma propiedad que la bondad, porque un ser puede tener una y no la otra. Podría decirse que la omnipotencia y bondad de Dios, como manifestaciones de una sola propiedad divina, difieren en nuestra concepción sólo porque, digamos, "la estrella de la mañana" y "la estrella de la tarde" tienen sentidos diferentes, pero ambas se refieren a la misma realidad: Venus. Pero esta respuesta es inadecuada. Porque *ser la estrella de la mañana* y *ser la estrella de la tarde* son propiedades distintas, ambas poseídas por Venus; la misma entidad tiene estas dos propiedades distintas. De la misma manera, ser omnipotente y ser bueno no son sentidos diferentes para la misma propiedad (como lo son, por ejemplo, *ser par* y *ser divisible por dos*), sino que son claramente propiedades distintas. Incluso si Dios tiene ambas propiedades en virtud de estar en el mismo estado intrínseco, no obstante, tiene ambas propiedades diferentes.

O de nuevo, que el platonista modificado diga que Dios es su esencia parece convertir a Dios en una propiedad, lo cual es incompatible con su ser, un ser vivo y concreto. Pensadores medievales como Tomás de Aquino evitaron esta implicación desfavorable porque no pensaban en las esencias o las naturalezas como objetos abstractos sino como constituyentes concretos de las cosas.[13] Pero en la visión actual las esencias son propiedades, interpretadas como objetos abstractos. Se dice que todas las propiedades de Dios son idénticas entre sí, y se dice que Dios es idéntico a la única y simple propiedad que es su esencia. Pero si Dios sólo es omnipotencia y es bondad y es omnisciencia y así sucesivamente, entonces Dios no es una sustancia y, en particular, no es un agente personal.

No sirve de nada tratar de escapar a esta conclusión diciendo que Dios es su ejemplo particular de estas propiedades, porque eso sería

---

Simplemente asume que, si Dios no crea y conserva sus propiedades esenciales, entonces—ausente la simplicidad divina—existen independientemente de él. Eso es una petición de principio a favor del platonismo contra sus detractores antirealistas. Los antiplatonistas que rechazan la simplicidad divina no niegan que Dios sea necesariamente omnipotente, omnisciente, etc., o que, necesariamente, crea y mantiene en existencia todo lo que no es idéntico a sí mismo. En cambio, rechazan la inferencia de que existen, por lo tanto, entidades u objetos abstractos tales como *ser omnisciente*, o *ser omnipotente*, o *crear y mantener*, etc. La afirmación de Leftow de que los teístas comprometidos con una doctrina robusta de creación y conservación no tienen otra opción que abrazar la identidad de Dios y su esencia es por lo tanto una petición de principio.

[13] Vea el útil artículo de Nicholas Wolterstorff, "Divine Simplicity," en *Philosophy of Religion*, ed. James E. Tomberlin, Philosophical Perspectives 5 (Atascadero, Calif.: Ridgeview Publishing, 1991), 531–52.

convertir a Dios en un particular abstracto, convertirlo en esta bondad o en esta omnipotencia. Tampoco está de más decir que el hecho de que Dios sea idéntico a su esencia nos obligará simplemente a revisar nuestro concepto de lo que es una propiedad. Comprendemos claramente algunas de las características esenciales de las propiedades y de los objetos abstractos en general, como para poder afirmar con confianza que todo lo que es un agente personal no es una propiedad. La doctrina de que Dios es cualquier tipo de objeto abstracto es teológica y filosóficamente insostenible, porque tales abstracciones no pueden ser el Creador y sustentador del universo como Dios es.

Además, si Dios no es distinto de su esencia, entonces Dios no puede saber o hacer nada diferente de lo que sabe y hace. No puede tener ningún conocimiento o acción contingente, porque todo lo que le rodea es esencial para él.[14] Pero en ese caso todas las distinciones modales se derrumban y todo se vuelve necesario. Puesto que "Dios sabe que *p*" es lógicamente equivalente a "*p* es verdad", la necesidad de la primera implica la necesidad de la segunda. Así, la simplicidad divina conduce a un fatalismo extremo, según el cual todo lo que sucede lo hace con lógica necesidad.

Podría decirse que Aquino podría escapar a esta desagradable conclusión con su doctrina de que Dios no tiene ninguna relación real con las criaturas. Como ser simple, Dios trasciende todas las distinciones aristotélicas entre sustancia y accidentes, y puesto que las relaciones son un tipo de accidente, Dios no tiene propiedades relacionales y no tiene relaciones reales con las cosas fuera de sí mismo. Las cosas están en las relaciones reales con Dios, pero la situación no es simétrica: las relaciones de Dios con las criaturas están en nuestras mentes, no en la realidad. Así, Dios es perfectamente similar en todos los mundos lógicamente posibles que podamos imaginar. Pero en algunos mundos, o bien diferentes criaturas están en relación con Dios, o bien ninguna criatura existe y está relacionada con Dios. Así, el mismo estado cognitivo simple cuenta como el conocimiento de una conjunción de proposiciones en un mundo y otra conjunción de proposiciones en otro

[14] Leftow quiere sostener que, aunque Dios es idéntico con sus atributos esenciales y ellos con los demás, Dios también posee propiedades contingentes, con las que no es idéntico, ya que si el mundo fuera diferente, el estado intrínseco de conocimiento de Dios también sería diferente. (Leftow, "God an Abstract Object?" 595). En este caso, la simplicidad divina ha sido abandonada, y uno tendrá que decir que Dios crea sus propias propiedades contingentes. Pero entonces la incoherencia amenaza. Porque considera que a la propiedad como *teniendo propiedades contingentes*. Esta propiedad no puede ser poseída por Dios de manera contingente porque en cualquier mundo posible Dios tendrá algún estado de conocimiento y, por lo tanto, algunas propiedades contingentes. Así que esta propiedad debe ser esencial para Dios y, por lo tanto, idéntica a él. Pero entonces, explicativamente antes de crear propiedades contingentes, Dios ya debe poseer propiedades contingentes, lo cual es incoherente.

mundo. Del mismo modo, en un mundo el mismo acto de poder (que, según la doctrina de la simplicidad divina, sólo es el ser divino) tiene efectos realmente relacionados con él en forma de criaturas, y en otro mundo no tiene tales efectos.

Pero la doctrina de Aquino sólo sirve para hacer más increíble la simplicidad divina. Porque es incomprensible cómo el mismo estado cognitivo puede ser el conocimiento de que "yo existo solo" en un mundo y que "yo he creado infinidad de criaturas" en otro. Además, lo que Dios sabe es todavía diferente, incluso si el estado cognitivo de Dios es el mismo; y puesto que Dios es su conocimiento, la contingencia es introducida en Dios. Es igualmente ininteligible por qué un universo de criaturas debería existir en algunos mundos y no en otros si el acto de poder de Dios es el mismo en todos los mundos. La razón no se encuentra en Dios, ya que él es absolutamente el mismo. Tampoco se puede encontrar la razón en las criaturas mismas, pues la razón debe ser explicativamente previa a la existencia de las criaturas. Por lo tanto, afirmar que Dios no tiene ninguna relación real con las cosas es hacer que la existencia o inexistencia de criaturas en varios mundos posibles sea independiente de Dios y totalmente misteriosa.

Finalmente, decir que la esencia de Dios es sólo su existencia parece totalmente dudoso, ya que en el caso de Dios no existe ninguna entidad; sólo existe lo que existe en sí mismo sin ningún sujeto. Las cosas existen; pero es ininteligible decir que lo que *existe* simplemente existe.

En resumen, tenemos poderosas razones para rechazar la doctrina de la simplicidad divina y con ella la pretensión de que Dios puede crear todas las propiedades que no sean las que concebimos que pertenecen a su esencia simple.

Por lo tanto, parece que la circularidad viciosa que amenaza al platonismo modificado no puede evitarse plausiblemente recurriendo a la simplicidad divina. A menos que los creacionistas absolutos encuentren una solución mejor a este problema, su intento de modificar el platonismo para ponerlo en armonía con la doctrina cristiana parece ser una estrategia abortiva.

Ficcionalismo

Las discusiones filosóficas sobre objetos abstractos parecen tener un aire de irrealidad. Ciertamente, existen cosas como los perros marrones y los elefantes grandes; pero ¿hay realmente cosas como el 'marrón' del perro o la 'grandeza' del elefante que también existen? Se podría decir que vemos el color marrón del perro. Pero mientras que definitivamente vemos al perro marrón, no vemos su 'marrón', en la medida en que se trata de un platónico universal, ya que las propiedades son objetos abstractos y por lo tanto no se extienden y no reflejan fotones. El 'marrón', por lo tanto, curiosamente, no es marrón en sí mismo. Pero entonces, ¿cómo es que estar parcialmente compuesto de, o en relación a, un objeto abstracto incoloro hace que un perro de otro modo incoloro sea marrón?

Del mismo modo, es posible que todos estemos de acuerdo en que tenemos tres manzanas sobre la mesa y que, si ponemos dos manzanas más allí, habrá cinco manzanas sobre la mesa. Pero, ¿existen realmente tres? ¿Hay cosas como dos y cinco que existen independientemente de cualquier objeto concreto que enumeren? Es difícil resistirse a la sospecha de que estamos siendo engañados por nuestras prácticas lingüísticas, cosificando las expresiones lingüísticas, las cuales, aunque quizás sean inevitables, no se refieren realmente a ninguna de las cosas existentes.

Esa es exactamente la afirmación del ficcionismo, que ve a los objetos abstractos como ficciones más o menos útiles. Frases como "2 + 2 = 4" son como afirmaciones sobre personajes ficticios, como "Papá Noel vive en el Polo Norte". Tales frases no se refieren a nada porque tienen términos vacíos en ellas. Debido a que así no corresponden a la realidad, son literalmente falsas o al menos sin valor de verdad. Como no existe Santa Claus, no puede vivir literalmente en el Polo Norte. Puesto que no existen cosas como dos y cuatro, no es literalmente cierto que cuatro es la suma de dos '2'.

Lo que es cierto, sin embargo, es que Papá Noel vive en el Polo Norte de acuerdo con la historia habitual de Papá Noel; de acuerdo con esa historia, no tiene su hogar en East Peoria. Del mismo modo, es cierto decir que 2 + 2 = 4 de acuerdo con la cuenta estándar de las matemáticas. Esto le ahorra al ficcionalista la vergüenza de afirmar rotundamente que "2 + 2 = 4" es falso, pues está de acuerdo en que tal afirmación es cierta en el modelo estándar de la aritmética. Pero niega que ese modelo corresponda a cualquier realidad independiente. Es un error pensar que la práctica matemática nos compromete con la verdad literal de las teorías matemáticas, pues la cuestión ontológica sobre la realidad de los objetos matemáticos es una cuestión filosófica que las matemáticas no abordan por sí mismas. A lo sumo, nuestra práctica nos compromete a sostener que ciertas afirmaciones son ciertas de acuerdo con la cuenta estándar en el área relevante.

Si el ficcionalista tiene razón, entonces el reto que plantea el platonismo a la *creatio ex nihilo* y a la aseidad divina se disuelve inmediatamente. Porque entonces no hay objetos abstractos. Por lo tanto, sólo Dios existe *a se*, y crea todo lo que es distinto de sí mismo *ex nihilo*.

La principal dificultad a la que se enfrenta el ficcionalismo es el argumento de la indispensabilidad del platonismo. Si las afirmaciones matemáticas son meras ficciones, ¿por qué son tan útiles y por qué no podemos prescindir de ellas para conocer nuestro mundo?

En su penetrante defensa del ficcionismo,[15] Mark Balaguer observa que hay dos rutas o vías abiertas para responder a esta objeción. Una ruta, tomada por Hartry Field, es desafiar la suposición de que las matemáticas son indispensables para la ciencia y proporcionar una ciencia nominalizada en su lugar. Aunque Balaguer no está de acuerdo con la opinión generalizada de que el programa de nominalización de Field es un fracaso, prefiere admitir que las matemáticas están inextricablemente entretejidas en la ciencia empírica y explicarlo desde una perspectiva ficcionalista. La segunda ruta, adoptada por Balaguer, es mostrar que, por indispensable que sea la matemática para la práctica científica, no aporta nada de contenido a nuestro conocimiento del mundo, y su aplicabilidad no se explica mejor por el platonismo.

Balaguer defiende lo que él llama realismo científico nominalista, la opinión de que el contenido nominalista de la ciencia empírica es en su mayor parte cierto, aunque su contenido platónico sea ficcional o ficticio. Esta perspectiva está apoyada por el aislamiento causal de los objetos abstractos. Si, *per impossibile*, todos los objetos abstractos en el reino matemático desaparecieran, no habría ningún efecto en el mundo físico. Por lo tanto, incluso si todos los objetos matemáticos desaparecieran, el contenido nominalista de la ciencia seguiría siendo verdadero. Esto es simplemente reiterar que los objetos abstractos son causalmente inertes.

"La idea detrás del argumento [de indispensabilidad] es en realidad bastante contradictoria", reflexiona Balaguer. "La idea aquí es que para creer que el mundo físico tiene la naturaleza que la ciencia empírica le asigna, tengo que creer que hay objetos matemáticos causalmente inertes, que existen fuera del espaciotiempo".[16] Esta idea es inherentemente inverosímil. Entonces, ¿por qué hablar de entidades matemáticas? La respuesta, dice Balaguer, es que las teorías empíricas utilizan el lenguaje matemático de objetos para construir un aparato teórico o marco descriptivo en el que hacer afirmaciones sobre el mundo físico.

Por ejemplo, cuando decimos de algún sistema físico *S* que "*S* es 40° Celsius", el número 40 sirve simplemente como una forma conveniente de describir el estado de temperatura de *S*. Al correlacionar diferentes estados de temperatura con diferentes números, la escala Celsius nos

---

[15] Mark Balaguer, *Platonism and Anti-Platonism in Mathematics* (New York: Oxford University Press, 1998), parte 2. Véase idem, "A Theory of Mathematical Correctness and Mathematical Truth," *Pacific Philosophical Quarterly* 82 (2001): 87–114.

[16] Balaguer, *Platonism and Anti-Platonism*, 136.

permite usar números como nombres de estados de temperatura. La estructura empírica de los estados de temperatura puede ser representada por la estructura matemática de la línea numérica real porque tienen la misma estructura. Por lo tanto, el contenido platónico de la ciencia es algo que la ciencia dice incidentalmente en su esfuerzo por decir lo que realmente quiere decir—lo que está contenido en su contenido nominalista.

Balaguer no explica por qué las matemáticas son aplicables al mundo físico o por qué son indispensables en la ciencia empírica. Simplemente argumenta que su aplicabilidad e indispensabilidad no implican su verdad literal. Pero observa que tampoco el platonista puede responder a tales preguntas de "por qué". La verdad de las teorías matemáticas no garantiza su relevancia; por lo tanto, los platonistas se enfrentan a la pregunta de por qué los objetos matemáticos, que existen fuera del espaciotiempo y aislados causalmente, tienen alguna relevancia para la teoría física. El argumento de la indispensabilidad es realmente "un desafío para la gente que niega que las matemáticas son objetos empíricos causalmente eficaces para explicar la relevancia de las matemáticas para la ciencia empírica".[17] Ese desafío es aún más apremiante para el platonista que para el ficcionalista.

El desafío de explicar la aplicabilidad de las matemáticas al mundo recuerda el relato de Platón sobre la creación en el *Timeo*. Dios mira a las Formas como los patrones sobre los cuales modelar el universo físico. Aunque tal relato es inconsistente con una doctrina robusta de *creatio ex nihilo*, resuelve el problema de la aplicabilidad/indispensabilidad. Debido a que Dios ha moldeado el mundo según el modelo de ciertas formas matemáticas, las matemáticas son inherentes a cualquier descripción exacta del mundo. Pero un relato similar está disponible para el ficcionalista. Dios puede haber empleado ciertas ficciones matemáticas para que sirviera como modelo para su construcción del universo físico, y por lo tanto esas ficciones son útiles como marco descriptivo para nuestra ciencia empírica.

Así, cuando Balaguer afirma que "la línea numérica real es relevante para las descripciones de longitud porque los objetos físicos se ordenan con respecto a 'más largo que', así como los números reales se ordenan con respecto a 'mayor que'",[18] el teísta atribuirá esta estructuración homomórfica al diseño de Dios. La aplicabilidad de las matemáticas al mundo empírico no es, por lo tanto, un problema para el teísta, ya sea platonista o ficcionalista. El ficcionalista, además, puede conceder el

---

[17] Ibid., 111.
[18] Ibid., 144.

carácter indispensable de las matemáticas a la ciencia empírica como ayuda descriptiva, pero insistirá en que tal carácter indispensable no justifica la conclusión de que existan realmente objetos matemáticos abstractos.

¿Qué hay de las proposiciones? ¿Cómo las tratará el ficcionalista? En un artículo reciente, Balaguer ha ampliado su análisis ficcionalista de los objetos matemáticos para incluir también las proposiciones.[19] Observa que la razón principal que los platonistas dan para pensar que las proposiciones existen es el argumento de indispensabilidad. Afirman que en las frases que contienen cláusulas "que", como "Balaguer cree que no hay buenos argumentos a favor del platonismo", o "Balaguer admite que las frases matemáticas son científicamente indispensables", la cláusula "que" es una expresión de referencia para elegir un objeto. Además, los referentes más plausibles para tales expresiones son las proposiciones, en lugar de, digamos, las frases, los pensamientos o lo que sea. En consecuencia, las proposiciones son objetos indispensables de nuestras diversas actitudes.

En respuesta a este argumento, Balaguer defiende lo que él llama ficcionalismo semántico. Está de acuerdo con el platonista en que, semánticamente, "creer" es una relación de dos lugares que involucra a un sujeto y a un objeto de la actitud del sujeto. Pero él niega que, metafísicamente, creer es una relación de dos lugares. En cambio, tener una creencia es una propiedad no relacional del creyente. Por lo tanto, Balaguer está de acuerdo con el análisis semántico del platonista de las frases que contienen cláusulas "que": tales cláusulas son expresiones de referencia. Está de acuerdo, además, en que el candidato más plausible para los referentes de tales expresiones son, en efecto, las proposiciones.

Pero como el ficcionalismo niega que existan entidades como las proposiciones, se deduce que, según el ficcionalista semántico, las cláusulas "que" son vacías porque fallan en hacer referencia a ellas. Por lo tanto, no hay frases verdaderas que contengan cláusulas "que"—todas ellas son falsas o no tienen valor de verdad. Sin embargo, estas frases son ficciones útiles, y no hay razón para tratar de extirparlas de nuestro discurso.

Balaguer reconoce que puede parecer una locura sostener que no hay frases verdaderas que contengan cláusulas "que". Pero no niega que tenemos creencias, miedos, esperanzas y otras actitudes que se suelen tomar como objeto de las proposiciones. Cuando Balaguer afirma que una frase como "Jones cree que George Bush es presidente" no es cierta,

[19] Mark Balaguer, "Attitudes with Propositions," *Philosophy and Phenomenological Research* 58 (1998): 805–26.

no niega que Jones tenga esa creencia, sino que Jones está relacionado con algún objeto abstracto por la relación de *creer*. Su estrategia para hacer plausible esta afirmación es paralela a la del ficcionalista matemático. Hay un contenido nominalista de "Jones cree que George W. Bush es presidente" que está causalmente aislado de, y por lo tanto independiente de, cualquier supuesto contenido platónico concerniente a una proposición. Debido a que los objetos abstractos son causalmente inertes, una proposición, incluso si existe, no hace nada para determinar el estado de creencia de Jones. Cuando Jones cree que George W. Bush es presidente, hay un cierto estado concreto de su alma/cerebro que no se ve afectado por ningún objeto abstracto como las proposiciones. Así que incluso si no hubiera propuestas, si todas desaparecieran, Jones seguiría estando en el mismo estado de creencia y, por lo tanto, seguiría teniendo las mismas creencias que él.

Hablar platónicamente de proposiciones, como hablar de objetos matemáticos, es simplemente una conveniencia descriptiva que hace más fácil decir lo que queremos decir sobre el mundo físico. Cuando decimos que Jones cree que George W. Bush es presidente, empleamos una expresión tan referencial para escoger una propuesta como una forma fácil de expresar el estado de creencia en el que se encuentra Jones. Así como la estructura física de los estados de temperatura puede ser representada por la estructura matemática de la línea numérica real, así también la estructura concreta de los estados de creencia de una persona puede ser expresada por la estructura lógico-lingüística de las proposiciones. Pero si el discurso platonista es sólo una ayuda descriptiva, entonces su indispensabilidad semántica no da motivos para pensar que no es, en sentido estricto, ficcional, ya que las ficciones pueden ayudar a las descripciones tan fácilmente como las verdades. Mientras esto se entienda, el ficcionalista semántico no ve ninguna necesidad de tratar de purgar nuestro lenguaje de ficciones tan útiles.

Aunque Balaguer no lo menciona, uno puede imaginar cómo el programa ficcionalista podría extenderse para incluir también el ficcionalismo de propiedad. Las propiedades, interpretadas como objetos abstractos (universales), se aíslan causalmente de la forma en que es el mundo físico y, por lo tanto, no tienen ningún efecto sobre él. El ficcionalista puede estar de acuerdo en que muchas de nuestras afirmaciones incluyen expresiones que supuestamente escogen a los universales, por ejemplo, "La brillantez no es excusa para la pereza". No está claro que todas las atribuciones de propiedad deban ser tomadas como una referencia a los universales. Por ejemplo, "El sofá es rojo" puede parecer que uno no está comprometido con la existencia de un objeto abstracto como la 'rojez', sino simplemente con la 'rojez' observada y particular del sofá. Sea como fuere, sin embargo, el ficcionalista mantendrá que todas las frases que contienen expresiones de referencia que supuestamente mencionan a los universales tienen términos vacuos. Por lo tanto, al no hacer referencia a ellas, las frases pertinentes no son verdaderas. Sin embargo, hay un contenido nominalista en estas frases que es verdadero, aunque el contenido platonista sea ficcional. Por lo tanto, esas frases siguen siendo ficciones útiles. Aunque la charla sobre la propiedad está profundamente arraigada en nuestro lenguaje e incluso pueda ser indispensable para describir cómo es el mundo físico, tal charla no nos compromete a la existencia de objetos abstractos. La forma en que es el mundo físico es causalmente independiente de la existencia de objetos abstractos, y nuestras declaraciones descriptivas emplean un marco platonista ficcional para describir la forma en que es el mundo.

Curiosamente, el ficcionalismo de propiedad, en respuesta a la pregunta de Plantinga "¿Tiene Dios una naturaleza?" implica que Dios no tiene una naturaleza en el sentido moderno de una esencia abstracta que existe fuera de sí mismo y con la que se encuentra en la relación de *ejemplificación*. Pero tal negación es totalmente consistente con el hecho de que Dios tiene una naturaleza en el sentido escolástico de un constituyente interno que responde a la pregunta de la definición "¿Qué es esto?"[20]

Además, incluso si Dios no tiene una naturaleza en ninguno de estos sentidos, el ficcionalismo no implica que Dios podría haber fallado en ser omnipotente, omnisciente, santo, y así sucesivamente. Así como una figura no sería un triángulo si le faltaran tres ángulos, así un ser no sería Dios si ese ser fuera moralmente imperfecto o ignorante de ciertas verdades o incapaz de realizar ciertas acciones. Por eso, se recordará, Plantinga pensó que el nominalismo era irrelevante para la cuestión, en la medida en que Dios, desde el punto de vista nominalista, seguirá siendo incapaz de controlar las verdades necesarias, tales como *Dios es santo*. Así, el ficcionalista cristiano pensará que la condición concreta de Dios está descrita con precisión por la atribución platonista de varias

---

[20] Sobre esta distinción, véase Wolterstorff, "Divine Simplicity," 531–52. Wolterstorff llama a las teorías escolásticas ontologías "constitutivas" en contraste con las ontologías "relacionales" de las teorías modernas.

Cabe resaltar que la visión cristiana estándar de los universales, que alcanzó su punto culminante en el escolasticismo medieval, no afirmaba que las naturalezas existen como entidades platónicas sino como objetos concretos, siendo universales sólo como ideas en la mente. Para una defensa contemporánea de lo que él llama "realismo inmanente" sobre las propiedades, una ontología constitutiva totalmente compatible con la aseidad divina y la *creatio ex nihilo*, ver D. M. Armstrong, *Universals: An Opinionated Introduction* (Boulder, Colo.: Westview Press, 1989), caps. 6–7.

propiedades a Dios, pero el ficcionalista no interpretará que estas propiedades son instancias de universales abstractos independientemente existentes.

El ficcionalismo, entonces, es compatible con la aseidad divina y la *creatio ex nihilo*, ya que rechaza la existencia de cualquier objeto abstracto, convirtiéndola en una opción teológicamente atractiva. ¿Es el ficcionalismo una opción filosóficamente defendible? No estamos dispuestos a pronunciarnos sobre esta controvertida pregunta. Sin duda, el mayor obstáculo para abrazar el ficcionalismo es su negación de la verdad de tantas afirmaciones que parecen obviamente verdaderas. Hay que endurecerse para afirmar de frente que es falso, o al menos no verdadero, que "4 es divisible por 2", que "Jones cree que _____", o que "estas dos bolas tienen la misma forma".

El ficcionalista, sin embargo, no se limita a negar la verdad de tales afirmaciones y lo deja así. Afirma que "cuatro es divisible por dos" es cierto en nuestra teoría aritmética estándar, que Jones está en el estado de creencia que describimos a través de la ficción útil de objetos proposicionales de creencia, y que el estado físico de las dos bolas es como lo describimos usando la ficción de universales abstractos. Tales afirmaciones son mucho menos escandalosas que las negaciones planas.

Además, hay maneras para que el antirealista mantenga una posición nominalista sin abrazar el ficcionalismo. Porque, como señala J. Azzouni, la estrategia ficcionalista asume tácitamente el criterio de compromiso ontológico de Quine.[21] Según Quine, si la mejor teoría científica requiere cuantificación existencial sobre ciertas entidades, entonces se está comprometido ontológicamente con ellas.[22] Es decir, si se debe utilizar el cuantificador existencial "∃" (léase como "Hay/...") en la simbolización en la lógica de primer orden de las frases adecuadamente regidas de la mejor teoría científica de uno, entonces las entidades sobre las que se ha cuantificado existen realmente. Así, el criterio de Quine, aunque no nos dice directamente lo que existe, nos informa de lo que existe si una cierta teoría es cierta. Nos dice qué compromisos ontológicos tiene una teoría.

Ahora bien, si uno no cree que existen objetos abstractos, puede intentar regir su discurso teórico de tal manera que evite tener que cuantificar sobre objetos abstractos. Field persigue esta estrategia de tratar de interpretar el hablar de objetos abstractos de tal manera que se evite comprometerse ontológicamente con ellos. Una estrategia alternativa es admitir que el discurso de uno mismo, de hecho, lo

---

[21] J. Azzouni, "On 'On What There Is,'" *Pacific Philosophical Quarterly* 79 (1998): 1–18.

[22] W. V. O. Quine, "On What There Is," en *From a Logical Point of View*, 2da ed. (Cambridge: Harvard University Press, 1980), 1–19.

compromete a uno a la existencia de tales entidades y a negar que dicho discurso es literalmente verdadero. La estrategia ficcionalista acepta implícitamente el criterio de compromiso ontológico de Quine, pues aparte de este supuesto no hay razón para considerar falsas las frases que cuantifican objetos abstractos. A falta del criterio de Quine, se podría considerar que tales afirmaciones son verdaderas, pero habría que desentenderse de la idea de que los objetos abstractos no obligan a ningún compromiso ontológico.

De hecho, no hay ninguna razón de peso para aceptar el criterio de compromiso ontológico de Quine. No hay base para invertir el cuantificador existencial con el tipo de fuerza ontológica que Quine le atribuye. Puede parecer extraño afirmar que "Hay un número primo entre el seis y el ocho", al tiempo que se niega la existencia de los números, pero la expresión "hay" no tiene por qué comprometernos con la existencia real del objeto sobre el que se ha cuantificado. Azzouni observa:

> Se puede argumentar que los físicos, y otros científicos también, suelen considerar que *su* empleo de las matemáticas es ontológicamente neutro. A pesar del uso (indispensable) de la cuantificación sobre entidades matemáticas para formular teorías científicas, y para hacer inferencias empíricas, se considera que la charla matemática es *verdadera*, aunque simultáneamente, no se considera como algo "real". Esto da una poderosa evidencia intuitiva de que *algunos* usos del lenguaje ordinario "hay" (e.g., en el contexto de las matemáticas aplicadas) *no* tienen peso ontológico.[23]

De hecho, creemos que hay buenas razones para no considerar el cuantificador existencial como la clave de la ontología. Por ejemplo, el lenguaje de la lógica es un lenguaje artificial quse se abstrae de todo tiempo. Una frase como "Trilobites surgieron en el mar Paleozoico" requiere cuantificación existencial sobre los trilobites, de modo que estamos comprometidos ontológicamente con la existencia de los trilobites. Pero entonces parecíamos forzados a decir que los trilobites existen actualmente, lo cual sabemos que es falso, o a adoptar la ontología cuatridimensional de Quine. Según Quine, no hay distinción ontológica entre entidades pasadas, presentes y futuras, una ontología que tenemos muy buenas razones para rechazar (sobre todo su incompatibilidad con la doctrina de la *creatio ex nihilo*).[24] Por lo tanto,

---

[23] Azzouni, "On 'On What There Is,'" 4.

[24] Se puede afinar la cuantificación de frases temporales uniendo con el cuantificador existencial un operador lógico temporal en cuyo ámbito se encuentra el cuantificador. Pero esto es un rechazo implícito del uso de Quine del cuantificador simple como la clave para el compromiso ontológico. De hecho, el uso de la lógica de orden superior o la lógica modal para simbolizar las frases

los compromisos ontológicos no deben ser medidos por el cuantificador existencial.

Azzouni observa que es bien sabido que el cuantificador existencial puede jugar dos roles diferentes que a veces se desmoronan, indicando compromiso ontológico o indicando la admisibilidad de una regla lógica de inferencia.[25] Cuando alguien dice: "Hay infinitamente muchos números primos", y luego agrega: "Pero en realidad no existen tales cosas como los números", no está hablando de manera incoherente, sino que está cambiando de un rol del cuantificador a otro. Azzouni sugiere que abandonemos el papel del cuantificador que indica compromiso ontológico en favor de un predicado como "es real". El compromiso ontológico (determinado por la eficacia causal) se indicaría no sólo diciendo que hay una cosa determinada sino, además, que esa cosa es real.

Tampoco es ese el final de la historia. Porque, aunque uno esté de acuerdo con Quine en que el cuantificador existencial "∃" proporciona la clave para los compromisos ontológicos de una teoría, los compromisos ontológicos que tenga una teoría dependerán de nuestra interpretación de "∃". Los lógicos distinguen entre la interpretación *objetual* y la interpretación *sustitucional* del cuantificador existencial. Según la interpretación objetual, una oración existencialmente cuantificada (como "Hay lobos en el Parque Nacional de Yellowstone") es verdadera si y sólo si hay algún objeto que tenga la propiedad predicada de ella. La cuantificación objetual implica, por tanto, el uso de términos referenciales que ostensiblemente identifican algún referente en el mundo. Por otro lado, en la interpretación sustitucional, una oración existencialmente cuantificada es verdadera si y sólo si se puede formar una oración verdadera sustituyendo la variable asociada a "∃" por términos. Por lo tanto, la cuantificación sustitucional no implica referencia a objetos en el mundo. Por lo tanto, sólo la interpretación objetual, a diferencia de la interpretación sustitucional, implica compromisos ontológicos como resultado de afirmaciones existencialmente cuantificadas. Quine reconoce esto, pero rechaza la interpretación sustitucional porque elimina toda referencia. Pero, como explica Dale Gottlieb, el antirealista no necesita sostener que todo uso de

---

reglamentadas de una teoría científica socavará la perspicacia del criterio de Quine. Para una discusión de las fallas de una ontología cuatridimensional, vea William Lane Craig, *The Tenseless Theory of Time: A Critical Examination*, Synthese Library 294 (Dordrecht: Kluwer Academic Publishers, 2000).

[25] J. Azzouni, "Applied Mathematics, Existential Commitment and the Quine-Putnam Indispensability Thesis," *Philosophia Mathematica* 5 (1997): 193–209.

la cuantificación existencial sea sustitucional.[26] Él puede justificar su uso en el caso especial de la cuantificación sobre objetos abstractos en vista de las consecuencias ontológicas casi mágicas que resultarían de una interpretación objetual. Para demostrar que estamos comprometidos ontológicamente por las afirmaciones existencialmente cuantificadas de nuestra teoría a alguna entidad, debe demostrarse no sólo que la forma lógica de tales afirmaciones es indispensable, sino también que los cuantificadores no pueden ser interpretados de manera sustitucional, lo cual, a juicio de Gottlieb, es "casi imposible de establecer".[27]

El rechazo del criterio de compromiso ontológico de Quine permite al antirealista mantener el escepticismo sobre la existencia de objetos abstractos sin abrazar el ficcionalismo. Azzouni establece dos condiciones para un nominalismo no ficcionalista:

> Una vez que uno se *niega* a dar por sentado el criterio de Quine, y siempre que pueda demostrar que existe alguna diferencia significativa entre los tipos de posturas en una teoría científica, puede negar que los compromisos existenciales de una teoría científica están igualmente justificados *ontológicamente* a pesar de que presupongamos la verdad de *todas* las frases de dicha teoría.[28]

El antirealista puede rechazar el criterio de Quine debido a su evidente inadecuación y falta de motivos probatorios. Al hacerlo, el antirealista puede mostrar una diferencia significativa entre las posturas abstractas y concretas de una teoría científica sobre la base del aislamiento causal de la primera y, por lo tanto, su irrelevancia en el ámbito empírico. Por lo tanto, uno evita hábilmente el dilema de negar la verdad de algunas de las frases de la teoría o abandonar el antirealismo.

Ya sea en su aspecto ficcionalista o no ficcionalista, una perspectiva nominalista sobre el desafío que plantea el platonismo a la aseidad divina y a la *creatio ex nihilo* merece una mayor exploración por parte de los pensadores cristianos.

Conceptualismo

Históricamente, la posición cristiana dominante en respuesta al desafío del platonismo ha sido el conceptualismo, no el ficcionalismo. La figura seminal del conceptualismo cristiano fue Agustín, quien trasladó el reino platónico de las Formas o Ideas a la mente divina, para que

---

[26] Dale Gottlieb, *Ontological Economy: Substitutional Quantification and Mathematics*, Clarendon Library of Logic and Philosophy (Oxford: Oxford University Press, 1980), 53–54.
[27] Ibid., 50.
[28] Azzouni, "On 'On What There Is,'" 6.

literalmente se convirtieran en ideas de Dios. "En cuanto a estas razones (*rationes*), se debe pensar que no existen en ningún otro lugar que no sea en la mente misma del Creador", escribió él. "Porque sería sacrílego suponer que él estaba mirando algo colocado fuera de sí mismo cuando creó de acuerdo con lo que él creó".[29] Agustín rechaza así el relato de Platón sobre la creación en favor de un relato ejemplar de la creación que sea consistente con la aseidad divina. Los pensadores medievales que lucharon con el problema de los universales, desde Boecio hasta Ockham, adoptaron todas las versiones del conceptualismo de Agustín. Los universales fueron construidos para tener una existencia ideal, no para ser objetos abstractos existentes independientemente.

En la escena contemporánea, Philip Kitcher ha defendido una visión de la realidad matemática que es sugestiva para el filósofo de la religión.[30] Al igual que el ficcionalista, Kitcher considera que las expresiones de referencia en las declaraciones matemáticas son vacías, ya que no existen objetos abstractos. Pero en lugar de considerar que las afirmaciones matemáticas son, por lo tanto, falsas, Kitcher las interpreta como idealizaciones basadas en nuestra experiencia del mundo, las cuales, como tales, estipulamos que son verdaderas y, en consecuencia, vacuamente verdaderas.

Las declaraciones matemáticas tienen el mismo estatus que las leyes de los gases ideales. Por ejemplo, la ley Boyle-Charles que relaciona el volumen, temperatura y presión de un gas es falsa con respecto a cualquier gas real, pero describe el comportamiento de un gas ideal. La ley es cierta en virtud de la definición de un gas ideal. La estipulación de las características de un gas ideal, explica Kitcher, está garantizada por nuestra experiencia con gases reales, que satisfacen aproximadamente las condiciones establecidas en la ley Boyle-Charles. Sabemos por experiencia que el comportamiento de los gases reales se aproxima al comportamiento de un gas ideal. Por lo tanto, se nos lleva a abstraer de ciertas características de situaciones reales y a introducir la noción de un gas ideal para describir cómo se comportarían los gases reales en ausencia de factores complicados. Por lo tanto, las leyes del gas ideal, aunque ciertas por estipulación, son útiles para comprender el mundo físico real.

De manera similar, Kitcher ve las declaraciones matemáticas como idealizaciones arraigadas en las estructuras concretas del mundo físico y de nuestras actividades como agentes. Un aspecto central del enfoque de Kitcher es la sustitución de los objetos abstractos como materia de

[29] Agustín, *De diversis quaestionibus* 46.2.21–32.

[30] Philip Kitcher, *The Nature of Mathematical Knowledge* (Oxford: Oxford University Press, 1983), cap. 6.

matemáticas por diversos tipos de actividades matemáticas que realizan los agentes. La aritmética, por ejemplo, describe aquellas características estructurales del mundo en virtud de las cuales somos capaces de segregar y recombinar objetos. La teoría de conjuntos describe las actividades de recolección y ordenamiento de los agentes.

Ahora Kitcher reconoce que ningún agente real realiza todas las operaciones descritas por las matemáticas. La relación entre las matemáticas y las operaciones reales de los agentes humanos es paralela a la relación entre las leyes de los gases ideales y el comportamiento de los gases reales. Las matemáticas son una teoría idealizadora de nuestras operaciones reales. Por lo tanto, las afirmaciones matemáticas son ciertas en virtud de las estipulaciones que establecemos, especificando condiciones que, si bien en realidad no se satisfacen con nada, sí se satisfacen aproximadamente con las operaciones que realizamos. Puesto que las declaraciones matemáticas son idealizaciones extraídas del mundo de la experiencia empírica, se resuelve el misterio de la aplicabilidad de las matemáticas al mundo.

La perspectiva de Kitcher se vuelve especialmente interesante para el teísta cuando comenta: "Podemos personificar la idealización, pensando en la aritmética como la descripción de la producción constructiva de un sujeto ideal".[31] De manera similar, en la teoría de conjuntos podemos reemplazar el hablar de la formación sucesiva de colecciones por el hablar de la actividad colección iterada de un sujeto matemático ideal.[32] Kitcher enfatiza que su punto de vista no implica ningún compromiso con la existencia real de un sujeto ideal.[33] Las afirmaciones de la aritmética, nos recuerda, son vacuamente verdaderas, al igual que las afirmaciones de la teoría del gas natural ideal. Se distinguen de las afirmaciones vacuas e inútiles, por el hecho de que las estipulaciones sobre las actividades del sujeto ideal se abstraen de las limitaciones accidentales de los agentes humanos. Las verdades de las matemáticas no deben ser interpretadas como descripciones de las actividades reales de alguna persona.

Precisamente por esta razón, Balaguer acusa a Kitcher de que su punto de vista vuelve a caer en el ficcionalismo.[34] La versión aritmética

[31] Ibid., 109.

[32] Ibid., 131.

[33] Ibid., 117; cf. 142.

[34] Balaguer, *Platonism and Anti-Platonism*, 107–9. Cf. los dudas de Menzel: "Un problema con la mayoría de los relatos constructivistas—tanto los relatos 'estrictos', intuicionistas como los más 'sueltos', de base clásica, como los de Kitcher y Chihuahua—es: ¿Qué es exactamente una idealización, la *mera posibilidad* de una construcción? ¿Y para quién es posible la construcción? ¿Para nosotros? ¿Para posibles humanos? ¿Para un agente ideal de algún tipo? ¿Y cómo sirven tales idealizaciones como materia de matemáticas? ¿Cómo, en particular, pueden ser *verdaderas* las

de Kitcher es vacua porque se trata de las actividades de un agente ideal, y no hay un agente ideal. En opinión de Kitcher, afirmaciones como "Hay un número primo entre seis y ocho" o "El conjunto de todos los primos existe" son simplemente falsas. Balaguer insiste en que los ficcionalistas pueden decir lo mismo que Kitcher sobre la aplicabilidad de las matemáticas: Primero, llegamos a las teorías matemáticas reflexionando sobre ciertas características estructurales del mundo físico, ampliándolas, y abstrayéndolas de sus particularidades. Segundo, nuestras teorías matemáticas son aplicables a la ciencia empírica porque describen ciertas estructuras idealizadas (no existentes) que se instancian parcial e imperfectamente en el mundo físico.

Pero, ¿y si realmente existe un agente ideal? En ese caso, las expresiones de referencia en las declaraciones matemáticas no serían vacuas, sino que describirían las operaciones reales realizadas por ese agente. Y, por supuesto, es precisamente en la existencia de una Mente omnisciente, omnipotente, donde el teísta cristiano cree. Si Dios existe, entonces la visión de Kitcher se transforma en una especie de constructivismo teísta, según el cual las estructuras matemáticas están constituidas por las actividades mentales de Dios de coleccionar y ordenar.

Tal posición ha sido defendida por Christopher Menzel, quien toma propiedades, relaciones y proposiciones (PRP) para ser "el contenido de cierto tipo de actividad intelectual divina en la que Dios, por su naturaleza, está esencialmente comprometido. Captar un PRP, entonces, ... es captar un producto del intelecto divino, una idea divina".[35] Menzel ofrece un análisis reductivo de los números, según el cual los números son propiedades de los conjuntos, y toma los conjuntos como productos de una actividad de recolección por parte de Dios. Para evitar varias paradojas, como el hecho de que Dios haya reunido todas las proposiciones en un conjunto, Menzel enuncia una especie de logicismo divino, según el cual existe una jerarquía lógica en la mente de Dios, a diferentes niveles de la cual se construyen varios conjuntos y PRP.

---

afirmaciones matemáticas si estas idealizaciones no existen en ningún sentido? ¿Cómo puede ser cierta una afirmación existencialmente cuantificada en virtud de la mera posibilidad de una construcción idealizada que de hecho nunca se ha llevado a cabo?" (Menzel, "God and Mathematical Objects," 93).

[35] Christopher Menzel, "Theism, Platonism, and the Metaphysics of Mathematics," en *Christian Theism and the Problems of Philosophy*, ed. Michael D. Beaty, Library of Religious Philosophy 5 (Notre Dame: University of Notre Dame Press, 1990), 209–10; véase para más detalles Menzel, "God and Mathematical Objects," 93: "Las construcciones idealizadas de las que trata la matemática son de hecho reales en el intelecto divino, y por lo tanto, los objetos de la matemática pueden ser identificados con las construcciones divinas: las colecciones de Dios y los conceptos concomitantes de Dios".

En el nivel más básico de este logicismo divino están los objetos concretos y las propiedades y relaciones lógicamente simples, siendo estas últimas presumiblemente ideas en la mente divina. El siguiente nivel superior consta de todas las entidades del nivel inferior más todos los conjuntos que se pueden formar con ellas, y todos los nuevos PRP que se pueden formar aplicando operaciones lógicas a las entidades del nivel inferior. El tercer nivel se construye de manera similar a partir de las entidades del segundo nivel, y así sucesivamente, ad infinitum. Este orden jerárquico de la actividad constructiva de Dios impide que aparezcan entidades paradójicas como el conjunto de todas las proposiciones, ya que ningún nivel incluirá todas las proposiciones que existen.

Si hemos de distinguir el conceptualismo de lo que hemos llamado creacionismo absoluto, entonces los productos de la actividad intelectual divina no deben ser tomados como objetos abstractos que existen fuera de Dios, sino más bien como que de alguna manera existen en la conciencia divina. Por lo tanto, los números, conjuntos, propiedades, etc., no son seres creados, sino los propios conceptos de Dios. Para Menzel, existe una especie de jerarquía explicativa atemporal entre los conceptos de Dios, que comprende todos los objetos supuestamente abstractos.

La gran ventaja del conceptualismo es que nos da la verdad literal de las matemáticas estándar, de las descripciones de las creencias proposicionales y de las declaraciones de propiedad. Además, es inmune a muchas de las objeciones tradicionales al psicologismo, que sustituye los objetos abstractos por conceptos de personas humanas. Por ejemplo, tiene recursos para resolver el problema de la aplicabilidad, ya que Dios puede construir el mundo de tal manera que sus estructuras concretas sean isomórficas con las estructuras matemáticas concebidas por él. Debido a que Dios es omnisciente, no hay ningún problema con que conciba números o realice operaciones en las que ningún ser humano haya pensado o realizado. Por la misma razón, no hay problema en hablar de, digamos, todos los números reales, aunque ningún ser humano pueda concebirlos todos. La contabilidad del error matemático, a pesar de la pluralidad de concepciones humanas, no es problemática, ya que las concepciones de Dios son el estándar para las concepciones humanas. Finalmente, aunque no existiera ningún ser humano, seguiría siendo cierto que $2 + 2 = 4$, ya que Dios existe necesariamente con tal concepción.

Además, el conceptualismo parece evitar la circularidad viciosa que enfrenta el creacionismo absoluto. Las propiedades, en el sentido de universales, son abstracciones mentales. Explicativamente antes de la abstracción de sus propiedades, un objeto concreto no existe como una nada sin carácter, un particular desnudo, por así decirlo, sino como un objeto repleto de sus particularidades vacuas. Así que, explicativamente antes de que Dios conciba varias propiedades, Dios existe como un objeto concreto que es omnipotente, omnisciente, santo, eterno, y así sucesivamente. Dios en ese momento es capaz de formar la concepción de, digamos, la *omnipotencia*, de modo que, en un momento explicativo posterior, la propiedad universal de la *omnipotencia* existe como una idea divina. El ser omnipotente de Dios no es una cuestión de ejemplificar una propiedad, ya que la propiedad es sólo una idea que no existe hasta que Dios la concibe. Así que no hay un círculo explicativo en el conceptualismo.

Sin embargo, el escenario conceptualista no es del todo prometedor. Por un lado, el conceptualismo tiene la desventaja de proponer una semántica para el discurso abstracto de objetos que está en desacuerdo con la semántica prima facie de tales afirmaciones. En lugar de tomar las expresiones de referencia de tales afirmaciones como un intento de escoger objetos abstractos, debemos reinterpretarlas de una manera no estándar para estar de hecho refiriéndonos a las ideas de Dios. Si bien esta objeción tiene fuerza, no es en última instancia una objeción muy poderosa, ya que durante mil años el conceptualismo fue el análisis estándar que se le dio a tal discurso. Además, se puede argumentar que el ficcionalismo, aunque preserva la semántica estándar, es menos plausible que el conceptualismo, dado que Dios existe.

Un recelo más serio se refiere al estado ontológico de las ideas divinas.[36] Porque si tomamos las ideas divinas apeladas en la teoría como literalmente pensamientos que Dios tiene o actividades mentales que realiza, entonces tales pensamientos y actividades son particulares, no universales. Pero entonces se vuelve bastante confuso en cuanto a cómo se supone que debe funcionar la ejemplificación de la propiedad. Si la *rojez* es un pensamiento en la mente de Dios, ¿qué significa decir que un camión de bomberos, por ejemplo, se encuentra en la relación *ejemplificada* con ese pensamiento en particular? ¿Cómo puede ese particular ser ejemplificado de manera múltiple, ya que el objetivo de

[36] Ockham propuso ambas versiones del conceptualismo esbozado en el texto. La versión que toma una idea como un pensamiento real la llamó teoría de *intellectio*; la versión que toma una idea como un mero concepto la llamó teoría de *fictum*. Véase Guillermo de Ockham, *Ordinatio* 2.8, en *Five Texts on the Medieval Problem of Universals*, ed. y trad. Paul Vincent Spade (Indianapolis: Hackett, 1994), 218–30. Para más detalles, véase Marilyn McCord Adams, "Universals in the Early Fourteenth Century," en *The Cambridge History of Later Medieval Philosophy*, ed. Norman Kretzmann, Anthony Kenny, y Jan Pinborg (Cambridge: Cambridge University Press, 1982), 436–39; e idem, *William Ockham*, 2 vols., Publications in Medieval Studies 26 (Notre Dame, Ind.: University of Notre Dame Press, 1987), 1:73–106.

interpretar las propiedades como universales se suponía que era su habilidad para ser ejemplificados de manera múltiple?

Supongamos que se nos lleva a abandonar la idea moderna de la ejemplificación de propiedad en favor de la noción escolástica de que las propiedades existen en particulares concretos. En ese caso, nos lleva a preguntarnos cómo el pensamiento de Dios, como un particular, puede existir en cualquier cosa excepto en la propia mente de Dios. Construir universales como pensamientos particulares en la mente de Dios podría encajar bien con la noción platónica de las Ideas como modelos para, en lugar de constitutivas de, objetos concretos, pero tal visión ejemplarista se enfrenta a sus propios problemas. Por ejemplo, la humildad no es en sí misma humilde, ni la rapidez en sí misma rápida.

Además, ¿qué pasa con los conjuntos? Si los conjuntos son realmente entidades particulares formadas por la actividad de recolección de Dios, entonces ¿cómo tenemos acceso a tales conjuntos?[37] Cuando recojo en una unidad todas las plumas[38] de mi escritorio, ese conjunto no es idéntico, al parecer, con el conjunto constituido por la actividad coleccionista (o de recolección) de Dios. Como tenemos dos colecciones y como los conjuntos son las colecciones particulares de Dios, el "conjunto" que yo formo no es idéntico al conjunto de todas las plumas de mi escritorio. Pero si los conjuntos son determinados por la membresía, ¿cómo podrían no ser idénticos, ya que tienen los mismos miembros?

Supongamos en cambio que tomamos números, propiedades, y así sucesivamente, no pensamientos particulares en la mente de Dios, sino conceptos puros, la clase de cosas que son los objetos intencionales del pensamiento. En ese caso, puesto que estos conceptos son genuinamente universales en su contenido, se podría decir más plausiblemente que las cualidades particulares son instanciaciones de lo que Dios está pensando. Por lo tanto, se podría decir que las sustancias caracterizadas por tales propiedades se encuentran en una relación de ejemplificación con los conceptos de Dios. Se podría decir que los conjuntos son colecciones conceptuales realizadas por cualquier intelecto. Las colecciones

[37] Menzel responde a esta dificultad argumentando: "Lo que hacemos cuando construimos un conjunto o formamos un concepto es *como* lo que hace Dios. Por lo tanto, nuestras construcciones y conceptos en forma de conjuntos son como los suyos. De este modo, adquirimos un conocimiento básico de los objetos matemáticos en virtud del conocimiento de nuestras propias percepciones y conceptos, y de su similitud con los de la mente divina". (Menzel, "God and Abstract Objects," 94). Pero si nuestras colecciones no son las colecciones de Dios, entonces no tenemos conocimiento de conjuntos reales, sino sólo de construcciones en forma de conjuntos. Si decimos que captamos los mismos conjuntos que Dios, entonces parece que hemos renunciado al conceptualismo y hemos vuelto a pensar en los conjuntos como distintos de, en lugar de idénticos a, las operaciones de recolección.

[38] Sinónimo de bolígrafo, lapicera, esferográfica, birome, lapicero o lápiz tinta. ***N. del T.***

conceptuales de Dios sólo servirían para garantizar que los conjuntos no concebidos por los seres humanos también existen y, tal vez, servirían como el estándar para el cual las colecciones cuentan como conjuntos bona fide frente a las colecciones paradójicas.

Otro rasgo interesante de este conceptualismo es que se podría armonizar con otra doctrina escolástica: la unicidad de las ideas divinas en la simplicidad del intelecto de Dios. Podríamos sostener que el conocimiento de Dios de toda la verdad es a través de una simple intuición, y que nosotros, los conocedores finitos, representamos para nosotros mismos lo que Dios sabe en términos de creencias proposicionales. De manera similar, Dios podría formar todos los conjuntos a través de una sola actividad de recolección que nosotros mismos representamos como un orden jerárquico de múltiples actividades. Tal modelo de cognición divina nos permitiría evitar tener que postular una verdadera infinitud de cogniciones divinas. También podríamos evitar plantear la vida extraordinariamente extraña de los pensamientos que Dios debe mantener continuamente, según el punto de vista de que la jerarquía teórica de conjuntos y todos los demás conceptos son pensamientos reales en la conciencia de Dios.

El ficcionalista, sin embargo, podría sostener que tal conceptualismo no difiere esencialmente del ficcionalismo. Porque el ficcionalista está de acuerdo en que podemos tener objetos abstractos como los objetos intencionales de nuestros pensamientos. Podemos tener pensamientos sobre el número 2 o la propiedad de *ser pusilánimes*, así como podemos tener pensamientos sobre Santa Claus. Pero el hecho es que no hay entidades reales en el mundo que correspondan a esos conceptos. Así, si los objetos abstractos no son más que objetos intencionales del intelecto divino, las declaraciones que implican su existencia real son, al final, falsas—al menos si aceptamos el criterio de compromiso ontológico de Quine.

Conclusión

La antigua disputa sobre los universales se ha reavivado en nuestros días en los debates sobre el platonismo y el antiplatonismo y sobre la aseidad divina. No estamos preparados para pronunciar un juicio sobre qué solución es la más plausible disponible para los teístas. Mucho trabajo creativo se está haciendo y queda por hacer sobre la relación de Dios con los llamados objetos abstractos. En nuestra opinión, algún tipo de nominalismo o conceptualismo parece ser la solución más prometedora. Mientras algunos de estos parezcan plausibles, las doctrinas de la aseidad divina y de la *creatio ex nihilo* no necesitan ser comprometidas para acomodar el pluralismo metafísico que implica el platonismo.

VI

Argumentos filosóficos a favor de la *Creatio ex nihilo*

Los padres de la iglesia, como hemos visto, a pesar de su dependencia del pensamiento filosófico griego para la enunciación de la doctrina cristiana, se negaron a comprometer la doctrina hebrea de *creatio ex nihilo* en complacencia a la doctrina aristotélica de la eternidad de la materia. Debido a que Aristóteles no sólo había afirmado, sino también había argumentado a favor de la eternidad del mundo, los teólogos cristianos no podían contentarse con citar textos bíblicos de pruebas para apoyar la perspectiva judeocristiana; también involucraron a los pensadores griegos en la discusión filosófica de sus paradigmas rivales.

El último gran defensor de la *creatio ex nihilo* antes del advenimiento del islam fue el comentarista aristotélico alejandrino Juan Filópono, quien en sus obras *Contra Aristóteles* y *Sobre la eternidad del mundo contra Proclo* inició una tradición de argumentación a favor de la *creatio ex nihilo* basada en la imposibilidad de un pasado infinito. Esta tradición fue enriquecida posteriormente por teólogos musulmanes y judíos medievales y luego transmitida de nuevo a la teología escolástica cristiana.[1] Cualquier persona que rechace la doctrina de la *creatio ex*

[1] Juan Filópono, *Against Aristotle, on the Eternity of the World*, trad. Christian Wildberg (London: Duckworth, 1987); y Juan Filópono y Simplicio, *Place, Void, and Eternity*, trad. David Furley y Christian Wildberg (Ithaca, N.Y.: Cornell University Press, 1991). Para una exposición del argumento en su contexto histórico, véase William Lane Craig, *The Cosmological Argument from Plato to Leibniz* (London: Macmillan, 1980); Harry A. Wolfson, "Patristic Arguments against the Eternity of the World," Harvard Theological Review 59 (1966): 354–67; idem, *The Philosophy of the Kalam,* Structure and Growth of Philosophic Systems from Plato to Spinoza 4 (Cambridge: Harvard University Press, 1976); H. A. Davidson, *Proofs for Eternity, Creation, and the Existence of God in Medieval Islamic and Jewish Philosophy* (New York: Oxford University Press, 1987); y Richard C. Dales, *Medieval Discussions of the Eternity of the World*, Brill's Studies in Intellectual History 18 (Leiden: Brill, 1990). Hay otra tradición de argumentación para la *creatio ex nihilo* en un sentido no temporal, iniciada por padres de la iglesia como Taciano y Tertuliano, que apela a la omnipotencia divina. Si la materia no fuera creada *ex nihilo* por Dios, entonces habría algo sobre lo que carecería de poder, lo que contradice su omnipotencia. A pesar de la fuerza de esta línea argumental a favor de la *creatio ex nihilo*, hemos optado por centrarnos en la *creatio ex nihilo*

nihilo no puede ignorar esta tradición de manera responsable, más bien debe responder de manera sustantiva a pensadores como al-Ghazali, Saadia ben Gaon, Buenaventura y sus contrapartes modernas.

En su libro *al-Iqtisad fi'l-i'tiqad*, el gran teólogo musulmán medieval al-Ghazali (1058-1111) presentó el siguiente silogismo sencillo en apoyo de la existencia de un Creador: "Todo ser que comienza tiene una causa para su comienzo; ahora el mundo es un ser que comienza; por lo tanto, posee una causa para su comienzo".[2] Sobre la base de argumentos filosóficos en contra de la existencia de un retroceso infinito y temporal de los acontecimientos pasados, al-Ghazali intentó demostrar que el universo comenzó a existir. El interés contemporáneo en el argumento surge en gran medida de la asombrosa evidencia empírica de la cosmología astrofísica a favor de un comienzo del espacio y el tiempo.

Podemos formular un argumento a favor de la *creatio ex nihilo* sobre la base de las cuatro premisas siguientes:

1. La serie temporal de eventos pasados y físicos tuvo un comienzo o no tuvo comienzo.
2. Si la serie temporal de eventos pasados y físicos tuvo un comienzo, el comienzo fue causado o fue incausado.
3. La serie temporal de eventos pasados y físicos no es algo sin comienzo.
4. El comienzo no fue incausado.

El argumento tiene dos etapas. En primer lugar, de los puntos 1 y 3 se deduce lógicamente que

5. La serie temporal de eventos pasados y físicos tuvo un comienzo.

Este es un comienzo antes del cual no hay eventos temporales, físicos y por lo tanto representa un comienzo absoluto. La primera etapa del argumento demuestra así el aspecto *ex nihilo* de la doctrina. A continuación, de los puntos 2 y 5 se deduce lógicamente que

6. El principio fue causado o incausado.

Y, 4 y 6 implican lógicamente

---

temporal porque una doctrina bíblica y filosóficamente robusta de *creatio ex nihilo* requiere un origen temporal del universo.

[2] [Abu Hamid] al-Ghazali, *al-Iqtisad fi'l-i'tiqad* (*The Middle Path in Theology*), ed. I. A. Çubukçu y H. Atay (Ankara: University of Ankara Press [Nur Matbaasi], 1962), 15–16.

7. El principio fue causado.

Así, la segunda etapa de la argumentación sirve para probar el aspecto *creatio* de la doctrina.

El argumento es, por supuesto, lógicamente válido, por lo que la cuestión de su solidez recae en la verdad de sus cuatro premisas. Ahora las premisas 1 y 2 son necesariamente verdaderas, ya que tienen la forma del Principio del tercero excluido: *p* o *no-p*. La premisa 4 no ha sido tradicionalmente objeto de controversia. Puesto que algo no puede llegar a ser sin causa de la nada, hay un acuerdo general de que, si el universo comenzó a existir, entonces debe haber sido creado por una causa trascendente. Así que la disputa se ha centrado en la premisa 3.

Para evaluar la veracidad de la premisa 3, será útil definir algunos términos. Por "evento físico" entendemos cualquier cambio que ocurra dentro del universo del espaciotiempo. Ya que cualquier cambio toma tiempo, no hay eventos instantáneos. Tampoco puede haber un evento infinitamente lento, ya que tal "evento" sería en realidad un estado inmutable. Por lo tanto, cualquier evento tendrá una duración finita, distinta de cero. Para que todos los eventos que componen la serie temporal de eventos pasados sean de igual duración, arbitrariamente estipulamos algún evento como nuestro estándar.

Tomando como punto de partida el presente evento estándar, consideramos cualquier serie de tales eventos estándar ordenados de acuerdo con la relación *anterior a*. La cuestión es si esta serie de eventos tuvo un comienzo o no. Por "comienzo" se entiende un evento de primer nivel. Por lo tanto, no es relevante si la serie temporal tuvo un punto de inicio (un primer instante temporal). La cuestión es si en el pasado hubo un evento que ocupaba un intervalo temporal distinto de cero y finito que fue absolutamente primero, no precedido por ningún intervalo igual.

¿Qué razón hay para aceptar la tercera premisa crucial, de que la serie temporal de eventos pasados y físicos no es sin comienzo? Esta premisa puede ser apoyada por argumentos tanto deductivos como inductivos de la metafísica y la física.

Argumentos desde la imposibilidad de un infinito actual

El primer argumento que consideraremos es el basado en la imposibilidad de la existencia de un infinito actual. Mientras que los infinitos potenciales pueden existir, ningún infinito actual puede existir, porque la existencia real de un número actualmente infinito de cosas implicaría absurdos. Debido a que un número actualmente infinito de cosas no puede existir, la serie de eventos pasados debe ser finita en número y, por lo tanto, la serie temporal de eventos pasados, físicos no es sin comienzo. Podemos formular el argumento de la siguiente manera:

1. Un infinito actual no puede existir.
2. Un retroceso temporal infinito de eventos es un infinito actual.
3. Por lo tanto, no puede existir un retroceso temporal infinito de eventos.

Puesto que no puede existir un retroceso temporal infinito de los acontecimientos, la serie temporal del pasado, los acontecimientos físicos deben haber tenido un comienzo. Examinemos más de cerca cada una de las dos premisas.

1. *Un infinito actual no puede existir*. Para entender esta premisa, necesitamos diferenciar claramente entre un infinito actual y un infinito potencial. Por infinito actual se entiende cualquier colección que tenga en un tiempo t un número de miembros definidos y discretos mayor que cualquier número natural 0, 1, 2, 3, ... Un conjunto infinito en la teoría de conjuntos axiomáticos estándar de Zermelo-Fraenkel se define como cualquier conjunto R que tenga un subconjunto adecuado que sea equivalente a R. Un subconjunto adecuado es un subconjunto que no agota todos los miembros del conjunto original: al menos un miembro del conjunto original no es también miembro del subconjunto. Se dice que dos conjuntos son equivalentes si los miembros de un conjunto pueden estar relacionadas con los miembros del otro conjunto en una correspondencia uno a uno: un solo miembro de un conjunto corresponde a un solo miembro del otro conjunto, y viceversa. Esta convención se llama el principio de la correspondencia. Se considera que los lances equivalentes tienen el mismo número de miembros.

Por lo tanto, un conjunto infinito es aquel en el que todo el conjunto tiene el mismo número de miembros como una parte apropiada. El símbolo que representa el número de miembros de un conjunto infinito es la letra hebrea *aleph*: $\aleph$. Un subíndice nulo $\aleph_0$ indica que $\aleph_0$ es el más bajo de los números cardinales transfinitos. La noción de un infinito actual debe ser contrastada con un infinito potencial, que es cualquier colección que tenga en cualquier momento t un número de miembros definidos y discretos igual a algún número natural, pero que con el tiempo aumenta sin cesar hacia el infinito como límite. El símbolo utilizado para representar una cantidad tan indefinida se llama lemniscata: ∞.

Cuando decimos que un número actualmente infinito de cosas no puede existir, usamos "existir" para significar "tener existencia extramental", o "ser instanciado en el mundo real". Cuando nos referimos a una serie de eventos sin comienzo, nos referimos a un "evento" como cualquiera de los cambios que hemos estipulado que pertenecen a la clase de eventos estándar. La cuestión es si esta serie de eventos está compuesta por un número actualmente infinito de eventos o no. Si no, entonces como el universo no es distinto de la serie de eventos físicos pasados, el universo debe haber tenido un comienzo, en el sentido de un evento de primer nivel.

La premisa 1 afirma, pues, que no puede existir un infinito actual en el mundo espaciotemporal real. Generalmente se alega que este tipo de argumento ha sido invalidado por el trabajo de Georg Cantor sobre el infinito actual y por los desarrollos subsecuentes en la teoría de conjuntos. Pero esta alegación malinterpreta la naturaleza tanto del sistema de Cantor como de la teoría moderna de conjuntos, ya que el argumento no contradice ni un solo principio de ninguno de los dos. La razón es esta: el sistema de Cantor y la teoría de conjuntos pueden ser tomados como un simple universo de discurso, un sistema matemático basado en ciertos axiomas y convenciones adoptados.

El defensor del argumento puede sostener que, si bien el infinito actual puede ser un concepto fructífero y consistente dentro del universo postulado del discurso, no puede ser transpuesto al mundo espaciotemporal, pues esto implicaría absurdos contrarios a la intuición. No tenemos ningún tipo de problema de conceder la coherencia y consistencia de la teoría de conjuntos infinitos y la aritmética transfinita, mientras que sí negamos que el infinito actual pueda existir en la realidad. Algunos filósofos de las matemáticas (por ejemplo, los intuicionistas) llegan a negar la legitimidad del infinito actual incluso en el reino matemático, permitiendo que sólo existan los infinitos potenciales, y es muy posible que tengan razón. Pero nuestro argumento no requiere una tesis tan fuerte como la imposibilidad del infinito matemático. Es la existencia real del infinito actual lo que cuestionamos.

Tal vez la mejor manera de apoyar esta premisa sea a través de experimentos de pensamiento que ilustren los diversos absurdos que resultarían si se instanciara un infinito actual en el mundo real. Un ejemplo es el famoso Hotel de Hilbert, producto de la mente del gran matemático alemán David Hilbert.[3] Imaginemos primero un hotel con un número finito de habitaciones. Supongamos, además, que todas las habitaciones están llenas. Cuando un nuevo huésped llega pidiendo una habitación, el propietario se disculpa, "Lo siento, todas las habitaciones están ocupadas", y el nuevo huésped es rechazado.

[3] La historia del Hotel de Hilbert está relatada en George Gamow, *One, Two, Three, Infinity* (London: Macmillan, 1946), 17.

Ahora imaginemos un hotel con un número infinito de habitaciones, y supongamos una vez más que todas las habitaciones están ocupadas. No hay una sola habitación vacía en todo el hotel infinito. Ahora supongamos que aparece un nuevo huésped, pidiendo una habitación. El propietario dice: "Por supuesto", e inmediatamente traslada a la persona de la habitación 1 a la habitación 2, a la persona de la habitación 2 a la habitación 3, a la persona de la habitación 3 a la habitación 4, y así sucesivamente, hasta el infinito. Como resultado de estos cambios de habitación, la habitación 1 queda vacía, por lo que el nuevo huésped se registra muy agradecido. Pero recordemos, antes de que él llegara, ¡todas las habitaciones estaban ocupadas! Igualmente curioso, según los matemáticos, ahora no hay más personas en el hotel que antes: el número es infinito. ¿Pero cómo puede ser esto? El propietario acaba de añadir el nombre del nuevo huésped al libro de registros y le dio sus llaves—¿cómo es posible que no haya una persona más en el hotel de lo que había antes?

La situación se vuelve aún más extraña. Supongamos que un infinito de nuevos huéspedes se presenta en el escritorio, cada uno pidiendo una habitación. "Por supuesto, por supuesto", dice el propietario, y procede a trasladar a la persona de la habitación 1 a la habitación 2, a la persona de la habitación 2 a la habitación 4, a la persona de la habitación 3 a la habitación 6, y así sucesivamente, hasta el infinito, poniendo siempre a cada ocupante en la habitación el doble del número de la habitación anterior. Debido a que cualquier número natural multiplicado por dos siempre es igual a un número par, todos los huéspedes terminan en habitaciones pares. Como resultado, todas las habitaciones impares quedan vacías, y el infinito de nuevos huéspedes se acomodan sin problemas. Y, sin embargo, antes de que llegaran, todas las habitaciones estaban ocupadas. Y de nuevo, por extraño que parezca, el número de huéspedes en el hotel es el mismo que antes, aún después de que el número infinito de nuevos huéspedes se registrara. De hecho, el propietario podría repetir este proceso *infinitamente muchas veces*, y sin embargo nunca habría una sola persona más en el hotel de las que había antes.

El Hotel de Hilbert, sin embargo, es aún más extraño de lo que el matemático alemán pensaba. Supongamos que algunos de los huéspedes empiezan a irse. Supongamos que el huésped de la habitación 1 se va. ¿No hay ahora una persona menos en el hotel? No según los matemáticos—¡pero pregúntele al personal de limpieza! Suponga que los huéspedes de las habitaciones 1, 3, 5, ... se van. En este caso, un número infinito de personas ha abandonado el hotel, pero según los matemáticos, no hay menos personas en el hotel—¡pero no hableste con el personal de limpieza! De hecho, podríamos hacer que todos los demás huéspedes salieran del hotel y repitieran este proceso infinitamente muchas veces, y sin embargo nunca habría menos gente en el hotel.

Suponga que al propietario no le gusta tener un hotel medio vacío (se ve mal para el negocio). ¡No importa! Al desplazar a los ocupantes como antes, pero en orden inverso, transforma su hotel medio vacío en uno que está repleto. Uno podría pensar que por estas maniobras el propietario siempre podría mantener este extraño hotel totalmente ocupado. Pero uno estaría equivocado. Supongamos que las personas de las habitaciones 4, 5, 6, ... se van. De un solo golpe el hotel prácticamente se vaciaría, el registro de huéspedes se reduciría a sólo tres nombres, y el infinito se convertiría en finitud. Sin embargo, seguiría siendo cierto que ¡el *mismo* número de huéspedes que se marchó en esta ocasión, es el *mismo* número que cuando los huéspedes de las habitaciones 1, 3, 5.... se marcharon! ¿Puede alguien creer que un hotel así pueda existir en la realidad?

El Hotel de Hilbert es absurdo. Puesto que nada depende de la ilustración de un hotel, los absurdos anteriores muestran en general que es imposible que exista un número infinito de cosas. No hay manera de evitar estos absurdos una vez que admitimos la posibilidad de la existencia de un infinito actual. Los laicos a veces reaccionan a cosas tan absurdas como el Hotel de Hilbert diciendo que estas cosas absurdas resultan porque realmente no entendemos la naturaleza del infinito. Pero esta actitud es simplemente errónea. La teoría de conjuntos infinitos es una rama muy desarrollada y bien entendida de las matemáticas. Por lo tanto, estos absurdos pueden ser vistos como resultado precisamente porque *entendemos* la noción de una colección con un número actualmente infinito de miembros.

¿Cuál es la estructura lógica del argumento aquí? El proponente del argumento tiene dos opciones. Por un lado, podía discutir: Si existiera un infinito actual, entonces el principio de correspondencia sería válido con respecto a él. Y si existiera un infinito actual y el principio de correspondencia fuera válido con respecto a él, entonces resultarían las diversas situaciones contrarias a la intuición. Por lo tanto, si existiera un infinito actual, se producirían las diversas situaciones contrarias a la intuición. (Este argumento tiene la forma de inferencia válida: $A \Box\!\!\rightarrow B$; $A \,\&\, B \Box\!\!\rightarrow C$; $\therefore A \Box\!\!\rightarrow C$). Pero como estas situaciones son absurdas y realmente imposibles ($\neg\Diamond\, C$), se deduce que la existencia de un infinito actual es imposible ($\therefore \neg \Diamond A$).

Por otra parte, el proponente del argumento podría poner en duda la premisa de que, si existiera un infinito actual, entonces el principio de correspondencia sería válido con respecto a él. No hay razón para pensar que el principio es universalmente válido. Es simplemente una convención adoptada en la teoría de conjuntos infinitos. Ahora bien, necesariamente, si existiera un infinito actual, entonces se le aplicaría el principio de la correspondencia o la máxima de Euclides de que “el todo es mayor que su parte” ($\Box$ [A $\Box \rightarrow$ B $\vee$ C]). Pero la aplicación de cualquiera de estos dos principios a un infinito actual resulta en absurdos contrarios a la intuición. Por lo tanto, es plausible que si la existencia de un infinito actual fuera posible, entonces si existiera un infinito actual, ninguno de estos dos principios sería válido con respecto a él ($\Diamond$A $\Box \rightarrow$ $\neg$[A $\Box \rightarrow$ B $\vee$ C]). De ello se deduce que la existencia de un infinito actual es imposible ($\therefore$ $\neg$ $\Diamond$ A), ya que el contrafáctico “Si existiera un infinito actual, entonces ninguno de los dos principios sería válido con respecto a él” es necesariamente falso.

Estas consideraciones también muestran cuán superficial es la respuesta de J. L. Mackie a esta premisa.[4] Él piensa que los absurdos se resuelven observando que para los grupos infinitos el axioma de que el todo es mayor que su parte no se sostiene, como lo es para los grupos finitos. Pero lejos de ser la solución, éste es precisamente el problema. Porque en la teoría de los conjuntos infinitos este axioma es negado, uno obtiene todo tipo de absurdos, como el Hotel de Hilbert, cuando se trata de trasladar esa teoría a la realidad. La respuesta de Mackie no prueba en nada que las situaciones previstas no sean absurdas, sino que sólo sirve para reiterar, en efecto, que si existiera un infinito actual y el principio de correspondencia fuera válido con respecto a él, entonces se producirían las situaciones pertinentes, lo que no está en disputa. Además, las contradicciones que resultan cuando los huéspedes se van del hotel ni siquiera se resuelven a primera vista con el análisis de Mackie. (En la aritmética transfinita, las operaciones inversas de sustracción y división están prohibidas porque conducen a contradicciones; pero en realidad, ¡no se puede impedir que la gente se vaya del hotel si así lo desea!)

A veces se dice que podemos encontrar contraejemplos a la afirmación de que un número actualmente infinito de cosas no puede existir, de modo que la premisa 1 debe ser falsa. Por ejemplo, afirma Walter Sinnott-Armstrong:

> Los infinitos actuales también abundan en el mundo físico. Para ver uno, simplemente mueve tu mano. Cuando tu mano se mueve un metro, pasa por un número infinito de segmentos intermedios: la mitad, luego la mitad, y así sucesivamente. También viaja la mitad del tiempo, luego la mitad, y así sucesivamente.... No podemos medir o distinguir todos estos segmentos espaciales y temporales, pero eso no demuestra que no existan realmente. Las áreas de espacio y los períodos de tiempo realmente existen

[4] John L. Mackie, *The Miracle of Theism* (Oxford: Clarendon, 1982), 93.

> independientemente de nuestras limitaciones y acciones. Cuando los piensas, estos experimentos de pensamiento tan simples son suficientes para revelar infinitos actuales "en el mundo real".[5]

El defensor del argumento puede responder que esta objeción confunde un infinito potencial con un infinito actual. Mientras que uno puede continuar dividiendo cualquier distancia mientras quiera, tal serie es simplemente potencialmente infinita, esa infinidad sirve como un límite al que uno interminablemente se acerca, pero nunca alcanza. Si uno piensa en una línea geométrica como si existiera lógicamente antes de cualquier punto que uno quisiera especificar en ella, en lugar de como una construcción hecha a partir de puntos (en sí misma una noción paradójica),[6] entonces la capacidad de uno para especificar ciertos puntos, como el punto medio a lo largo de una cierta distancia, no implica que tales puntos existan realmente independientemente de nuestra especificación de los mismos. Si se asume que cualquier distancia *ya* está compuesta por un número infinito de puntos, entonces se está cayendo en una petición de principio. El objetor está asumiendo lo que se supone que debe probar, que hay un claro contraejemplo para la afirmación de que no puede existir un número infinito de cosas.

Algunos críticos han afirmado que la posición aristotélica de que en realidad sólo existen infinitos potenciales, pero no actuales, es incoherente porque un infinito potencial presupone un infinito actual. Por ejemplo, Rudy Rucker afirma que debe haber una "clase definida de posibilidades" que sea actualmente infinita para que el intuicionista matemático considere que la serie de números naturales es potencialmente infinita a través de la repetición de ciertas operaciones matemáticas.[7] De manera similar, Richard Sorabji afirma que la visión de Aristóteles de la divisibilidad potencialmente infinita de una línea implica que hay realmente un número infinito actual de posiciones en las que la línea podría ser dividida.[8]

Si esta línea argumental tuviera éxito, sería, de hecho, un *tour de force*, ya que mostraría que el pensamiento matemático desde Aristóteles hasta Gauss es, no sólo erróneo o incompleto, sino incoherente a este respecto. Pero la objeción no parece tener éxito. La afirmación de que una distancia física es, por ejemplo, potencialmente infinitamente

---

[5] Walter Sinnott-Armstrong y William Lane Craig, *God? A Debate between a Christian and an Atheist* (Oxford: Oxford University Press, 2003), 43.

[6] Véase William Lane Craig, reseña crítica de *Time, Creation, and the Continuum*, de Richard Sorabji, *International Philosophical Quarterly* 25 (1985): 319–26.

[7] Rudolf v. B. Rucker, "The Actual Infinite," *Speculations in Science and Technology* 3 (1980): 66.

[8] Richard Sorabji, *Time, Creation, and the Continuum* (Ithaca, N.Y.: Cornell University Press, 1983), 210–13, 322–24.

divisible no implica que la distancia sea potencialmente divisible *aquí* y *aquí* y *aquí* y ... La divisibilidad infinita potencial (la propiedad de ser susceptible a división sin fin) no implica una divisibilidad infinita actual (la propiedad de estar compuesto de un número infinito de puntos donde se pueden hacer divisiones). El argumento de que tiene tal vinculación parece ser culpable de un cambio de operador modal, lo que infiere inválidamente de la verdadera afirmación

1. Posiblemente, hay algún punto en el que x se divide

a la afirmación

2. Hay un punto en el que x está posiblemente dividido.

Por lo tanto, es coherente mantener que una distancia física es potencialmente infinitamente divisible sin sostener que hay un número infinito de posiciones en las que podría dividirse.

A veces se piensa que la existencia de objetos abstractos como los números proporciona un contraejemplo decisivo a la afirmación de que no puede existir un infinito actual. Pero no vemos ninguna razón para aceptar este contraejemplo: cae en una petición de principio al asumir que el platonismo o el realismo son verdaderos. ¿Pero por qué hacer esta suposición? Para derrotar este contraejemplo, el defensor del argumento sólo tiene que negar que el realismo ha demostrado ser verdadero. En otras palabras, la carga de la prueba recae en el objetor de demostrar que el realismo es verdadero antes incluso de que se pueda lanzar su contraejemplo.

Una comprensión conceptualista de los objetos abstractos combinada con la simplicidad de la cognición de Dios es al menos una alternativa sostenible al platonismo. De hecho, históricamente, esta ha sido la tradición teísta dominante, desde Boecio hasta Ockham. De hecho, es mejor que los teístas tengan la esperanza de que exista tal alternativa al platonismo. Como hemos visto, esto último implica un pluralismo metafísico que deja a Dios como un solo ser entre una inimaginable plenitud de seres que existen independientemente de él, en contradicción con la aseidad divina y la doctrina de la *creatio ex nihilo*.

En respuesta a los absurdos que surgen al realizar operaciones inversas con cantidades infinitas, David Yandell ha insistido en que la sustracción de cantidades infinitas no produce contradicciones. Él escribe:

> Restar los números enteros positivos pares del conjunto de números enteros positivos deja un conjunto infinito, los números enteros positivos impares. Restar todos los números enteros positivos mayores de 40 del conjunto de números enteros positivos deja un conjunto finito (cuarenta miembros). Restar todos los enteros positivos del conjunto de enteros positivos deja a uno con el conjunto nulo. Pero ninguna de estas sustracciones podría llevar a ninguna otra conclusión que no sea la que cada una lleva. Este supuesto rasgo contradictorio del infinito no parece generar ninguna contradicción real.[9]

Yandell ha perdido el punto de la discusión. Es cierto, por supuesto, que cada vez que se restan todos los números pares de todos los números naturales, se obtienen todos los números impares, que son infinitos en cantidad. Pero no es ahí donde supuestamente reside la contradicción. Más bien, la contradicción radica en el hecho de que uno puede restar cantidades iguales de cantidades iguales y llegar a respuestas diferentes. Por ejemplo, si restamos todos los números pares de todos los números naturales, obtenemos una infinidad de números; y si restamos todos los números mayores de tres de todos los números naturales, obtenemos sólo cuatro números. Sin embargo, en ambos casos restamos el *número idéntico* de números del *número idéntico* de números y, sin embargo, no llegamos a un resultado idéntico. De hecho, se pueden restar cantidades iguales de cantidades iguales y obtener cualquier cantidad entre cero e infinito como resultado. Por esta razón, la resta y la división están simplemente prohibidas con números transfinitos—una estipulación arbitraria que no tiene fuerza en el reino no matemático de la realidad.

Wesley Morriston subvertiría el argumento al cuestionar lo que él considera su suposición crucial: que las operaciones aritméticas inversas como la sustracción pueden realizarse en cualquier colección de cosas realmente existente. Resume el argumento de la siguiente manera:

> Craig parece estar asumiendo que ciertas operaciones aritméticas familiares pueden realizarse sobre el número de elementos de cualquier conjunto legítimo. Dada esta suposición, tal vez podamos ver lo que se supone que es la "contradicción". Dejemos que m = el número de libros en nuestra biblioteca infinita, n = el número de libros impares, y o = el número de libros numerados 4 o más. Entonces tal vez el argumento de Craig sea así:
>
> $(m - n)$ = infinito, mientras que $(m - o) = 4$.
>
> Pero,
>
> $n = o$ (ya que tanto n como o son infinitos)

[9] David Yandell, "Response: Commentary on the Craig-Flew Debate," en *The Existence of God*, ed. Stan Wallace (Aldershot, Hampshire, U.K.: Ashgate, 2003), 132.

> De ello se deduce que obtenemos resultados inconsistentes restando el mismo número de *m*.[10]

¡En efecto! ¿Qué tiene de malo este argumento? Morriston procede:

> ¿O sí lo hacemos? Si decimos que (*m* - *n*) = infinito, pero que (*m* - *o*) = 4, en realidad no estamos restando *números* en absoluto. Lo que estamos haciendo, en cambio, es imaginar que varios subconjuntos de libros de nuestra biblioteca infinita son "eliminados" de la biblioteca, y luego determinar la cardinalidad del subconjunto que "permanece".[11]

Esta curiosa afirmación es totalmente contradictoria, ya que Morriston lo estipuló anteriormente: "Que *m* = el *número* de libros de nuestra biblioteca infinita... y *o* el *número* de libros numerados 4 o más". Así que claramente estamos restando números.

Lo que Morriston aparentemente quiere decir es que, al sacar libros de la biblioteca, no estamos realizando operaciones aritméticas sobre objetos abstractos como números, sino que estamos manipulando colecciones de objetos concretos que pueden ser contados. Bueno, más o menos, porque esto puede parecer apropiado, pero hay otras cosas que también hay que tener en cuenta. ¿Cómo procede la objeción de ahí? Morriston continúa, "Cuando el conjunto de libros, {4, 5, 6, ...}, es 'quitado', {0, 1, 2, 3} 'permanece'. Su cardinalidad es 4. Cuando {1, 3, 5, ... es 'quitado', {0, 2, 4, …} 'permanece'. Su cardinalidad es $\aleph_0$. No hay ninguna inconsistencia lógica hasta ahora".[12] ¡Ah, pero sí la hay! Porque hemos restado cantidades idénticas de cantidades idénticas y hemos encontrado restos no idénticos. El hecho de que estemos restando cantidades de objetos concretos (libros) en lugar de cantidades de objetos abstractos (números) no hace nada para evitar la contradicción.

Sin embargo, Morriston sigue adelante: "Pero, ¿y si insistimos en restar los números, *n* y *o*, respectivamente, de *m*? Incluso entonces, no obtendremos resultados inconsistentes. Porque no importa cómo se defina ($\aleph_0$ - $\aleph_0$), tanto (*m* - *n*) como (*m* - *o*) producirán exactamente el mismo 'resto', ya que *m*, *n*, y *o* sólo son $\aleph_0$".[13] Aquí Morriston vuelve a pensar en realizar operaciones aritméticas sobre objetos abstractos. Su afirmación parece ser que si definimos $\aleph_0$ - $\aleph_0$ para especificar un número particular, entonces no hay inconsistencia. Incluso si esta afirmación fuera cierta, compraría consistencia sólo al precio de la verdad de la

---

[10] Wes Morriston, "Craig on the Actual Infinite," *Religious Studies* 38 (2002): 151.
[11] Ibid., énfasis añadido.
[12] Ibid.
[13] Ibid., 151–52.

aritmética. Por ejemplo, supongamos que definimos $\aleph_0 - \aleph_0 = 3$. En ese caso, $m - n = 3$, o en otras palabras, todos los números naturales menos todos los impares dejan tres números: sólo hay tres números pares. O de nuevo, $m - m = 3$, o en otras palabras, todos los números naturales menos todos los números naturales dejan tres sobrantes, lo que deja a uno preguntándose qué números podrían ser. O de nuevo, $o - m = 3$, o en otras palabras, todos los números mayores o iguales a cuatro menos todos los números naturales dejan tres números, lo que parece absurdo.

En cualquier caso, es evidente que tal estipulación daría lugar a una contradicción. Supongamos, en el patrón de cualquier número natural restado de sí mismo, estipulamos que $\aleph_0 - \aleph_0 = 0$. Dejemos que p = el número de los números naturales pares. Por definición, $m - p = n$. Así que $\aleph_0 - p = n$. Pero $\aleph_0 - p = 0$, ya que $p = \aleph_0$. Entonces, $n = 0$. Pero $n = \aleph_0$. Así que $\aleph_0 = 0$, lo que es una contradicción.

Morriston reconoce que $\aleph_0 - \aleph_0$ es indefinido en la aritmética transfinita; pero, volviendo al reino concreto, exige: "¿Por qué debemos aceptar la suposición de Craig de que la resta ordinaria *debe* aplicarse al número de elementos de *cualquier* conjunto que pueden ser instanciados en 'el mundo real'?[14] A nuestro juicio, Craig no hace tal suposición. Por el contrario, como antiplatonista, Craig está más que dispuesto a reconocer que ciertas operaciones matemáticas pueden ser inaplicables al mundo real. Por ejemplo, supongamos que tenemos tres libros en el escritorio frente a nosotros. Matemáticamente hablando, es perfectamente aceptable restar una cantidad mayor de una cantidad menor, por ejemplo, 3 - 5 = -2. Pero tal operación no tiene sentido con respecto a la colección de libros que tenemos ante nosotros, ya que no hay cosas como los libros negativos. Con respecto a los libros, a diferencia de los números, sólo se pueden restar cantidades menores o iguales de una cantidad determinada.

Ahora quizás Morriston cree que las colecciones infinitas son así. Quizás piensa que no podemos restar varias cantidades de libros de una colección infinita de libros. Pero esto parece claramente falso. Si los libros de una biblioteca infinita están numerados, entonces podemos restar libros simplemente sacando los libros correspondientes a varios números y quitándolos de la biblioteca. Morriston protesta: "Si una persona 'saca' uno o más libros, los saca de la biblioteca—pero no los 'resta' en el sentido aritmético".[15]

Uno no puede evitar preguntarse de qué sentido habla Morriston. En aritmética, la resta consiste en la disminución de una cantidad dada (el

---

[14] Ibid., 152.
[15] Ibid.

minuendo) por otra cantidad (el sustraendo) para producir otra cantidad (la diferencia o el resto), que, sumada al sustraendo, da el minuendo en forma de suma.[16] Esto parece ser precisamente lo que sucede cuando se retiran varias cantidades de libros de la cantidad de libros que se encuentran en la biblioteca. Si Morriston duda de que esto es lo que implica la sustracción de libros, le invitamos a responder la siguiente pregunta: Si sólo hubiera un número finito de libros en las estanterías, ¿de qué otra manera se podrían restar libros de la biblioteca sino quitándolos? Morriston seguramente no negaría que, si una biblioteca alberga dos millones de libros, y un millón de libros son sacados de la biblioteca, queda un millón de libros en las estanterías.

Morriston procede: "Incluso si la resta aritmética ordinaria es indefinida para los números transfinitos, no se deduce que la extracción física de libros de una biblioteca infinita sea igualmente 'indefinida', mucho menos que la extracción de libros de ella sea imposible".[17] Esta afirmación es desconcertante, ya que nuestro argumento se basa en la suposición de que es posible extraer libros de la biblioteca infinita (o que los huéspedes puedan hacer *check out* en un hotel). ¿Y piensa Morriston que la eliminación física de cantidades infinitas de libros de una biblioteca infinita está definida? Si es así, nos gustaría saber qué es. ¿Cero? ¿Tres? ¿Diez billones y uno? ¿Infinito? Cualquier respuesta de este tipo es absurda. Supongamos que definimos la eliminación de una cantidad infinita de libros de una cantidad infinita de libros como cero. Ahora supongamos que quitamos todos los libros impares. Por consiguiente, no quedan libros. Pero entonces, ¿qué pasó con todos los libros pares? ¿Cómo desaparecieron?

¿O quiere decir Morriston que no queda una cantidad determinada de libros después de una operación de este tipo? Esto parece claramente falso, porque si quitamos todos los libros numerados 4 o más, es fácil ver cuántos libros quedan. Ahí están en el estante, ¡simplemente cuéntalos! Si eliminamos todos los libros impares, entonces el principio de correspondencia requiere que el número de libros restantes sea infinito. Morriston no muestra ninguna inclinación a negar la verdad de ese principio; de hecho, si uno lo hiciera, toda la teoría del infinito actual colapsaría. El problema que plantean las operaciones aritméticas inversas

---

[16] Consulte cualquier diccionario matemático, como por ejemplo Robert W. Marks, *The New Mathematics Dictionary and Handbook* (New York: Bantam Books, 1964), 146; Glen James y Robert C. James, eds., *Mathematics Dictionary*, 4ta ed. (New York: Van Nostrand Reinhold Co., 1976), 369–70; y Christopher Morris, ed., *Academic Press Dictionary of Science and Technology* (London: Academic Press, 1992), 2126.

[17] Morriston, "Craig on the Actual Infinite," 152.

no es que no produzcan resultados determinados, sino que los resultados sean contradictorios.

Morriston concluye: "Lo que sigue es sólo que, puesto que la resta es indefinida para cantidades infinitas, no podemos asumir automáticamente que el número de libros es menor después de que algunos de ellos hayan sido eliminados. Esa es, en efecto, una característica del infinito actual, pero no es una 'contradicción lógica'".[18] Morriston parece haber perdido el rumbo, pues nadie ha afirmado nunca que sea característico del infinito actual que la sustracción de una cantidad dada de una cantidad infinita dé un resto menor que el minuendo (piensa en los libros impares que se retiran de la biblioteca). En cambio, la contradicción radica en esto: se puede restar exactamente *el mismo número* de artículos *del mismo número* de artículos y encontrar restos no idénticos como resultado.

Por lo tanto, parece que tenemos buenas razones para aceptar la primera premisa del argumento: no puede existir un infinito actual.[19]

2. *Un retroceso temporal infinito de eventos es un infinito actual.* Esta segunda premisa parece bastante obvia. Si el universo nunca comenzó a existir, entonces antes del presente evento ha existido un número actualmente infinito de eventos previos.

Como decimos, esto parece obvio. Sin embargo, algunos críticos del argumento han negado la premisa 2, afirmando que el pasado es sólo un potencial infinito. Swinburne, por ejemplo, admite que tiene poco sentido pensar que el pasado podría tener un final, pero no un principio, pero aconseja que evitemos este rompecabezas numerando los eventos del pasado comenzando en el presente y procediendo a contar hacia atrás en el tiempo.[20] De esta manera, el pasado se convierte de una serie sin principio pero con un final en una serie con un principio pero sin un final—que es inobjetable.

La solución de Swinburne está claramente equivocada. Para que el pasado sea un mero potencial infinito, tendría que ser finito, pero creciendo en una dirección hacia atrás, lo que contradice la naturaleza del tiempo y del devenir. Swinburne confunde el retroceso mental de contar con el progreso real del tiempo mismo. La dirección del tiempo en sí es del pasado al futuro, de modo que si la serie de, por ejemplo, segundos

[18] Ibid.

[19] Los laicos preguntan con frecuencia si Dios, por lo tanto, no puede ser infinito. La pregunta se basa en un malentendido. Cuando hablamos de la infinidad de Dios, no estamos usando la palabra en un sentido matemático para referirnos a un agregado de un número infinito de partes finitas. La infinidad de Dios es, por así decirlo, cualitativa, no cuantitativa. Significa que Dios es metafísicamente necesario, moralmente perfecto, omnipotente, omnisciente, eterno, y así sucesivamente.

[20] Richard Swinburne, *Space and Time*, 2da ed. (New York: St. Martin's Press, 1981), 298–99.

pasados no tiene comienzo, entonces han transcurrido un número infinito de segundos.

3. *Por lo tanto, no puede existir un retroceso temporal infinito de eventos.* Si las dos premisas anteriores son ciertas, entonces esta conclusión es lógica. La serie de eventos pasados debe ser finita y tener un comienzo. Por lo tanto, la serie temporal de eventos pasados y físicos no es sin comienzo.

Argumentos desde la imposibilidad de la formación de una colección actualmente infinita de cosas por adición sucesiva

El segundo argumento es independiente del argumento anterior, pues no niega que pueda existir un número actualmente infinito de cosas. Más bien niega que una colección que contiene realmente un número infinito actual de cosas pueda *formarse* añadiendo un miembro tras otro. Si un infinito actual no puede formarse por adición sucesiva, entonces la serie de eventos pasados debe ser finita, puesto que esa serie se forma por adición sucesiva de un evento tras otro en el tiempo. Este argumento también puede formularse en tres etapas:

1. La serie de eventos en el tiempo es una colección formada por adiciones sucesivas.
2. Una colección formada por adiciones sucesivas no puede ser actualmente infinita.
3. Por lo tanto, la serie de eventos en el tiempo no puede ser actualmente infinita.

Puesto que la serie de eventos en el tiempo no puede ser actualmente infinita, la serie temporal del pasado, los eventos físicos no pueden ser sin comienzo. Echemos un vistazo más de cerca a cada una de las dos premisas.

1. *La serie de eventos en el tiempo es una colección formada por adiciones sucesivas.* Esto puede parecer bastante obvio. El pasado no surgió como un todo y completo, sino que se formó secuencialmente, un evento tras otro. Esta formación secuencial implica la *adición* de un elemento tras otro. Aunque podemos *pensar* en el pasado restando eventos del presente, como cuando decimos que un evento ocurrió hace diez años, está claro que la serie de eventos se *forma* por la suma de un evento tras otro. Debemos tener cuidado de no confundir los reinos del pensamiento y la realidad. Aunque a veces hablamos de un "retroceso temporal" de eventos, esto puede ser engañoso, ya que los eventos en sí mismos no están retrocediendo en el tiempo; nuestros pensamientos

retroceden en el tiempo a medida que examinamos mentalmente los eventos pasados. Pero la serie de eventos está progresando en el tiempo: la colección de todos los eventos pasados crece progresivamente con cada momento que pasa. Así, en realidad, un pasado infinito sería un progreso temporal infinito de eventos sin principio y con su fin en el presente.

Tan obvio como la premisa 1 podría parecer, sin embargo, presupone la veracidad de una teoría A del tiempo.[21] Puesto que los teóricos B rechazan la realidad del devenir temporal, niegan que la serie pasada de eventos fue formada por la adición sucesiva. Todos los tiempos existen sin tensión, y no hay un lapso de tiempo. Así que esta premisa no sería aceptada por los partidarios de la teoría B del tiempo. Pero como la *creatio ex nihilo* presupone una teoría A del tiempo, como hemos visto, no estamos aquí pidiendo a los que están abiertos a esa doctrina que crean en algo que no estén ya preparados para creer para aceptar esa doctrina. En otras palabras, cualquiera que rechace la premisa 1 por una teoría B del tiempo no aceptaría la *creatio ex nihilo* de todos modos, independientemente del presente argumento.

En cualquier caso, además, hay buenas razones para pensar que la teoría B del tiempo es errónea y que el devenir temporal es real.[22] El tiempo es dinámico, y por lo tanto el pasado se ha formado secuencialmente, un momento tras otro. Si el pasado es infinito y Dios está en el tiempo, entonces Dios ha vivido un número infinito de intervalos temporales pasados, uno tras otro, para llegar al presente. Pero tal travesía del pasado infinito, argumentaremos, es absurda.

2. *Una colección formada por adiciones sucesivas no puede ser actualmente infinita*. Esta es la premisa crucial. A veces esto se llama la imposibilidad de contar hasta el infinito o la imposibilidad de atravesar el infinito. Esta imposibilidad no tiene nada que ver con la cantidad de tiempo disponible: no importa cuánto tiempo se tenga disponible, no se puede formar un infinito actual. Porque no importa cuántos números se cuenten o cuántos pasos se den, siempre se puede añadir un número más o dar un paso más antes de llegar al infinito.

Ahora, alguien podría admitir que una colección infinita no puede formarse comenzando por un punto y añadiendo miembros. Pero podría decir que una colección infinita podría formarse sin empezar nunca, sino

---

[21] Recordemos la discusión de las teorías A y B del tiempo en el capítulo 4.

[22] Véase William Lane Craig, *The Tensed Theory of Time: A Critical Examination*, Synthese Library 293 (Dordrecht: Kluwer Academic Publishers, 2000); e idem, *The Tenseless Theory of Time: A Critical Examination*, Synthese Library 294 (Dordrecht: Kluwer Academic Publishers, 2000). Para un tratamiento más general, vea William Lane Craig, *Tiempo y eternidad: Explorando la relación de Dios con el tiempo*, trad. Jorge Ostos (Salem: Publicaciones Kerigma, 2019).

terminando en un punto después de haber añadido un miembro tras otro desde la eternidad. Pero este método parece aún más increíble que el primero. Si uno no puede contar *hasta el* infinito, ¿cómo puede hacer una cuenta regresiva *desde el* infinito? Si uno no puede atravesar el infinito moviéndose en una dirección, ¿cómo puede atravesarlo moviéndose en la dirección opuesta?

De hecho, la idea de una serie temporal sin principio de eventos que terminan en el presente parece absurda. Considere una ilustración: Tristram Shandy, en la novela de Laurence Sterne, escribe su autobiografía tan lentamente que le lleva todo un año registrar los acontecimientos de un solo día. Según Bertrand Russell, si Tristram Shandy fuera inmortal, entonces todo el libro podría ser completado, ya que, por el principio de la correspondencia, un año correspondería a cada día, y ambos son infinitos.[23] Sin embargo, la afirmación de Russell es totalmente insostenible, ya que el futuro es en realidad un potencial infinito solamente. Aunque escribiera para siempre, Tristram Shandy se iría alejando cada vez más; en lugar de terminar su autobiografía, se iría acercando progresivamente a un estado en el que estaría *infinitamente* retrasado. Pero nunca llegaría a tal estado porque los años y, por lo tanto, los días de su vida siempre serían finitos en número, aunque aumentando indefinidamente.

Pero demos la vuelta a la historia: Supongamos que Tristram Shandy ha estado escribiendo desde la eternidad al ritmo de un día por año de escritura. ¿No debería Tristram Shandy estar ahora infinitamente retrasado? Porque si ha vivido durante un número infinito de años, Tristram Shandy ha registrado un número igualmente infinito de días pasados. Dada la minuciosidad de su autobiografía, estos días son todos consecutivos. Por lo tanto, en cualquier momento en el pasado o en el presente, Tristram Shandy ha registrado una serie infinita de días consecutivos sin comienzo. Pero ahora surge inevitablemente la pregunta: ¿*Cuáles* días son estos? ¿En qué parte de la serie temporal de eventos se encuentran los días registrados por Tristram Shandy en un punto dado?

La respuesta sólo puede ser que son días infinitamente distantes del presente. Porque no hay ningún día en el que Tristram Shandy esté escribiendo que esté finamente distante del último día registrado. Esto puede verse a través de un análisis incisivo de la paradoja de Tristram Shandy expuesta por Robin Small.[24] Él señala que si Tristram Shandy ha

---

[23] Bertrand Russell, *The Principles of Mathematics*, 2da ed. (London: Allen & Unwin, 1937), 358–59.

[24] Robin Small, "Tristram Shandy's Last Page," *British Journal for the Philosophy of Science* 37 (1986): 214–15.

estado escribiendo durante un año, entonces el día más reciente que podría haber registrado es hace un año. Pero si ha estado escribiendo durante dos años, entonces no podría haber grabado ese día hace sólo un año. Porque como su intención es registrar días *consecutivos* de su vida, el día más reciente que podría haber registrado es el día inmediatamente posterior a un día, al menos hace dos años. Esto se debe a que toma un año para registrar un día, de modo que para registrar dos días debe tener dos años. Del mismo modo, si ha estado escribiendo tres años, entonces el día más reciente registrado no podría ser más reciente que dos días después de tres años atrás. En otras palabras, cuanto más tiempo ha escrito, más atrás se ha quedado. De hecho, el retroceso en el pasado del día registrable más reciente puede ser trazado de acuerdo a la fórmula (fecha actual - n años escribiendo) + n - 1 días.

Pero, ¿qué pasa si Tristram Shandy, *ex hypothesi*, ha estado escribiendo durante un número infinito de años? El día más reciente de su autobiografía retrocede al infinito, es decir, a un día infinitamente distante del presente. En ninguna parte del pasado a una distancia finita del presente podemos encontrar un día grabado, porque por ahora Tristram Shandy está infinitamente muy atrás. La serie sin principio e infinita de días que él ha registrado son días que yacen a una distancia temporal infinita del presente. Pero no hay manera de atravesar el intervalo temporal desde un evento infinitamente distante hasta el presente, o más técnicamente, que un evento que alguna vez estuvo presente retroceda a una distancia temporal infinita. Puesto que la tarea de escribir la autobiografía a razón de un año por cada día parece obviamente coherente, lo que se desprende de la historia de Tristram Shandy es que una serie infinita de acontecimientos pasados es absurda.

Las objeciones de Mackie a esta premisa están fuera de lugar.[25] Él piensa que el argumento asume ilícitamente un punto de partida infinitamente distante en el pasado y luego declara que es imposible viajar desde ese punto hasta el presente. Si tomamos la noción de infinito "en serio", dice, debemos decir que en el pasado infinito no habría ningún punto de partida, ni siquiera uno infinitamente distante. Sin embargo, desde cualquier punto dado en el pasado, sólo hay una distancia finita al presente.

No conocemos a ningún defensor del argumento que asumiera que había un punto de partida infinitamente distante en el pasado. Por el contrario, el carácter sin principio de la serie de eventos pasados sólo sirve para subrayar la dificultad de su formación mediante adiciones sucesivas. El hecho de que no haya ningún comienzo, ni siquiera uno

[25] Mackie, *Miracle of Theism*, 93.

infinitamente distante, empeora el problema, no lo mejora. Por lo tanto, no es el proponente del argumento el que no se toma en serio el infinito. Decir que el pasado infinito podría haberse formado añadiendo un miembro tras otro es como decir que alguien acaba de tener éxito en escribir todos los números negativos, terminando en -1.

Y, podemos preguntarnos, ¿cómo es que el punto de Mackie de que desde cualquier momento dado en el pasado sólo hay una distancia finita al presente es relevante para el tema? El defensor del argumento podría estar de acuerdo con esto sin pestañear. Porque la cuestión es cómo se puede formar *toda* la serie, no una parte finita de ella. ¿Piensa Mackie que debido a que cada segmento *finito* de la serie puede ser formado por sumas sucesivas, toda la serie *infinita* puede ser formada de esta manera? Esto es tan lógicamente falaz como decir que debido a que cada parte de un elefante es ligera en peso, todo el elefante es ligero en peso. Por lo tanto, el argumento de Mackie es irrelevante. Por eso, parece que esta premisa del argumento sigue siendo invicta ante sus objeciones.

Pero ahora un absurdo más profundo estalla a la vista. Incluso si cada evento pasado registrado se encontrara a una distancia finita del presente, aún así, si la serie de eventos pasados es actualmente infinita, podríamos preguntarnos: ¿Por qué Tristram Shandy no terminó su autobiografía ayer o anteayer, ya que para entonces ya había transcurrido una serie infinita de eventos? No importa lo lejos que se retroceda a lo largo de la serie de eventos pasados, Tristram Shandy ya habría completado su autobiografía. Por lo tanto, en ningún momento de la serie infinita de eventos pasados podría estar terminando el libro. Nunca podríamos mirar sobre el hombro de Tristram Shandy para ver si estaba escribiendo la última página. Porque en cualquier momento habría ocurrido una secuencia actualmente infinita de eventos, y el libro ya habría sido completado. Así, en ningún momento de la eternidad encontraremos la escritura de Tristram Shandy—lo cual es absurdo, ya que suponemos que él está escribiendo desde la eternidad. Y en ningún momento terminará el libro—lo cual es igualmente absurdo, porque para que el libro sea completado, debe haberlo terminado en algún momento.

David Conway y Richard Sorabji, sin embargo, han discutido este argumento, sosteniendo que no hay razón para pensar que Tristram Shandy ya habría terminado en algún momento y, por lo tanto, que la formación sucesiva de una serie temporal de tipo de orden ω^* (. . . , –3, –2, –1, 0) es imposible.[26] Puesto que uno de nosotros ha comentado

[26] David A. Conway, "'It Would Have Happened Already': On One Argument for a First Cause," *Analysis* 44 (1984): 159–66; y Sorabji, *Time, Creation, and the Continuum*, 222.

brevemente en otro lugar las observaciones de Sorabji,[27] limitaremos nuestro debate a la objeción de Conway.

La perplejidad de Conway con esta versión de la paradoja de Tristram Shandy proviene en gran medida, creemos, de su interpretación incorrecta de la misma. En su análisis, el núcleo del argumento se encuentra en el condicional

A. Si ayer se había escrito un número infinito de páginas, entonces Tristram Shandy habrá terminado ayer.

Pero el condicional de Conway es bastante ambiguo, y los argumentos que él sugiere para apoyarlo no tienen relevancia aparente para el razonamiento detrás de la paradoja de Tristram Shandy. En cambio, el condicional en el corazón de esta versión de la paradoja es algo más parecido a esto:

B. Si Tristram Shandy hubiera terminado su libro hoy, entonces lo habría hecho ayer,

y la verdad de este condicional parece estar garantizada por el principio de la correspondencia. Es sobre la base de este principio que el defensor del pasado infinito busca justificar la hazaña intuitivamente imposible de que alguien cuente hacia atrás todos los números negativos y termine en -1. Ya que los números negativos pueden ser puestos en una correspondencia uno a uno con la serie de, digamos, horas pasadas, alguien contando desde la eternidad habría completado su cuenta regresiva. Pero de la misma manera, Tristram Shandy en cualquier momento en el pasado ya debería haber completado su libro, ya que para entonces existe una correspondencia de uno a uno entre, digamos, cada página de escritura y una hora pasada. En esta versión de la historia, tener tiempo infinito parece ser una condición suficiente para terminar el trabajo. Habiendo tenido tiempo infinito, Tristram Shandy ya debería haber completado su tarea.

Tal razonamiento en apoyo de la finitud del pasado y del principio del universo no es una mera cosmología no basada en la experiencia de primera mano o investigación directa. P. C. W. Davies, por ejemplo, utiliza este razonamiento para explicar dos implicaciones profundas de las propiedades termodinámicas del universo:

> La primera es que el universo finalmente morirá, revolcándose, por así decirlo, en su propia entropía. Esto se conoce entre los físicos como la

[27] Véase Craig, reseña crítica a *Time, Creation, and the Continuum*, 319–26.

> "muerte térmica" del universo. La segunda es que el universo no puede haber existido para siempre, de lo contrario habría alcanzado su estado final de equilibrio hace un tiempo infinito. Conclusión: el universo no siempre existió.[28]

La segunda de estas implicaciones es una clara aplicación del razonamiento que subyace en el "absurdo más profundo" revelado por la paradoja de Tristram Shandy. Incluso si el universo tuviera una energía infinita, llegaría en un tiempo infinito al equilibrio. Puesto que en cualquier momento del tiempo infinito pasado ha transcurrido, un universo sin principio ya habría alcanzado el equilibrio, o como dice Davies, habría alcanzado el equilibrio hace un tiempo infinito. Por lo tanto, el universo comenzó a existir, *quod erat demonstrandum.*[29]

Estas ilustraciones revelan lo absurdo que resulta tratar de formar una colección actualmente infinita de cosas mediante adiciones sucesivas. Por lo tanto, la teoría de conjuntos ha sido purgada de todos los conceptos temporales; como dice Russell, "las clases que son infinitas son dadas de una sola vez por las propiedades definitorias de sus miembros, de modo que no se trata de 'completar' o de 'sintetizar sucesivamente'".[30] La única manera en que un infinito actual podría llegar a existir en el mundo real sería siendo creado de una sola vez, simplemente en un momento. Sería un trabajo desesperado intentar formarlo añadiendo un miembro tras otro.

3. *Por lo tanto, la serie de eventos en el tiempo no puede ser actualmente infinita.* Dada la veracidad de las premisas, la conclusión es lógica. Si el universo no comenzó a existir hace un tiempo finito, entonces el momento presente nunca llegaría. Pero obviamente ha llegado. Por lo tanto, sabemos que el universo es finito en el pasado y que la serie temporal de eventos físicos pasados no es sin comienzo.

Conclusión

Hemos argumentado que la imposibilidad de la existencia de un infinito actual implica que la serie temporal de eventos pasados, físicos, no es sin comienzo. Incluso si pudiera existir un infinito actual, la imposibilidad de formar este infinito por adición sucesiva implica que la

---

[28] Paul Davies, *God and the New Physics* (New York: Simon & Schuster, 1983), 11.

[29] Véase el razonamiento similar de John Barrow y Frank J. Tipler, *The Anthropic Cosmological Principle* (Oxford: Clarendon, 1986), 601–8, contra las cosmologías de estado estacionario sobre la base de que cualquier evento que hubiera ocurrido ahora ya habría ocurrido antes de ahora si el pasado fuera infinito.

[30] Bertrand Russell, *Our Knowledge of the External World*, 2da ed. (New York: W. W. Norton, 1929), 170.

serie temporal de eventos físicos del pasado no es sin comienzo. Ahora podemos pasar a la confirmación empírica de este argumento.

VII

Evidencia científica a favor de la *Creatio ex nihilo*

Desde tiempos inmemoriales los hombres han vuelto su mirada hacia los cielos y se han maravillado. Tanto la cosmología como la filosofía tienen sus raíces en la maravilla que sentían los antiguos griegos al contemplar el cosmos. Según Aristóteles:

> Es debido a su asombro que los hombres comienzan ahora y al principio comenzaron a filosofar; se preguntaban originalmente por las dificultades obvias, luego avanzaron poco a poco y declararon dificultades sobre los asuntos mayores, *e.g.*, sobre los fenómenos de la luna y los del sol y las estrellas, y sobre el origen del universo.[1]

El mismo Aristóteles postuló a Dios como la fuente del orden y el movimiento en el cosmos. Pero el Dios de Aristóteles no creó el universo ni actuó como una causa eficiente para introducir orden en él. Más bien, su eterno Motor inmóvil actúa meramente como una causa final del orden del universo al servir como objeto de deseo para las almas de las esferas celestiales encantadas por él. Su deseo de Dios da lugar al eterno movimiento rotatorio de las esferas, que a su vez produce los movimientos que observamos en el mundo sublunar. Como Dios mismo, la materia, de la cual están compuestas todas las substancias físicas, es eterna e increada y subyace al proceso eterno de generación y corrupción que sufren las cosas en el reino sublunar. En su estructura a gran escala, el universo ha permanecido invariable desde toda la eternidad.

Los estudiosos medievales sustituyeron las Inteligencias angélicas por las almas automovibles de Aristóteles como los motores del movimiento de las esferas y negaron la doctrina helenística de la eternidad del mundo, pero no cuestionaron la visión de Aristóteles de un cosmos inmutable a gran escala. Incluso con la desaparición de la física

---

[1] Aristóteles, *Metaphysics* 982b.10–15.

aristotélica en la revolución científica completada por Isaac Newton, la suposición de un universo estático permaneció incuestionable. Aunque el mismo Newton creía que Dios había creado el mundo, el universo descrito por su física era para todas las apariencias eterno.

Por eso Pierre-Simon de Laplace, al ser interrogado por Napoleón sobre la ausencia de Dios en su sistema del mundo, pudo responder: "Señor, no necesito esa hipótesis". Dadas las leyes inmutables de Newton y el conocimiento de la posición y velocidad actuales de cada partícula del universo, Laplace se jactaba de que podía retroceder o predecir el estado exacto del universo en cualquier otro momento. La suposición tácita, por supuesto, era que el universo es inmemorial y eterno en su existencia.

La suposición de que el universo nunca fue creado sólo fue reforzada por la declaración de Helmholtz en el siglo XIX de las leyes de la conservación de la materia y la energía. Puesto que la materia y la energía no pueden ser creadas ni destruidas, debe haber existido y existirá siempre un universo: el universo es temporalmente infinito en el pasado y en el futuro. Sin duda, ya había indicios en la física prerelativista de que había algo malo en la suposición prevaleciente de un cosmos eterno y estático. Un ejemplo es la Paradoja de Olbers de por qué el cielo nocturno es oscuro en lugar de estar en llamas con luz si ha existido una infinidad de estrellas desde la eternidad pasada. Otra es la segunda ley de la termodinámica, que parece implicar que el universo, si ha existido desde la eternidad, debería estar moribundo en un estado de equilibrio. Pero estas preocupaciones no podían revertir lo que en todas partes se daba por sentado: que el universo en su conjunto ha existido y existirá sin cambios para siempre.

Por contraste agudo, existe hoy en día una considerable evidencia científica de que el universo no es eterno en el pasado, sino que tuvo un origen absoluto hace un tiempo finito. En este capítulo revisaremos dos líneas generales de evidencia que apuntan a esta sorprendente conclusión.

La expansión del universo

Los temblores de la inminente agitación que demolería la antigua cosmología se sintieron por primera vez en 1917, cuando Albert Einstein hizo una aplicación cosmológica de su recién descubierta teoría gravitacional, la teoría general de la relatividad (GR).[2] Einstein asumió

---

[2] Albert Einstein, "Cosmological Considerations on the General Theory of Relativity," en *The Principle of Relativity*, trad. W. Perrett y J. B. Jefferey (New York: Dover Publications, 1952), 177–88.

que el universo es homogéneo e isotrópico y que existe en un estado estacionario, con una densidad de masa media constante y una curvatura constante del espacio. Para su disgusto, sin embargo, encontró que la GR no permitiría tal modelo del universo a menos que introdujera en sus ecuaciones de campo gravitacionales un cierto "factor compensatorio" Λ para contrarrestar el efecto gravitatorio de la materia y asegurar así un universo estático.

Sin embargo, el universo estático de Einstein estaba equilibrado en el borde de una navaja, y la menor perturbación—incluso el transporte de materia de una parte del universo a otra—haría que el universo implosionara o se expandiera. Al tomar en serio esta característica del modelo de Einstein, el matemático ruso Alexander Friedman y el astrónomo belga Georges Lemaître fueron capaces de formular independientemente soluciones a las ecuaciones de campo que predijeron un universo en expansión.[3]

El significado monumental del modelo Friedman-Lemaître reside en su historización del universo. Como ha señalado un comentarista, hasta ese momento la idea de la expansión del universo "era absolutamente incomprensible. A lo largo de toda la historia de la humanidad, el universo fue considerado fijo e inmutable, y la idea de que podría estar cambiando era inconcebible".[4] Pero si el modelo de Friedman-Lemaître fuera correcto, el universo ya no podría ser tratado adecuadamente como una entidad estática que existe, en efecto, de manera atemporal. En cambio, el universo tiene una historia, y el tiempo no será un asunto de indiferencia para nuestra investigación del cosmos.

En 1929, las mediciones del astrónomo estadounidense Edwin Hubble del corrimiento al rojo en el espectro óptico de la luz de galaxias distantes,[5] tomadas para indicar un movimiento recesivo universal de las fuentes de luz en la línea de visión, proporcionaron una dramática verificación del modelo Friedman-Lemaître. Increíblemente, lo que el Hubble había descubierto era la expansión isotrópica del universo predicha por Friedman y Lemaître sobre la base de la GR de Einstein. Fue un verdadero punto de inflexión en la historia de la ciencia. "De todas las grandes predicciones que la ciencia ha hecho a lo largo de los siglos", exclama John Wheeler, "¿hubo alguna vez una mayor que ésta,

---

[3] A. Friedman, "Über die Krümmung des Raumes," *Zeitschrift für Physik* 10 (1922): 377–86; y G. Lemaître, "Un univers homogène de masse constante et de rayon croissant, rendant compte de la vitesse radiale des nébuleuses extragalactiques," *Annales de la Société scientifique de Bruxelles* 47 (1927): 49–59.

[4] Gregory L. Naber, *Spacetime and Singularities: An Introduction* (Cambridge: Cambridge University Press, 1988), 126–27.

[5] E. Hubble, "A Relation between Distance and Radial Velocity among Extra-galactic Nebulae," *Proceedings of the National Academy of Sciences* 15 (1929): 168–73.

el predecir, y predecir correctamente, y el predecir contra toda expectativa un fenómeno tan fantástico como la expansión del universo?"[6]

El modelo estándar del Big Bang

Según el modelo de Friedman-Lemaître, a medida que pasa el tiempo, las distancias que separan las masas galácticas se hacen mayores. Es importante entender que, como teoría basada en la GR, el modelo no describe la expansión del contenido material del universo en un espacio newtoniano preexistente, vacío, sino más bien la expansión del espacio mismo. Las partículas ideales del fluido cosmológico constituido por la materia y la energía del universo están concebidas para estar en reposo con respecto al espacio, pero para alejarse progresivamente unas de otras a medida que el espacio mismo se expande o estira, así como unos botones pegados a la superficie de un globo se alejarían unos de otros a medida que el globo se infla.

A medida que el universo se expande, se vuelve cada vez menos denso. Esto tiene la asombrosa implicación de que a medida que se invierte la expansión y se extrapola hacia atrás en el tiempo, el universo se vuelve progresivamente más denso hasta que llega a un estado de densidad infinita en algún momento del pasado finito. Este estado representa una singularidad en la que la curvatura espaciotemporal, junto con la temperatura, la presión y la densidad, se vuelve infinita. Por lo tanto, constituye un borde o límite del espaciotiempo mismo. P. C. W. Davies comenta:

> Si extrapolamos esta predicción a su extremo, llegamos a un punto en el que todas las distancias en el universo se han reducido a cero. Una singularidad cosmológica inicial forma, por lo tanto, una extremidad temporal pasada del universo. No podemos continuar el razonamiento físico, ni siquiera el concepto del espaciotiempo, a través de esa extremidad. Por esta razón, la mayoría de los cosmólogos piensan que la singularidad inicial es el principio del universo. Desde este punto de vista, el big bang representa el evento de creación; la creación no sólo de toda la materia y energía del universo, sino también del espaciotiempo mismo.[7]

El término "big bang", originalmente una expresión burlona acuñada por Fred Hoyle para caracterizar el comienzo del universo predicho por el

[6] John A. Wheeler, "Beyond the Hole," en *Some Strangeness in the Proportion*, ed. Harry Woolf (Reading, Mass.: Addison-Wesley, 1980), 354.

[7] P. C. W. Davies, "Spacetime Singularities in Cosmology," en *The Study of Time III*, ed. J. T. Fraser (New York: Springer Verlag, 1978), 78–79.

modelo Friedman-Lemaître, es por lo tanto potencialmente engañoso. Podría llevarnos a tratar erróneamente de visualizar la expansión desde el exterior (aunque no haya un "exterior", así como no hay un "antes" con respecto al big bang).[8]

El modelo estándar del big bang, como el modelo Friedman-Lemaître llegó a llamarse, describe así un universo que no es eterno en el pasado, sino que nació hace un tiempo finito. Además—y esto merece ser subrayado—el origen que postula es un origen absoluto *ex nihilo*. Porque no sólo toda la materia y la energía, sino también el espacio y el tiempo, nacen de la singularidad cosmológica inicial. Como enfatizan Barrow y Tipler, "En esta singularidad, el espacio y el tiempo entraron en existencia; literalmente nada existía antes de la singularidad, así que, si el universo se originara en tal singularidad, tendríamos verdaderamente una creación *ex nihilo*".[9] Por lo tanto, podemos representar gráficamente el espaciotiempo en el modelo estándar como un cono (fig. 2).

En tal modelo el universo se origina *ex nihilo* en el sentido de que en la singularidad inicial es cierto que no hay un punto espaciotiempo anterior, o es falso que algo existiera antes de la singularidad.

Ahora bien, esta conclusión es profundamente perturbadora para cualquiera que se lo plantee. Porque la pregunta no puede ser suprimida: ¿Por qué vino el universo a la existencia? Quentin Smith observa: "Pertenece analíticamente al concepto de la singularidad cosmológica que no es el efecto de eventos físicos previos. La definición de una singularidad .... implica que es *imposible extender variedad espaciotemporal más allá de la singularidad*.... Esto descarta la idea de

---

[8] Gott, Gunn, Schramm, y Tinsley escriben, "El universo comenzó desde un estado de densidad infinita hace aproximadamente un tiempo Hubble. El espacio y el tiempo fueron creados en ese evento y también lo fue toda la materia en el universo. No tiene sentido preguntar qué pasó antes del big bang; es algo así como preguntar qué hay al norte del Polo Norte. Del mismo modo, no es sensato preguntarse dónde tuvo lugar el big bang. El universo-punto no era un objeto aislado en el espacio; era el universo entero, así que la única respuesta puede ser que el big bang ocurrió en todas partes" (J. Richard Gott III, James E. Gunn, David N. Schramm, y Beatrice M. Tinsley, "Will the Universe Expand Forever?" *Scientific American* [Mar. 1976]: 65). El tiempo Hubble es el tiempo desde la singularidad si la tasa de expansión ha sido constante. La singularidad es un punto sólo en el sentido de que la distancia entre dos puntos cualesquiera en la singularidad es cero. Cualquiera que piense que debe haber un lugar en el universo donde ocurrió el Big Bang todavía no ha comprendido que es el espacio mismo el que se está expandiendo; es la *superficie* bidimensional de un globo inflable que es análoga al espacio tridimensional. La superficie esférica no tiene centro y por lo tanto no tiene ubicación donde comienza la expansión. La analogía del Polo Norte con respecto al comienzo del tiempo no debe ser presionada, ya que el Polo Norte no es un borde de la superficie del globo; el comienzo del tiempo es más como el ápice de un cono. Pero la idea es que, así como no se puede ir más al norte que al Polo Norte, tampoco se puede retroceder más allá de la singularidad inicial.

[9] John Barrow y Frank Tipler, *The Anthropic Cosmological Principle* (Oxford: Clarendon, 1986), 442.

que la singularidad es un efecto de algún proceso natural previo".[10] Smith reconoce que la pregunta que queda entonces es si el big bang podría no ser considerado plausiblemente como el resultado de una causa sobrenatural. De lo contrario, uno debe decir que el universo simplemente surgió sin causa de la nada. Por lo tanto, en palabras de un equipo astrofísico, "El problema del origen implica un cierto aspecto metafísico que puede ser atractivo o repugnante".[11]

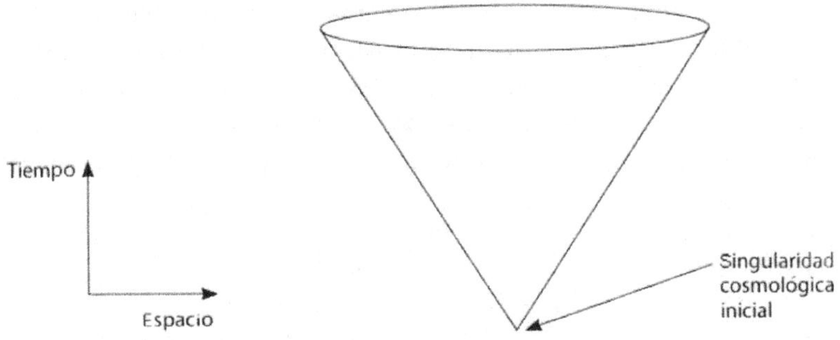

Figura 2

Representación cónica del espaciotiempo del Modelo Estándar. El espacio y el tiempo comienzan en la singularidad cosmológica inicial, antes de la cual, literalmente, no existe nada.

Teoría del estado estacionario

Revueltos por las crudas alternativas metafísicas presentadas por un principio absoluto del universo, ciertos teóricos han estado comprensiblemente ansiosos por subvertir el modelo estándar del big bang y restaurar un universo eterno. Sir Fred Hoyle, por ejemplo, no podía tolerar ni un origen del universo sin causa ni una causa sobrenatural. Con respecto a la singularidad, escribió: "Esta situación tan peculiar es tomada por muchos astrónomos como para representar *el origen del universo*. Se supone que el universo ha comenzado en este momento en particular. ¿De dónde? La respuesta habitual, seguramente insatisfactoria, es: ¡de la nada!"[12] Igualmente insatisfactoria fue la postulación de una causa sobrenatural. Al observar que algunos aceptan felizmente el comienzo absoluto del universo, Hoyle se quejó:

---

[10] Quentin Smith, "The Uncaused Beginning of the Universe," en William Lane Craig y Quentin Smith, *Theism, Atheism, and Big Bang Cosmology* (Oxford: Clarendon, 1993), 120.
[11] Hubert Reeves, Jean Audouze, William A. Fowler, y David N. Schramm, "On the Origin of Light Elements," *Astrophysical Journal* 179 (1973): 912.
[12] Fred Hoyle, *Astronomy Today* (London: Heinemann, 1975), 165.

> Para mucha gente este proceso de pensamiento parece altamente satisfactorio porque un "algo" ajeno a la física puede ser introducido en $t = 0$. Por una maniobra semántica, la palabra "algo" es entonces reemplazada por "dios", excepto que la primera letra se convierte en una mayúscula, Dios, para advertirnos que no debemos llevar la investigación más allá.[13]

Para el crédito de Hoyle, él llevó la investigación más allá ayudando a formular al primer competidor al modelo estándar del big bang. En 1948 Hoyle, junto con Hermann Bondi y Thomas Gold, abordaron el modelo de estado estacionario del universo.[14] Según esta teoría, el universo está en un estado de expansión cósmica isotrópica, pero a medida que las galaxias se alejan, la nueva materia es arrastrada a ser *ex nihilo* en los vacíos creados por la recesión galáctica (fig. 3).

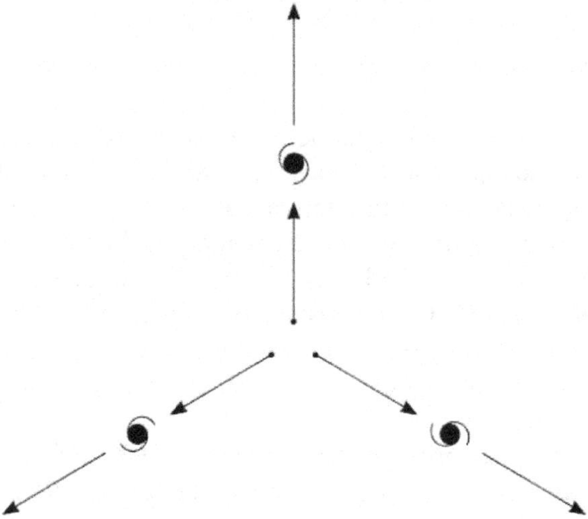

Figura 3

Modelo del Estado Estacionario. A medida que las galaxias se alejan, surge una nueva materia para reemplazarlas. El universo se renueva constantemente y nunca comenzó a existir.

[13] Fred Hoyle, *Astronomy and Cosmology: A Modern Course* (San Francisco: W. H. Freeman, 1975), 658.

[14] H. Bondi y T. Gold, "The Steady State Theory of the Expanding Universe," *Monthly Notices of the Royal Astronomical Society* 108 (1948): 252–70; y F. Hoyle, "A New Model for the Expanding Universe," *Monthly Notices of the Royal Astronomical Society* 108 (1948): 372–82.

La expansión del universo en el modelo de estado estacionario puede compararse a una hoja de goma con botones pegados a ella: a medida que la hoja se estira y los botones se separan, aparecen nuevos botones en los huecos creados por la recesión de los botones previamente existentes. Por lo tanto, la condición de la lámina permanece constante a lo largo del tiempo, y no es necesario postular ningún inicio del proceso. ¡Si se extrapola la expansión del universo hacia atrás en el tiempo, la densidad del universo nunca aumenta porque la materia y la energía simplemente desaparecen a medida que las galaxias se acercan mutuamente!

La teoría del estado estacionario nunca aseguró una sola pieza de verificación experimental; su atractivo era puramente metafísico.[15] El descubrimiento de un número cada vez mayor de radiogalaxias a distancias cada vez mayores socavó la teoría al mostrar que en el pasado el universo era significativamente diferente de lo que es hoy en día, contradiciendo así la noción de un estado estacionario del universo. En cambio, se hizo cada vez más evidente que el universo tenía una historia evolutiva.

La refutación decisiva del modelo de estado estacionario vino con dos descubrimientos que constituyeron, además del corrimiento galáctico al rojo, la evidencia más significativa para la teoría del big bang: la nucleosíntesis cosmogónica de los elementos de luz y la radiación de fondo de microondas. Aunque los elementos pesados fueron sintetizados en los hornos estelares, la nucleosíntesis estelar no pudo fabricar los abundantes elementos ligeros como el helio y el deuterio. Estos sólo pudieron haber sido creados en las condiciones extremas presentes en el primer momento del big bang.

En 1965 un descubrimiento fortuito reveló la existencia de una radiación cósmica de fondo predicha en la década de 1940 por George Gamow sobre la base del modelo estándar. Esta radiación, que ahora se desplaza a la región de microondas del espectro, consiste en fotones emitidos durante una fase muy caliente y densa del universo. En las mentes de casi todos los cosmólogos, la radiación cósmica de fondo desacreditó decisivamente el modelo de estado estacionario.

---

[15] Como señala Jaki, Hoyle y sus colegas se inspiraron en "motivaciones abiertamente antiteológicas, o más bien anticristianas". (Stanley L. Jaki, *Science and Creation* [Edinburgh: Scottish Academic, 1974], 347). Martin Rees recuerda el obstinado compromiso de su mentor Dennis Sciama con el modelo de estado estacionario: "Para él, como para sus inventores, tenía un profundo atractivo filosófico: el universo existía, desde la eternidad y hasta la eternidad, en un estado único de autoconsistencia. Cuando surgieron pruebas contradictorias, Sciama buscó una laguna jurídica (incluso una que parecía poco probable) más bien como un abogado defensor que se aferra a cualquier argumento para refutar el caso de la fiscalía"". (Martin Rees, *Before the Beginning*, con un prólogo por Stephen Hawking [Reading, Mass.: Addison-Wesley, 1997], 41). La frase "desde la eternidad hasta la eternidad" es la descripción del salmista (Sal. 90:2 LBLA). Rees da buena cuenta de los descubrimientos que condujeron a la desaparición del modelo de estado estacionario.

Modelos cíclicos

El modelo estándar del big bang se basaba en los supuestos de homogeneidad e isotropía. En las décadas de 1960 y 1970 algunos cosmólogos sugirieron que, al negar la homogeneidad y la isotropía, uno podría ser capaz de crear un modelo oscilante del universo y así evitar el principio absoluto predicho por el modelo estándar.[16] Si la atracción gravitatoria interna de la masa del universo fuera capaz de superar la fuerza de su expansión, entonces la expansión podría invertirse en una contracción cósmica, una gran contracción. Si el universo no fuera homogéneo e isotrópico, entonces el universo en colapso podría no fusionarse en un punto, pero los contenidos materiales del universo podrían pasar uno al lado del otro, de modo que el universo parecería recuperarse de la contracción en una nueva fase de expansión. Si este proceso pudiera repetirse indefinidamente, entonces se podría evitar un comienzo absoluto del universo (fig. 4).

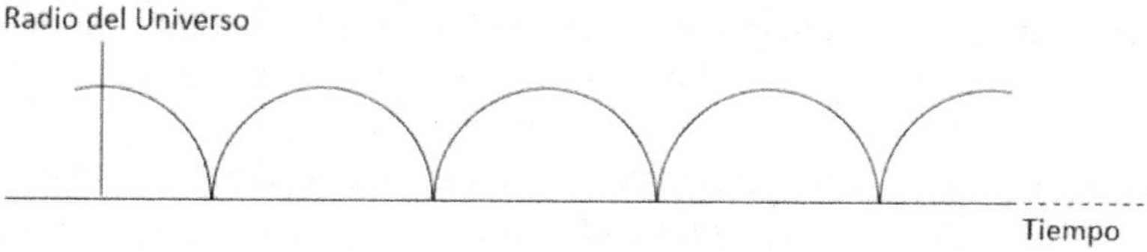

Figura 4

Modelo Oscilante. Cada fase de expansión está precedida y tiene éxito por una fase de contracción, de modo que el universo en forma de acordeón existe sin comienzo y sin fin.

Tal teoría es extraordinariamente especulativa, pero de nuevo hubo motivaciones metafísicas para adoptar este modelo.[17] Sin embargo, las perspectivas del modelo oscilante fueron severamente atenuadas en 1970,

---

[16] Véase, e.g., E. M. Lifschitz y I. M. Khalatnikov, "Investigations in Relativist Cosmology," *Advances in Physics* 12 (1963): 207.

[17] Como se desprende de los sentimientos expresados por John Gribbin: "El mayor problema de la teoría del Big Bang sobre el origen del universo es filosófico—quizás incluso teológico—, ¿qué había antes de la explosión? Este problema por sí solo fue suficiente para dar un gran impulso inicial a la teoría del Estado Estacionario; pero con esa teoría ahora tristemente en conflicto con las observaciones, la mejor manera de sortear esta dificultad inicial es a través de un modelo en el que el universo se expande desde una singularidad, vuelve a colapsar y repite el ciclo indefinidamente" (John Gribbin, "Oscillating Universe Bounces Back," *Nature* 259 [1976]: 15). No es raro que los científicos malinterpreten la dificultad planteada por el comienzo del universo como la pregunta de lo que existía antes del Big Bang (lo que invita a la respuesta fácil de que no había "antes"). La verdadera pregunta se refiere a las condiciones causales de este evento, por qué existe el universo en lugar de nada.

por la formulación de Roger Penrose y Stephen Hawking de los teoremas de singularidad que llevan sus nombres.[18] Los teoremas revelaron que bajo condiciones muy generalizadas una singularidad cosmológica inicial es inevitable, incluso para los universos inhomogéneos y no isotrópicos. Reflexionando sobre el impacto de este descubrimiento, Hawking señala que los teoremas de singularidad de Hawking-Penrose "llevaron al abandono de los intentos (principalmente por parte de los rusos) de argumentar que había una fase previa de contracción y un rebote nosingular en la expansión. En cambio, casi todo el mundo cree que el universo, y el tiempo mismo, tuvo un comienzo en el big bang".[19]

A pesar de que ninguna trayectoria espaciotemporal puede ser extendida a través de una singularidad, el modelo oscilante mostró una persistencia obstinada. Dos ataques más se presentaron en su contra. Primero, no se conoce ninguna física que pueda causar que un universo en colapso regrese a una nueva expansión. Si, desafiando los teoremas de singularidad de Hawking-Penrose, el universo rebota, esto se basa en una física que es completamente desconocida. La física predice que un universo en estado de colapso gravitacional no rebotaría como una pelota de baloncesto que cae al suelo, sino que aterrizaría como un trozo de arcilla.[20]

Segundo, la evidencia observacional indica que la densidad media de la masa del universo es insuficiente para generar suficiente atracción gravitacional para detener e invertir la expansión. En enero de 1998, equipos astronómicos de Princeton, Yale, el Lawrence Berkeley National Laboratory y el Harvard-Smithsonian Astrophysics Institute informaron en la reunión de la Sociedad Astronómica Americana que sus diversas pruebas mostraban que "el universo se expandirá para siempre".[21] Un portavoz del equipo de Harvard-Smithsonian afirmó que ahora estaban por lo menos un 95 por ciento seguros de que "la densidad de la materia es insuficiente para detener la expansión del universo".[22]

De hecho, en un desarrollo inesperado, las pruebas sugieren que, lejos de desacelerarse, la expansión parece estar acelerándose. La

---

[18] R. Penrose, "Gravitational Collapse and Space-Time Singularities," *Physical Review Letters* 14 (1965): 57–59; S. W. Hawking y R. Penrose, "Space-Time Singularities," en *The Large-Scale Structure of Space-Time*, ed. S. W. Hawking y G. F. R. Ellis (Cambridge: Cambridge University Press, 1973), 266.

[19] Stephen Hawking y Roger Penrose, *The Nature of Space and Time*, The Isaac Newton Institute Series of Lectures (Princeton: Princeton University Press, 1996), 20.

[20] Alan Guth y Mark Sher, "The Impossibility of a Bouncing Universe," *Nature* 302 (1983): 505–6; y Sidney A. Bludman, "Thermodynamics and the End of a Closed Universe," *Nature* 308 (1984): 319–22.

[21] Comunicado de prensa de Associated Press, 9 de enero 1998.

[22] Ibid. Véase también James Glanz, "Astronomers See a Cosmic Antigravity Force at Work," *Science* 279 (27 de febrero 1998): 1298–99.

aceleración cósmica ha sido medida directamente a través de observaciones de varios cientos de supernovas de Tipo Ia y está implícita de forma independiente en experimentos más recientes sobre el fondo de radiación cósmica de microondas (los experimentos Boomerang, DASI y Maxima), que detectaron variaciones de densidad en el fondo indicativas de una geometría espaciotemporal plana, y más recientemente por datos publicados en 2003 recogidos a partir de la Wilkinson Microwave Anisotropy Probe y comparados con el mapa galáctico de el Sloan Digital Sky Survey. Estas observaciones sugieren que el universo está compuesto sólo por un 4 por ciento de materia ordinaria y luminosa, un 23 por ciento de materia invisible y no luminosa, y un enorme 73 por ciento de misteriosa, la llamada "energía oscura". Es este último factor dominante el que está separando el universo con una velocidad cada vez mayor. Aún no se sabe si este factor debe entenderse como una constante cosmológica de valor positivo o como un nuevo campo de energía extraño o como algo totalmente distinto, pero la conclusión de que la expansión del universo se está acelerando en lugar de ralentizarse "ahora parece ineludible".[23] Esta aceleración cósmica es independiente de la densidad del universo y es incompatible con una recontracción cósmica, tal y como predicen los modelos oscilantes.

Aunque tales dificultades eran bien conocidas, los defensores del modelo oscilante o cíclico se aferraron tenazmente a él hasta que surgió una nueva alternativa al modelo estándar durante la década de 1970.[24] De manera retrospectiva, el cosmólogo cuántico Christopher Isham se aferró a él:

> Tal vez el mejor argumento a favor de la tesis de que el Big Bang apoya el teísmo es el obvio malestar con el que es recibido por algunos físicos ateos. A veces esto ha llevado a que las ideas científicas, como la creación continua o un universo oscilante, sean avanzadas con una tenacidad que excede de tal manera su valor intrínseco que sólo puede sospechar el funcionamiento de fuerzas psicológicas mucho más profundas que el deseo académico habitual de un teórico de apoyar su teoría.[25]

---

[23] Sean Carroll et al., "Is Cosmic Speed-Up Due to New Gravitational Physics?" http://arXiv:astro-ph/0306438v2 (10 de julio 2003) at http://xxx.1an1.gov/abs/astro-ph/0306438 (2003).

[24] Uno piensa, por ejemplo, en el difunto Carl Sagan en su serie de televisión *Cosmos* que propone este modelo y lee de las escrituras hindúes sobre los años cíclicos del Brahmán para ilustrar el universo oscilante, pero sin dar ninguna pista a sus espectadores sobre las dificultades de este modelo.

[25] Christopher Isham, "Creation of the Universe as a Quantum Process," en *Physics, Philosophy, and Theology: A Common Quest for Understanding*, ed. R. J. Russell, W. R. Stoeger, y G. V. Coyne (Vatican City: Vatican Observatory, 1988), 378.

El modelo oscilante tomó su vida de su evasión de un comienzo absoluto del universo. Pero una vez que aparecieron otros modelos que pretendían ofrecer el mismo beneficio, el modelo oscilante cayó en el olvido bajo el peso de sus propias deficiencias.

Modelos de fluctuación cuántica

Los cosmólogos se dieron cuenta de que una descripción física del universo antes del tiempo de Planck (10^{-43} segundos después de la singularidad del big bang) requeriría la introducción de la física cuántica además de la GR. En el nivel cuántico se cree que las llamadas partículas virtuales surgen debido a las fluctuaciones en la energía encerrada en el vacío, partículas que el principio de indeterminación de Heisenberg permite que existan por un momento fugaz antes de disolverse de nuevo en el vacío. En 1973 Edward Tryon especuló sobre si el universo podría ser una partícula virtual de larga vida, cuya energía total es cero, nacida del vacío primordial.[26] Esta especulación aparentemente extraña dio lugar a una nueva generación de teorías cosmogónicas que podríamos llamar modelos de fluctuación cuántica o de vacío.

Estos modelos de fluctuación cuántica estaban estrechamente relacionados con un ajuste al modelo estándar conocido como inflación. En un intento de explicar—o esclarecer, dependiendo del punto de vista de cada uno—la asombrosa homogeneidad e isotropía a gran escala del universo, algunos teóricos propusieron que entre 10^{-35} y 10^{-33} segundos después de la singularidad del big bang, el universo sufrió una fase de expansión superrápida, o inflacionaria, que sirvió para empujar las inhomogeneidades más allá de nuestro horizonte de eventos.[27] Antes de la era inflacionaria el universo era meramente espacio vacío, o *vacío* en el sentido espacial, y el universo material nació cuando la energía del vacío se convirtió en materia mediante una transición de fase mecánica cuántica.

En la mayoría de los modelos inflacionarios, a medida que se extrapola hacia atrás en el tiempo, más allá del tiempo de Planck, el universo continúa encogiéndose hasta la singularidad inicial. Pero en los modelos de fluctuación cuántica, se plantea la hipótesis de que antes de la inflación el universo como un todo no se estaba expandiendo. Este universo como un todo es un vacío primordial que existe eternamente en un estado estable. A través de este vacío ocurren constantemente

---

[26] Edward Tryon, "Is the Universe a Vacuum Fluctuation?" *Nature* 246 (1973): 396–97.

[27] A. Guth, "Inflationary Universe: A Possible Solution to the Horizon and Flatness Problems," *Physical Review D* 23 (1981): 247–56.

fluctuaciones de energía subatómica, por medio de las cuales se crea materia y nacen miniuniversos (fig. 5).

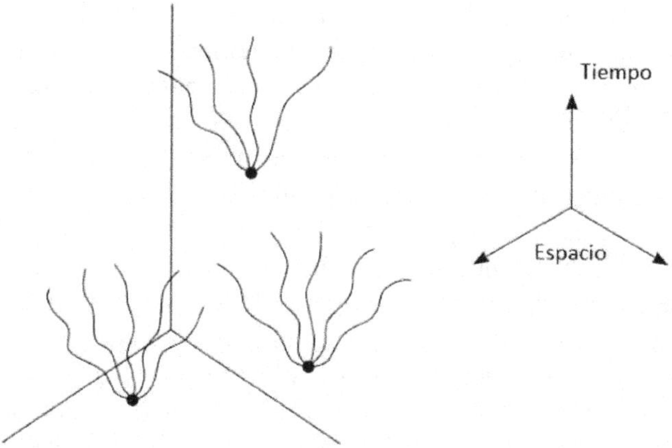

Figura 5

Modelos de fluctuación cuántica. Dentro del vacío del universo más amplio, ocurren fluctuaciones que se convierten en miniuniversos. El nuestro es solo uno de estos, y su comienzo relativo no implica un comienzo para el universo como un todo.

Nuestro universo en expansión no es más que uno de un número indefinido de miniuniversos concebidos dentro del vientre del universo mayor como un todo. Por lo tanto, el comienzo de nuestro universo no representa un comienzo absoluto, sino meramente un cambio en el universo eterno, sin causa, como un todo.

A pesar de que todavía se usan en la prensa popular, los modelos de fluctuación cuántica no sobrevivieron a la década de los ochenta. No sólo existían problemas teóricos con los mecanismos de producción de la materia, sino que estos modelos enfrentaban una profunda incoherencia interna.[28] De acuerdo con dichos modelos, es imposible especificar con precisión cuándo y dónde ocurrirá una fluctuación en el vacío primordial que luego crecerá en un universo. Dentro de cualquier intervalo de tiempo finito existe una probabilidad positiva de que tal fluctuación ocurra en cualquier punto del espacio. De este modo, dado el infinito tiempo pasado, los universos serán eventualmente engendrados en cada punto del vacío primordial, y a medida que se expandan, comenzarán a chocar y a fusionarse entre sí. Así, dado el infinito tiempo pasado, ya deberíamos estar observando un universo infinitamente viejo, no uno relativamente joven.

[28] Véase Isham, "Creation of the Universe," 385–87.

Un teórico trató de evitar este problema estipulando que las fluctuaciones en el vacío primordial sólo ocurren a una distancia infinita, de modo que cada miniuniverso tiene un espacio infinito en el cual expandirse.[29] No sólo era un escenario inaceptablemente ad hoc, sino que ni siquiera resuelve el problema. Para un tiempo pasado infinito dado, cada una de las regiones infinitas del vacío habrá engendrado un universo abierto (en constante expansión) que a estas alturas habrá llenado completamente esa región, con el resultado de que todos los miniuniversos individuales se habrían fusionado.

Isham ha llamado este problema "bastante letal" a los modelos de fluctuación cuántica y dice que por lo tanto "no han encontrado una amplia aceptación".[30] La única manera de evitar el problema sería postular una expansión del vacío primordial en sí mismo; pero entonces estamos de vuelta al origen absoluto implicado por el modelo estándar del big bang. Según Isham, estos modelos fueron, por lo tanto, "desechados hace veinte años" y "no se ha hecho mucho" con ellos desde entonces.[31]

Modelo de inflación caótica

La inflación también forma el contexto para la siguiente alternativa que consideraremos: el modelo de inflación caótica. La teoría inflacionaria no sólo ha sido criticada como indebidamente "metafísica", sino que también ha quedado lisiada por diversos problemas físicos (tales como hacer que la inflación pase a ser la transición a la expansión actual). Hemos visto ir y venir la vieja teoría inflacionaria y la nueva teoría inflacionaria, ambas ya muertas. Para 1997 Alan Guth podía contar con más de cincuenta modelos inflacionarios en competencia en la literatura científica.

Uno de los teóricos más fértiles de la inflación ha sido el cosmólogo ruso Andrei Linde, quien defiende su modelo inflacionario caótico.[32] Según el cosmólogo Robert Brandenberger, "el escenario de inflación caótico de Linde es... el único modelo inflacionario viable en el sentido de que no está plagado de inconsistencias internas (como lo están 'la antigua inflación' y 'la nueva inflación')".[33] En el modelo de Linde, la

---

[29] J. R. Gott III, "Creation of Open Universes from de Sitter Space," *Nature* 295 (1982): 304–7.

[30] Christopher Isham, "Space, Time, and Quantum Cosmology" (ponencia presentada en la conferencia "God, Time, and Modern Physics," marzo de 1990).

[31] Christopher Isham, "Quantum Cosmology and the Origin of the Universe" (ponencia presentada en la conferencia "Cosmos and Creation," Cambridge University, 14 de julio de 1994).

[32] Véase, e.g., A. D. Linde, "The Inflationary Universe," Reports on Progress in Physics 47 (1984): 925–86; e idem, "Chaotic Inflation," *Physics Letters B* 129 (1983): 177–81.

[33] Robert Brandenberger, comunicación personal.

inflación *nunca* termina: cada dominio inflado del universo, cuando llega a un cierto volumen, da lugar a través de la inflación a otro dominio, y así sucesivamente, hasta el infinito (fig. 6).

Figura 6

Modelo inflacionario caótico. El universo más amplio produce a través de la inflación dominios separados que continúan alejándose unos de otros a medida que el espacio más amplio se expande.

El modelo de Linde tiene, pues, un futuro infinito. Pero Linde está preocupado por la perspectiva de un comienzo absoluto. Escribe: "El aspecto más difícil de este problema no es la existencia de la singularidad en sí misma, sino la cuestión de qué había *antes* de la singularidad.... Este problema se encuentra en el límite entre la física y la metafísica".[34] Por lo tanto, Linde propone que la inflación caótica no sólo es interminable, sino también sin comienzo. Cada dominio en el universo es el producto de la inflación en otro dominio, de modo que se evita la singularidad y con ella también la pregunta de qué vino antes (o más exactamente, qué lo causó).

En 1994, sin embargo, Arvind Borde y Alexander Vilenkin demostraron que un universo eternamente inflado hacia el futuro no puede ser geodésicamente completo en el pasado. Debe haber existido en algún momento en el pasado indefinido una singularidad inicial:

> Un modelo en el que la fase inflacionaria no tiene fin... lleva naturalmente a esta pregunta: ¿Puede este modelo extenderse también al pasado infinito, evitando así el problema de la singularidad inicial?

[34] Linde, "Inflationary Universe," 976.

> ...De hecho, esto no es posible en los espacios-tiempos inflacionarios futuros eternos, siempre y cuando obedezcan a unas condiciones físicas razonables: tales modelos deben poseer necesariamente singularidades iniciales.
>
> ...El hecho de que los espacios de tiempo inflacionarios estén incompletos en el pasado obliga a plantearse la cuestión de qué es lo que ha ocurrido antes, si es que ha ocurrido algo.[35]

En su respuesta, Linde coincide con la conclusión de Borde y Vilenkin: debe haber habido una singularidad del big bang en algún momento en el pasado.[36] Por lo tanto, los modelos inflacionarios, al igual que sus predecesores, no lograron evitar el principio predicho por el modelo estándar.

Modelos de gravedad cuántica

Al final de su análisis del modelo inflacionario caótico de Linde, Borde y Vilenkin dicen con respecto a la pregunta metafísica de Linde: "La manera más prometedora de tratar este problema es probablemente tratar el Universo mecánicamente y describirlo por medio de una función de onda en lugar de por medio de un espaciotiempo clásico".[37] De este modo, ellos aluden a la siguiente clase de modelos que vamos a discutir, los modelos de gravedad cuántica. Vilenkin y, más famosamente, James Hartle y Stephen Hawking han propuesto modelos del universo que Vilenkin llama abiertamente ejercicios de "cosmología metafísica".[38]

En su best-seller de popularización de su teoría, Hawking incluso revela una orientación explícitamente teológica. Concede que en el modelo estándar uno podría identificar legítimamente la singularidad del big bang como el instante en que Dios creó el universo.[39] En efecto, piensa que una serie de intentos de evitar el big bang fueron probablemente motivados por la sensación de que un comienzo del tiempo "huele a intervención divina".[40] Él ve su propio modelo como preferible al modelo estándar porque no habría ningún borde del espaciotiempo en el que uno "tendría que apelar a Dios o a alguna nueva

[35] A. Borde y A. Vilenkin, "Eternal Inflation and the Initial Singularity," *Physical Review Letters* 72 (1994): 3305, 3307.
[36] Andrei Linde, Dmitri Linde, y Arthur Mezhlumian, "From the Big Bang Theory to the Theory of a Stationary Universe," *Physical Review D* 49 (1994): 1783–1826.
[37] Borde y Vilenkin, "Eternal Inflation," 3307.
[38] A. Vilenkin, "Birth of Inflationary Universes," *Physical Review D* 27 (1983): 2854. Véase J. Hartle y S. Hawking, "Wave Function of the Universe," *Physical Review D* 28 (1983): 2960–75; y A. Vilenkin, "Creation of the Universe from Nothing," *Physical Letters B* 117 (1982): 25–28.
[39] Stephen Hawking, *A Brief History of Time* (New York: Bantam Books, 1988), 9.
[40] Ibid., 46.

ley".[41] Como veremos, él no es reacio en absoluto a sacar conclusiones teológicas sobre la base de su modelo.

Tanto el modelo Hartle-Hawking como el Vilenkin eliminan la singularidad inicial transformando la hipersuperficie cónica del espaciotiempo clásico en una hipersuperficie lisa y curvada sin bordes (fig. 7).

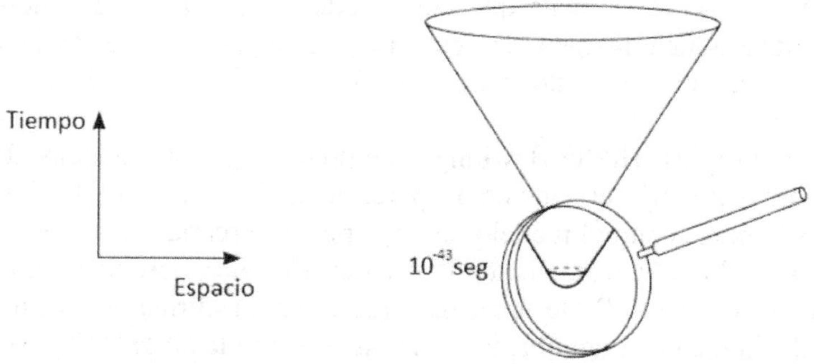

Figura 7

Modelo de Gravedad Cuántica. En la versión de Hartle-Hawking, el espaciotiempo se "redondea" antes del tiempo de Planck, de modo que aunque el pasado sea finito, no hay un punto de borde o de inicio.

Esto se logra mediante la introducción de números imaginarios (múltiplos de √ - 1) para la variable tiempo en las ecuaciones gravitacionales de Einstein, lo que elimina efectivamente la singularidad. Hawking ve profundas implicaciones teológicas en el modelo:

> La idea de que el espacio y el tiempo pueden formar una superficie cerrada sin límites... tiene profundas implicaciones para el papel de Dios en los asuntos del universo.... Mientras el universo tenga un principio, podríamos suponer que tuvo un creador. Pero si el universo es realmente completamente autónomo, sin límites ni bordes, no tendría ni principio ni fin. ¿Qué lugar, entonces, habría para un creador?[42]

Hawking no niega la existencia de Dios, pero sí piensa que su modelo elimina la necesidad de un Creador del universo.

La clave para evaluar esta afirmación teológica es la interpretación física de los modelos de gravedad cuántica. Al plantear un tiempo finito e imaginario en una superficie cerrada antes del tiempo de Planck en lugar

---

[41] Ibid., 136.
[42] Ibid., 140–41.

de un tiempo infinito en una superficie abierta, tales modelos parecen apoyar, en lugar de socavar, la idea de que el tiempo tuvo un comienzo. Tales teorías, si tienen éxito, nos permiten modelar el comienzo del universo sin una singularidad inicial que implique densidad infinita, temperatura, presión, etc. Como señala Barrow, "Este tipo de universo cuántico no siempre ha existido; nace igual que las cosmologías clásicas, pero no parte de un Big Bang donde las cantidades físicas son infinitas".[43] Barrow señala que tales modelos son "a menudo descritos como dando una imagen de 'creación de la nada'", siendo la única advertencia que en este caso "no hay un... punto [definido] de creación".[44]

Los propios Hartle-Hawking interpretan que su modelo da "la amplitud para que el Universo aparezca de la nada", y Hawking ha afirmado que, según el modelo, el universo "se crearía literalmente de la nada: no sólo del vacío, sino de la nada en absoluto, porque no hay nada fuera del universo".[45] De igual manera, Vilenkin afirma que su modelo describe la creación del universo "de literalmente la *nada*".[46] Tomadas al pie de la letra, estas afirmaciones conllevan el comienzo del universo.

Por lo tanto, es de suponer que Hawking quiere incluirse a sí mismo cuando afirma que "casi todo el mundo cree ahora que el universo, y el tiempo mismo, tuvo un comienzo en el big bang".[47] Por lo tanto, la declaración de Hawking citada anteriormente sobre las implicaciones teológicas de su modelo debe entenderse en el sentido de que en tales modelos no hay *puntos* de comienzo ni de final. Pero tener un comienzo no significa tener un punto de partida. Incluso en el modelo estándar, los teóricos a veces "suprimen" el punto singular inicial sin pensar que, por lo tanto, el espaciotiempo ya no comienza a existir y, por lo tanto, se resuelve el problema del origen del universo. El tiempo comienza a existir por si acaso, para cualquier intervalo temporal finito, sólo hay un número finito de intervalos temporales iguales antes que él. Esta condición se cumple tanto para los modelos de gravedad cuántica como para el modelo estándar.

Tampoco debemos pensar que, al dar la amplitud para que el universo aparezca de la nada, los cosmólogos cuánticos han eliminado la necesidad de un Creador. Esa probabilidad está condicionada a varias elecciones que sólo el Creador podría hacer (como seleccionar la función

---

[43] John D. Barrow, *Theories of Everything* (Oxford: Clarendon, 1991), 68.
[44] Ibid., 67–68.
[45] Hartle y Hawking, "Wave Function of the Universe," 2961; Hawking y Penrose, *Nature of Space and Time*, 85.
[46] Vilenkin, "Creation of the Universe," 26.
[47] Hawking y Penrose, *Nature of Space and Time*, 20.

de onda del universo) y se aplica dudosamente a la nada absoluta.[48] Por lo tanto, los modelos de gravedad cuántica, así como el modelo estándar, implican el comienzo del universo.

Quizás se dirá que tal interpretación de los modelos de gravedad cuántica no toma en serio la noción de "tiempo imaginario". La introducción de números imaginarios para la variable tiempo en la ecuación de Einstein tiene el efecto peculiar de hacer que la dimensión tiempo sea indistinguible del espacio. Pero en ese caso, el régimen temporal imaginario anterior al tiempo de Planck no es un espaciotiempo en absoluto, sino un espacio cuatridimensional euclidiano. Construido de manera realista, tal espacio de cuatro espacios sería evacuado de todo devenir temporal y simplemente existiría atemporalmente. Así, Vilenkin caracteriza a este régimen como un "estado en el que todas nuestras nociones básicas de espacio, tiempo, energía, entropía, etc., pierden su significado".[49] Hawking lo describe como "completamente autónomo y no afectado por nada fuera de sí mismo. No sería creado ni destruido. Simplemente SERÍA".[50]

La cuestión que se plantea para esta interpretación del modelo es si tal interpretación debe ser tomada de manera realista o instrumental. A este respecto, no cabe duda de que el uso de cantidades imaginarias para el tiempo es un mero dispositivo matemático sin importancia ontológica. En primer lugar, no existe una interpretación física inteligible del tiempo imaginario que se ofrezca. ¿Qué significaría, por ejemplo, hablar del lapso de un segundo imaginario o de la permanencia de un objeto físico a través de dos minutos imaginarios? En segundo lugar, el tiempo es metafísicamente distinto del espacio, ya que sus momentos están ordenados por una relación *anterior que*, la cual no ordena de manera similar los puntos en el espacio. Pero esta diferencia esencial es oscurecida por el tiempo imaginario. Por lo tanto, el "tiempo imaginario" es más plausiblemente interpretado como un *Hilfsmittel* matemático (conveniente).

Barrow observa, "Los físicos a menudo han llevado a cabo este procedimiento de 'convertir el tiempo en espacio' como un truco útil para hacer ciertos problemas en la mecánica cuántica ordinaria, aunque no se imaginaran que el tiempo fuera *realmente* como el espacio. Al final del cálculo, simplemente vuelven a la interpretación habitual de que hay

---

[48] Véase William Lane Craig, "Hartle-Hawking Cosmology and Atheism," *Analysis* 57 (1997): 291–95. Con respecto a la determinación de la función de onda del universo, Bryce DeWitt dice, "Aquí el físico debe jugar a ser Dios" (B. DeWitt, "Quantum Gravity," *Scientific American* 249 [1983]: 120).
[49] Vilenkin, "Birth of Inflationary Universes," 2851.
[50] Hawking, *Brief History of Time*, 136.

una dimensión de tiempo y tres... dimensiones de... espacio".[51] En su modelo, Hawking simplemente se niega a reconvertir a números reales. Si lo hacemos, entonces la singularidad reaparece. Hawking admite: "Sólo si pudiéramos imaginar el universo en términos de tiempo imaginario no habría singularidades.... Sin embargo, cuando uno regresa al tiempo real en el que vivimos, todavía parecerían existir singularidades".[52] El modelo de Hawking es, por lo tanto, una forma de redefinir un universo con un punto de partida singular de tal manera que esa singularidad se transforma; pero esa redefinición no tiene un carácter realista.

Notablemente, Hawking ha declarado más recientemente explícitamente que interpreta el modelo Hartle-Hawking de manera poco realista. Confiesa: "Soy positivista... No exijo que una teoría corresponda a la realidad porque no sé lo que es [la realidad]".[53] Aún más extremo, "Tomo el punto de vista positivista de que una teoría física es sólo un modelo matemático y que no tiene sentido preguntarse si corresponde a la realidad".[54] Al evaluar el valor de una teoría, "Todo lo que me preocupa es que la teoría debe predecir los resultados de las mediciones".[55]

El ejemplo más claro del instrumentalismo de Hawking es su combinación de un túnel cuántico de electrones en el espacio euclidiano (con el tiempo siendo imaginario) y un par de electrones/positrones acelerándose uno lejos del otro en el espaciotiempo de Minkowski.[56] Este análisis es directamente análogo al modelo cosmológico Hartle-Hawking; sin embargo, nadie interpretaría la creación de un par de partículas en el vacío como literalmente el resultado de la transición de un electrón de un cuatriespacio atemporal a nuestro espaciotiempo clásico. Es sólo una descripción alternativa que emplea números imaginarios en lugar de números reales.

Significativamente, el uso de cantidades imaginarias para el tiempo es una característica inherente a *todos* los modelos de gravedad

---

[51] Barrow, *Theories of Everything*, 66–67.
[52] Hawking, *Brief History of Time*, 138–39.
[53] Hawking y Penrose, *Nature of Space and Time*, 121.
[54] Ibid., 3–4. Cf. Los comentarios de Hawking, "Soy un positivista que cree que las teorías físicas son sólo modelos matemáticos que construimos, y que no tiene sentido preguntarse si corresponden a la realidad, sólo si predicen observaciones" (Stephen Hawking, "The Objections of an Unashamed Positivist," en *The Large, the Small, and the Human*, de Roger Penrose [Cambridge: Cambridge University Press, 1997], 169).
[55] Hawking y Penrose, *Nature of Space and Time*, 121; cf. 4.
[56] Ibid., 53–55.

cuántica.[57] Esto impide que sean interpretados de manera realista como relatos del origen del universo espaciotemporal en un cuatriespacio atemporalmente existente. En cambio, son formas de modelar el verdadero comienzo del universo *ex nihilo* de tal manera que no implique una singularidad. Lo que trajo el universo a la existencia permanece inexplicable en tales relatos.

Además, no carecemos de razones positivas para afirmar la realidad del origen singular del espaciotiempo postulado por el modelo estándar. John Barrow ha advertido con razón: "Hay que tener cuidado con el hecho de que muchos de los estudios de cosmología cuántica están motivados por el deseo de evitar una singularidad inicial de densidad infinita, por lo que tienden a centrarse en cosmologías cuánticas que evitan una singularidad a expensas de las que podrían contener una".[58] Como veremos, la singularidad cosmológica inicial puede ser una necesidad termodinámica virtual. Pero ya sea en un punto singular o no, el hecho de que el universo comenzara a existir sigue siendo una predicción de cualquier interpretación realista de los modelos de gravedad cuántica.

Modelos ecpiróticos

Finalmente llegamos al extremo de la especulación cosmológica: la cosmología de cuerdas. Estos modelos se basan en una alternativa al modelo quark estándar de la física de partículas elementales. La llamada teoría de cuerdas (o teoría M) concibe los bloques fundamentales de construcción de la materia a ser, no partículas como los quarks, sino diminutas cuerdas vibratorias de energía. La teoría de las cuerdas es tan complicada y embrionaria en su desarrollo que todas sus ecuaciones aún no han sido declaradas, y mucho menos resueltas. Pero eso no ha disuadido a algunos cosmólogos de tratar de crear modelos cosmológicos basados en conceptos de la teoría de cuerdas para tratar de evitar el principio predicho por la cosmología estándar del Big Bang.

El más célebre de estos escenarios en la prensa popular ha sido el llamado escenario ecpirótico defendido por Paul Steinhardt.[59] En la revisión más reciente, el escenario ecpirótico cíclico, se nos pide que vislumbremos dos membranas tridimensionales (o "branas", para abreviar) que existen en un espaciotiempo de cinco dimensiones. Una de

---

[57] Como ha señalado Christopher Isham, "Quantum Theories of the Creation of the Universe," en *Quantum Cosmology and the Laws of Nature*, ed. R. J. Russell, N. Murphey, y C. J. Isham (Vatican City: Vatican Observatory, 1993), 56.

[58] John D. Barrow, *The Origin of the Universe* (New York: Basic Books, HarperCollins, 1994), 113.

[59] Véase feynman.princeton.edu/~steinh/.

estas branas es nuestro universo. Se dice que estas dos branas están en un ciclo eterno en el que se acercan, chocan y se retiran de nuevo una de la otra. Es la colisión de la otra brana con la nuestra lo que causa la expansión de nuestro universo. Con cada colisión, la expansión se renueva. Así, aunque nuestro universo tridimensional se está expandiendo, nunca tuvo un comienzo (fig. 8).

Sin embargo, aparte de su naturaleza especulativa, el escenario ecpirótico está plagado de problemas.[60] Por ejemplo, la versión Horava-Witten de la teoría de cuerdas en la que se basa el escenario requiere que la brana en la que vivimos tenga una tensión positiva. Pero en el escenario ecpirótico tiene una tensión negativa en contradicción con la teoría. Los intentos de rectificar esto no han sido exitosos.

En segundo lugar, el modelo requiere una cantidad extraordinaria de ajuste fino ad hoc. Por ejemplo, las dos branas deben estar tan perfectamente alineadas que, incluso a una distancia de 10^{30} más que el espacio entre ellas, no pueden desviarse de ser paralelas en más de 10^{-60}. No hay explicación para esta extraordinaria configuración.

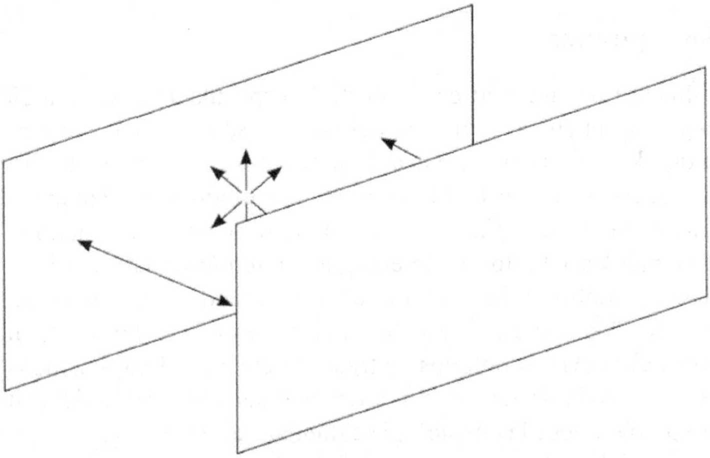

Figura 8

Escenario ecpirótico cíclico. Dos membranas tridimensionales en un ciclo eterno de aproximación, colisión y retroceso. Con cada colisión, la expansión de nuestro universo se revitaliza.

[60] Vea especialmente Gary Felder, Andret Frolov, Lev Kaufman, y Andrei Linde, "Cosmology with Negative Potentials," http://aXiv:hep-th/0202017v2 (16 de febrero, 2002); http://eprints.osti.gov/cgi-bin/dexpldcgi?qry2062780997;4 y la literatura citada en ella, en particular los estudios de David Lyth.

Tercero, las branas que colapsan y se retiran son el equivalente a un universo de cuatro dimensiones que atraviesa un ciclo eterno de contracciones y expansiones. En este sentido, el modelo cíclico ecpirótico es sólo el antiguo modelo oscilante escrito en cinco dimensiones. Como tal, se enfrenta exactamente al mismo problema que el original: no hay forma de que el universo pase a través de una singularidad al final de cada ciclo para comenzar un nuevo ciclo y no hay física que cause un rebote nosingular.

Finalmente, incluso si las branas pudieran rebotar, no hay forma de que la información física de un ciclo se lleve al siguiente ciclo. Por lo tanto, el escenario ecpirótico ha sido incapaz de cumplir sus promesas de explicar la estructura a gran escala del universo observable. Estos son sólo algunos de los problemas que afligen al modelo. No es de extrañar que Andrei Linde se haya quejado recientemente de que mientras que el escenario cíclico ecpirótico es "muy popular entre los periodistas", sigue siendo "bastante impopular entre los científicos".[61]

Pero dejemos que todo eso pase. Tal vez todos estos problemas puedan ser resueltos de alguna manera. Lo más importante es que resulta que, al igual que el modelo inflacionario caótico, el escenario cíclico ecpirótico no puede ser eterno en el pasado. En septiembre de 2001 Borde y Vilenkin, en cooperación con Alan Guth, pudieron generalizar sus resultados anteriores sobre modelos inflacionarios de tal manera que su conclusión se extendió a otros modelos. Específicamente, afirman, "Nuestro argumento puede extenderse directamente a la cosmología en dimensiones superiores", específicamente, a la cosmología de brana.[62] Según Vilenkin, "De nuestro teorema se deduce que el universo cíclico es pasado-incompleto".[63] Esto significa que la necesidad de una singularidad inicial no ha sido eliminada. Por lo tanto, tal universo no puede ser pasado eterno.

Resumen de las teorías cosmogónicas

Con cada fracaso sucesivo de las teorías cosmogónicas alternativas para evitar el comienzo absoluto del universo predicho por el modelo estándar, esa predicción ha sido corroborada. Se puede decir con seguridad que, con respecto al modelo estándar del big bang, ningún modelo cosmogónico ha sido tan repetidamente verificado en sus

---

[61] Andrei Linde, "Cyclic Universe Runs into Criticism," *Physics World* (junio de 2002): 8.

[62] Arvind Borde, Alan Guth, y Alexander Vilenkin, "Inflation Is Not Past-Eternal," http://arXiv:gr-qc/0110012v1 (1 octubre, 2001): 4. El artículo ha sido actualizado en enero de 2003 (http://arXiv.org/abs/gr-qc/0110012).

[63] Alexander Vilenkin, comunicación personal.

predicciones, como lo corroboran los intentos de falsificación, como concordante con los descubrimientos empíricos, y como filosóficamente coherente.

Por supuesto, en vista de las cuestiones metafísicas que plantea la perspectiva de un comienzo del universo, podemos estar seguros de que la búsqueda para evitar tal comienzo continuará sin cesar. Hay que alentar esos esfuerzos. No tenemos ninguna razón para pensar que tales intentos de falsificación de la predicción del modelo estándar resultarán en algo más que una confirmación adicional de su predicción de un comienzo. La evidencia científica es siempre provisional; sin embargo, en este caso puede haber pocas dudas sobre dónde apuntan las pruebas.

La termodinámica del universo

Si esto no fuera suficiente, hay un segundo argumento inductivo para el comienzo del universo basado en la evidencia de la termodinámica. Según la segunda ley de la termodinámica, los procesos que tienen lugar en un sistema cerrado siempre tienden hacia un estado de equilibrio. Por ejemplo, si tuviéramos una botella que contiene un vacío sellado, e introdujéramos en ella algunas moléculas de gas, el gas se repartiría uniformemente por toda la botella. Sería prácticamente imposible que las moléculas se retiraran, por ejemplo, a una esquina de la botella y permanecieran allí.

Por eso, cuando entramos en una habitación, el aire de la habitación nunca se separa repentinamente en oxígeno en un extremo y nitrógeno en el otro. También es por eso que, cuando entramos en el baño, podemos estar seguros de que la temperatura será uniforme en lugar de ser sólida congelada en un extremo e hirviendo en el otro. Es evidente que la vida no sería posible en un mundo no gobernado por la segunda ley de la termodinámica.

Nuestro interés en la ley es lo que sucede cuando se aplica al universo como un todo. El universo es, desde un punto de vista naturalista, un gigantesco sistema cerrado, ya que es todo lo que hay y nada está fuera de él. Lo que esto parece implicar, entonces, es que, dado el tiempo suficiente, el universo y todos sus procesos se agotarán, y el universo entero llegará al equilibrio. Esto se conoce como la muerte térmica del universo. Una vez que el universo alcanza este estado, no es posible ningún otro cambio. El universo está muerto.

La pregunta que esta implicación de la segunda ley inevitablemente nos obliga es la siguiente: *Si, dado el tiempo suficiente, el universo alcanzará la muerte térmica, entonces ¿por qué no está en un estado de muerte térmica ahora, si ha existido siempre, desde la eternidad?* Si el universo no comenzó a existir, entonces ahora debería estar en un estado de equilibrio. Como un reloj que hace tictac, ya debería haberse agotado. Como aún no se ha agotado, esto implica, en palabras de un científico desconcertado, "De alguna manera el universo debe haber *finalizado*".[64]

Como se mencionó anteriormente, los físicos del siglo XIX ya eran conscientes de este enigma. El científico alemán Ludwig Boltzmann ofreció una atrevida propuesta para explicar por qué no encontramos el universo en un estado de "muerte térmica" o de equilibrio termodinámico.[65] Boltzmann planteó la hipótesis de que el universo en su conjunto *existe*, de hecho, en un estado de equilibrio, pero que con el paso del tiempo las fluctuaciones en el nivel de energía se producen aquí y allá en todo el universo, de modo que por casualidad por sí solo habrá regiones aisladas en las que existe desequilibrio. Boltzmann se refería a estas regiones aisladas como "mundos". No debería sorprendernos ver nuestro mundo en un estado de desequilibrio altamente improbable, sostuvo, ya que en el conjunto de todos los mundos debe existir por casualidad sólo ciertos mundos en desequilibrio, y el nuestro resulta ser uno de ellos.

El problema con la atrevida hipótesis de Boltzmann de muchos mundos es que si nuestro mundo fuera simplemente una fluctuación en un mar de energía difusa, entonces es abrumadoramente más probable que estemos observando una región de desequilibrio mucho más pequeña de la que vemos. Para que podamos existir, una fluctuación menor, incluso una que produjo nuestro mundo instantáneamente por un enorme accidente, es inestimablemente más probable que una disminución progresiva de la entropía a lo largo de quince mil millones de años para dar forma al mundo que vemos.

De hecho, la hipótesis de Boltzmann, si se adopta, nos obligaría a considerar el pasado como ilusorio. Las cosas tendrían la mera apariencia de la edad, siendo las estrellas y los planetas ilusorios, meras "imágenes" por así decirlo, ya que ese tipo de mundo es mucho más probable dado un estado de equilibrio general que un mundo con eventos genuinos, temporales y espacialmente distantes. Por lo tanto, la hipótesis de muchos mundos de Boltzmann ha sido universalmente rechazada por la comunidad científica, y el desequilibrio actual es usualmente tomado como resultado de la condición inicial de baja entropía que misteriosamente se obtuvo al principio del universo.

---

[64] Richard Schlegel, "Time and Thermodynamics," en *The Voices of Time*, ed. J. T. Fraser (London: Penguin, 1968), 511.

[65] Ludwig Boltzmann, *Lectures on Gas Theory*, trad. Stephen G. Brush (Berkeley: University of California Press, 1964), 446–48, §90.

El fracaso de la hipótesis de Boltzmann nos obliga a tomarnos en serio las cuestiones de la escatología física. Hoy en día la escatología ya no es sólo una rama de la teología, sino que se ha convertido en un campo de la cosmología. Así como la cosmogonía estudia el origen del universo, la escatología física estudia su fin. En la escatología cosmológica contemporánea, hay dos tipos posibles de muerte térmica para el universo. Si el universo eventualmente se recontrae, morirá una muerte "caliente". Beatrice Tinsley describe ese estado:

> Si la densidad media de la materia en el universo es lo suficientemente grande, la atracción gravitacional mutua entre los cuerpos finalmente frenará la expansión hasta detenerse. El universo se contraerá y colapsará en una bola de fuego caliente. No se conoce ningún mecanismo físico que pueda revertir una gran crisis catastrófica. Aparentemente, si el universo se vuelve lo suficientemente denso, le espera una muerte caliente.[66]

Si el universo está destinado a la recontracción, entonces a medida que se contrae las estrellas ganan energía, haciendo que se quemen más rápidamente para que finalmente exploten o se evaporen. A medida que todo en el universo se acerca, los agujeros negros comienzan a engullir todo lo que les rodea, y eventualmente comienzan a fusionarse. Con el tiempo, "todos los agujeros negros finalmente se fusionan en un gran agujero negro que es coextensivo con el universo",[67] del cual el universo nunca resurgirá.

Pero supongamos, como es más probable, que el universo se expandirá para siempre. Tinsley describe el destino de este universo:

> Si el universo tiene una baja densidad, su muerte será fría. Se expandirá para siempre a un ritmo cada vez más lento. Las galaxias convertirán todo su gas en estrellas, y las estrellas se quemarán. Nuestro propio sol se convertirá en un remanente frío y muerto, flotando entre los cadáveres de otras estrellas en una Vía Láctea cada vez más aislada.[68]

A los 10^{30} años el universo constará de 90 por ciento de estrellas muertas, 9 por ciento de agujeros negros supermasivos formados por el colapso de las galaxias, y 1 por ciento de materia atómica, principalmente hidrógeno. La física de partículas elementales sugiere que a partir de entonces los protones se descompondrán en electrones y positrones, de modo que el espacio se llenará con un gas enrarecido tan delgado que la

---

[66] Beatrice Tinsley, "From Big Bang to Eternity?" *Natural History Magazine* (octubre de 1975): 103.
[67] Duane Dicus et al., "The Future of the Universe," *Scientific American* (marzo de 1983): 99.
[68] Tinsley, "Big Bang," 105.

distancia entre un electrón y un positrón será aproximadamente del tamaño de la galaxia actual.

Entonces, a los 10^{100} años, algunos científicos creen que los propios agujeros negros se disiparán por un extraño efecto predicho por la mecánica cuántica. La masa y la energía asociadas con un agujero negro deforman de tal manera el espacio que se dice que crean un "túnel" o "agujero de gusano" a través del cual la masa y la energía son expulsadas a otra región del espacio. A medida que la masa de un agujero negro disminuye, su pérdida de energía se acelera, de modo que finalmente se disipa en radiación y partículas elementales. Eventualmente todos los agujeros negros se evaporarán completamente, y toda la materia en el universo en constante expansión se reducirá a un gas delgado de partículas elementales y radiación. El equilibrio prevalecerá en todo momento, y el universo entero estará en su estado final, desde el cual no ocurrirá ningún cambio.

Davies, experto en física de procesos temporalmente asimétricos, informa:

> Hoy en día, pocos cosmólogos dudan de que el universo, al menos tal como lo conocemos, haya tenido un origen en un momento finito en el pasado. La alternativa—que el universo siempre ha existido de una forma u otra—se convierte en una paradoja bastante básica. El sol y las estrellas no pueden seguir ardiendo para siempre: tarde o temprano se quedarán sin combustible y morirán.
>
> Lo mismo ocurre con todos los procesos físicos irreversibles; la reserva de energía disponible en el universo para impulsarlos es finita, y no puede durar toda la eternidad. Este es un ejemplo de la llamada segunda ley de la termodinámica, la cual, aplicada a todo el cosmos, predice que está atrapada en un deslizamiento unidireccional de degeneración y decadencia hacia un estado final de máxima entropía, o desorden. Como este estado final aún no se ha alcanzado, se deduce que el universo no puede haber existido por un tiempo infinito.[69]

Davies concluye: "El universo no puede haber existido para siempre. Sabemos que debe haber habido un comienzo absoluto hace un tiempo finito".[70]

Algunos teóricos han tratado de escapar de esta conclusión adoptando un modelo oscilante del universo que nunca alcanza un estado final de equilibrio (recordar fig. 4). Pero aparte de las ya mencionadas

---

[69] Paul Davies, "The Big Bang—and Before" (ponencia presentada en la Thomas Aquinas College Lecture Series, Thomas Aquinas College, Santa Paula, Calif., marzo de 2002).

[70] Paul Davies, "The Big Questions: In the Beginning," ABC Science Online, entrevista con Phillip Adams, http://aca.mq.edu.au/PaulDavies/pdavies.html.

dificultades físicas y de observación a las que se enfrenta dicho modelo, las propiedades termodinámicas de este modelo implican el comienzo mismo del universo que sus proponentes han tratado de evitar. Porque la entropía se conserva de ciclo en ciclo en tal modelo, que tiene el efecto de generar oscilaciones más grandes y más largas con cada ciclo sucesivo (fig. 9).

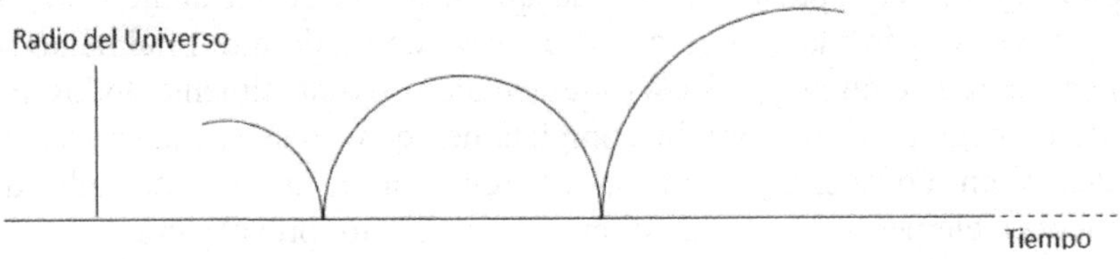

Figura 9

Modelo cíclico u oscilante con aumento de entropía. Debido a la conservación de la entropía, cada oscilación sucesiva tiene un radio mayor y un tiempo de expansión más largo.

Como explica un equipo científico: "El efecto de la producción de entropía será ampliar la escala cósmica, de ciclo en ciclo.... Así, mirando hacia atrás en el tiempo, cada ciclo generaba menos entropía, tenía un menor tiempo de ciclo, y tenía un factor de expansión de ciclo más pequeño que el ciclo que le seguía.[71] Así, a medida que uno rastrea las oscilaciones en el tiempo, se vuelven progresivamente más pequeñas hasta que uno alcanza una primera y más pequeña oscilación. Por lo tanto, Zeldovich y Novikov concluyen: "El modelo multiciclo tiene un futuro infinito, pero un pasado finito".[72] De hecho, el astrónomo Joseph Silk estima que, sobre la base de los niveles actuales de entropía, el universo no puede haber pasado por más de cien oscilaciones anteriores.[73]

Incluso si se evitara esta dificultad,[74] un universo que oscila desde la eternidad pasada requeriría un ajuste infinitamente preciso de las condiciones iniciales para perdurar a través de un número infinito de rebotes sucesivos. Un universo que rebota de una sola contracción infinitamente larga es, si la entropía aumenta durante la fase de

[71] Duane Dicus et al., "Effects of Proton Decay on the Cosmological Future," *Astrophysical Journal* 252 (1982): 1, 8.

[72] I. D. Novikov y Ya. B. Zeldovich, "Physical Processes near Cosmological Singularities," *Annual Review of Astronomy and Astrophysics* 11 (1973): 401–2.

[73] Joseph Silk, *The Big Bang*, 2da ed. (San Francisco: W. H. Freeman, 1989), 311–12.

[74] Véas D. Hochberg, C. Molina-Paris, y M. Visser, "Tolman Wormholes Violate the Strong Energy Condition," *Physical Review D* 59 (1999).

contracción, termodinámicamente insostenible e incompatible con la condición inicial de baja entropía de nuestra fase de expansión. Postular una disminución de la entropía durante la fase de contracción para escapar a este problema nos obligaría a postular condiciones inexplicablemente especiales de baja entropía en el momento del rebote en la vida de un universo infinitamente evolutivo. Una condición de entropía tan baja al principio de la expansión se explica más plausiblemente por la presencia de una singularidad o de algún tipo de evento de creación cuántica.

De hecho, la termodinámica puede proporcionar buenas razones para afirmar la realidad del origen singular del espaciotiempo postulado por el modelo estándar. Roger Penrose, uno de los más grandes físicos matemáticos de nuestro tiempo, afirma: "Poco a poco he llegado a la conclusión de que en realidad es erróneo pedir que las singularidades espaciotemporales de la relatividad clásica desaparezcan cuando se les aplican las técnicas estándar de la teoría cuántica (de campo)".[75] Porque si se elimina la singularidad cosmológica inicial, entonces "habremos perdido lo que me parece la mejor oportunidad que tenemos para explicar el misterio de la segunda ley de la termodinámica".[76]

Lo que Penrose tiene en mente es el hecho notable de que, a medida que uno retrocede en el tiempo, la entropía del universo disminuye constantemente. Lo inusual de esto puede demostrarse con la fórmula de Bekenstein-Hawking para la entropía de un agujero negro estacionario. La entropía total observada del universo es de 10^{88}. Dado que hay alrededor de 10^{80} bariones en el universo, la entropía observada por barión debe ser considerada como extremadamente pequeña. En contraste, en un universo en colapso la entropía sería 10^{123} cerca del final. La comparación de estos dos números revela lo absurdamente pequeño que es el 10^{88} comparado con lo que podría haber sido. Por lo tanto, la estructura del big bang debe haber sido severamente restringida para que la termodinámica tal como la conocemos haya surgido.

Entonces, ¿cómo se explica esta condición inicial especial? Según Penrose, necesitamos la singularidad cosmológica inicial, unida a la hipótesis de la curvatura de Weyl, según la cual las singularidades iniciales (a diferencia de las últimas) deben tener una curvatura de Weyl que desaparece.[77] En los modelos estándar, el big bang posee una

[75] Roger Penrose, "Some Remarks on Gravity and Quantum Mechanics," en *Quantum Structure of Space and Time*, ed. M. J. Duff y C. J. Isham (Cambridge: Cambridge University Press, 1982), 4.
[76] Ibid., 5.
[77] La curvatura de Weyl es la curvatura del espaciotiempo que no se debe a la presencia de materia y que está descrita por el tensor de Weyl. La curvatura espaciotemporal debida a la materia es descrita por el tensor de Ricci. Juntos forman el tensor de Riemann que da la métrica del espaciotiempo.

curvatura de Weyl que desaparece. Las restricciones geométricas sobre la geometría inicial tienen el efecto de producir un estado de entropía muy baja. Así que la entropía en el campo gravitacional comienza en cero en el big bang y aumenta gradualmente a través del agrupamiento gravitacional. La hipótesis de la curvatura de Weyl tiene así el carácter asimétrico del tiempo necesario para explicar la segunda ley de la termodinámica.

Por el contrario, el modelo de Hartle-Hawking "está muy lejos de ser una explicación del hecho de que las singularidades del pasado tienen una pequeña curvatura de Weyl, mientras que las futuras singularidades tienen una gran curvatura de Weyl".[78] En la teoría de la simetría del tiempo de Hawking, deberíamos tener agujeros blancos que arrojen material, en contradicción con la hipótesis de la curvatura de Weyl, la segunda ley de la termodinámica, y probablemente también con la observación.[79] Penrose proporciona la siguiente figura para ilustrar la diferencia (ver fig. 10). Si eliminamos la singularidad cosmológica inicial, hacemos irrelevante la hipótesis de la curvatura de Weyl, y "deberíamos estar donde estábamos en nuestros intentos de entender el origen de la segunda ley".[80]

¿Podría la geometría inicial especial haber surgido pura casualidad en ausencia de una singularidad cósmica? La respuesta de Penrose es decisiva: "Si no hubiera habido principios restrictivos (como la hipótesis de la curvatura de Weyl), la fórmula de Bekenstein-Hawking nos diría que la probabilidad de que tal geometría 'especial' surja por casualidad es por lo menos tan pequeña como aproximadamente una parte en $10^{1000B(3/2)}$, donde B es el número bariónico actual del universo[~10^{80}]".[81] Así, Penrose calcula que, apuntando a un espacio de fase cuyas regiones representan la probabilidad de varias configuraciones posibles del universo, "la exactitud del objetivo del Creador" tendría que haber sido una parte en $10^{10(123)}$ para que nuestro universo exista.[82] Él comenta: "No recuerdo haber visto nada más en la física cuya precisión se aproxime, ni siquiera remotamente, a una figura como una parte de $10^{10(123)}$".[83] Por lo tanto, la singularidad cosmológica inicial puede ser una necesidad termodinámica virtual.

---

[78] Hawking y Penrose, *Nature of Space and Time*, 129.

[79] Ibid., 130.

[80] Penrose, "Remarks on Gravity," 5.

[81] Ibid.

[82] Roger Penrose, "Time-Asymmetry and Quantum Gravity," en *Quantum Gravity 2*, ed. C. J. Isham, R. Penrose, y D. W. Sciama (Oxford: Clarendon, 1981), 249; cf. Hawking y Penrose, *Nature of Space and Time*, 34–35.

[83] Penrose, "Time-Asymmetry," 249.

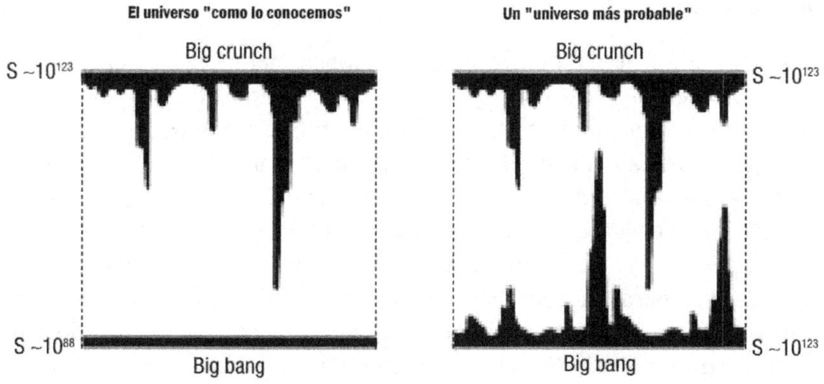

Figura 10

Contraste entre el universo tal "como lo conocemos" (por conveniencia, se supone que está cerrado) y un "universo más probable". En ambos casos el *Big crunch* [Gran Implosión] es una singularidad de alta entropía ($\sim 10^{123}$), complicada y sin restricciones. Para la imagen de la izquierda, el Big bang es una singularidad inicial de entropía baja ($< \sim 10^{88}$) muy limitada; para la imagen de la derecha, es un Big bang sin restricciones, mucho más probable. Las "estalactitas" representan singularidades de los agujeros negros, mientras que las "estalagmitas" representan singularidades de los agujeros blancos.

Así, ya sea que uno adopte un modelo de recontracción, un modelo en constante expansión, o un modelo oscilante, la termodinámica implica que el universo tuvo un comienzo. En cierto sentido, esta evidencia de la termodinámica es aún más impresionante que la evidencia proporcionada por la expansión del universo. Es ciertamente cierto que una descripción física exacta del universo antes del tiempo de Planck sigue siendo desconocida y tal vez siempre lo será, lo que da lugar a especulaciones destinadas a evitar el origen del tiempo y el espacio que implica el cosmos en expansión. Sin embargo, no existe tal incertidumbre en las leyes de la termodinámica y su aplicación. De hecho, la termodinámica está tan bien establecida que este campo es prácticamente una ciencia cerrada.

Aunque no nos guste, concluye Davies, debemos decir sobre la base de las propiedades termodinámicas del universo que la energía del universo fue de alguna manera simplemente "puesta" en la creación como condición inicial.[84] Antes de la creación, dice Davies, el universo simplemente no existía.

---

[84] P. C. W. Davies, *The Physics of Time Asymmetry* (London: Surrey University Press, 1974), 104.

Conclusión

Por lo tanto, tenemos dos confirmaciones científicas independientes de los argumentos filosóficos examinados en el capítulo 6, que llevan a la conclusión de que la serie temporal de eventos físicos del pasado no es algo sin comienzo. Primero, la expansión del universo implica que el universo tuvo un comienzo. Segundo, la termodinámica muestra que el universo comenzó a existir. Debido a que estas líneas de evidencia son independientes y se refuerzan mutuamente, la confirmación que proporcionan para un comienzo del universo es aún más fuerte. Como mínimo, podemos decir con confianza que quienes creen en la doctrina de la *creatio ex nihilo* no se encontrarán en contradicción con la evidencia empírica de la cosmología contemporánea, sino que, por el contrario, estarán plenamente en línea con ella.

VIII

Alternativas naturalistas para la *Creatio ex nihilo*

El hecho de que el universo no es eterno, sino que tuvo un comienzo implica que el universo no es necesario en su existencia y por lo tanto tiene su base en un ser trascendente. La única manera de evitar esta conclusión sería negar que lo que comienza a existir tiene una causa de su existencia, es decir, afirmar que el universo simplemente surgió de la nada sin causa. Reflexionando sobre esta situación, P. C. W. Davies reflexiona:

> "¿Qué causó el big bang?" ... Uno podría considerar alguna fuerza sobrenatural, alguna agencia más allá del espacio y el tiempo como responsable del big bang, o uno podría preferir considerar el big bang como un evento sin causa. Me parece que no tenemos muchas opciones. Ya sea... algo fuera del mundo físico... o.... un evento sin causa.[1]

La cuestión, entonces, es si una creación espontánea del universo de la nada es tan plausible o más plausible que la creación del universo de la nada por una causa trascendente.

¿Un universo autocreado?

En un artículo reciente de la *Physical Review*, J. Richard Gott y Li-Xin Li han intentado eludir este dilema defendiendo la extraordinaria hipótesis de que *el universo se creó a sí mismo*. Reconocen que "la cuestión de la primera causa ha sido preocupante tanto para los filósofos como para los científicos durante más de dos mil años". Los científicos modernos, así como Aristóteles, han encontrado atractivos modelos del universo que implican la existencia sempiterna del universo, ya que de

[1] Paul Davies, "The Birth of the Cosmos," en *God, Cosmos, Nature, and Creativity*, ed. Jill Gready (Edinburgh: Scottish Academic Press, 1995), 8–9.

esta manera "no habría que preguntarse qué lo trajo a la existencia".[2] "Ahora es evidente que nuestro universo comenzó con una explosión big bang", sin embargo, "los modelos con un comienzo finito han tomado precedencia" y "surge la cuestión de lo que sucedió antes de el big bang".[3]

Gott y Li-Xin observan que la inflación parecía ser "una respuesta muy prometedora, pero como Borde y Vilenkin han demostrado, el estado inflacionario que precedió al big bang no podía haber sido infinito en duración—también debe haber tenido un comienzo. ¿De dónde ha salido? En última instancia, la pregunta difícil parece ser cómo se hace algo de la nada".[4] Gott y Li-Xin, sin embargo, sugieren en cambio que deberíamos preguntarnos si algo en las leyes de la física impediría que el universo se creara a sí mismo.

Observando que la relatividad general permite la posibilidad de curvas temporales cerradas, plantean la hipótesis de que a medida que rastreamos la historia del universo a través de un estado inflacionario original, nos encontramos con una región de curvas temporales cerradas antes de la inflación. Según un escenario posible, un vacío metaestable se infla, produciendo un número infinito de universos de burbujas (de tipo big bang). En muchos de ellos, un número de burbujas de vacío metaestable son creadas en épocas tardías por eventos de alta energía. Estas burbujas por lo general colapsan y forman agujeros negros, pero ocasionalmente se crea un túnel para crear un vacío expansivo y metaestable o un universo bebé. Uno de estos universos bebé de vacío metaestable y en expansión "resulta ser el vacío metaestable inflable original con el que comenzamos" (fig. 11). Gott y Li-Xin concluyen que "las leyes de la física pueden permitir que el universo sea su propia madre".[5]

---

[2] J. Richard Gott III y Li-Xin Li, "Can the Universe Create Itself?" *Physical Review D* 58, no. 2 (1998): 023501–1.
[3] Ibid.
[4] Ibid.
[5] Ibid.

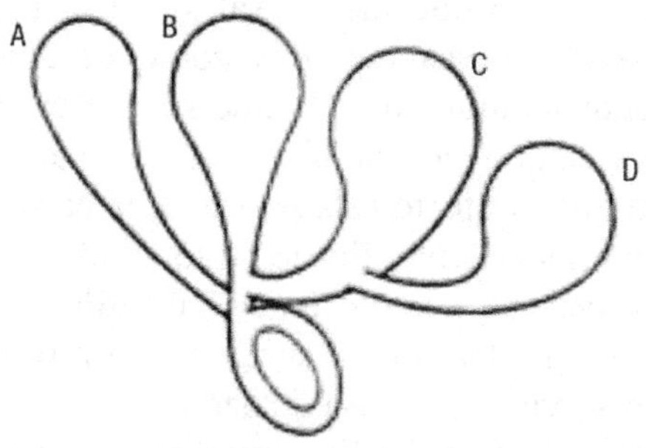

Figura 11

Universo autocreado. Se muestran cuatro universos bebé inflables. Los universos A y D no han creado ningún universo bebé. El universo C ha creado el universo D. El universo B ha creado tres universos: A, C, y a sí mismo, B. La región en forma de torus en la parte inferior es una región de curvas temporales cerradas. Tal universo no surgió de una singularidad ni se tunelizó de la nada, sino que se creó a sí mismo.

Ahora podemos dejar que los físicos evalúen la afirmación de Gott y Li-Xin de que las leyes de la física permiten tal escenario, así como la cuestión de si hay hechos físicos no similares a leyes que lo contradicen. Porque la hipótesis Gott-Li-Xin plantea cuestiones metafísicas fundamentales sobre la naturaleza del tiempo que, en nuestra opinión, hacen que su hipótesis sea metafísicamente imposible o innecesaria.

Hemos visto que los filósofos han distinguido dos puntos de vista diferentes sobre la naturaleza del tiempo, que han sido llamados las teorías A y B del tiempo.[6] Según la teoría A, los momentos temporales pueden ser clasificados como pasados, presentes y futuros, y sólo existe el momento presente. Los momentos pasados y las cosas o eventos que los ocupan han pasado y ya no existen; los momentos, las cosas y los eventos futuros aún no han llegado a ser y por lo tanto aún no existen. En la teoría A del tiempo las cosas entran y salen del ser, y así el devenir temporal es una característica real y objetiva de la realidad.

Por el contrario, en la teoría B del tiempo la distinción entre pasado, presente y futuro es una ilusión subjetiva de la conciencia humana. Todas las cosas o eventos en el tiempo son igualmente reales y existentes, y los momentos, las cosas, y los eventos simplemente se encuentran uno al lado del otro en relaciones atemporales de *antes a, simultáneas con* o *posteriores a*. Nada llega a ser o sale de ser, y el devenir temporal es una ilusión.

---

[6] Véase cap. 4; para una introducción útil a estas dos perspectivas en competencia, ver Richard M. Gale, "The Static versus the Dynamic Temporal: Introduction," en *The Philosophy of Time: A Collection of Essays*, ed. Richard M. Gale (New Jersey: Humanities Press, 1968), 65–85.

Todos los casos de influencia causal sobre el pasado—ya sea que estemos hablando de curvas cerradas como el tiempo, viajes en el tiempo, antiteléfonos taquiónicos o lo que sea—presuponen la veracidad de la teoría B del tiempo.[7] Porque claramente en la teoría A del tiempo, en el momento en que el efecto está presente, la causa es el futuro y por lo tanto literalmente inexistente. Por lo tanto, el efecto simplemente nace de la nada. Este escenario no sólo parece absurdo, sino que también se reduce al primer cuerno del dilema de Davies con respecto al origen del universo. El universo vino sin causa de nada.

Así, la hipótesis de Gott-Li-Xin presupone la teoría B del tiempo. Pero si uno presupone tal visión del tiempo, entonces la hipótesis de Gott y Li-Xin se vuelve innecesaria. Porque, como hemos visto, en una teoría B del tiempo el universo nunca llega a ser verdaderamente.[8] Todo el variado espaciotiempo cuatridimensional simplemente existe atemporalmente, y el universo tiene un comienzo sólo en el sentido de que un metro plegable tiene un comienzo antes del primer centímetro. Aunque el variado espaciotiempo es intrínsecamente temporal en el sentido de que una de sus cuatro dimensiones es el tiempo, no obstante, es extrínsecamente atemporal: no existe en un hipertiempo incrustado, sino que existe atemporalmente, sin llegar a ser ni a salir del ser. El variado espaciotemporal de cuatro dimensiones es en este último sentido eterno. Por lo tanto, no hay necesidad de que el dispositivo de bucles causales o curvas cerradas de tiempo al principio que explique cómo surgió.

Dada la veracidad de la teoría A del tiempo, la idea de que el universo es autocreado, que se creó a sí mismo a través de curvas cerradas de tiempo, es metafísicamente imposible o se reduce a la noción de que el universo surgió a la existencia sin causa de la nada. Por lo tanto, parece que estamos atascados con el dilema de Davies: el comienzo del universo es un evento sin causa o el resultado de una agencia sobrenatural.

---

[7] Véase el debate en William Lane Craig, *Divine Foreknowledge and Human Freedom: The Coherence of Theism I: Omniscience*, Studies in Intellectual History 19 (Leiden: E. J. Brill, 1990), 150–56.

[8] Este es el punto sobresaliente de la crítica de Grünbaum a la inferencia de una Primera Causa del origen del universo (Adolf Grünbaum, "A New Critique of Theological Interpretations of Physical Cosmology," *British Journal for the Philosophy of Science* 51 [2000]: 1–43). Como teórico B, Grünbaum no cree que el universo haya venido a la existencia, aunque haya tenido un primer intervalo temporal. Como él mismo escribe en otra parte, "Venir *al* ser (o 'llegar a ser') *no* es una propiedad de los acontecimientos *físicos* en sí, sino sólo de la conciencia o conocimiento humano de estos acontecimientos" ("The Anisotropy of Time," en *The Nature of Time*, ed. T. Gold [Ithaca, N.Y.: Cornell University Press, 1967], 153). Lo que Grünbaum no ve, sin embargo, es que la afirmación de que un principio absoluto del universo implica que el universo vino a ser no tiene sus raíces en el supuesto de la llamada espontaneidad de la nada, sino en una teoría A del tiempo.

La alternativa sobrenaturalista

Supongamos que seguimos el camino de postular alguna agencia causal más allá del espacio y el tiempo como responsable del origen del universo. Un análisis conceptual de las propiedades que debe poseer una causa tan ultraterrena nos permite recuperar un número sorprendente de los atributos divinos tradicionales. Como causa del espacio y del tiempo, esta entidad debe trascender el espacio y el tiempo y por lo tanto existir atemporal y no espacialmente, al menos sin el universo. Por lo tanto, esta causa trascendente debe ser inmutable e inmaterial, ya que la atemporalidad implica la inamovilidad, y la inamovilidad implica la inmaterialidad. Tal causa debe ser sin comienzo y sin causa, al menos en el sentido de que carece de cualquier condición causal previa. La navaja de Ockham eliminará otras causas, ya que no debemos multiplicar las causas más allá de la necesidad. Esta entidad debe ser inimaginablemente poderosa, ya que creó el universo de la nada.

Finalmente, lo más sorprendente es que una causa tan trascendente se considera plausiblemente personal. Como señala Richard Swinburne, hay dos tipos de explicación causal: explicaciones científicas en términos de leyes y condiciones iniciales, y explicaciones personales en términos de agentes y sus voliciones.[9] Un primer estado del universo no puede tener una explicación científica, ya que no hay nada ante él, y por lo tanto puede ser explicado sólo en términos de una explicación personal.

Además, la personalidad de la causa del universo está implícita por su atemporalidad e inmaterialidad, ya que las únicas entidades que conocemos que pueden poseer tales propiedades son las mentes o los objetos abstractos, y los objetos abstractos no se encuentran en las relaciones causales. Por lo tanto, la causa trascendente del origen del universo debe ser del orden de la mente.

Esta misma conclusión está también implícita en el origen de un efecto temporal de una causa atemporal. Porque si la causa del universo fuera un conjunto impersonal de condiciones necesarias y suficientes, no podría existir sin su efecto. La única manera de que la causa sea atemporal e inmutable, pero que su efecto se origine *de novo* hace un tiempo finito, es que la causa sea un agente personal que elija libremente producir un efecto sin condiciones determinantes previas. Hace un tiempo finito, un Creador dotado de libre albedrío podría haber actuado para traer el mundo a la existencia en ese momento. De esta manera, Dios podría existir inmutable y eternamente sin el universo, pero elegir crear el mundo en un primer momento.

---

[9] Richard Swinburne, *The Existence of God*, rev. ed. (Oxford: Clarendon, 1991), 32–48.

Por "elegir" uno no necesita entender que el Creador cambia su mente sobre la decisión de crear, sino que libre y eternamente intenta crear un mundo con un principio. Ejerciendo su poder causal, él hace que un mundo con un comienzo temporal llegue a existir. Así que la causa es eterna, pero el efecto no lo es. De esta manera, entonces, es posible que el universo temporal haya llegado a existir a partir de una causa eterna: a través del libre albedrío de un Creador personal. Así, somos llevados, no sólo a una causa trascendente del universo, sino a su Creador personal.

La alternativa naturalista

El noteísta, por supuesto, será extremadamente reacio a asumir ese bagaje metafísico. Y, más bien, considera la alternativa naturalista a la creación: que el universo vino a la existencia sin causa de la nada. Eso parece ser metafísicamente absurdo. El filósofo naturalista de la ciencia Bernulf Kanitscheider comenta: "Si se toma en serio, la singularidad inicial está en colisión frontal con el compromiso ontológico más exitoso que fue la línea de investigación que guió desde Epicuro y Lucrecio": *de la nada, nada sale.* Kanitscheider llama a esto "una hipótesis metafísica que ha demostrado ser tan fructífera en cada rincón de la ciencia que seguramente estamos bien aconsejados para intentar con todas nuestras fuerzas evitar los procesos de origen absoluto".[10]

Mario Bunge piensa que un origen absoluto del universo "no sería científico, pues la ciencia se atiene a los principios de que nada sale de la nada o se convierte en nada, ... y que todo sucede de acuerdo a la ley más que a los milagros".[11] Sobre la base del primer principio, Bunge, al igual que Kanitscheider, rechaza el punto de vista de que el universo surgió de la nada sin causa. Sobre la base del segundo principio, piensa rechazar el teísmo. Pero mientras que el principio de que *de la nada, nada viene* es un primer principio de la metafísica, así como de la ciencia, no hay incompatibilidad entre ser un teísta metafísicamente y un naturalista metodológico científicamente. Además, incluso el naturalismo metodológico está lejos de ser incuestionable.[12] Es difícil ver cómo

---

[10] Bernulf Kanitscheider, "Does Physical Cosmology Transcend the Limits of Naturalistic Reasoning?" en *Studies on Mario Bunge's "Treatise"*, ed. Paul Weingartner y G. J. W. Doen (Amsterdam: Rodopi, 1990), 344.

[11] Mario Bunge, *Philosophy of Science and Technology*, Part 1: *Formal and Physical Sciences*, vol. 7 of *Treatise on Basic Philosophy*, Epistemology and Methodology 3 (Dordrecht: D. Reidel, 1985), 238–39.

[12] Véanse las interesantes discusiones recientes sobre la justificación del naturalismo metodológico en la ciencia, e.g., Paul de Vries, "Naturalism in the Natural Sciences: A Christian Perspective," *Christian Scholar's Review* 15 (1986): 388–96; Alvin Plantinga, Howard J. Van Till, Pattle Pun, y Ernan McMullin, "Symposium: Evolution and the Bible," *Christian Scholar's Review* 21 (1991): 8–109; William Hasker, "Evolution and Alvin Plantinga," *Perspectives on Science and Christian Faith*

cualquier persona sensata, particularmente el naturalista, puede pensar que el universo simplementel surgió sin causa de la nada.

Por lo tanto, ha sido notable observar en los últimos años el número de no teístas que, bajo la fuerza de la evidencia de un comienzo absoluto del universo, han abrazado la visión de que el universo es un contingente radical, algo que surgió sin causa, de la nada. Quentin Smith declara: "El hecho es que la creencia más razonable es que venimos de la nada, de la nada y para nada".[13] En lugar de plantear una causa del origen del universo, Smith aconseja: "Debemos reconocer nuestro fundamento en la nada y sentirnos asombrados por el hecho maravilloso de que tenemos la oportunidad de participar brevemente en este increíble rayo de sol que interrumpe sin razón el reino del no ser".[14]

A veces se hacen intentos para hacer más plausible esta notable hipótesis, pero por lo general no son muy impresionantes que digamos. Consideremos, por ejemplo, el relato de Peter Atkins sobre el origen del universo:

> Ahora retrocedemos en el tiempo más allá del momento de la creación, a cuando no había tiempo, y donde no había espacio.... Al principio no había nada... Por casualidad hubo una fluctuación, y un conjunto de puntos, emergiendo de la nada, ... definieron un tiempo.... De la nada absoluta, absolutamente sin intervención, surgió una existencia rudimentaria.... Sin embargo, la línea del tiempo se derrumbó, y el incipiente universo se evaporó, pues el tiempo por sí solo no es lo suficientemente rico para existir. El tiempo y el espacio emergieron en otra parte, pero también se desmoronaron en su propio polvo, la fusión de opuestos, o simplemente nada. Los patrones surgieron una y otra vez, y otra y otra vez. Cada vez que

44 (1992): 150–62; Alvin Plantinga, "On Rejecting the Theory of Common Ancestry: A Reply to Hasker," *Perspectives on Science and Christian Faith* 44 (1992): 258–63; idem, "Methodological Naturalism" (paper presented at the symposium "Knowing God, Christ, and Nature in the Post-Positivistic Era," University of Notre Dame, 14–17 abril, 1993); J. P. Moreland, "Theistic Science and Methodological Naturalism," en *The Creation Hypothesis*, ed. J. P. Moreland (Downers Grove, Ill.: InterVarsity, 1994), 41–66; y J. P. Moreland, Stephen C. Meyer, y Richard H. Bube, "Conceptual Problems and the Scientific Status of Creation Science: A Discussion," *Perspectives on Science and Christian Faith* 46 (1994): 2–25.

[13] Quentin Smith, "The Uncaused Beginning of the Universe," en William Lane Craig y Quentin Smith, *Theism, Atheism, and Big Bang Cosmology* (Oxford: Clarendon, 1993), 135. En otras partes ha escrito: "[Este mundo] existe sin necesidad, de manera improbable y sin causa. Existe *sin ninguna razón en absoluto*.... El impacto de esta realización cautivada sobre mí es abrumador. Estoy completamente aturdido. Doy unos pasos aturdido en el oscuro prado, y caigo entre las flores. Estoy estupefacto, girando sin comprensión en este mundo a través de un sinnúmero de mundos distintos a éste" (Quentin Smith, *The Felt Meanings of the World* [Lafayette, Ind.: Purdue University Press, 1986], 300–301). En *Theism, Atheism, and Big Bang Cosmology*, Smith afirmó que el universo vino a la existencia sin causa alguna en el momento de Planck; ¡pero desde entonces se ha retractado de esa posición al darse cuenta de que todo el campo de la cosmología cuántica es entonces la investigación de una ficción completa!

[14] Smith, "Uncaused Beginning of the Universe," 135.

> el patrón formaba un tiempo, y a través de su patrón en el tiempo, los puntos indujeron su propia existencia.... A veces los puntos de azar se convierten en un espacio, así como en un tiempo.... Entonces, por casualidad, se produjo nuestra fluctuación. Los puntos llegaron a la existencia constituyendo el tiempo, pero esta vez, en este patrón, el tiempo fue acompañado por tres dimensiones del espacio.... Con ellos viene la estabilidad, elementos posteriores, y aún más tarde los elefantes.[15]

Este relato es tan obviamente incoherente al postular el tiempo antes del tiempo y tan confuso en su reificación de entidades matemáticas que podemos descartarlo como la basura pseudocientífica que es.[16]

John Gribbin afirma que el origen del universo de la nada no presenta ningún problema, ya que la energía positiva asociada con la masa es precisamente compensada por la energía negativa asociada con la gravitación. Por lo tanto, en el caso del origen del universo, tenemos "no algo por nada, después de todo, sino *nada* por nada".[17] Él se compromete así a la absurda posición de que nada existe (¡ni siquiera él mismo!). En el mejor de los casos, el hecho de que el universo contenga cantidades contrapuestas de energía positiva y negativa podría mostrar que el universo no necesita tener una causa material; pero no hace nada para obviar la necesidad de una causa eficiente. Como dice Isham, todavía existe la "necesidad de siembra óntica" para producir la energía positiva y negativa, incluso si en conjunto es nula.[18] Por eso se necesitaba el vacío cuántico como sustrato en las teorías cosmogónicas que postulaban tal proceso.

Con mayor frecuencia, los pensadores naturalistas han tratado de elogiar su punto de vista, ya sea atacando el principio causal de que "todo lo que comienza a existir tiene una causa", o bien argumentando la inverosimilitud o incoherencia de la existencia de una causa del universo. Los ataques al principio causal suelen basarse en una apelación a la indeterminación cuántica. Por ejemplo, a veces se dice que las partículas virtuales constituyen un contraejemplo del principio porque no tienen su origen en el vacío mecánico cuántico. Al margen de la controvertida

---

[15] Peter W. Atkins, *Creation Revisited* (New York: W. H. Freeman, 1992), 129, 149–51

[16] John Leslie pregunta de forma incrédula, "¿Cómo es posible que el autor de *Physical Chemistry*, un magnífico libro de texto, haya podido producir esas tonterías?" (John Leslie, "Is It All Quite Simple?" *Times Literary Supplement*, 29 de enero, 1993, 3). Para una buena crítica de Atkins, vea Keith Ward, *God, Chance, and Necessity* (Oxford: One World, 1996), cap. 1.

[17] John Gribbin, *In Search of the Big Bang* (New York: Bantam Books, 1986), 374.

[18] Christopher Isham, "Quantum Cosmology and the Origin of the Universe" (ponencia presentada en la conferencia "Cosmos and Creation," Universidad de Cambridge, 14 de julio, 1994), 8.

cuestión de si las partículas virtuales existen realmente,[19] el punto central que debe entenderse aquí es que el vacío cuántico del que dependen para su existencia no es nada.

Por esa razón, las afirmaciones que se hacen con frecuencia con respecto a los modelos de fluctuación de vacío—que "el universo cuántico hizo un túnel hacia el ser a partir de la nada", o que "la nada es inestable" ante las fluctuaciones que crecen en universos, o que "el universo es un almuerzo gratis" porque en este caso "tenemos algo por nada"—no pueden tomarse en serio. Ellos tratan "nada" como si fuera algo, una especie de sustancia que posee propiedades y se rige por las leyes de la física cuántica. De hecho, tales afirmaciones resultan ser sólo brotes retóricos que ningún científico informado toma literalmente. El vacío cuántico, que subyace en toda la realidad espaciotemporal, es un mar fluctuante de energía. Debido a que el vacío es una entidad física que existe en el espacio y en el tiempo, los modelos de fluctuación del vacío no imaginaban un origen genuino del universo de la nada, como enfatiza Kanitscheider:

> La violenta microestructura del vacío se ha utilizado en los intentos de explicar el origen del universo como una fluctuación del vacío de larga duración. Pero algunos autores han conectado con estas especulaciones legítimas, afirmaciones metafísicas de gran alcance, o a lo sumo han redactado sus matemáticas en un lenguaje altamente engañoso, cuando mantenían "la creación del universo de la nada"...
>
> Desde el punto de vista filosófico es esencial señalar que lo anterior está lejos de ser una generación espontánea de todo de nada, pero el origen de esa burbuja embrionaria es realmente un proceso causal que conduce desde un sustrato primordial con una rica estructura física a un sustrato materializado del vacío. Es cierto que este proceso no es determinista; incluye ese tipo débil de dependencia causal propia de todo proceso mecánico cuántico.[20]

Por lo tanto, la física cuántica no sirve para refutar el principio de que todo lo que comienza a existir tiene una causa.

No es de extrañar que los naturalistas ataquen la noción de causa del universo, ya que rechazan las realidades sobrenaturales independientemente de su motivación para justificar de la nada un origen no provocado del universo. A veces estas críticas pueden ser fácilmente rechazadas. Por ejemplo, el metafísico John Post obviamente cae en una

[19] Véase Robert Weingard, "Do Virtual Particles Exist?" en *Proceedings of the Philosophy of Science Association*, 2 vols., ed. Peter Asquith y Thomas Nichols (East Lansing, Mich.: Philosophy of Science Association, 1982), 1:235–42.

[20] Kanitscheider, "Does Physical Cosmology Transcend?" 346–47.

petición de principio cuando afirma que no puede haber una causa para el origen del universo, ya que "por definición el universo contiene todo lo que hay o ha habido o habrá habido en el pasado".[21] Una vez más, es un obvio *non secuitur* cuando Post infiere que debido a que "la singularidad no puede ser causada por algún evento o proceso *natural* anterior", por lo tanto, "el universo tiene un comienzo sin causa" y "parece [que] la cosmología física contemporánea no puede citarse en apoyo de la idea de una causa *divina* o creadora del universo".[22]

Por otro lado, Smith se da cuenta de que el metafísico debe tomar en serio la "cuestión más difícil" de "si la singularidad o el Big Bang es o no probablemente un efecto de una causa sobrenatural, Dios".[23] ¿Qué problemas, entonces, existen con una perspectiva sobrenaturalista? Adolf Grünbaum ha argumentado enérgicamente en contra de lo que él llama "el Argumento de la Nueva Creación" por una causa sobrenatural del origen del universo.[24] Su crítica se basa en el supuesto fundamental de que la prioridad causal implica prioridad temporal. Ya que no hubo instantes de tiempo antes del big bang, se deduce que el big bang no puede tener una causa.[25]

El sobrenaturalista tiene varias opciones para hacer frente a esta objeción. Una opción es sostener que la causa personal trascendente del universo es causal, pero no temporalmente, anterior al evento del big bang, de tal manera que su acto de hacer que el universo comience a existir es simultáneo, o coincidente, con su comienzo a existir. Grünbaum no justifica su suposición de que la prioridad causal implica prioridad temporal. Las discusiones sobre la direccionalidad causal tratan rutinariamente los casos en los que la causa y el efecto son simultáneos. Un sobrenaturalista podría sostener que el Creador sin el universo existe sin cambios y por lo tanto sin tiempo y, en la singularidad del big bang, creó el universo, junto con el tiempo y el espacio. Para el Creador sin el universo, simplemente no hay tiempo porque no hay eventos de ningún tipo; el tiempo comienza con el primer evento, en el momento de la creación.

---

[21] John Post, *Metaphysics: A Contemporary Introduction* (New York: Paragon House, 1991), 85.
[22] Ibid., 87.
[23] Smith, "Uncaused Beginning of the Universe," 120.
[24] Adolf Grünbaum, "The Pseudo-Problem of Creation in Physical Cosmology," *Philosophy of Science* 56 (1989): 373–94. Para una respuesta, véase William Lane Craig, "The Origin and Creation of the Universe: A Reply to Adolf Grünbaum," *British Journal for the Philosophy of Science* 43 (1992): 233–40.
[25] Adolf Grünbaum, "Creation as a Pseudo-Explanation in Current Physical Cosmology," *Erkenntnis* 35 (1991): 233–54. Para una respuesta, véase William Lane Craig, "Prof. Grünbaum on Creation," *Erkenntnis* 40 (1994): 325–41.

El momento del primer acontecimiento no sólo sería la primera vez que el universo existe, sino también, técnicamente, el primer momento en el que Dios existe, ya que sin el universo Dios existe atemporalmente.[26] El momento de la creación es, por así decirlo, el momento en que Dios entra en el tiempo. Su acto de creación es, por lo tanto, simultáneo con la creación del universo.

En respuesta, Grünbaum se ha opuesto a esta sugerencia con el siguiente argumento:

1. El proponente de la causalidad simultánea y asimétrica debe proporcionar un criterio generalmente aceptado para distinguir uno de los dos eventos simultáneos conectados causalmente como causa del otro, si es posible una causalidad simultánea y asimétrica.
2. No existe una explicación generalmente aceptada de la direccionalidad causal.
3. Por lo tanto, no puede haber una causa simultánea y asimétrica del big bang.[27]

Este argumento, de tener éxito, eliminaría todos los supuestos casos de causalidad simultánea y asimétrica, no sólo una causa del big bang.

Sin embargo, creemos que el argumento de Grünbaum es erróneo, porque la premisa 1 es obviamente falsa. *En primer lugar*, ¿por qué el proponente de la causalidad simultánea y asimétrica debe proporcionar un criterio *generalmente aceptado* de direccionalidad causal para que tal causalidad sea posible? ¿No es una demanda extravagante? Grünbaum no se da cuenta de que hoy en día no existe una relación de causalidad generalmente aceptada. Pero, ¿debemos inferir que la causalidad es imposible o inexistente?

Comparemos la situación de la epistemología contemporánea. Hoy en día no existe una explicación generalmente aceptada de la

---

[26] Brian Leftow lo expresa muy bien cuando escribe: "Si Dios existiera en el tiempo una vez que el tiempo existió y el tiempo tuvo un primer momento, entonces Dios tendría un primer momento de existencia: habría un momento antes del cual Él no existiría, porque no hubo un 'antes' de ese momento.... Sin embargo, incluso si Él... tuvo un primer momento de existencia, uno todavía podría llamar ilimitada la existencia de Dios si se entendiera que Él habría existido, aunque el tiempo no lo hubiera hecho. Mientras esto sea verdad, no podemos inferir del hecho de que Dios tuvo un primer momento de existencia que Dios *vino a la* existencia o que no habría existido sino si el tiempo lo hubiera hecho". (Brian Leftow, *Time and Eternity*, Cornell Studies in Philosophy of Religion [Ithaca, N.Y.: Cornell University Press, 1991], 269; cf. 201). Senor ha llamado a este modelo de eternidad divina "temporalismo accidental". (Thomas D. Senor, "Divine Temporality and Creation ex nihilo," *Faith and Philosophy* 10 [1993]: 88). Para más detalles, véase William Lane Craig, "Timelessness and Creation," *Australasian Journal of Philosophy* 74 (1996): 646–56.

[27] Adolf Grünbaum, "Some Comments on William Craig's 'Creation and Big Bang Cosmology,'" *Philosophia Naturalis* 31 (1994): 225–36. Para una respuesta, véase William Lane Craig, "A Response to Grünbaum on Creation and Big Bang Cosmology," *Philosophia Naturalis* 31 (1994): 237–49.

justificación o la justificación racional con respecto a las creencias que consideramos verdaderas; pero, ¿debemos, por lo tanto, inferir que el conocimiento es imposible? Los deconstruccionistas y otros posmodernistas pueden pensar que si, pero dudamos que Grünbaum esté dispuesto a seguirlos en su tren. No hay razón para pensar que la posibilidad de una causalidad simultánea dependa de que seamos capaces de proponer un criterio incontrovertible de direccionalidad causal.

En segundo lugar, ¿qué razón hay, en efecto, para pensar que la posibilidad de una causalidad simultánea y asimétrica depende de que seamos capaces de producir cualquier tipo de criterio de direccionalidad causal? Nuestra enunciación de un criterio para distinguir una causa de su efecto es un asunto epistémico; la existencia de causalidad simultánea es una cuestión de ontología. Un criterio nos ayuda a *discernir* causas simultáneas y asimétricas en el mundo; pero sugerir que dicho criterio *constituye* de alguna manera tales relaciones causales en la realidad es el verificacionismo en su mayor parte implausible. Grünbaum no ha sugerido ninguna incoherencia o dificultad en la causalidad simultánea y asimétrica; si existen tales causas en el mundo, no tienen que esperar a que descubramos algún criterio para distinguirlas.

En tercer lugar, no hay razón para pensar que para que los casos específicos de causalidad simultánea y asimétrica sean posibles o discernibles, se debe poder proporcionar un criterio general lo suficientemente amplio como para cubrir todos los casos alegados. Todo lo que se necesita es una manera de distinguir la causa del efecto en el caso específico. Ahora bien, en el caso de la hipótesis del creacionismo teológico, tenemos un medio lógicamente hermético de distinguir la causa del efecto. Es metafísicamente imposible que Dios sea causado por el mundo, ya que, si Dios existe, su naturaleza es tal que existe necesariamente. Por el contrario, la existencia del mundo es metafísicamente contingente (como es evidente desde su comienzo para existir). Esto implica que *no hay un mundo posible* en el que Dios sea causado por el big bang.

Por lo tanto, es fácil para el teísta explicar en qué sentido Dios es causalmente anterior al universo o al big bang: Dios y el universo están relacionados causalmente, y si el universo no existiera, Dios existiría de todos modos, mientras no haya mundo posible en el que el universo exista sin Dios. Por lo tanto, nos parece que la objeción de Grünbaum a una causa sobrenatural para el origen del universo no tiene éxito.

El noteísta podría plantear una objeción metafísica al escenario que hemos esbozado del estado del Creador sin el universo. Requiere que concibamos un agente personal atemporal, y algunos filósofos han argumentado que tal noción es contradictoria.[28] Porque es una condición necesaria de la personalidad que un individuo sea capaz de recordar, anticipar, reflexionar, deliberar, decidir, y así sucesivamente. Pero estas son actividades inherentemente temporales. Por lo tanto, no pueden haber personas atemporales.

La falacia de este razonamiento es que confunde las propiedades *comunes* de las personas con las propiedades *esenciales* de las personas. Los tipos de actividades delineadas anteriormente son ciertamente propiedades comunes de las personas temporales. Pero eso no implica que tales propiedades sean esenciales para la persona. Podría decirse que lo que es necesario y suficiente para la persona es la autoconciencia y la libre voluntad, y éstas no son inherentemente temporales. En su estudio de la atemporalidad divina, John Yates escribe:

> El teísta clásico puede conceder inmediatamente que conceptos como la reflexión, la memoria y la anticipación no pueden aplicarse a un ser atemporal (ni a ningún ser omnisciente), pero esto no es admitir que los conceptos clave de conciencia y conocimiento son inaplicables a tal deidad.... No parece haber ningún elemento temporal esencial en palabras como... "entender", "estar consciente", "saber", etc.... Una deidad atemporal podría poseer la máxima comprensión, conciencia y conocimiento en una única visión global de sí mismo y de la suma de la realidad.[29]

De manera similar, Dios podría poseer una intención libre e inmutable de la voluntad de crear un universo con un comienzo temporal. Así, ni la autoconciencia ni la libre voluntad implican temporalidad. Pero puesto que estos son plausiblemente suficientes para la persona, no hay incoherencia en la noción de un Creador del universo atemporal y personal.

Más recientemente, Smith ha argumentado: "La tesis de que el universo tiene una causa divina originaria es lógicamente inconsistente con todas las definiciones existentes de causalidad y con un requisito lógico sobre éstas y todas las posibles definiciones o teorías válidas de causalidad".[30] Smith muestra que los análisis típicos de la relación causal en términos de prioridad temporal, contigüidad espaciotemporal y relación nomológica son inaplicables al evento de Dios queriendo de que ocurra el big bang y el caso de que ocurra el big bang. Por lo tanto, estos

---

[28] Ver discusión y referencias en William Lane Craig, "Divine Timelessness and Personhood," *International Journal for Philosophy of Religion* 43 (1998): 109–24.

[29] John C. Yates, *The Timelessness of God* (Lanham, Md.: University Press of America, 1990), 173.

[30] Quentin Smith, "Causation and the Logical Impossibility of a Divine Cause," *Philosophical Topics* 24 (1996): 169–70.

dos eventos no pueden, según los análisis habituales, ser considerados como causa y efecto.

Los análisis contrafácticos de la causalidad—como el de David Lewis, según el cual *c* causa *e* si y sólo si (1) *c* y *e* son ambos eventos que ocurren, y (2) si *c* no hubiera ocurrido, *e* no habría ocurrido—no habrían tenido mejor resultado según Smith. Porque si *c* es la voluntad de Dios y *e* es el big bang, es cierto que, si *e* no hubiera ocurrido, entonces *c* no habría ocurrido. Pero esto implica que el big bang es la causa de la voluntad de Dios, lo cual es falso. Lewis evita el problema de la falaz dependencia causal inversa estipulando que si *e* no hubiera ocurrido, entonces *c* hubiera ocurrido pero no hubiera causado *e*. Pero puesto que Dios es omnipotente y su voluntad es necesariamente efectiva, tal estipulación no puede hacerse en el presente caso. Por lo tanto, bajo ningún análisis existente de causalidad se puede decir que Dios causó el big bang.

El argumento de Smith puede formularse de la siguiente manera:

4. Si la afirmación de que Dios causó el big bang no puede ser analizada en términos de definiciones existentes de causalidad, entonces Dios no puede haber causado el big bang.
5. La afirmación de que Dios causó el big bang no puede ser analizada en términos de definiciones existentes de causalidad.
6. Por lo tanto, Dios no puede haber causado el big bang.

¿Es este argumento sólido y persuasivo? Creemos que no.

Considere la premisa 4. No vemos ninguna razón para pensar que esta premisa sea verdadera. En general, los argumentos en el sentido de que alguna noción intuitivamente inteligible no puede ser analizada en términos de las teorías filosóficas actuales deberían hacernos sospechar la idoneidad de esas teorías en lugar de rechazar la noción de sentido común. La idea de que Dios causó el universo es intuitivamente inteligible. Una causa es, en términos generales, algo que produce algo más y en términos de lo cual se puede explicar lo que se produce. Esa noción ciertamente se aplica al hecho de que Dios causa el universo. De hecho, el hecho de que Dios cause ciertos efectos es análogo a nuestro actuar como agentes de producir ciertos efectos. Ciertamente nos concebimos a nosotros mismos como causas, e intuitivamente, Dios debe contar también como una causa. Pero el argumento de Smith, si tiene éxito, podría generalizarse para probar que Dios no es una causa de nada en absoluto.

Si la actuación de Dios como causa no puede ser analizada en términos de las definiciones filosóficas actuales de causalidad, entonces

¡mucho peor para esas definiciones! Esto sólo demuestra que las definiciones son inadecuadas, ya que se trata de cuentas no restringidas. De hecho, el procedimiento estándar para evaluar las definiciones de causalidad propuestas consiste en postular contraejemplos de casos de causalidad intuitivamente obvios y luego mostrar cómo la definición no tiene en cuenta estos ejemplos. Del mismo modo, si el ser de Dios una causa no puede ser acomodado por alguna definición filosófica de causalidad, entonces eso constituye plausiblemente un contraejemplo a la definición que muestra su inadecuación como un análisis metafísico general de la relación causal, por muy adecuado que sea para propósitos científicos.[31]

Además, no hay razón para creer que hayamos llegado al análisis final y correcto de la causalidad. De hecho, hay buenas razones para creer lo contrario. Las definiciones discutidas por Smith se refieren exclusivamente a causas naturales, incluso físicas. No tenían la intención de cubrir casos tan recónditos como la causalidad divina del origen del universo. No es de extrañar, por lo tanto, que estos análisis no logren captar esta noción. Smith simplemente ignora los análisis de causalidad que no están de moda actualmente, pero que fueron elaborados en el contexto de una metafísica teísta y que están en consonancia con el hecho de que Dios es la causa del origen del universo.

Un ejemplo de ello es el relato de la causalidad eficiente y la creación dado por Francisco Suárez en su monumental *Disputationes metaphysicae*.[32] En su larga introducción a la traducción de las preguntas 20 a 22 de la obra de Suárez, Freddoso argumenta que el relato de Suárez

---

[31] In Quentin Smith, "The Concept of a Cause of the Universe," *Canadian Journal of Philosophy* 23 (1993): 1–24, Smith llega a esta conclusión por sí mismo. Él afirma: "Las definiciones existentes de causalidad son incorrectas, ya que no concuerdan adecuadamente con el concepto de causa del universo.... Esto implica que o bien hay alguna otra definición (aún no descubierta) de una causa que es correcta o que una causa es indefinible. En este último caso, el concepto de causa sería primitivo y la relación causal una relación simple conocida sólo por la ostensión (como es el caso de relaciones tales como *estar en contacto con* o *ser anterior a*). No conozco ningún medio para descubrir o formular una definición correcta de una causa y no conozco ninguna razón para pensar que existe tal definición. En consecuencia, creo que es razonable concluir que la relación causal es indefinible. Una manera de evitar esta conclusión sería rechazar la suposición de que los diversos ejemplos de causas del big bang... son verdaderos ejemplos de causas.... Yo diría que las afirmaciones de que la creación por parte de Dios de la singularidad del big bang y otros ejemplos dados... no son casos de posible causalidad son contrarias a la intuición y son intentos *ad hoc* de retener una teoría contraejemplada. Es más plausible pensar que una causa no puede ser definida que pensar que la creación de una mente de una singularidad del big bang no podría ser un acto causal" (ibid., 1, 24). Smith llegó a pensar que la relación de Dios con el big bang no es causal porque ninguna causa es lógicamente suficiente para su efecto. Pero Smith no justifica por qué las acciones de un ser omnipotente no serían excepciones a esta regla.

[32] Francisco Suarez, *On Creation, Conservation, and Concurrence: "Metaphysical Disputations 20, 21, and 22,"* trad. con introducción y notas de Alfred J. Freddoso (South Bend, Ind.: St. Augustine's Press, 2002).

sobre la causalidad no sólo permite interpretar la creación de Dios del universo como una instancia de causalidad, sino que también contrasta favorablemente con los relatos empíricos de la causalidad ofrecidos por filósofos contemporáneos tales como Mackie, Lewis, van Fraassen, y Tooley.

Finalmente, Smith sólo asume que se puede dar un análisis de la relación causal. Pero se podría sostener que tal relación es conceptualmente primitiva, en cuyo caso no deberíamos esperar que exista un análisis reductivo exitoso que cubra todos los casos. La infinidad de análisis existentes que compiten entre sí y las deficiencias reconocidas de todos ellos dan credibilidad a este punto de vista.

¿Qué hay de la premisa 5? Nos parece que hay análisis contemporáneos de la causalidad, por inadecuados que sean, que pueden acomodar a Dios causando el big bang. Consideremos el análisis de Lewis de la causalidad. Según Lewis, *c* causa *e* si y sólo si *c* y *e* son ambos eventos que ocurren y si *c* no hubiera ocurrido, *e* no habría ocurrido. Ahora que Dios queriendo el big bang claramente satisface esta definición: Dios queriendo y el big bang son eventos que ocurren, y si Dios queriendo no hubiera ocurrido, el big bang no habría ocurrido. Pero Smith se reincorpora, "Pero si el big bang no hubiera ocurrido, Dios queriendo no habría ocurrido. Entonces, ¿es el big bang la causa de la voluntad de Dios?" Obviamente no; pero lo que esto pone en duda es la *idoneidad* del análisis de Lewis, no si la causalidad divina lo satisface.

Lewis remedia el problema estipulando que, si *e* no hubiera ocurrido, *c* todavía habría ocurrido, pero no hubiera causado *e*. Pero este remedio no funcionará para la causalidad divina. En realidad, el remedio de Lewis tampoco funcionará para muchas causas naturales, ya que en algunos casos la afirmación contrafáctica, "Si *e* no hubiera ocurrido, *c* no habría ocurrido", es verdadera. Así que lo que la definición de Lewis da no es un análisis de "*c* causa *e*" sino más bien un análisis de "*c* y *e* están relacionados causalmente", y no especifica la dirección de la causalidad. Pero el teísta no se enfrenta a ningún problema allí: porque, como hemos dicho, es metafísicamente imposible que la voluntad de Dios tenga una causa externa. No hay mundo posible en el que el big bang cause la voluntad de Dios. Por lo tanto, dado que el análisis de Lewis de "*c* y *e* están relacionados causalmente" y la imposibilidad de que el big bang cause la voluntad de Dios, se deduce que la voluntad de Dios causa el big bang. Así, la causalidad divina satisface la definición de causalidad de Lewis.

De nuevo, hay análisis de la causalidad del agente que son aún más relevantes en el caso de la causalidad divina que los análisis estudiados por Smith. Smith considera exclusivamente la causalidad del evento, pero se puede disputar si esta es la concepción correcta para aplicar al caso de Dios. Smith sostiene que las consideraciones de la causalidad del agente no son pertinentes a la discusión porque no nos preocupa la relación entre Dios (el agente) y su acto de voluntad (el efecto), sino la relación entre su acto de voluntad (un evento) y el big bang (un evento). Sin embargo, no todos los defensores de la causalidad del agente interpretan la causalidad del agente como una relación entre un agente y sus voliciones. Algunos defensores de la causalidad del agente sostienen que un agente no causa sus voliciones, sino que por voluntad propia produce algún evento intencional.[33] En el caso que nos ocupa, Dios produce el big bang mediante un ejercicio de su poder activo. "Dios queriendo que el big bang ocurra" describe correctamente una *acción*, no un *evento*. El evento en este caso es el big bang, y la causa de ese evento es Dios, quien, por voluntad propia, produjo el big bang. Por lo tanto, es simplemente un error pensar que el big bang fue causado por el evento de la voluntad de Dios y no por Dios mismo.[34]

Por lo tanto, ni la premisa 4 ni la 5 se nos encomiendan como más plausiblemente verdadera que su contradictoria. Smith reconoce estas deficiencias de su argumento, pero vuelve a lo que considera una posición inexpugnable: "*c* es una causa de *e*" implica "*c* no es una condición lógicamente suficiente de *e*".[35] Esta vinculación excluye que Dios sea la causa del big bang porque el hecho de que Dios quiera que el big bang ocurra es una condición lógicamente suficiente del big bang. Esto se debe a que Dios es omnipotente, y por lo tanto su voluntad es necesariamente exitosa. No hay mundo posible en el que Dios quiera el big bang y sin embargo el big bang no ocurra. Por lo tanto, Dios no puede ser la causa del big bang.

Este argumento parece bastante imaginativo. Si tiene éxito, puede generalizarse para mostrar que Dios no puede causar nada. Así, precisamente *porque* es omnipotente, Dios es totalmente impotente—¡una extraña inferencia! Si ser omnipotente implica la incapacidad de causar algo, entonces estamos usando la "causa" en un sentido altamente técnico que no es incompatible con Dios produciendo el big bang, que es, después de todo, la cuestión. Ya sea que Dios "cause" o no el big bang, todavía depende de él que ocurra o no, y sólo ocurre en virtud de su voluntad que ocurra. Si parece que lograr el big bang implica una

---

[33] Véase E. J. Lowe, *A Survey of Metaphysics* (Oxford: Oxford University Press, 2002), 205–10.

[34] Véase J. P. Moreland, "Libertarian Agency and the Craig/Grünbaum Debate about Theistic Explanation of the Initial Singularity," *American Catholic Philosophical Quarterly* 81 (1998): 539–54. Yo (el Dr. Craig) estoy en deuda con mi colega por varias discusiones interesantes relacionadas con la agencia y la creación.

[35] Smith, "Logical Impossibility of a Divine Cause," 176.

relación causal, entonces simplemente rechazaremos el principio de vinculación de Smith. Sólo alguien que ya es naturalista estaría tentado a pensar que ese principio es cierto. Por lo tanto, el argumento de Smith es, o bien una petición de principio, o bien no es incompatible con el hecho de que Dios haya producido el big bang.

Smith considera tal respuesta e insiste en que es el teísta quien comete una petición de principio, ya que, en cualquier otro caso de causalidad, las causas no son lógicamente condiciones suficientes de sus efectos. Él dice que no hay justificación para eximir de este principio a los supuestos actos de causalidad de Dios. Necesitamos tener alguna razón independiente para pensar que la relación entre Dios y el big bang es una relación causal. Se pueden decir tres cosas sobre esta respuesta: *En primer lugar*, puesto que sólo Dios es omnipotente, no es de extrañar que su caso sea la única excepción al principio de que las causas no son lógicamente suficientes para sus efectos. Dios es un ser tan excepcional que en general no encaja en nuestros esquemas habituales. Por ejemplo, es un principio general que "*S* cree *p*" no es una condición lógicamente suficiente de "p". Pero puesto que Dios es esencialmente omnisciente, en el caso de Dios su creencia *p* es una condición lógicamente suficiente de *p*. ¿Debemos por lo tanto concluir que Dios no tiene creencias? De la misma manera, porque Dios es omnipotente, ¿debemos pensar que su voluntad no tiene ningún efecto?

En segundo lugar, hay otros contraejemplos plausibles para el principio de Smith. Por ejemplo, el cambio es plausiblemente una causa de la existencia del tiempo, al menos en una visión relacional del tiempo. La ocurrencia de eventos en realidad trae el tiempo a la existencia. Si hubiera un estado absolutamente inactivo, entonces el tiempo no existiría. Pero si se produce un cambio, el tiempo se produce inmediatamente. Tal relación es plausiblemente causal; ciertamente no es como la relación puramente lógica entre, digamos, una figura bidimensional que tiene tres lados y sus tres ángulos. El tiempo es algo totalmente distinto del cambio, ya que el tiempo puede continuar, incluso la mayoría de los relacionalistas están de acuerdo, aunque el cambio deba cesar.[36] El cambio, si ocurre, parecería causar que el tiempo exista. Sin embargo, el cambio necesariamente causa el tiempo: No hay mundo posible en el que el cambio se esté produciendo sin tiempo. El cambio es, por lo tanto, lógicamente suficiente para la existencia del tiempo, pero también es plausiblemente una causa de la existencia del tiempo.

Tercero, la razón por la que la relación entre Dios y el big bang—o cualquier otro evento que él produzca—es causal, es la estrecha

---

[36] Sydney Shoemaker, "Time without Change," *Journal of Philosophy* 66 (1969): 363–81.

semejanza entre Dios y nosotros como agentes. Sin duda, nuestras intuiciones más profundas sobre la causalidad están enraizadas en nuestra propia capacidad de producir efectos mediante el ejercicio intencionado de nuestro poder. Pero Dios es un agente personal como nosotros. La diferencia entre él y nosotros es que su poder es tan grande que es infalible para llevar a cabo sus tareas. ¿Hay que dudar de su condición de causa porque es infalible? ¡De ninguna manera! En resumen, la objeción de Smith no plantea un obstáculo serio para pensar que el big bang tiene una causa sobrenatural o divina.

Conclusión

Todas las objeciones anteriores han sido consideradas como un intento de justificación de la posición naturalista de que el universo, en lugar de ser creado por Dios, surgió de la nada sin causa. Pero las premisas de esas objeciones nos golpean, al menos, tanto menos perspicaces que la proposición de que lo que comienza a existir tiene una causa. Es mucho más plausible negar una de esas premisas que afirmar lo que Hume llamó la "Proposición absurda" de que algo podría surgir sin una causa,[37] de que el universo, en este caso, debería haber surgido sin causa, de la nada. Por lo tanto, es mucho más plausible creer en la doctrina clásica de *creatio ex nihilo*.

[37] David Hume a John Stewart, febrero de 1754, en *The Letters of David Hume*, 2 vols., ed. J. Y. T. Greig (Oxford: Clarendon, 1932), 1:187.

Abreviaturas

AB	Anchor Bible [comentario]
ABD	*Anchor Bible Dictionary*. Editado por D. N. Freedman. 6 vols. New York, 1992
ANTC	Abingdon New Testament Commentaries
AOP	Antiguo Oriente Próximo
AT	Antiguo Testamento
BECNT	Baker Exegetical Commentary on the New Testament
BJ	Biblia de Jerusalén
ET	Traducción al inglés
ICC	International Critical Commentary
IDB	*The Interpreter's Dictionary of the Bible*. Editado por G. A. Buttrick. 4 vols. Nashville, 1962
IVPNTC	InterVarsity Press New Testament Commentary
LXX	Septuaginta, AT en griego, del Siglo III a.C.
MT	Texto Masorético de las Escrituras hebreas, el AT
NAC	New American Commentary
NCB	New Century Bible [comentario]
NIBC	New International Biblical Commentary
NICNT	New International Commentary on the New Testament
NICOT	New International Commentary on the Old Testament
NIDNTT	*New International Dictionary of New Testament Theology*. Editado por C. Brown. 4 vols. Grand Rapids, 1975–1985
NIDOTTE	*New International Dictionary of Old Testament Theology and Exegesis*. Editado por W. A. VanGemeren. 5 vols. Grand Rapids, 1997
NIGTC	New International Greek Testament Commentary
NT	Nuevo Testamento
PNTC	Pillar New Testament Commentary
TDNT	*Theological Dictionary of the New Testament*. Editado por G. Kittel y G. Friedrich. Traducido por G. W. Bromiley. 10 vols. Grand Rapids, 1964–1976
TDOT	*Theological Dictionary of the Old Testament*. Editado por G. J. Botterweck, H. Ringgren, y Heinz-Josef Fabry.

	Traducido por J. T. Willis, G. W. Bromiley, y D. E. Green. 13+ vols. Grand Rapids, 1974–
TLOT	*Theological Lexicon of the Old Testament*. Editado por E. Jenni, con asistencia de C. Westermann. Traducido por M. E. Biddle. 3 vols. Peabody, Mass., 1997
TNTC	Tyndale New Testament Commentary
TOTC	Tyndale Old Testament Commentary
WBC	Word Biblical Commentary

Más títulos de

Publicaciones Kerigma

Fundamentos filosóficos para una cosmovisión cristiana

Fe razonable

El mundo perdido de Adán y Eva

Robándole a Dios

Para una lista completa del catálogo de Publicaciones Kerigma, y también para obtener más información sobre nuestras próximas publicaciones, por favor visita:

www.publicacioneskerigma.org
www.facebook.com/publicacioneskerigma

Made in the USA
Monee, IL
19 October 2026

66035573R00154